Betrifft Mensch und Umwelt

Realschule Band 2

4., völlig neu bearbeitete Auflage

von
Cornelia A. Schlieper

unter Mitarbeit von
Hedwig König

Dr. Felix Büchner
Handwerk und Technik · Hamburg

Mensch und Umwelt

Die Geschichte unserer Erde ist auf dem Umschlag im Zeitraffer von einem Jahr, also vom 1. Januar bis zum 31. Dezember, dargestellt.

Anfang unserer Erdgeschichte:
1. Januar: Eine glühende Masse – unsere Erde – beginnt ihr Eigenleben.
In den ersten Januarwochen bildet sich die Erdkruste und springt
wieder auf. Im April bilden sich die ersten Weltmeere.

Entstehung ersten Lebens:
Ende November verlassen Fische die Meere.
Anfang Dezember gibt es erstes Leben an Land.
Mitte Dezember bis zum 2. Weihnachtstag bevölkern die Saurier die Erde, sie bestimmen „zwei bis drei Wochen" das Leben auf der Erde.
Am Silvestertag entwickeln sich die Affen.

Am Abend des Silvestertags:
Kurz nach „20.00 Uhr" beginnt ein neues Kapitel der Erdgeschichte.

Die ersten Menschen leben auf der Erde.
Der Mensch lernt, mit Werkzeug umzugehen.
Der Mensch lernt, mit dem Feuer umzugehen.
Der Mensch verlässt die Höhle als Behausung.
Der Mensch erlernt den Ackerbau.
Jesus Christus wird geboren – Beginn unserer Zeitrechnung.
Heute bevölkern 6 Milliarden Menschen unsere Erde.

Was hat das Fach Mensch und Umwelt mit der Geschichte unserer Erde zu tun?
Die Geschichte unserer Erde zeigt, dass die Menschen erst relativ kurze Zeit das Geschick des Planeten bestimmen.
Was ist in den wenigen „Stunden" aus unserer Erde geworden?
Dies muss nicht so weitergehen. Durch unser umweltbewusstes Handeln kann die Umweltzerstörung zumindest gemindert werden.
Im Bildungsplan für das Fach Mensch und Umwelt heißt es folgerichtig: Gesundheits- und Umwelterziehung sind als durchgängiges Unterrichtsprinzip zu berücksichtigen.

Beherzigen wir diese Zielsetzung, praktizieren wir umweltbewusstes Handeln für Mensch und Umwelt, und unsere Erde kann sich noch ein weiteres Jahr drehen ...

Seiten, die mit M gekennzeichnet sind, sind Methodenseiten.

ISBN 3-582-07448-X

Das Werk und seine Teile sind urheberrechtlich geschützt. Jede Nutzung in anderen als den gesetzlich zugelassenen Fällen bedarf der vorherigen schriftlichen Einwilligung des Verlages.
Hinweis zu §52a UrhG: Weder das Werk noch seine Teile dürfen ohne eine solche Einwilligung eingescannt und in ein Netzwerk eingestellt werden. Dies gilt auch für Intranets von Schulen und sonstigen Bildungseinrichtungen.

Verlag Dr. Felix Büchner – Verlag Handwerk und Technik G.m.b.H.,
Lademannbogen 135, 22339 Hamburg; Postfach 63 05 00, 22331 Hamburg – 2005
E-Mail: info@handwerk-technik.de – Internet: www.handwerk-technik.de

Gesamtherstellung: Stürtz GmbH, Würzburg

Inhaltsverzeichnis

1 Sozialer/ gesellschaftlicher Bereich 6

M   Wir erstellen eine Fotomontage – So möchte ich einmal leben 7

1.1 Partnerschaft im Haushalt 8
M   Rollenspiel – Aufteilung der Hausarbeit 8
    Typisch Frau – typisch Mann 9
    Beruf und Familie 10

1.2 Konflikt und Konfliktlösung 12
M   Konflikte in der Familie 12
M   Familienkonferenz 13
    Ursachen für Konflikte 14
    Lösung von Konflikten 15

1.3 Schwangerschaft und Stillzeit 16
    Schwangerschaft 16
    Ernährung der Schwangeren 17
    Vorsorgeuntersuchungen 20
    Infektionsschutz 21
    Ernährung des Säuglings 22
    Mutterschutzgesetz und Bundeserziehungsgeldgesetz 25

1.4 Säugling und Kleinkind 26
    Der Säugling 26
    Entwicklung zum aktiven Kleinkind 27
    Das Kleinkind von 1 bis 3 Jahren 28
    Das Kindergartenkind von 3 bis 6 Jahren 29
    Früherkennungsuntersuchungen 30
    Unser Kind mit Behinderungen gehört dazu 31
    Das Spiel und seine Bedeutung 32
    Spielzeug – Zeug zum Spielen 33
    Kriterien für die Spielzeugauswahl 33
    Spielarten 34
    Kinderbücher 36
M   Projekt – Kinderfest 37

1.5 Erziehen von Kindern 38
    Erziehung als Lebenshilfe 38
    Erziehungsstile 38
    Erziehungsmittel 40
    Ratschläge eines Kindes 41

1.6 Leben mit älteren Menschen 42
M   Erkundung – Senioren in unserer Gemeinde 42
M   Wir erstellen eine Mind Map 43
    Situation der älteren Menschen 44
    Prozess des Älterwerdens 45
    Erfahren vom „Altsein" 46
    Kalendarisches und biologisches Alter 46
    Körperliche Veränderungen 48
    Psychologisches Alter 49
    Umgang mit älteren Menschen 51

2 Wirtschaft 54

M   Wir führen eine Befragung durch 55

2.1 Mittel des Haushaltes verantwortungsvoll einsetzen 56
    Bedürfnisse 57
    Wirtschaftliches Handeln 58
    Arbeitserleichterung durch Technisierung 59
    Haushaltsstrukturtypen 60
    Betriebsmittel sind austauschbar 61
    Speisen selbst hergestellt oder vorgefertigt? 62
    Ökologisches Handeln 64
M   Projekt: Unsere umweltfreundliche Schule 66
M   Wir erstellen ein Quiz – Ökologisches Handeln 67

2.2 Entscheidungsprozess zur Gebrauchsgüterbeschaffung 68
M   Geschirrspülen mit der Maschine oder von Hand? 68
    Umweltbelastung durch die Geschirrspülmaschine? 71
    Warenkennzeichnung 72
    Verbraucherzentralen 73
    Verbraucherzeitschriften 73
    Stiftung Warentest 74

2.3 Haushaltsbuchführung 76
M   Wir bauen ein Standbild – Mein Taschengeld bekomme ich von meinem ? 76
    Ein Haushaltsbuch hilft sparen 77

2.4 Kaufvertrag 80
    Geschäftsfähigkeit 80
    Zustandekommen eines Kaufvertrages 81
    Erfüllung eines Kaufvertrages 82

Inhaltsverzeichnis

	Mangelhafte Lieferung............	83
	Reklamation – Garantie..........	84
	Rechte des Käufers bei einer	
	Reklamation	85
	Lieferverzug	86
2.5	**Das Konsumverhalten hat Auswirkungen auf die Haushaltssituation**................	88
M	Wir starten eine Zeitreise und untersuchen unsere Konsumgewohnheiten...................	88
	Haushaltstypen	89
M	Wir erstellen ein Magazin für junge Leute „Richtiger Umgang mit dem Geld"...............	90
2.6	**Hilfe in wirtschaftlichen Notsituationen**................	91
	Das soziale Netz	91
	Konsum und Schulden..........	92
	Wie kann man sich vor Verschuldung schützen?..........	93

3 Ernährung 94

M	Projekt: Frankreich-Abend mit französischem Büfett	95
3.1	**Arbeitsorganisation**	96
	Arbeitsgestaltung	96
	Arbeitshaltung	96
M	Wegestudien – Fadendiagramm	97
	Arbeitsablaufplanung	98
	Überprüfung eines Arbeitsplans.....	100
3.2	**Nahrungszubereitung**...........	101
	Übersicht – Vorbereitungstechniken...........	101
	Übersicht – Gartechniken..........	102
M	Lernspiel – Um welche Speisekomponenten geht es hier?........	103
	Festliches Menü	104
	Kaltes Büfett	105
	Anrichten und Garnieren........	106
	Servieren	107
3.3	**Nährwertberechnung mit dem Computer**....................	108
3.4	**Lebensmittelqualität**	112
M	Wir erstellen eine Wandzeitung – Wie ernähre ich mich richtig?......	112
	Gesundheitsverträglichkeit......	113
	Sozialverträglichkeit...........	115
M	Diskussionsspiel	117
	Umweltverträglichkeit	118

3.5	**Aktuelle Trends in der Lebensmittelerzeugung**...........	124
	Novel Food – neuartige Lebensmittel und Lebensmittelzusatzstoffe	124
	Functional Food – funktionelle Lebensmittel	125
	Lebensmittelimitate	126
	Nahrungsergänzungsmittel	127
M	Zukunftswerkstatt – Unser Ernährungskonzept.........	128
	Konservierung durch Bestrahlung ...	129
	Gentechnisch veränderte Lebensmittel	130
3.6	**Fehlernährung und die Folgen**	132
	Überernährung................	132
	Ernährung bei Übergewicht – Reduktionsdiäten	134
M	Spurensuche: Der Entstehung von Essstörungen auf der Spur	136
	Entstehung von Krankheiten........	137
	Diabetes mellitus	138
	Diabetesdiät..................	140
	Test für Diabetiker – ohne Insulinbehandlung...................	141
	Fettstoffwechselstörungen	142
	Light-Produkte – Sind sie wirklich leicht?..................	143
3.7	**Essstörungen**	144
	Magersucht – Anorexia nervosa	144
	Ess-/Brechsucht – Bulimie	146
M	Sonderkommission Ernährung	147
3.8	**Vegetarische Kostformen**	148
	Vegetarische Ernährung.........	148
M	Diskussionsrunde mit der Schulleitung	150
	Vollwert-Ernährung.............	151
	Tageskostplan für eine Person.......	152
M	Wir erstellen ein Zuordnungsspiel ...	153
3.9	**Suchen im Internet – Internetrecherchen am Beispiel Magersucht** .	154

Rezepte

1	Kalte Vorspeisen................	156
2	Suppen	157
3	Suppeneinlagen................	159
4	Soßen	160
5	Fleisch, Fisch..................	162
6	Eintopfgerichte	165
7	Gemüse/Salate................	166
8	Beilagen......................	170

9	Süßspeisen		172
10	Gebäck		174
11	Der Wok und andere Zusatzgeräte		188
	Berechnung des Kohlenhydratgehalts (Mehnert/Standl)		192
	Mengenangaben zur Aufstellung und Berechnung von Kostplänen		193
	Nährwerttabelle		194
	Saisonkalender		200
M	Arbeiten mit der Lernkartei		201

4 Textil ... 202

M Wir wählen ein Projektthema ... 203

4.1 Auswirkungen von Produktion und Konsum von Textilien auf Menschen und Umwelt ... 204
Transport ... 204
Textiler Rohstoff ... 204
Der lange Weg unserer Kleidung ... 205
Textilveredlung ... 206

M Umfrage – Wir ermitteln das Konsumverhalten von Jugendlichen ... 207
Welche Textilien werden gekauft? ... 208
Konsum belastet die Umwelt ... 209
Was wird aus der alten Kleidung? ... 211
Recycling von Textilien ... 212

M Aus Alt mach Neu ... 213

4.2 Bekleidung nach bekleidungsphysiologischen Aspekten auswählen ... 214
Aufgaben der Kleidung ... 214

M Wir finden mit Experimenten Antworten auf unsere Fragen ... 215
Wärmeisolation ... 216
Luftdurchlässigkeit ... 216
Feuchtetransport ... 217
Gesundheitliche Anforderungen an Textilien ... 218

M Sonderkommission – Regen-/Wetterbekleidung ... 221

4.3 Modische Kleidung beurteilen ... 222
Aufgaben unserer Kleidung ... 222

M Wir erstellen Wandzeitungen zum Thema Modische Kleidung – Nutzen und Gefahren ... 225
Mode beeinflusst die Kleidung ... 226
Modemacher und Prominente bestimmen, was wir tragen ... 227
Modewechsel ... 228
Brauchen Menschen Mode – oder braucht die Mode Menschen? ... 229
Kleidung und ihre gesellschaftliche Bedeutung ... 230
Wodurch wird der Wert unserer Kleidung bestimmt? ... 234

M Diskussionsspiel ... 236

M Wir erstellen ein Modemagazin für junge Leute ... 237
Neu in der Textilverarbeitung ... 238
Mode und Umwelt ... 240

4.4 Herstellung und Erhaltung textiler Gegenstände ... 242
Gebrauchswert erhalten ... 242

M Projekt: Wir eröffnen unsere Schneiderei, z. B. für einen Basar ... 245
Arbeiten mit Fertigschnitten ... 246
Arbeitsanleitung für Weste und Hose ... 249
Gestaltungstechniken ... 254

4.5 Lebensstile durch Auswahl von Kleidung und Accessoires ausdrücken ... 260
Modisches Zubehör – Accessoires ... 261
Farbwirkungen – Symbolgehalt der Farben ... 262
Kleine Farblehre ... 264
Welcher Farbtyp bin ich? ... 268

Sachwortverzeichnis ... 270
Rezeptverzeichnis ... 275

Sozialer/gesellschaftlicher Bereich

Die Schülerinnen und Schüler können

- mithilfe von Fallbeispielen und im Rollenspiel partnerschaftliches Verhalten bei der Aufgabenbewältigung im privaten Haushalt ausführen
- Lösungsmöglichkeiten für Konfliktsituationen im Bereich Eltern-Kinder-Haushalt-Beruf-Partnerschaft entwickeln
- Verhaltensmaßnahmen zum Wohle der Mutter und des Kindes während der Schwangerschaft und Stillzeit begründen
- wesentliche Schritte in der körperlichen und geistig-seelischen Entwicklung des Säuglings und Kleinkindes darlegen und Fördermöglichkeiten der Entwicklung zusammenstellen und fallgerecht gewichten
- sich mit Grundfragen der Erziehung von Kindern auseinander setzen und in diesem Zusammenhang Erziehungsstile diskutieren
- altersbedingte Veränderungen bei Menschen erkennen und daraus Verhaltensregeln für den zwischenmenschlichen Umgang ableiten

Wir erstellen eine Fotomontage – So möchte ich einmal leben

Auf dieser Seite findet ihr eine Reihe von Fotos, die Menschen in sehr unterschiedlichen Lebenssituationen zeigen. Diese Fotos sollen euch dazu anregen, eine Fotomontage zum Thema **„So möchte ich einmal leben!"** zu erstellen.

Sammeln von Fotos
Hierzu sollt ihr zunächst Fotos sammeln aus Zeitschriften, Fotoalben, Prospekten usw. oder selbst fotografieren. Die Fotos sollen verschiedene Lebenssituationen darstellen, z. B. aus den Ferien, aus dem Beruf, aus der Familie.

Mithilfe der Fotomontage sollt ihr euren Mitschülerinnen und Mitschülern später erklären, wie ihr euer Leben in Zukunft gestalten wollt, welche Ziele und Wünsche ihr habt und vor allen Dingen..., was ihr nicht wollt.

Erstellung der Fotomontagen
Bildet dann mehrere Gruppen, in denen ihr die Fotomontagen erstellt.

Mögliche Gliederungspunkte:
- So stelle ich mir meine Freunde, Freundinnen vor.
- So stelle ich mir mein Berufsleben vor.
- So stelle ich mir meine Wohnung vor.
- So stelle ich mir meine Freizeit vor.

Vorstellen der Fotomontage
Beim Präsentieren eurer Fotomontagen sollt ihr euren Mitschülern und Mitschülerinnen erläutern, was ihr damit ausdrücken wollt.

Träume für die Zukunft
Kannst du dir vorstellen, eine Familie zu gründen, Kinder zu haben, ein Haus zu bauen, Hühner zu halten und Radieschen zu züchten?

Oder findest du das spießig und langweilig?

Was erhoffst du dir von der Zukunft? Welche Ziele hast du?

1.1 Partnerschaft im Haushalt

Rollenspiel – Aufteilung der Hausarbeit

1. Lest die Rollenkarten.
2. Sammelt in Gruppen Argumente für
   a) Susanne,
   b) Thorsten.
3. Führt das Rollenspiel durch.
   Die Beobachterinnen und Beobachter notieren dabei die Argumente von Susanne und Thorsten.
4. Beschreibt: Wie haben die Spielerinnen und Spieler ihre Rolle dargestellt?
5. Diskutiert die Lösung, die die Spielerinnen und Spieler gefunden haben.
6. Sucht weitere Lösungsmöglichkeiten für Susanne und Thorsten.
7. Diskutiert das Ergebnis einer Umfrage: „Für Väter zählt der Beruf – kaum einer will Hausmann sein."

Für eine gerechte Verteilung der Hausarbeit sind ...
Männer 86 % | Frauen 89 %

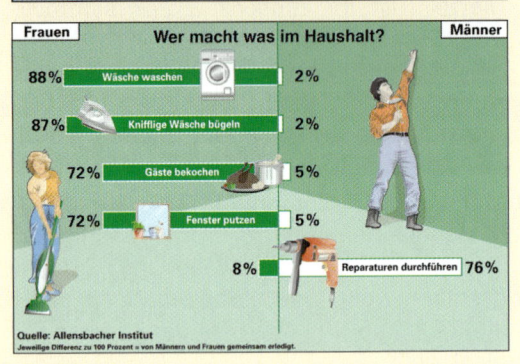

Wer macht was im Haushalt?

Frauen		Männer
88 %	Wäsche waschen	2 %
87 %	Knifflige Wäsche bügeln	2 %
72 %	Gäste bekochen	5 %
72 %	Fenster putzen	5 %
8 %	Reparaturen durchführen	76 %

Quelle: Allensbacher Institut
Jeweilige Differenz zu 100 Prozent = von Männern und Frauen gemeinsam erledigt.

Rollenkarte – Susanne

Beruf: Erzieherin.

Aufgaben im Beruf: Betreuung einer Hortgruppe.

Arbeitszeit: 8.00 bis 16.00 Uhr, 30 Minuten Heimweg. An einigen Tagen hat sie zusätzlich „Frühschicht".

Danach: Erledigung des Haushalts: Waschen, Staubsaugen, Kochen usw. Oft muss sie auch das Wochenende opfern, da sie nicht alles während der Woche schafft.

Hobbys: Sie findet keine Zeit für Sport oder Ähnliches. Am Wochenende guckt sie meist Thorsten beim Fußball zu.

Erziehung: Sie hat früh gelernt, die Aufgaben im Haushalt zu erledigen, da ihre Mutter berufstätig war.

Du forderst von Thorsten, dass er im Haushalt mithelfen soll. Finde Argumente, die ihn überzeugen und ihn von seinem jetzigen Verhalten abbringen.

Rollenkarte – Thorsten

Beruf: Ausbildung zum Polizisten.

Aufgaben im Beruf: Wechsel zwischen körperlicher und geistiger Arbeit – Märsche ..., aber auch viel Schulung.

Arbeitszeit: 7.00 bis 16.00 Uhr, Heimfahrt 1 Stunde.

Hobbys: Fußball – Training Dienstag und Donnerstag, Spiele im Verein am Samstag oder Sonntag.

Erziehung: „Muttersöhnchen" – brauchte zu Hause keine „Hausfrauenarbeit" zu verrichten.

Du siehst es nicht ein, dass es notwendig ist, im Haushalt zu helfen. Du bist der Ansicht, Hausarbeit ist Frauenarbeit. Du versuchst dich den Forderungen von Susanne zu entziehen und erfindest die verschiedensten Argumente, die Susanne zeigen, dass du wirklich nicht mithelfen kannst.

Partnerschaft im Haushalt

Typisch Frau – typisch Mann

1. Erstellt Collagen – vgl. Abb. und S. 53 – bzw. sammelt Werbeaussagen:
   a) Typisch Frau – so ist sie/ so soll sie sein!
   b) Typisch Mann – so ist er/ so soll er sein!
2. Welche Aufgaben von Mann und Frau werden in dem Gedicht „Das Lied von der Glocke" von Friedrich Schiller genannt? Äußere deine Meinung dazu.

Das Lied von der Glocke – Friedrich Schiller (1799)

Der Mann muss hinaus
ins feindliche Leben,
muss wirken und streben
und pflanzen und schaffen,
erlisten, erraffen,
muss wetten und wagen,
das Glück zu erjagen …
Und drinnen waltet die züchtige
                            Hausfrau,
die Mutter der Kinder,
und herrscht weise
im häuslichen Kreise
und lehrt die Mädchen
und wehret den Knaben
und reget ohn' Ende
die fleißigen Hände
und mehrt den Gewinn mit
                        ordnendem Sinn …
(Auszug)

Rechtliche Stellung der Frau

Frauen kämpfen seit über 100 Jahren für die Gleichberechtigung.

1900 Zulassung zum Hochschulstudium.

1919 aktives und passives Wahlrecht.

1922 Der Beruf als Richterin oder Rechtsanwältin ist möglich.

1939 bis 1945 Frauen verlieren die erworbenen Rechte – passives Wahlrecht, Beruf als Richterin/Rechtsanwältin.

1949 Artikel 3 des Grundgesetzes:
(1) Alle Menschen sind vor dem Gesetz gleich.
(2) Männer und Frauen sind gleichberechtigt.

1977 Das Eherecht im BGB besagt nun: Die Ehegatten regeln die Haushaltsführung im gegenseitigen Einvernehmen. Beide Ehepartner sind gleichberechtigt, erwerbstätig zu sein.

1988 „Quotenregelung" der SPD, Frauen bekommen 40% der Wahllistenplätze.

1993 Eine Frau wird Ministerpräsidentin eines Bundeslandes.

2002 EU-Richtlinie über die Gleichstellung von Frauen und Männern am Arbeitsplatz.

Partnerschaft im Haushalt

Beruf und Familie

1. Lest den folgenden Text. Warum möchte Frau Pullmann wieder arbeiten?

2. Welche Folgen haben Frau Pullmanns Berufstätigkeit und Herrn Pullmanns Überstunden für das Familienleben?

3. Erzähle die Geschichte weiter. So sieht es jetzt bei Pullmanns aus.
   a) Beschreibe die neue Arbeitsverteilung. Wer kann welche Hausarbeiten übernehmen?
   b) Wie kann Familie Pullmann die Mittel des Haushaltes, vgl. S. 56 ff., verantwortungsvoll einsetzen?

Dagmar Pullmann ließ ihren Mann reden. Es war immer so gewesen, dass er sprach und sie schwieg; er konnte eben besser reden. Ob er aber die Kinder besser verstand? Ob dieses „Alles klar?" half? Sie bezweifelte es, aber sie sagte nichts: Man musste abwarten. Außerdem war da noch etwas, was sie mit ihm besprechen musste, etwas, was ihr im Augenblick wichtiger erschien: Sie musste Arbeit finden. Es gab nur einen Buchladen in Blomberg, der Besitzer benötigte keine neue Hilfe. Die Leiterin der Stadtbibliothek hingegen suchte eine Hilfe ... Sie war nett und verstand eine Menge von Büchern. Der Haken an der Sache: Die Stelle war eine Halbtagsbeschäftigung, das schmale Gehalt wurde durch die Halbierung geradezu lachhaft.

Als Ole im Bad verschwunden war und Ulla lauter als üblich ihr Bett machte, sprach Dagmar Pullmann mit Dieter. Sie sagte ihm, dass sie sich die Bücher aus dem Kopf geschlagen habe, dass sie etwas anderes machen würde, etwas Kaufmännisches, dass sie aber eine Tätigkeit finden müsse, die ihr eine Stunde Mittagspause garantiere: Wie sollte sie es sonst schaffen, den Kindern ein Essen zu kochen!

Dieter Pullmann war der Meinung, dass eine Halbtagsstelle für eine Mutter mit zwei Kindern genug wäre, dass der erste Job einer Mutter das Muttersein sei. Aber da war der Umzug, der Kredit für die neuen Möbel, die sie benötigten, da war der Wagen, der demnächst auseinander fiel – in der jetzigen Situation konnten sie nicht auf Dags Gehalt verzichten, sie mussten sich nach einem zweiten Job umsehen.

Die Stellensuche ist nicht leicht!
Frau Pullmann wusch sich die Hände, ging in die Küche und machte sich an die Vorbereitung des Mittagessens. Was Kinder und Arbeitsanfall betraf, hatte Dieter Recht, der „erste Job" genügte. Sie hielt im Kartoffelschälen inne. Wenn sie keinen „zweiten Job" fände, erginge es ihr wie ihrer Mutter, dann wäre sie Köchin, Putzfrau, Mutter, dann würde sie im Haus versauern, jeden Tag einen Kuchen backen und Kochrezepte sammeln. Morgens der Staubsauger, mittags das Essen, nachmittags die Kinder und ihre Probleme, die Schularbeiten, abends der Mann, müde und abgespannt. Wieder kroch Angst in Dagmar Pullmann hoch. Sie wurde ärgerlich, schalt sich hysterische Ziege und schälte schneller, energischer die Kartoffeln fertig.

Partnerschaft im Haushalt

Frau Pullmann findet eine Stelle. Der erste Arbeitstag in der Bank.
Um zwölf Uhr schloss die Bank, Mittagspause. Dagmar Pullmann hätte sich am liebsten auf ihren Stuhl fallen lassen. Doch dafür war keine Zeit. Sie nahm Mantel und Tasche …

Es klingelte. Das Zeichen der Pullmänner. Ole warf den Kugelschreiber hin, ging zur Tür und sah durchs Guckloch. Es war die Mutter. Er löste die Kette und öffnete die Tür. „Wie war's?" „Schön", antwortete die Mutter. Dann wurde sie ernst: „Nach dem ersten halben Tag kann man nicht viel sagen." Sie legte den Arm um Ole: „Und bei dir? Klappt es mit der Mathematik?" Ole sagte „Ja". Das war einfacher. Wie sollte er es der Mutter klar machen, dass er nicht alle Aufgaben verstand!

Die Mutter zog den Mantel aus und begann mit dem Essenkochen. Ole sah ihr zu. Dann kam Ulla. Sie stürzte herein, ließ ihre Plastiktüte über den Küchentisch segeln und fiel ihrer Mutter um den Hals. „Was meinst du, hat die liebe Ulla für ihre Englischarbeit bekommen?" „Eine Drei?" Ein strahlendes Kopfschütteln. „Eine Zwei?" Ein noch strahlenderes Kopfschütteln. „Doch nicht – eine Eins?" Ulla triumphierte. Sie weinte fast vor Freude. Auch die Mutter bekam feuchte Augen: Wann hatte Ulla die letzte Eins nach Hause gebracht? Das war lange her, in der ersten oder zweiten Klasse. Und nun in einem so schwierigen Fach wie Englisch.

Nach dem Mittagessen schlüpfte die Mutter gleich wieder in den Mantel. „Ihr müsst das Geschirr spülen", sagte sie. „Ihr müsst das nun immer tun, ich schaffe es nicht." „Klar!" Ulla sprühte vor Tatendrang, sie hätte jedem alles versprochen. „Und nach dem Abwasch – Schularbeiten." Die Mutter stand schon in der Tür. Sie sah Ole an. „Kann ich mich auch darauf verlassen?" Ole nickte, verdrehte aber die Augen. So weit war es also schon: Die Mutter fürchtete, sich nicht auf ihn verlassen zu können. Um Ulla sorgte sie sich nicht. Was eine Eins ausmachte!

Ulla wirbelte durch die Küche. Sie trug Mutters Schürze. „Heran, heran", dichtete sie, „nach Arbeit steht man nicht an." Ihre Reimerei erinnerte Ole an Bernie. „Halt die Klappe!", sagte er. Ulla blieb stehen. „Du spinnst wohl!" Sie zeigte ihm einen Vogel. „Du kannst mir mal …", schrie Ole. Er warf das Handtuch auf die Erde, ging in sein Zimmer und schlug die Tür hinter sich zu … Ole ging zur Tür und öffnete sie einen Spalt. Ulla wusch ab. Sie sang dabei. Er schob die Hände in die Hosentasche und wanderte durch den Flur auf die Küche zu. Ulla sah ihm entgegen. „Na? Hast du es dir überlegt?" Ole tippte sich an die Stirn, nahm die Straßenschuhe aus dem Schuhschrank und zog sie an. Ulla ließ den Teller in die Spüle sinken. „Was soll'n das? Hast du schon Schularbeiten gemacht?" Ole nahm schweigend seine Jacke vom Bügel, öffnete die Flurtür und verschwand.

Abends gibt es noch mehr Ärger.
Zwei Monate später sieht es dann so aus.
Als Ulla und Ole und auch Dieter sich verabschiedet hatten und Dagmar Pullmann fertig angezogen war, ließ sie sich in der Küche nieder und presste die Hände vor die Stirn. Was war es nur, was sie so müde machte? War es die Bank, die ungeliebte Arbeit? Die Zahlen, Konten, Summen, Papiere, Belege? Im Buchladen hatte sie auch keine Ruhe gehabt, sie hatte die Regalleiter rauf- und runtersteigen müssen, den ganzen Tag. Abends, wenn sie nach Hause ging, war sie auch müde gewesen, aber es war eine andere, eine befriedigende Müdigkeit gewesen, ihr hatte nicht vor dem nächsten Tag gebangt. Jetzt bangte ihr. Die Mittagspause erwartete sie jeden Tag sehnlicher, ganz zu schweigen vom Feierabend.

Auch Herr Pullmann macht inzwischen Überstunden, es kommt zu immer neuen Schwierigkeiten. Die Scheidung wird diskutiert. Doch dann ändert sich alles, man spricht wieder miteinander.

(Kordon, K.: Schwarzer Riese 5. Stock, Weinheim)

1.2 Konflikt und Konfliktlösung

Situationen

> Claudia ist in der 10. Klasse der Realschule. Sie hat wenig Lust zum Lernen. Die Eltern möchten, dass sie ein gutes Abschlusszeugnis bekommt.

> Marcus hat einen Freund, Joachim. Die Eltern sehen die Freundschaft nicht gern. Sie meinen, Joachim habe einen schlechten Einfluss auf Marcus.

> Gaby hält nicht viel von Ordnung, in der ganzen Wohnung liegen ihre Sachen herum. Die Mutter beklagt sich, dass sie ständig für sie aufräumen muss.

> Ole ist nicht bereit, bei der Hausarbeit zu helfen. Wenn er darum gebeten wird, hat er keine Lust oder hat gerade etwas anderes zu tun.

> Tulay möchte zur Geburtstagsparty von Ole, aber ihr älterer Bruder verbietet ihr strikt abends das Haus zu verlassen.

> Ronja beklagt sich über das Taschengeld. Sie meint, es ist zu wenig. Oft bittet sie ihre Eltern um zusätzliches Geld, dann kommt es meist zum Streit.

> Tobias wünscht sich ein Mofa. Seine Eltern verbieten es, da es zu viele Unfälle gibt. Tobias kann dies Verbot nicht verstehen.

Konflikte in der Familie

Lest die Rollen-/Situationskarten.

1. Schreibt Karten mit weiteren Konfliktsituationen, die in euren Familien bzw. in eurem Freundeskreis entstehen.
2. Sammelt in Gruppen Argumente für die Personen in den Rollenspielen:
   a) für die Eltern,
   b) für die Jugendlichen.
3. Einigt euch, wer die verschiedenen Rollen spielt.
4. Führt die Rollenspiele durch und beachtet dabei die Regeln für die Gesprächsführung, vgl. S. 15.
5. Wertet das Spielgeschehen aus, führt die Rollenspiele evtl. nochmals mit neuen Argumenten durch.
6. Beendet die Rollenspiele mit einem Blitzlicht.

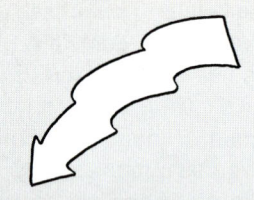

Blitzlicht

Jede Schülerin bzw. jeder Schüler erhält Gelegenheit, etwas zu sagen,
- wie man sich momentan fühlt,
- wie zufrieden man mit dem Ergebnis ist,
- wie man die Zusammenarbeit in der Gruppe erlebt hat
- usw.

Regeln:
- Jeder kann, niemand muss sich äußern.
- Zulässig sind nur kurze – Blitzlicht – persönliche Aussagen. „Ich", nicht „man"!
- Die Beiträge werden weder kommentiert noch diskutiert.
- Es spricht jeweils nur eine Person.

Familienkonferenz

1. Lest die Besprechungspunkte der Familienkonferenz bei Familie Lange und ergänzt evtl. weitere Probleme der Familie Lange.

2. Sammelt in Gruppen Argumente für die verschiedenen Familienmitglieder.
   Einigt euch, wer die einzelnen Personen spielt.
   Führt die Familienkonferenz durch.
   Ob es gelingt, alle Familienmitglieder zufrieden zu stellen?

3. Besorgt euch Fernsehprogramme.
   Erstellt für Familie Lange entsprechend den Beratungspunkten ein Familienfernsehprogramm.

4. Beobachtet eure Mitschüler und Mitschülerinnen bei der Familienkonferenz:
   a) ihr Verhalten,
   b) ihre Aussagen.

Rollenkarten

| Frau Anja Lange, 40 Jahre, halbtags als Arzthelferin tätig |

| Petra Lange, 17 Jahre, Ausbildung zur Bankkauffrau |

| Christian Lange, 15 Jahre, besucht die 10. Klasse der Realschule |

| Benjamin Lange, 9 Jahre, besucht die 4. Klasse der Grundschule |

| Herr Peter Lange, 46 Jahre, ist als Malermeister tätig |

Besprechungspunkte

▶ **Taschengeld für Christian und Benjamin**: Das Taschengeld wird jeweils samstags ausgezahlt. Kosten, die im Zusammenhang mit der Schule stehen, müssen nicht vom Taschengeld bezahlt werden.

▶ **Beitrag zur Haushaltskasse von Petra**: Petra erhält daheim Verpflegung und Unterkunft.

▶ **Küchendienst – Christian und Benjamin**: Hierzu gehören der Abwasch und das Decken und Abdecken des Tisches. **Petra** ist am Mittwoch für das Abendessen und am Sonntag für das Frühstück verantwortlich.

▶ **Hausarbeit**: Jedes der Kinder ist für Ordnung und Sauberkeit in seinem Zimmer verantwortlich. Die Zimmer müssen einmal in der Woche gründlich gereinigt werden. Außerdem sollen nun noch Sonderaufgaben übertragen werden, z. B. Reinigung spezieller Räume, Gartenarbeit, Autowäsche, Einkauf.

▶ **Fernsehen**: Es soll ein „Familienprogramm" erstellt werden. Jedes Familienmitglied darf pro Woche sieben Wunschsendungen ankreuzen. Anja und Peter stellen dann das Familienprogramm zusammen. Sendeschluss ist um 22.00 Uhr. Am Freitag und Sonnabend?

▶ **Sonstiges**: Vielleicht habt ihr noch weitere Ideen? Z. B. Computerspiele und Internet?

Konflikt und Konfliktlösung

Ursachen für Konflikte

Konflikte entstehen leicht im täglichen Leben, wenn unterschiedliche Ziele und Bedürfnisse von verschiedenen Menschen nicht in Einklang gebracht werden können.

Konflikte werden in der Regel von den beteiligten Menschen als sehr störend empfunden. Sie wirken sich auf den Einzelnen leistungshemmend aus.

Missverständnisse
Es kann leicht zu Missverständnissen kommen, wenn man etwas falsch oder anders verstanden hat.

Sie treten auch auf, wenn einem Gründe und Absichten unterstellt werden, die nicht zutreffen.

Unaufrichtigkeit
Wer Unwahrheiten sagt, fordert Konflikte heraus. Auch Halbwahrheiten oder vorenthaltene Informationen sind Zündstoff für Konflikte und schwächen das Vertrauen.

Nachlässigkeiten
Falsche Wortwahl, nicht eingehaltene Versprechen, Zurückweisen von Verantwortung schaffen Konflikte.

Negative Grundeinstellung
Wenn unsere Absichten, gleichgültig welche Gründe dahinterstecken, nicht verständnisvoll und verzeihend sind, gibt es unausweichlich einen Konflikt.

Das Beharren auf Meinungen und Grundsätzen
Wenn zwei Personen mit gegensätzlichen Grundsätzen aufeinander treffen, ist Streit angesagt. Dabei ist es unerheblich, ob diese Grundsätze gut durchdacht sind oder nicht.

Mangelnde Grenzziehung
Unterlassen wir es, die Grenzen unserer Belastbarkeit deutlich werden zu lassen, laden wir andere zur Grenzüberschreitung ein, was unweigerlich zum Konflikt führt.

Fehlverhalten
Durch falsche Einschätzung spielen wir eine Affäre herunter oder machen aus einer Mücke einen Elefanten.

Furcht
Sie ist eine Ursache für fast alle Konflikte. Furcht ist die eigentliche Triebfeder für Unaufrichtigkeit, Prinzipienreiterei und Rückzüge, die eine sinnvolle Kommunikation verhindern.

Heuchelei
Vortäuschen falscher Tatsachen, Absichten usw., Heuchelei kann bewusst oder unbewusst sein.

Konflikt und Konfliktlösung

Lösung von Konflikten

Je früher ein Konflikt erkannt wird, umso leichter ist es, ihn zu lösen und zu einer Einigung zu kommen.

Beantworte dir in einer Konfliktsituation folgende Fragen:

Einsicht gewinnen:
- Was ist genau das Problem?
- Welche Personen sind daran beteiligt?
- Was hat zu dieser Problemsituation geführt?
- Wann ist das Problem schwächer, wann stärker aufgetreten?
- Wie hat sich das Problem im Laufe der Zeit verändert?
- Was habe ich bisher unternommen, um das Problem zu lösen?
- Was hat sich dadurch verändert?
- Welche Folgen hat das Problem bis jetzt für mich?
- Was würde geschehen, wenn das Problem plötzlich weg wäre?
- Was wäre dann anders?

Eine Verhaltensänderung erreichen:
- Welche bisher nicht probierten Lösungsversuche gibt es?
- Was könnte passieren, wenn ich mich anders verhalte?
- Welche Lösungsversuche sind durchführbar?

Wie bearbeite ich einen Fall?
- Was ist das Problem?
- Wo liegen die Ursachen?
- Welche Interessen stehen sich gegenüber?
- Was soll erreicht werden?
- Welche Informationen gibt es?
- Welche Handlungsmöglichkeiten gibt es?
  - Vorteile der Möglichkeiten
  - Nachteile der Möglichkeiten

Regeln für die Gesprächsführung
- Lass die anderen Personen ausreden.
- Gehe auf die Beiträge der anderen Personen ein. Gib eine kurze Rückmeldung, was du „verstanden" hast, z. B. „Habe ich das richtig verstanden, du ..."
- Sprich per „ich" und nicht per „man" oder „wir".
- Persönliche Aussagen sind oft besser als Fragen.
- Formuliere deine persönliche Situation, versuche nicht das Verhalten der anderen zu interpretieren.
- Versuche die Gefühle und Wertungen des anderen nachzuvollziehen, auch wenn du anderer Meinung bist.
- Beachte auch Gestik und Mimik der anderen Personen.
- Gib dem Gesprächspartner Raum, dränge ihn nicht, zeige trotzdem immer Interesse.
- Akzeptiere die Gefühle des anderen, versuche nicht, sie ihm auszureden, äußere die eigenen Gefühle.

1.3 Schwangerschaft und Stillzeit

Schwangerschaft

Gesunde Lebensweise
Wenn eine Frau erfährt, dass sie schwanger ist, können Augenblicke voller Freude und Glück sich mit solchen voller Angst und Befürchtungen abwechseln.

In den 40 Wochen der Schwangerschaft kann die Mutter sich langsam an den Gedanken gewöhnen, dass sie nun für ein Kind zu sorgen hat. Während der Schwangerschaft sollte sie alles meiden, was dem Kind schaden kann.

Körperpflege
Bei der täglichen Körperpflege muss Folgendes beachtet werden:
- Vollbäder sollten höchstens eine Temperatur von 35 bis 37 °C haben.
- Heiße Fuß- oder Sitzbäder sind während der Schwangerschaft zu meiden.
- Es sollten nur Hautöle benutzt werden, die keine Allergiegefahr mit sich bringen.
- Da die Zähne durch Schwangerschaftsbegleiterscheinungen wie Sodbrennen und Erbrechen angegriffen werden können, sind eine aufmerksame Zahnhygiene und ein regelmäßiger Besuch beim Zahnarzt besonders wichtig.

Sport und Reisen
- Körperliche Überbeanspruchungen muss eine Schwangere vermeiden.
- Sportarten, die zu Erschütterungen und Druckschwankungen des Bauchraumes führen können, sind nicht erlaubt, z.B. Reiten, Geräteturnen, Skilaufen.
- Sport sollte auf Schwimmen und leichte Gymnastik beschränkt werden, ebenfalls gut sind tägliche Spaziergänge.
- Urlaubsreisen sind am günstigsten in der Zeit zwischen dem fünften und siebten Schwangerschaftsmonat. Längere Autoreisen sollten vermieden werden.
- Schwangerschaft ist aber auch keine Krankheit.

Auch extreme berufliche Belastungen sollten während der Schwangerschaft vermieden werden, da sie zu Fehl- oder Frühgeburten führen können.

Schwangerschaftsgymnastik
Diese Gymnastik besteht aus Lockerungs-, Entspannungs- und Atemübungen. Durch die Gymnastik bereitet sich die Schwangere auf die Geburt vor. Angst und Verkrampfungen der Muskulatur sollen durch die Übungen gemindert bzw. verhindert werden. Mit der Gymnastik sollte spätestens im fünften Schwangerschaftsmonat begonnen werden.

Entbindungsstationen, Familienbildungsstätten usw. bieten diese Geburtsvorbereitungskurse an, an denen auch werdende Väter teilnehmen können.

Nach der Geburt muss die überdehnte Muskulatur durch Rückbildungsgymnastik wieder gekräftigt werden.

Diskutiert in der Klasse:
Welche Argumente sprechen dafür,
a) dass der Vater an der Schwangerschaftsgymnastik und einem Säuglingspflegekurs teilnehmen sollte?
b) dass die Kosten für die Teilnahme des Vaters von der Krankenkasse übernommen werden sollten?

Schwangerschaftsgymnastik

Schwangerschaft und Stillzeit

Gerda ist schwanger. Sie lässt sich von ihrer Mutter gern dazu überreden, in jeder Menge zu essen, was ihr schmeckt. Sie hatte sich vorher unter viel Mühen auf Größe 38 gehungert, weil ihre Kolleginnen alle so schlank sind. Nun kommt sie sich erlöst vor. „Ich esse doch nur für mein Kind", entschuldigt sie sich vor sich selbst und schichtet Sahne auf den Kuchen und Mayonnaise auf die Pommes. „Mit Fett sollten Sie etwas vorsichtiger sein", rät die Ärztin, der sie von ihren Essfreuden erzählt. „Sie haben sonst nach der Geburt mehr Fettpölsterchen, als Ihnen lieb sind. So viel Fett futtert Ihr Kleines nicht weg. Mehr Eiweiß brauchen Sie allerdings. Quark, leichte Fleischspeisen, Eier tun Ihnen gut. Nach Vitaminen, Obst, Salat und Gemüse lechzt Ihr Körper." „Und wie ist es mit dem Salz?", fragt Gerda. „Ist es für das Kind besser, wenn ich salzlos esse?" „Sie sind weder herz- noch nierenkrank", antwortet die Ärztin. „Warum sollten Sie salzlos essen? Mäßige Verwendung von Iodsalz, mäßig würzen, so haben es Mutter und Kind gern." „Und das Trinken?" „Jeder Mensch hat seine besonderen Trinkgewohnheiten. Wer vor der Schwangerschaft ein Vieltrinker war, tut gut daran, die Flüssigkeitsmenge, die er zu sich nimmt, einzuschränken. Einen Liter darf die werdende Mutter nicht nur, sie sollte ihn sogar trinken. Obstsäfte, gemischt mit Mineralwasser, und Milch sind besonders zu empfehlen. Wer eine Abneigung gegen Milch hat, sollte einen Versuch mit Milchmixgetränken machen."

Ernährung der Schwangeren

Für die Ernährung während einer Schwangerschaft gelten generell die Regeln der vollwertigen Ernährung. Eine vielseitige und ausgewogene, schadstoffarme bzw. -freie Kost, vgl. S. 118 ff., ist für die gesunde Entwicklung des Kindes besonders wichtig. Eine ausgewogene Ernährung hat einen positiven Einfluss auf die Schwangerschaft und die Entwicklung des Kindes. Bei der Ernährung muss die Schwangere immer an „zwei" denken, aber nicht für zwei essen. Das ungeborene Kind wird über den Blutkreislauf der Mutter versorgt.

Der Energiebedarf ist während der gesamten Schwangerschaft nur geringfügig erhöht. Eine zusätzliche Aufnahme von 1,1 MJ pro Tag wird empfohlen. Die Gewichtszunahme während der Schwangerschaft sollte bei 11 bis 16 kg, jedoch nicht unter 8 kg liegen.

Mehrbedarf an Nährstoffen: Der Bedarf an Kohlenhydraten und Fett bleibt etwa gleich. **Der Eiweißbedarf** erhöht sich dagegen ab dem vierten Schwangerschaftsmonat um 10 g pro Tag. Insgesamt nimmt der Körpereiweißbestand während der Schwangerschaft um ca. 1 kg zu, da Plazenta – Mutterkuchen – und kindlicher Organismus aufgebaut werden. Eine ausreichende Eiweißzufuhr ist wesentlich für die gesunde Entwicklung des Kindes.

Gewichtszunahme pro Woche	Schwangerschaftsdrittel
keine	erstes
250 g	zweites
500 g	drittes

Die Gewichtszunahme bis zur Geburt sollte 11 bis 16 kg betragen.

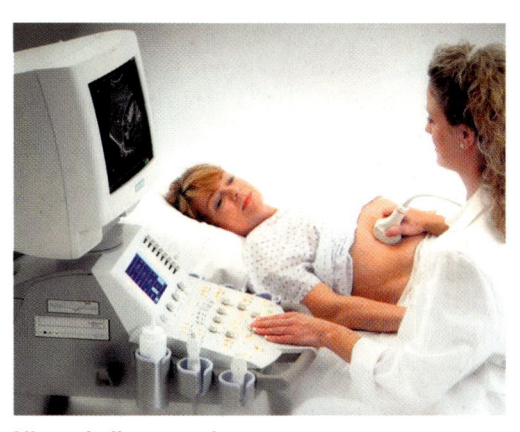

Ultraschalluntersuchung

Schwangerschaft und Stillzeit

Geeignete Lebensmittel: fettarme Fleisch- und Fischsorten, Milch und Milchprodukte. Fettarme Milch und Milchprodukte dienen gleichzeitig als Calciumlieferanten.

Auf eine **ausreichende Flüssigkeitszufuhr** muss geachtet werden. Die Trinkmenge sollte 1,5 Liter nicht unterschreiten. Geeignet sind natriumarmes Mineralwasser und ungesüßte Kräuter- und Früchtetees.

Mineralstoffe und Vitamine

Der Bedarf an bestimmten Mineralstoffen und Vitaminen ist während der Schwangerschaft erhöht. Es sollten entsprechend Lebensmittel mit einer hohen Nährstoffdichte an Vitaminen und Mineralstoffen ausgewählt werden. Die Lebensmittel haben also einen geringen Energie- und einen hohen Vitamin- und Mineralstoffgehalt.

Calcium: Eine Aussage lautet: „Jedes Kind kostet die Mutter einen Zahn." Für den Aufbau der kindlichen Knochen wird viel Calcium benötigt, bei einer Mangelernährung kann die Zahnsubstanz der Mutter angegriffen werden. Calcium ist z.B. in Käse, Milch, Grünkohl und Brokkoli enthalten.

Eisen: Die Zufuhr an Eisen muss während der Schwangerschaft verdoppelt werden, da sich die Blutmenge der Mutter erhöht und auch das Kind Eisen benötigt. Oft müssen deshalb Eisenpräparate genommen werden. Eisenreiche Lebensmittel sind z.B. mageres Fleisch, Hülsenfrüchte, Nüsse und Vollkornprodukte. Die Aufnahme in das Blut wird durch Vitamin C verbessert.

Folsäurereiche Lebensmittel

Kochsalz: Schwangere neigen zur Ödembildung – Ansammlung von Wasser im Körper. Daher ist die Kochsalzzufuhr evtl. einzuschränken. Wenn Salz, dann iodiertes Speisesalz! Kräuter und Gewürze sind zum Würzen der Speisen zu bevorzugen.

Frauen sollten schon vor einer Schwangerschaft in Absprache mit dem Arzt auf eine ausreichende **Folsäurezufuhr** achten, z.B. mithilfe von Tabletten. Folsäuremangel kann zu einer Fehlbildung des zentralen Nervensystems und damit der Wirbelsäule („offener Rücken") und des Gehirns führen. Beim offenen Rücken bleibt ein Wirbelbogen geöffnet. Die Symptome sind u.a. Lähmung der Beine oder ein Wasserkopf. Folsäure erfüllt wichtige Aufgaben im Eiweißstoffwechsel, bei der Zellteilung und -neubildung. Folsäurereiche Lebensmittel sind z.B. Salate, Vollkornprodukte, Nüsse, Tomaten und Eigelb.

Der Vitamin-A-Bedarf steigt besonders während der letzten drei Schwangerschaftsmonate leicht an. Vitamin-A-Mangel führt zu einer gestörten Gewichtszunahme des Kindes. Eine zu hohe Zufuhr kann jedoch zu Missbildungen beim Kind führen.

Medikamente, z.B. Schmerzmittel, sollten nur nach Rücksprache mit dem Arzt eingenommen werden, da sie das werdende Kind evtl. schädigen können.

> **Richtige Ernährung bei Schwangerschaftsbeschwerden**
>
> Zur Behebung von Verstopfung, wie sie in den ersten und letzten drei Schwangerschaftsmonaten häufig auftritt, eignet sich eine ballaststoffreiche Kost, z.B. Vollkornprodukte, Obst und Gemüse, vgl. S. 113f., verbunden mit reichlicher Flüssigkeitsaufnahme. Gegen morgendliches Schwangerschaftserbrechen im ersten Schwangerschaftsdrittel hilft es, nach dem Aufwachen eine Kleinigkeit, z.B. einen Zwieback, im Bett zu essen. Besteht die Übelkeit auch tagsüber, sollte man anstelle von drei großen mehrere kleine, leichte Mahlzeiten einnehmen. (nach DGE)

Schwangerschaft und Stillzeit

Für Stillende gelten ähnliche Ernährungsempfehlungen wie für Schwangere.

Der zusätzliche Energie- und Nährstoffbedarf ist von der von dem Säugling benötigten Milchmenge abhängig.

Iod: Mindestens einmal in der Woche sollte die Stillende Seefisch essen, um den eigenen Iodbedarf zu decken. Außerdem Jodsalz verwenden.

Calcium: Die Zufuhr an Milch und Milchprodukten sollte erhöht werden, damit der Calciumbedarf gedeckt wird.

Flüssigkeit: Stillende sollten täglich mindestens 1,7 l Flüssigkeit – Mineralwasser bzw. ungesüßte Kräuter- oder Früchtetees – trinken.

Wundsein des Säuglings

Säurehaltige Obstsorten können das Wundsein beim Säugling begünstigen. In diesem Fall müssen Stillende Obstsorten auswählen, die weniger Säure enthalten, z. B. Äpfel und Bananen.

Blähungen beim Säugling

Hülsenfrüchte, Kohl, Sauerkraut und Zwiebeln in der Ernährung einer Stillenden können beim Säugling evtl. Blähungen hervorrufen. Diese Sorten sollten durch besser verträgliche ersetzt werden.

„Fliegergriff" bei Blähungen

---

1. Erstelle mit einem Computerprogramm – siehe Seite 108 ff. – einen Tageskostplan für eine 22-jährige werdende Mutter.
2. Ermittle Lebensmittelmengen, die den zusätzlichen Energiebedarf von 1,1 MJ während der Schwangerschaft decken können:
   a) Vollkornbrot,   c) Vollmilch,
   b) Vollkornreis,   d) Sonstiges.
3. Ermittle Lebensmittelmengen, in denen 10 g Eiweiß enthalten sind:
   a) Speisequark, mager, c) Vollmilch,
   b) Goudakäse,   d) Sonstiges.
4. Ermittle Lebensmittel, die von Schwangeren für eine ausreichende Vitaminbedarfsdeckung und Mineralstoffbedarfsdeckung bevorzugt werden sollten.
5. Erkundet Beschäftigungsverbote für Schwangere. Vgl. S. 25.
6. Überlege, wie eine Stillende, die sich vegetarisch ernährt – Ovo-Lacto-Vegetarierin, vgl. S. 148 f. –, die Zufuhr von
   a) Eiweiß,
   b) Eisen,
   c) Iod
   für sich und ihren Säugling sicherstellen kann.

Iss täglich

Schwangerschaft und Stillzeit

Alkoholkonsum während Schwangerschaft und Stillzeit

Über die Blutbahn gelangt der Alkohol auch in den kindlichen Körper, er hat hier eine extrem schädigende Wirkung. In Deutschland werden jährlich etwa 2 500 alkoholgeschädigte Kinder geboren. Neben eventuellen Missbildungen ist die geistige und körperliche Entwicklung dieser Kinder dem vorausgegangenen Alkoholkonsum entsprechend verzögert. Die Hirnschädigungen können auch zu einer Behinderung führen.

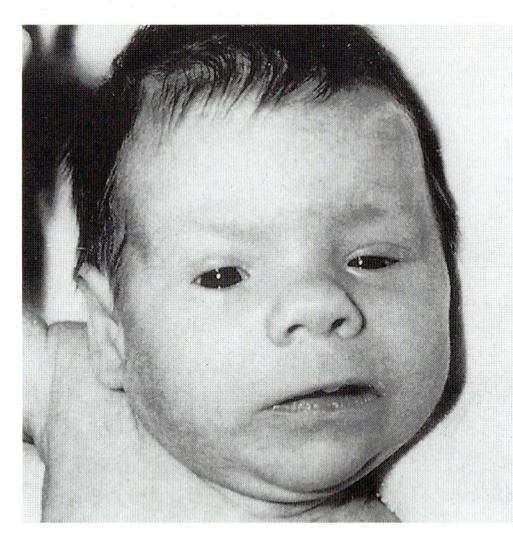

Alkoholgeschädigtes Kind

Rauchen während Schwangerschaft und Stillzeit

Nikotin und Kohlenstoffmonoxid aus dem Tabak gelangen über das Blut in den kindlichen Körper. Die Verengung der Gefäße und der verminderte Sauerstofftransport bewirken eine Mangelernährung und eine Sauerstoffunterversorgung des Kindes. Kinder von Raucherinnen haben daher durchschnittlich ein geringeres Geburtsgewicht und eine geringere Körpergröße. Die geistige Entwicklung ist verzögert, z. B. liegen diese Kinder oft noch mit 16 Jahren im Sprechen und Rechnen zurück.

Vorsorgeuntersuchungen

Bei der ersten Vorsorgeuntersuchung erhält die Schwangere einen Mutterpass, in den alle Untersuchungsdaten eingetragen werden. Diesen Mutterpass sollte die Schwangere immer bei sich tragen, da er dem Arzt im Notfall schnell wichtige Informationen, z. B. über den Geburtstermin, geben kann.

Jede Schwangere kann alle vier Wochen eine kostenlose Vorsorgeuntersuchung in Anspruch nehmen, im letzten Schwangerschaftsmonat sogar alle zwei Wochen.

Bei den Vorsorgeuntersuchungen werden Gewichtszunahme, Blutdruck, Blut und Urin, Größe der Gebärmutter, Lage und Entwicklung des Kindes untersucht. Mithilfe von Ultraschall können die Umrisse des Kindes auf einem Bildschirm sichtbar gemacht werden.

Durch die Vorsorgeuntersuchungen sollen eventuelle Gefahren, die die Gesundheit der Mutter bzw. des Kindes bedrohen, erkannt und möglichst abgewendet werden.

In den Mutterpass werden später noch Angaben über den Geburtsverlauf und die Geburtsdaten des Kindes, z. B. Gewicht und Länge, eingetragen.

Schwangerschaft und Stillzeit

Infektionsschutz

Es gibt Infektionen, die das Kind während einer Schwangerschaft schädigen können.

Röteln

Die Folgen einer Rötelerkrankung während der Schwangerschaft sind besonders gefürchtet. Erkrankt eine Schwangere – besonders während der ersten drei Schwangerschaftsmonate – an Röteln, so kann es zu einer Fehlgeburt oder Missbildungen, wie Herzfehler, Augenschäden (Trübung der Augenlinse), Taubheit oder Schädigungen des Gehirns, kommen.

Deshalb sollten Frauen vor einer Schwangerschaft feststellen lassen, ob sie gegen Röteln immun, d.h. für diese Krankheit unempfänglich sind, und sich anderenfalls impfen lassen.

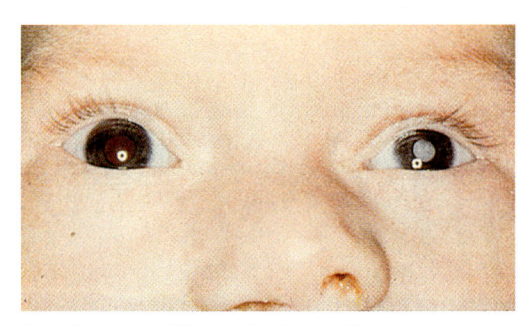

Angeborene Trübung der Augenlinse

Toxoplasmose

Toxoplasmose ist eine weit verbreitete Infektionskrankheit.

Die Übertragung der Krankheit erfolgt durch:
▶ Schmierinfektionen mit akut kranken Haustieren, vor allem durch Katzen,
▶ den Genuss von infiziertem rohen Fleisch, z.B. Tatar, oder ungenügend gegartem Schweinefleisch,
▶ verunreinigte Lebensmittel oder verschmutztes Wasser, z.B. durch Katzenkot.

Bei Erwachsenen verläuft die Infektion meist unterschwellig ohne Beschwerden. Nur selten können Entzündungen des Gehirns oder der Hirnhäute auftreten.

Gefährlich verläuft dagegen die frühkindliche Toxoplasmose. Nach einer Erstinfektion der Mutter in der zweiten Schwangerschaftshälfte kann der Erreger über die Plazenta – vgl. S. 17 – auf das werdende Kind übertragen werden. Die erkrankten Kinder werden häufig zu früh geboren und weisen folgende Fehlbildungen auf: Entzündungen an Ader- und Netzhaut der Augen, Wasserkopf, Verkalkungen im Gehirn.

Die Folge einer Toxoplasmose kann auch eine Totgeburt oder eine geistige Behinderung des Neugeborenen sein.

Auch bei Säuglingen und Kleinkindern kann die Toxoplasmose zu Schädigungen führen.

Vermeidung einer Toxoplasmose während der Schwangerschaft:
▶ Kein rohes Fleisch essen.
▶ Engen Kontakt mit Katzen meiden.
▶ Katzenkot sorgfältig mit Gummihandschuhen beseitigen.

Weitere für das Kind – besonders in den ersten drei Schwangerschaftsmonaten – **gefährliche Infektionserkrankungen sind:**
Aids,
infektiöse Gelbsucht,
Masern,
Mumps,
echte Virusgrippe.

Ärztliche Betreuung hilft Gefahren, die die Gesundheit von Mutter und Kind bedrohen könnten, weitgehend abzuwenden.

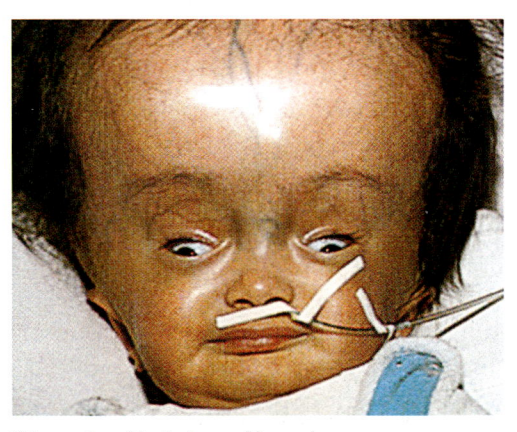

Wasserkopf bei einem Neugeborenen

Schwangerschaft und Stillzeit

Karin erzählt ihrer Freundin Heidi:

Ich holte das Baby um 6, 10, 14, 18 und 22 Uhr (zuerst auch noch um 2 Uhr) aus dem Bettchen. Schlief es zu „seiner" Zeit noch, nahm ich es trotzdem auf. Schrie es schon lange vorher, versuchte ich das zu überhören, denn es war noch nicht „dran".

Immer war ich peinlich darauf bedacht, ihm die Menge, die auf der Packung angegeben war, auch zukommen zu lassen. Das war ziemlich lästig: Stillen – was allerdings immer weniger wurde –, den Rest mit der Flasche nachfüttern.

So große Mühe ich mir auch gab: Stillen und Flaschegeben, anfangs mit so viel Freude erlebt, wurden allmählich zu einer Belastung und schließlich zu einer regelrechten Katastrophe für mich und das Kleine. Denn das reagierte ganz anders, als ich es mir immer vorgestellt hatte. Und keiner sagte mir, warum. Ich bin froh, dass ich mich mit meiner Situation nicht einfach abfand, sondern beim Arzt alles zur Sprache brachte.

„Manchmal wird es nicht richtig wach", erzählte ich ihm nach aufreibenden Monaten, als ich ihm unser trinkfaules Baby zeigte, „oder es schläft immer wieder über der Flasche ein. Dauernd muss ich es mit dem Schnuller reizen, damit es trinkt. Was mich noch mehr nervt: Oft schreit das Kleine scheinbar grundlos beim Füttern wie am Spieß, drückt die Flasche weg, so zieht sich die Mahlzeit über eine Stunde lang hin. Inzwischen habe ich richtig Angst vor dem Füttern."

(Essgeschichten, Bundeszentrale für gesundheitliche Aufklärung)

Ernährung des Säuglings

Stillen

In den ersten Tagen nach der Geburt enthält Muttermilch mehr Eiweiß – Abwehrstoffe – und weniger Fett und Kohlenhydrate. Die reife Muttermilch enthält mehr Fett und weniger Eiweiß. Die Muttermilch ist in ihrer Zusammensetzung den kindlichen Bedürfnissen angepasst:

▶ Milchzucker – Lactose – kann besser verwertet werden, die Darmflora wird positiv verändert.

▶ Das Eiweiß ist leicht verdaulich, es werden keine Abwehrreaktionen ausgelöst.

▶ Abwehrstoffe gegen Infektionen sind enthalten.

Gestillte Säuglinge werden seltener krank und übergewichtig und entwickeln seltener Allergien, vgl. S. 121, als nicht gestillte. Beim Stillen besteht ein enger Hautkontakt, die Mutter-Kind-Beziehung wird verstärkt.

Muttermilch ist mit Schadstoffen belastet, da fettlösliche Schadstoffe im Fettgewebe gespeichert und mit der Milch abgegeben werden. Trotzdem überwiegen in den ersten 4 bis 6 Monaten die Vorteile der natürlichen Ernährung. Der Schadstoffgehalt der Muttermilch kann durch eine schadstoffarme Ernährung über mehrere Jahre gesenkt werden. Vgl. S. 118 ff.

1. Lies den Text. Was könnten die Ursachen für Karins Stillprobleme sein?
2. Mache begründete Verbesserungsvorschläge.
3. Setzt im Rollenspiel das Gespräch zwischen Karin und dem Arzt fort.
4. Sammelt Argumente, die für bzw. gegen das Stillen sprechen.
5. Beurteilt folgende Aussage von Manfred: „Karin stillt unser Baby, da werde ich sowieso nicht gebraucht."
6. Ermittelt im Internet, wo Karin weitere Beratung und Unterstützung erhalten kann, z. B. unter www.lalecheliga.de. Vgl. S. 154 ff.

Schwangerschaft und Stillzeit

Flaschennahrung
Kuhmilch kann für Säuglinge in den ersten Lebensmonaten nicht unverändert als Nahrung verwendet werden, da der Eiweiß- und Mineralstoffgehalt zu hoch sind. Sie muss der Muttermilch angepasst – adaptiert – werden. Kann ein Säugling nicht gestillt werden, so erhält er zunächst **Säuglingsanfangsnahrung**, die für die besondere Ernährung von Säuglingen während der ersten vier bis sechs Monate bestimmt ist und den Ernährungsanforderungen entspricht.

Folgenahrung ist für die besondere Ernährung von über vier Monate alten Säuglingen bestimmt.

In Säuglingsanfangsnahrung und Folgenahrung darf kein Stoff in einer die Gesundheit von Säuglingen oder Kleinkindern gefährdenden Menge enthalten sein.

Bei industriell hergestellter Säuglingsnahrung sollen die Hinweise und Dosierungsvorschriften auf den Packungen befolgt werden. Außerdem muss der Nitratgehalt des Trinkwassers beachtet werden, vgl. S. 119.

Weizen, Roggen, Hafer und Gerste usw. dürfen in den ersten vier Lebensmonaten nicht zugesetzt werden, da sie Zöliakie – eine Lebensmittelunverträglichkeit – verursachen können.

Säuglingsanfangsnahrung muss zusätzlich mit einem Hinweis auf die Überlegenheit des Stillens versehen sein.

Kostplan für das erste Lebensjahr
In den ersten 4 bis 6 Monaten wird das Baby gestillt oder es erhält Flaschennahrung. Fünf bis sechs Mahlzeiten sind notwendig, bei gestillten Babys evtl. auch mehr. Wird ein Säugling gestillt, benötigt er bis ca. Ende des ersten Lebenshalbjahres keine weitere Nahrung. Ausschließliches Stillen in den ersten 6 Monaten wird zur Allergievorbeugung empfohlen, vgl. S. 121. Nach dem 4. Monat darf mit der Beikost begonnen werden. Die WHO empfiehlt das Weiterstillen – neben der Beikost – bis zu zwei Jahren und darüber hinaus.

Ab dem **5. Monat** wird eine Mahlzeit nach und nach durch Gemüsebrei ersetzt. Gemüse und schaumig geschlagene Banane eignen sich besonders für die ersten Essversuche mit dem Löffel. Im Übrigen erhält das Baby Flaschennahrung.

Ab dem **6. Monat** ist es teilweise möglich, dass dem Baby nur noch vier Mahlzeiten gegeben werden. Morgens und nachmittags bekommt es die Flasche. Mittags erhält es einen Gemüsebrei und abends Milchbrei, z. B. Grießbrei mit Obst.

Unter den Gemüsebrei werden 2 bis 3 TL gekochtes und fein zerkleinertes Fleisch gemengt.

Geeignete Gemüsesorten: Karotten, Blumenkohl, Fenchel, junge Erbsen, junger Kohlrabi. Ballaststoffreiche Gemüsesorten, z. B. Kohlarten, sind ungeeignet.

Im **7. Monat** werden dem Baby eine Flasche mit Vollmilch, ein Gemüsebrei, ein Zwieback-Obst-Brei und ein Milchbrei gegeben.

Im **8. bis 10. Monat** wird diese Kost fortgeführt. Etwa ab dem 10. Monat können anstelle von vier Mahlzeiten drei Hauptmahlzeiten und zwei Zwischenmahlzeiten gegeben werden.

Ab dem **11. Monat** kann die Nahrung langsam gröber werden. Das Baby kann einen Brotkanten oder eine Möhre zum „Nagen" bekommen.

Nun erfolgt schrittweise der Übergang zur festen Kleinkinderkost.

1 Schwangerschaft und Stillzeit

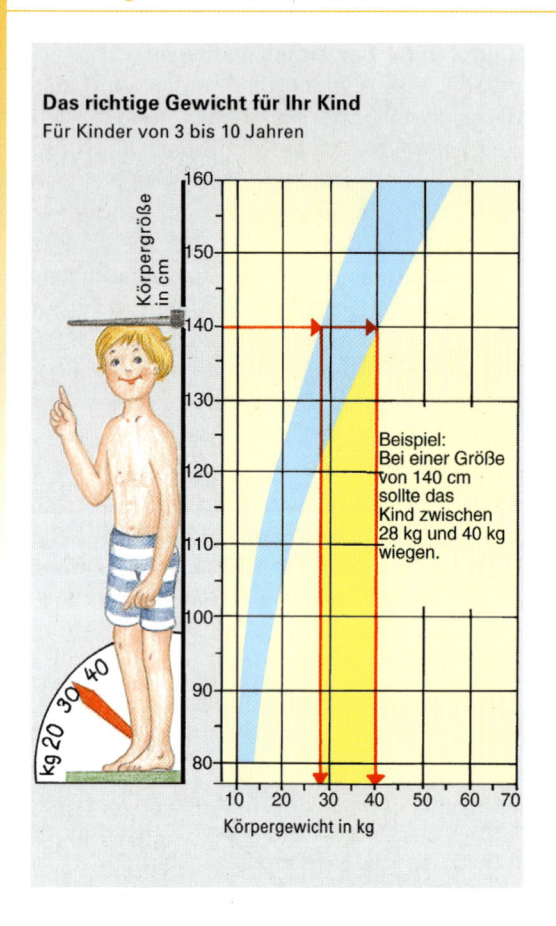

Das richtige Gewicht für Ihr Kind
Für Kinder von 3 bis 10 Jahren

Beispiel:
Bei einer Größe von 140 cm sollte das Kind zwischen 28 kg und 40 kg wiegen.

Körpergröße – Gewicht – Energiebedarf (DGE)
Referenzmaße für Kinder und Jugendliche

Personen	Körpergröße cm		Körpergewicht kg		MJ/Tag	
	m	w	m	w	m	w
Säuglinge						
0– 3 Monate	58	57	5,1	4,7	2,0–1,9	
4–12 Monate	71	69	8,7	8,1	3,0–2,9	
Kinder						
1– 3 Jahre	91	91	13,5	13,0	4,7–4,4	
4– 6 Jahre	113	112	19,7	18,6	6,4–5,8	
7– 9 Jahre	130	130	26,7	26,7	7,9–7,1	
10–12 Jahre	147	148	37,5	39,2	9,4	8,5
13–14 Jahre	163	160	50,8	50,3	11,5	9,4
Jugendliche						
15–18 Jahre	174	166	67,0	58,0	13,0	10,5

Mittelwerte aus zahlreichen Erhebungen in der Bundesrepublik Deutschland

▶ Diese „Mahlzeiteneinteilung" kann nur als Anhaltspunkt dienen. Oft sind auch im 5. Monat noch fünf Mahlzeiten erforderlich.

▶ Muttermilch ist die natürlichste Ernährung für den Säugling.

▶ In den ersten vier bis sechs Monaten sollten Säuglinge entweder voll gestillt oder mit Säuglingsmilchnahrung ernährt werden, da ihr Magen-Darm-Trakt noch nicht voll entwickelt ist.

▶ Bei der Säuglingsernährung muss berücksichtigt werden, dass die Funktionen des Verdauungsapparates, der Leber und Niere erst nach Ablauf des ersten Lebensjahres voll entwickelt sind.

▶ Einige Säuglinge, die nur schlecht vom Löffel essen, bekommen die Flasche länger. Sie erhalten eine Breiflasche.

▶ Gemuste und schaumig geschlagene Banane eignet sich für die ersten Essversuche mit dem Löffel. Der süße und fruchtige Geschmack ist ein Anreiz.

▶ Anstelle von gesüßten Instant-Kindertees, die kariesfördernd sind, sollten ungesüßte Kräuter- oder Früchtetees verwendet werden. Außerdem wird so vermieden, dass der Säugling frühzeitig an einen übersüßen Geschmack gewöhnt wird.

▶ Besonders für Säuglinge sollten schadstoffarme bzw. -freie Lebensmittel ausgewählt werden, vgl. S. 118 ff.

Gemüsebrei nicht vor dem 5. Monat

100 bis 150 g Gemüse	waschen, putzen, dünsten, fein pürieren.
50 bis 75 g Kartoffeln	waschen, kochen, pellen, fein pürieren, Gemüse und Kartoffeln mischen.
5 bis 10 g Butter Öl	oder unterrühren.
1 Pr. Zucker	Evtl. mit abschmecken.

Schwangerschaft und Stillzeit

Mutterschutzgesetz und Bundeserziehungsgeldgesetz

1. Diskutiert das folgende Fallbeispiel.
2. Führt eine Internetrecherche zum Thema Elternzeit durch. Vgl. S. 154 ff.

Martina, 21 Jahre alt, ist im zweiten Monat schwanger. Sie arbeitet als chemisch-technische Assistentin, die Tätigkeit bereitet ihr viel Freude.
Sie scheut sich, ihren Chef über die Schwangerschaft zu unterrichten, sie will warten, bis man etwas sieht.

Beschäftigungsverbote

Werdende Mütter dürfen keine schweren Arbeiten verrichten, z. B. Arbeiten, bei denen sie regelmäßig Lasten von mehr als 5 kg oder gelegentlich Lasten von mehr als 10 kg heben müssen.

Verboten sind Arbeiten, bei denen Schwangere der Einwirkung von gesundheitsgefährdenden Stoffen oder Strahlen, von Staub, Gasen oder Dämpfen, von Hitze, Kälte oder Nässe, von Lärm oder Erschütterungen ausgesetzt sind.

Verboten sind Akkord- und Fließbandarbeiten sowie Nachtarbeit, Arbeit an Sonn- und Feiertagen und Mehrarbeit. Nach Ablauf des fünften Monats der Schwangerschaft sind auch Arbeiten verboten, die nur im Stehen durchgeführt werden, soweit diese Beschäftigung täglich vier Stunden überschreitet. Ausnahmen für diese Bestimmungen gibt es allerdings für einige Berufe, z. B. in der Gastronomie, Hauswirtschaft, Krankenpflege, Landwirtschaft.

Kündigungsschutz

Von Beginn der Schwangerschaft an bis zum Ablauf von vier Monaten nach der Entbindung ist eine Kündigung unzulässig. Sobald der werdenden Mutter die Schwangerschaft bekannt ist, soll sie dem Arbeitgeber den Tag der Entbindung bekannt geben.

Schutzfristen

Mutterschutzfrist: In den letzten sechs Wochen vor dem voraussichtlichen Geburtstermin brauchen Schwangere nur dann zu arbeiten, wenn sie das selbst ausdrücklich wollen. Die Erklärung kann jederzeit widerrufen werden. Das Arbeitsverbot endet acht Wochen nach der Entbindung. Bei Früh- und Mehrlingsgeburten verlängert sich diese Schutzfrist um vier Wochen.

Stillenden Müttern ist nach der Mutterschutzfrist die zum Stillen erforderliche Zeit, mindestens zweimal täglich eine halbe Stunde oder einmal täglich eine Stunde, freizugeben.

Elternzeit: Bis zur Vollendung des dritten Lebensjahres besteht der Anspruch auf Elternzeit. Die Elternzeit kann, auch anteilig, von jedem Elternteil allein oder gemeinsam genommen werden.

Erziehungsgeld: Anspruch hat, wer keine volle Erwerbstätigkeit (unter 30 Std./Woche) ausübt. Das monatliche Erziehungsgeld beträgt höchstens:
 1.–12. Lebensmonat: 460 €,
 12.–24. Lebensmonat: 307 €.

1.4 Säugling und Kleinkind

Der Säugling

> 1. Lies den folgenden Text. Vervollständige den Bericht „Das Experiment des Kaisers".
> 2. Beschreibe Situationen, in denen du von deinen Eltern, Geschwistern oder Verwandten
>   a) Schutz, Geborgenheit,
>   b) Verständnis, Trost,
>   c) Vertrauen
>   erwartest oder brauchst.

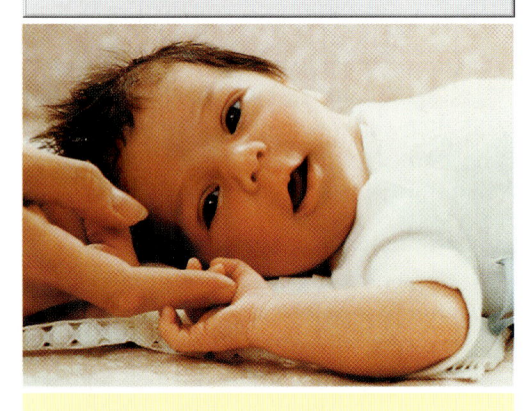

Das Experiment des Kaisers

Kaiser Friedrich II. (1194–1250) wollte herausfinden, welche Sprache – Ursprache – der Mensch spricht. Ein Experiment sollte die Antwort ergeben.

Gesunde Säuglinge wurden kurz nach der Geburt von ihren Eltern und Familien getrennt. Die Versorgung mit Nahrung und die notwendige Pflege erfolgten nun durch ausgebildete Kinderschwestern. Die Schwestern hatten jedoch ein strenges Verbot, sie durften mit den Kindern weder sprechen noch spielen. Die meiste Zeit waren die Kinder also allein.

Der Kaiser hatte vermutet, dass die Kinder nach einer gewissen Zeit von allein anfangen würden in der „Ursprache" zu sprechen.

Kein Kind sprach je ein Wort …

Wie ging das Experiment aus?

In den **ersten drei Monaten** sind Trinken und Schlafen die Hauptbeschäftigungen für den Säugling. Die Bewegungen werden durch Reflexe bestimmt, bei Berührungen machen z. B. die Hände Greifbewegungen.

Gegen Ende des dritten Monates reagiert der Säugling dann stärker auf die Umwelt. Er zeigt das erste bewusste Lächeln, nimmt nun Stimmen und Geräusche wahr und wendet sich ihnen zu, die Augen können Gegenstände verfolgen, die Stimme bildet unterschiedliche Laute.

Die ersten drei Monate sind keineswegs ein „verschlafenes Vierteljahr". In diesem Zeitraum entwickelt sich das Gehirn besonders rasch. Unterschiedliche Sinneseindrücke – auch über die Haut – müssen diese Entwicklung unterstützen:

▶ Zärtlichkeit, Hautkontakt, Streicheln,
▶ Sprechen, Kinderlieder, Spieluhr,
▶ bunte, glänzende Gegenstände, Mobiles.

In dieser Entwicklungsstufe kann das Baby nur durch Schreien auf seine Bedürfnisse aufmerksam machen. Die Bezugspersonen kennen oft den Grund und sind in der Lage, die Ursachen zu beheben oder zu trösten und zu beruhigen, sie geben dem Kind dadurch das Gefühl von Sicherheit und Geborgenheit. Vgl. auch S. 40.

Personen – **Bezugspersonen** –, die den Säugling auf den Arm nehmen, ihn streicheln und mit ihm sprechen, sind wesentlich für seine weitere Entwicklung. Diese Zuwendung ist genauso wichtig wie Essen, Pflege und Schlaf.

Der Säugling gewöhnt sich auch an mehrere Bezugspersonen, z. B. Geschwister oder Großeltern, diese können dann durch die evtl. intensivere Zuwendung eine Bereicherung für ihn darstellen.

Eine Betreuung von ständig wechselnden Personen beunruhigt das Kind.

Besondere Zuwendung benötigt das Baby, wenn es krank ist oder zahnt.

Entwicklung zum aktiven Kleinkind

Die hier beschriebenen Entwicklungsschritte sind nur Anhaltspunkte, es gibt Früh- und Spätentwickler.

4. und 5. Monat: Der Säugling kann nun in Rückenlage einen Greifring oder eine Rassel festhalten und heftig strampeln. Er verfolgt Gegenstände mit den Augen und versucht danach zu greifen. Wird er zum Sitzen aufgerichtet, kann er den Kopf halten. Er dreht ihn nach beiden Seiten, um Gegenstände oder Geräusche zu verfolgen. Das Baby erwidert das Lächeln und lernt, Gesichtsausdruck und Tonfall der Bezugspersonen zu unterscheiden.

6. und 7. Monat: Das Baby kann sich vom Bauch auf den Rücken drehen. Es greift gezielt nach Gegenständen und führt sie zum Mund. Der Mund ist jetzt das wichtigste Tastorgan. Das Baby reagiert auf Geräusche und wenn es angesprochen wird. Es plappert vor sich hin. Versteckenspielen mit einem Tuch bereitet ihm Freude.

8. und 9. Monat: Das Baby fängt an zu „fremdeln". Es unterscheidet zwischen vertrauten Personen und Fremden, bei denen es anfängt zu weinen. Aus sicherer Entfernung, z. B. auf dem Arm des Vaters, macht es jedoch bald wieder Annäherungsversuche. Das Baby wird immer beweglicher: Es kann sich vom Rücken auf den Bauch drehen, frei sitzen, durch die Wohnung krabbeln und versucht, sich an den Möbeln hochzuziehen. Es lässt das Spielzeug absichtlich fallen und freut sich, wenn es aufgehoben wird.

10. bis 12. Monat: Das Krabbeln wird immer sicherer. Mit einem Jahr können manche Kinder bereits einige Schritte frei gehen. Da das Baby jetzt zunehmend auf Entdeckungsreise geht, muss die Wohnung kindersicher gestaltet werden. Die Hände werden nun zum wesentlichen Tastorgan. Das Baby „begreift" die Gegenstände, ihre Beschaffenheit. Es versucht, Laute und Bewegungen nachzuahmen. Es versteht Worte und Äußerungen.

4. und 5. Monat – Schauen, Hören und Greifen

6. bis 9. Monat – Versteckenspielen, Weggeben und Wiederentdecken, Wiederbekommen

10. bis 12. Monat – Entdeckungsreisen, Zeigen und Benennen von Gegenständen

Säugling und Kleinkind

Das Kleinkind von 1 bis 3 Jahren

1. Lies die folgenden Situationen. Überlege, wie sich die „Erzieher/-innen" verhalten sollen.
2. Berichte über eigene Erlebnisse mit Kleinkindern.

Sabine experimentiert mit den Spätzle. Sie landen überall, nur nicht im Mund. Der Löffel fällt auf den Boden. Die Finger ersetzen den Löffel. Die Hilfe des Vaters lehnt Sabine energisch ab.

Marcus bekommt zum Frühstück immer eine Tasse Milch. Heute wehrt er sich lautstark: „Mag nicht!"

Gaby ist mit ihrer Mutter im Supermarkt. Sie sitzt im Einkaufswagen. Sie greift in das Regal und legt Bonbons in den Einkaufswagen. Die Mutter sagt: „Die brauchen wir nicht." Sie legt die Bonbons in das Regal zurück. Gaby schreit laut, die Leute drehen sich um.

Bei einem Spaziergang im Wald will Ole nicht weitergehen. Er wirft sich auf den Boden und schreit: „Auf den Arm, nach Hause!"

Sofie hat ein großes Kinderzimmer mit viel Spielzeug. Sie will dort aber nicht alleine spielen. Die Mutter soll immer mitspielen.

Das Laufenkönnen ermöglicht es dem Kind, seine Umwelt zu erforschen. Der Bewegungsdrang wird immer größer. Das Kind kann nun Spielzeug in Bewegung setzen, zunächst das Nachziehtier, später Schaukelpferd, Rutschauto, Dreirad oder einen Karton, der als Fahrzeug dient.

Experimentierfreude, Ausdauer und Fingergeschicklichkeit werden durch Spielzeug zum Legen und Stecken, Sandspielzeug, Knetmasse usw. unterstützt.

Das Kind macht am Ende dieser Entwicklungsphase die Entdeckung, dass es eine eigenständige „Persönlichkeit" ist. Es sagt „ich" und entwickelt seinen eigenen Willen. Man spricht heute nicht mehr von der „Trotzphase", sondern von der „Phase der Willensbildung". Um sich selbst zu finden, muss sich das Kind von den Bezugspersonen lösen. Mit dem Neinsagen lotet das Kind aus, wo Grenzen gesetzt sind, und erfährt, dass auch andere Personen Rechte und Bedürfnisse haben.

Das Kind muss lernen, Gefahren zu erkennen und mit ihnen umzugehen. Es kann seine Fähigkeiten noch nicht richtig einschätzen und traut sich spontan vieles zu. Das Kind muss so üben, gefährliche Situationen, z. B. die Treppe, zu bewältigen.

Während des Selbstständigwerdens üben gleichaltrige Kinder eine große Anziehungskraft aus. Das gemeinsame Spiel – Teilen und Geben – muss jedoch erst erlernt werden. Häufig endet ein Spiel, in dem Spielzeug ausgeliehen werden soll, im Streit. Teddy oder Puppe sind wichtige Begleiter, sie werden im Rollenspiel für das Kind lebendig.

Mit zwei Jahren reiht das Kind zwei bis drei Wörter zu einem „Satz" aneinander. Sprechen können heißt, Dingen einen Namen zu geben, Wörter mit deren Bedeutung zu verbinden. Die Sprachentwicklung hängt auch von der „Sprechfreudigkeit" der Umgebung ab. Einfache Bilderbücher, Kinderreime, Fingerspiele können die Sprachentwicklung unterstützen.

Das Kindergartenkind von 3 bis 6 Jahren

Das Kind entwickelt jetzt noch mehr Selbstständigkeit und Unabhängigkeit. Die Kinder bewegen sich nun geschickt. Sie können balancieren, schaukeln und Roller fahren. Sie haben einen großen Bewegungsdrang. Im Spieleifer werden Gefahren nicht unbedingt erkannt.

Auch die Fingergeschicklichkeit nimmt zu. Sie können nun selbst Knöpfe und Reißverschlüsse schließen. Auch das Basteln mit der abgerundeten Kinderschere und Klebstoff bereitet Freude.

Die Kinder haben eine rege Fantasie. Es ist die Phase der Märchen und des Kasperletheaters. Sie wollen Märchen und Geschichten immer wieder hören. Kinder haben ein gutes Gedächtnis, oft kennen sie die Geschichten auswendig.

Der Wortschatz des Kindes wächst weiter. Besonders gern werden ungewöhnliche Ausdrücke – auch Schimpfwörter – verwendet. Es liebt es, zu schreien und zu fluchen, unter Kindern herrscht ein „rauer, herzlicher" Umgangston.

Gleichzeitig erreicht die kindliche Neugier ihren Höhepunkt, dies ist die Zeit der ständigen „Warum-Fragen". Auf jede Antwort folgt eine neues Warum.

Die Kinder suchen nun Freunde, mit denen sie zu dritt oder viert spielen können. Sie machen gerne selbstständig Besuche bei befreundeten Kindern, brauchen aber gleichzeitig noch von älteren Geschwistern oder Erwachsenen „Spielanstöße".

Mithelfen können im Haushalt und dafür gelobt werden stärkt das Selbstvertrauen. Die Kinder streben jetzt besonders nach Lob und Bestätigung, sie möchten so sein wie die Erwachsenen.

Gelegentliche Lernspiele können das Lernen unterstützen. Körperliche Geschicklichkeit, verschiedene Fähigkeiten und soziales Verhalten lernen Kinder jedoch am besten im normalen Spiel.

---

1. Lies die folgenden Situationen und überlege, wie sich die „Erzieher/-innen" verhalten sollen.
2. Erinnere dich an deine Kindergartenzeit. Mache eine Liste der
   a) positiven,
   b) negativen Erfahrungen.

Petra bedrängt ihre Mutter wieder einmal mit tausend „Warum-Fragen". Der Mutter reicht es, so sagt sie kurz entschlossen: „Was willst du denn noch alles wissen?"

Vater schneidet Andreas die Fingernägel. Plötzlich schreit Andreas seinen Vater an: „Du Stinker!"

Jan möchte seiner Mutter bei der Zubereitung des Mittagessens helfen. Die Mutter lehnt die Hilfe ab: „Spiel du lieber in deinem Zimmer, du machst alles nur schmutzig."

Großmutter kommt zurück vom Einkaufen. Sie hat ihren Mantel noch nicht ausgezogen, da ruft Claudia bereits: „Hast du mir was mitgebracht?"

Martin muss bei Gesellschaftsspielen immer gewinnen, sonst bekommt er einen Wutanfall.

Vater sagt zu Tobias: „Du bist noch zu klein, du darfst noch nicht mit Messer und Gabel essen."

Säugling und Kleinkind

Früherkennungsuntersuchungen

> 1. Nenne gesundheitliche Störungen, die durch die verschiedenen Früherkennungsuntersuchungen erkannt werden sollen.
>
> 2. Informiert euch über die körperliche und geistige Entwicklung eines Säuglings im ersten Lebensjahr, vgl. S. 26 f.
>
> 3. Für das erste Lebensjahr sind sechs Früherkennungsuntersuchungen vorgesehen.
> Begründe diese Tatsache.

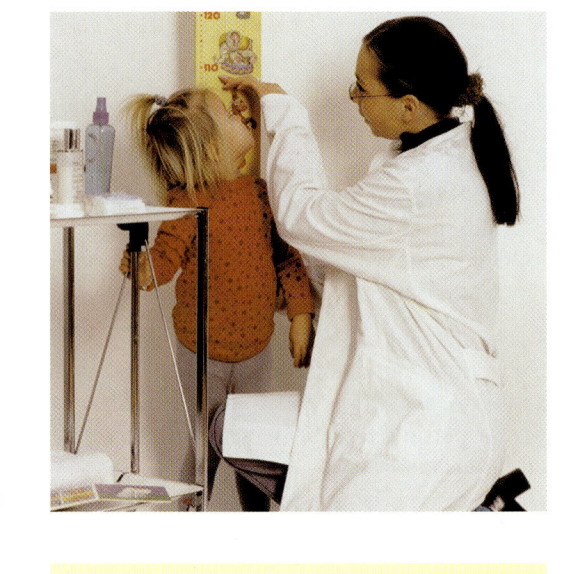

In dem Untersuchungsheft für Kinder heißt es: „Zweck dieser Untersuchungen ist die Früherkennung von Krankheiten, die die normale körperliche oder geistige Entwicklung Ihres Kindes in nicht geringfügigem Maße gefährden. Früherkennung ist Voraussetzung für eine erfolgreiche Behandlung. Bedenken Sie, dass die Entwicklung in den ersten fünf Lebensjahren entscheidend für die spätere körperliche und seelische Gesundheit Ihres Kindes ist.

Deshalb
Bitte, nehmen Sie alle Untersuchungstermine wahr. Befolgen Sie die Ratschläge Ihres Arztes zu Kontrollen und Nachuntersuchungen."

U1 – Nach der Geburt: Atmung, Herzschlag, Reflexe und der sonstige gesundheitliche Zustand des Neugeborenen werden untersucht.

U2 – 3. bis 10. Lebenstag: Es werden Blutuntersuchungen durchgeführt, um Stoffwechselstörungen festzustellen.

U3 – 4. bis 6. Lebenswoche: Der Arzt prüft, ob das Kind altersgemäß ernährt wird und sich normal entwickelt. Gleichzeitig kontrolliert er die Hüftgelenke und achtet auf körperliche und geistige Auffälligkeiten.

U4 – 3. bis 4. Lebensmonat: Ernährung, Verhalten und Bewegung werden kontrolliert.

U5 – 6. bis 7. Lebensmonat: Die altersgemäße Entwicklung wird überprüft, z.B., ob sich das Kind von der Rücken- in die Bauch- oder Seitenlage drehen kann. Außerdem erfragt der Arzt eventuelle Ernährungsprobleme.

U6 – 10. bis 12. Lebensmonat: Besonders Organentwicklung, Bewegungsfähigkeit und Entwicklung von Sprache und Sinnesorganen werden überprüft.

U7 – 21. bis 24. Lebensmonat: Die altersgemäße Weiterentwicklung der Sprache – der Sinne – und des Verhaltens sind Untersuchungsschwerpunkte. Die Zahnentwicklung wird ebenfalls kontrolliert.

U8 – 43. bis 48. Lebensmonat: Eventuelle Hör- und Sehstörungen sollen überprüft werden, außerdem wird festgestellt, ob das Kind den Anforderungen des Kindergartens gewachsen ist.

U9 – 60. bis 64. Lebensmonat: Es werden Infektionshäufigkeit sowie Auffälligkeiten in der Sprachentwicklung, in der motorischen und körperlichen Entwicklung und im Verhaltensbereich überprüft.

Unser Kind mit Behinderungen gehört dazu

1. Lies den folgenden Text. Welche Hilfen nimmt die Familie Roebke in Anspruch?
2. Erkundet Einrichtungen für Kinder mit Behinderungen in eurer Umgebung.
3. Informiert euch über das Down-Syndrom, z. B. im Internet. Vgl. S. 154 ff.

An den herrlichen Frühlingstag, als Ulrich zur Welt kam, kann sich Christa Roebke genau erinnern. Die Geburt verlief normal, wie bei dem ersten Sohn vor drei Jahren.

Ihr Baby wurde dann sofort weggenommen, ohne dass sie es noch einmal ansehen durfte, eigenartig. Am nächsten Morgen erfuhr Christa Roebke, dass ihr Kind vermutlich geschädigt ist. Für Christa Roebke und ihren Mann war diese Auskunft nicht fassbar.

Nach einer Woche verließ Christa Roebke das Krankenhaus. Ulrich blieb noch einige Wochen in der Klinik.

Als die Eltern Ulrich dann nach Hause holten, hatten sie immer noch die Hoffnung, dass es doch nicht ganz so schlimm ist. Sie lasen alles, was sie über Behinderungen erfahren konnten. Nach drei Wochen bekamen sie die Adresse einer Kinderklinik.

Hier erfuhren sie: „Das Kind hat das Down-Syndrom (Trisomie 21). Ändern lässt sich nichts mehr. Aber fördern können Sie es."

Jetzt suchten Christa Roebke und ihr Mann Kontakt zu anderen Eltern mit behinderten Kindern. Sie bekamen Anschriften von Hilfseinrichtungen. Für Ulrich wurde ein Programm der Frühförderung ausgearbeitet.

Durch das behinderte Kind musste Christa Roebke ihren ganzen Tagesplan umkrempeln. Jede Entwicklungsstufe, die bei gesunden Kindern selbstverständlich ist, musste Ulrich langsam lernen. Immerhin, die geduldige Mühe hatte Erfolg: Mit zwei Jahren konnte Ulrich selbstständig die ersten Schritte machen.

Christa Roebke: „Zum Glück sind mein Mann und ich ein gutes Team." Sie kennt viele Ehen, in denen der Mann die Belastung nicht durchhielt und davonlief, oder Eltern, die ihr behindertes Kind in ein Heim gaben.

Als Ulrich drei Jahre alt war, übte er täglich bei einer Heilpädagogin und wurde wöchentlich einmal gezielt in seinem Sprechvermögen gefördert.

Geholfen haben den beiden auch der Trost und die Hilfe von Freunden. Manchen aus dem Freundeskreis war die Belastung allerdings auch zu groß, sie besuchten die Familie nicht mehr. Aber die Eltern wollten Ulrich nicht verstecken.

Als Ulrich vier Jahre alt war, versuchten sie, ihn in einem Kindergarten unterzubringen. Nach einigem Suchen fanden sie eine Kindergartengruppe für Ulrich, in der fünf behinderte und zehn nicht behinderte Kinder waren.

Ulrich ist inzwischen alt genug, er kann eingeschult werden. Die Eltern suchen eine Schule, in der behinderte und nicht behinderte Kinder gemeinsam unterrichtet werden. (Bundeszentrale für gesundheitliche Aufklärung)

Kind bei gezielter Förderung

1 Säugling und Kleinkind

Das Spiel und seine Bedeutung

1. Erkundet einen Kindergarten.
2. Lasst euch dort vorhandene Spiele/ Spielzeug erklären und fragt, welche Eigenschaften dadurch beim Kind gefördert werden sollen.
3. Betrachtet die Abbildungen. Überlegt, welche Eigenschaften jeweils durch die verschiedenen Spiele gefördert werden sollen.
4. Übertrage die Tabelle in dein Heft. Ergänze die Eintragungen.

Eigenschaften	Spiele
Fantasie	Rollenspiele
Sprache	?
Sinne	?
Denken	?
Selbstständigkeit	?
Zusammenarbeit	?
usw.	?

Lass uns einen Turm bauen.

Ich male ein Bild für meine Oma.

Der Teddy ist weich und braun.

Ich gehe zum Kindergarten.

Lass uns mit den Puppen spielen.

Wir spielen gemeinsam Ball.

Wie heißt der Hund?

Säugling und Kleinkind

Spielzeug – Zeug zum Spielen

> 1. Ein zweijähriges Kind soll ein Spielzeug bekommen. Mache mehrere Vorschläge, wähle eines aus und begründe deine Auswahl.
> 2. Mache Vorschläge für die Gestaltung eines selbst hergestellten Spielzeuges für ein zweijähriges Kind.

Spielen ist für das Kind eine wichtige Tätigkeit. Es macht dabei eigene Erfahrungen und entwickelt Fähigkeiten. Im Spiel lernt es, seine Sinne zu gebrauchen (z. B. der Sand ist nass), erkennt Zusammenhänge (z. B. beim Turmbau muss der größte Klotz nach unten), erwirbt Geschicklichkeit und übt soziales Verhalten ein (z. B. beim Zusammenspiel muss ich mich an Regeln halten, sonst gibt es Ärger).

Das Kind kann beim Spielen in unterschiedliche Rollen schlüpfen und seine Wünsche erfüllen, z. B. fliegen oder so groß und stark wie die Eltern sein. Es kann seine Wut und seinen Ärger abreagieren, indem es mit dem Teddy schimpft. Der Teddy kann lachen und weinen, lieb und zärtlich sein.

Das Spiel wird durch Spielzeug und „Zeug zum Spielen" – Spielgegenstände – unterstützt.

Spielzeug ist handwerklich oder industriell hergestelltes Material zum Spielen.

„Zeug zum Spielen" veranlasst zum Spielen. Es wird in das Spiel einbezogen und verändert sich für das Spiel oder ist auch nur in der Fantasie des Kindes vorhanden, z. B. eine Gardine als Brautkleid, ein Stück Holz als Boot und im nächsten Moment als Tier, unsichtbares Geld, mit dem gezahlt wird, usw.

Man unterscheidet folgende Spielzeugarten: Babyspielzeug, Spielzeug zum Bewegen, Liebhaben, Gestalten, Konstruieren, Werken und Forschen, zum Miteinanderspielen, für das Rollenspiel.

Kriterien für die Spielzeugauswahl

Spielzeug sollte:
- **altersgemäß sein, dem Entwicklungsstand des Kindes entsprechen**. Verfrüht geschenktes Spielzeug überfordert und verunsichert das Kind.
- **ungefährlich und haltbar sein**.
  - Spitze, zerbrechliche, scharfe oder scharfkantige Spielsachen können zu Verletzungen führen.
  - Auch kleine Gegenstände, die das Kind in Ohren oder Nase stecken oder verschlucken kann, sind ungeeignet.
  - Spielzeug muss farbecht und leicht zu reinigen sein.
- **aktives Tun ermöglichen und die Fantasie anregen, viele Spielmöglichkeiten bieten**.
  - Einfaches Spielzeug ermöglicht die Entwicklung von unterschiedlichen eigenen Spielideen, automatisch funktionierendes Spielzeug hemmt die Fantasie, Sprechpuppen hindern Kinder z. B. am Sprechen. Eine Puppe mit Puppenzubehör ist dagegen für verschiedene Spielmöglichkeiten geeignet.
  - Baumaterial, das hinsichtlich Farbe und Form übertrieben gestaltet ist, behindert beim Bauen nach eigenen Vorstellungen.
  - Unüberschaubares, technisiertes und perfektes Spielzeug macht das Kind passiv, da es zum Zuschauen verurteilt ist.
- **handlich sein, die richtige Größe haben**.
  - Riesige Stofftiere können nicht mitgenommen werden, sie überfordern die körperlichen Kräfte.
  - Zu kleine Bauklötze sind ungeeignet für kleine Kinder.
- **kein Ersatz für Zuwendung sein**.
  Persönliche Erfahrungen, wie Geborgenheit und Liebe, können auch durch das beste Spielzeug nicht ersetzt werden.

(nach Arbeitsausschuss „spiel gut")

Spielarten

1. Nenne Spielzeug, das sich in verschiedenen Altersstufen für
   a) Bewegungsspiele,
   b) Gestaltungsspiele,
   c) Rollenspiele,
   d) Gesellschaftsspiele,
   e) Konzentrationsspiele eignet.
2. Sibylle wird acht Jahre alt. Stelle verschiedene Spiele für die Geburtstagsfeier zusammen.
3. Erarbeitet eine Rallye für Kinder im Grundschulalter.
4. Entwickelt ein Rollenspiel: Familie mit zwei Kindern, vier und sechs Jahre, sitzt am Frühstückstisch und spricht über die Spielzeugwünsche der Kinder.
5. Bringt Kinderspielzeug mit in die Schule. Stellt es euren Mitschülerinnen und Mitschülern vor und bewertet es hinsichtlich seiner Eignung, die Fantasie anzuregen usw.
6. Erstellt eine Liste von Kinderliedern, die zu unterschiedlichen Anlässen gesungen werden können.

Bewegungsspiel

Tipps für Erzieher/-innen
- Schaffen Sie Platz zum Spielen.
- Lassen Sie so viel wie möglich spielen.
- Unterbrechen Sie nicht unnötig das Spiel.
- Stellen Sie nicht zu viel Spielzeug bereit.
- Drängen Sie nicht und treiben Sie das Kind nicht an. Helfen Sie, wenn das Kind es wünscht.
- Lassen Sie das Kind selbst versuchen und probieren. Seien Sie nicht ungeduldig.
- Kritisieren und verbessern Sie nicht ständig.
- Zeigen Sie ernsthaftes Interesse.
- Loben Sie nicht überschwänglich.
- Geben Sie Gelegenheit zum Alleinspielen.
- Unterstützen Sie gemeinsames Spiel mit anderen Kindern.
- Seien Sie auch bereit, selbst mitzuspielen.
- Respektieren Sie das Eigentum Ihres Kindes.
- Machen Sie keinen Unterschied zwischen Spielzeug für Jungen und Mädchen.
- Lassen Sie das Aufräumen nicht zur täglichen Tragödie werden.

Je nach Alter des Kindes haben folgende Spielarten eine unterschiedliche Bedeutung. Spielzeug kann diese Spielarten unterstützen und aktives Tun ermöglichen.

Bewegungsspiele sind für die körperliche und geistige Entwicklung, die Körperbeherrschung – Geschicklichkeit und Bewegung –, aber auch für das Abreagieren von Ärger notwendig, z. B. Rassel, Dreirad, Ball, Rollschuhe, Klettergerüst, Springseil. Der Bewegungsraum für Kinder in den Wohnungen ist jedoch häufig eingeengt. Bei mangelnder Bewegung entstehen später evtl. „Störungen beim Rechnen".

Konstruktions-/Gestaltungsspiele: Beim Bauen, Kneten, Malen usw. wird mit dem Material probiert, experimentiert und gestaltet. Mit dem Material schafft das Kind etwas Neues, Eigenes. Hierbei werden nicht nur Fantasie und Ausdauer angeregt, sondern es werden auch motorische Fähigkeiten – Geschicklichkeit – geschult, z. B. das Führen des Malstiftes, das Aufeinanderlegen von Bauklötzen, Spielen im Sandkasten, mit Knetmasse, an der Werkbank.

Rollenspiele/Theaterspiel: Kinder spielen Situationen nach, die ihre Fantasie beschäftigen, die sie beobachtet haben. Dabei können Freude, Probleme, Spannungen und Ängste ausgelebt und verarbeitet werden, z. B. Telefonieren, Vater-Mutter-Kind, Arztbesuch, Einkaufen, Autofahrt. Kinder spielen gerne Rollen, in denen sie groß und erwachsen sind. Die Spiele werden durch Puppen/Figuren und die „Verkleidungskiste" unterstützt. Das Rollenspiel ist wichtig für die Sprachentwicklung und die soziale Entwicklung der Kinder.

Regelspiele/Gesellschaftsspiele: Kinder erfahren, dass sie und die anderen Mitspieler und Mitspielerinnen Spielregeln beachten müssen. Sie lernen zu beobachten, auf andere einzugehen, zu planen und zu verlieren. Diese Spiele steigern ihre Konzentrations- und Merkfähigkeit und ihre soziale Entwicklung. Sie sollten zum Vergnügen und nicht unter Leistungsdruck gespielt werden. Beispiele: Würfelspiele, Kartenspiele, Domino.

Konzentrationsspiele steigern die Merkfähigkeit, Konzentration und Ausdauer der Kinder. Genaues Hinsehen, Erkennen von Formen und Farben werden beim Memoryspiel, beim Puzzeln und durch Suchbilder geschult. Viele dieser Spiele können auch selbst mit einfachen Mitteln hergestellt werden. Außerdem gibt es einige Konzentrationsspiele, für die kein Spielzeug benötigt wird, z. B. Kofferpacken. Konzentrationsspiele können teilweise auch von den Kindern alleine gespielt werden.

Gestaltungsspiel

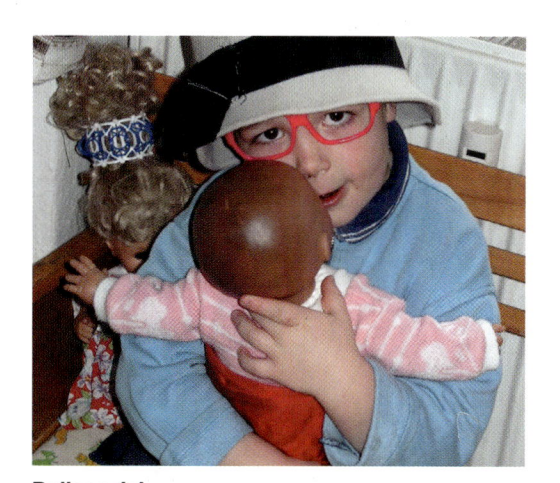

Rollenspiel

Gesellschaftsspiel

Säugling und Kleinkind

Kinderbücher

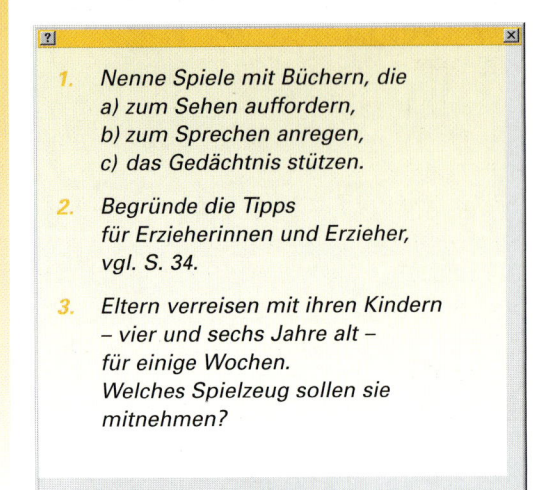

> 1. Nenne Spiele mit Büchern, die
>   a) zum Sehen auffordern,
>   b) zum Sprechen anregen,
>   c) das Gedächtnis stützen.
>
> 2. Begründe die Tipps
>   für Erzieherinnen und Erzieher,
>   vgl. S. 34.
>
> 3. Eltern verreisen mit ihren Kindern
>   – vier und sechs Jahre alt –
>   für einige Wochen.
>   Welches Spielzeug sollen sie
>   mitnehmen?

▶ In Bilderbüchern erkennt das Kind bekannte Gegenstände, z.B. Hund, Birne, Puppe. Die Gegenstände und Personen sollten möglichst einfach und naturgetreu dargestellt sein.

▶ Bilderbücher fördern die Sprachentwicklung und Fantasie: Anhand dieser einfachen Bilder können den Kindern Geschichten erzählt werden. Zu den Bildern kann das Kind auch selbst Geschichten erfinden.

Mögliche Spielideen: Ich sehe was, was du nicht siehst, und das ist … Zeig alle roten Dinge, alle Sachen, die wir in der Küche haben.

▶ Der Zugang zu Büchern sollte den Kindern leicht gemacht werden. Kinder benötigen Zeit und einen Platz, an dem sie sich wohl fühlen, um sich in Bücher zu vertiefen.

▶ Sachbücher mit thematischen Darstellungen, wie „Im Krankenhaus", erleichtern dem Kind die Auseinandersetzung mit der Umwelt bzw. verlocken zum Tun, z.B. Pflanzen in einer Schale ziehen, Postamt oder Bahnhof anschauen.

▶ Kassetten können das Erzählen und Vorlesen nicht ersetzen. Durch den persönlichen Kontakt beim Betrachten oder Vorlesen von Büchern erfährt das Kind Geborgenheit, und Fragen können gleich beantwortet und Ängste im Gespräch verarbeitet werden. Beim Betrachten von Bilderbüchern kann der Erwachsene auf die Bedürfnisse des Kindes eingehen, der Inhalt kann „abgeschwächt oder verstärkt" erzählt werden. Selbst erzählen ist kindgerechter als erzählen lassen.

▶ Von Bilderbüchern kann eine starke Motivation zum Lesen ausgehen. Sie können auch zum Spielen anregen: Das Gehörte kann im Rollenspiel nachgespielt werden oder Szenen aus den Bilderbüchern können gestaltet, gemalt oder geformt werden.

Auch zu Blumen und Tieren kann man Geschichten erfinden.

Warum sich das Schneeglöckchen so gut mit dem Schnee verträgt

Der Schnee durfte sich seine Farbe selbst aussuchen. Da ging er zum Gras, zur Rose und zum Veilchen. Aber alle wiesen ihn ab. Da sagte der Schnee betrübt zum Schneeglöckchen: „Wenn mir niemand eine Farbe gibt, so ergeht es mir wie dem Wind, der nur darum so böse ist, weil man ihn nicht sieht." Da erbarmte sich das Schneeglöckchen und sagte: „Wenn dir mein einfaches Mäntelchen gefällt, so kannst du es haben." Der Schnee nahm es und …

Projekt – Kinderfest

Ermittelt, wo sich in der Nähe eurer Schule Einrichtungen für Kinder befinden. Plant gemeinsam mit den Erziehern und Erzieherinnen dieser Einrichtungen die Durchführung eines Projektes mit Kindern, z. B. ein Kinderfest.

Kinderfeste werden zu tollen Partys, wenn sie unter einem Motto stehen. Es sollte also frühzeitig überlegt werden, ob mit der Einladung an die kleinen Gäste nicht gleichzeitig eine Aufforderung verbunden wird: „Wir machen Zirkus" oder „Auf zum Sportfest". Eine solche Einladung regt die kindliche Fantasie an.

Wie viele Gäste werden eingeladen?
Die Zahl der Gäste wird von der durchführenden Person bzw. von den Eltern festgelegt. Die Kinder können dann entscheiden, wen sie einladen.

Faustregel: Je jünger die Kinder, desto kürzer ist die Fete und umso weniger Gäste werden eingeladen.

Die Kinder kennen meist von anderen Kinderfesten Spiele. Sicherheitshalber sollte für alle Kinderfeste immer ein Unterhaltungsprogramm vorbereitet werden.

Checkliste Kinderfest
▶ Die kleinen Gäste rechtzeitig einladen, dazu Einladungen gestalten. Wer soll die Einladungskarten erstellen?
▶ Wo und wann soll das Fest stattfinden?
▶ Eine Liste erstellen, was vorbereitet und eingekauft werden muss.
▶ Die Kinder nach Möglichkeit in die Vorbereitungen einbeziehen.
▶ Gestaltung der Kinderparty: Soll es ein bestimmtes Motto geben?
▶ Wer erstellt das Unterhaltungsprogramm?
▶ Welche Spiele werden gespielt?
▶ Was soll es zu essen geben? Auch vegetarische Speisen anbieten, vgl. S. 148 f.
▶ Wer kümmert sich um die Speisen und Getränke?
▶ Gibt es Preise für die Spielgewinner?
▶ Wie sollen die Räume bzw. der Garten dekoriert werden? Luftballons, Luftschlangen, Fähnchen usw.?
▶ Wer erstellt die Dekorationen?
▶ Wie soll das Fest finanziert werden?
▶ Wie wird der Abholdienst geregelt?
▶ Empfindliche Gegenstände vor Partybeginn aus der Gefahrenzone bringen. Wo Kinder feiern, geht es rund.
▶ Wie und wann werden die Aufräumungsarbeiten durchgeführt?

Nun geht es an die Arbeit. Es gibt viel zu tun, bis die Kinderparty starten kann.

1.5 Erziehen von Kindern

Erziehung als Lebenshilfe

Verhaltensregeln und Normen erleichtern das Zusammenleben von Menschen in Gruppen. Die Verhaltensregeln und Normen sollen Konflikte und Schwierigkeiten beim Umgang miteinander so weit wie möglich verhindern.

Eltern oder andere „Erzieher" wollen ihre Kinder auf das „Leben" vorbereiten, d. h., sie wollen ihnen beibringen, was notwendig ist, damit sie im Privatleben und im Beruf Anerkennung, Zufriedenheit und Erfolg erleben.

Erziehungsziele unterliegen zeitlichen Veränderungen. Z. B. ist an die Stelle von Gehorsam und Unterordnung in vielen Familien die partnerschaftliche Erziehung getreten. So werden heute in der Erziehung nicht nur Werte und Normen vermittelt, sondern es geht auch um die Erziehung zu Selbstständigkeit und Kritikfähigkeit.

Im Folgenden werden drei Erziehungsstile beschrieben. In der alltäglichen Erziehung wird kaum einer dieser Erziehungsstile in reiner Form praktiziert. Es herrscht vielmehr ein Mischtyp vor, in dem Elemente aus einem Erziehungsstil überwiegen.

Erziehungsstile

Demokratischer – partnerschaftlicher – Erziehungsstil

Bei dem demokratischen Erziehungsstil bemüht sich die erziehende Person, die Kinder bzw. Jugendlichen entsprechend ihrem Entwicklungsstand an Entscheidungen teilnehmen zu lassen.

▶ Die erziehende Person entscheidet zusammen mit Kindern und Jugendlichen.

▶ Kinder und Jugendliche sind gleichwertige Partner.

▶ Der demokratische Erziehungsstil ist durch Toleranz, Anerkennung und Vertrauen gekennzeichnet.

▶ Soweit die Rechte anderer nicht verletzt werden oder Gefährdungen eintreten, haben die Kinder bzw. Jugendlichen einen Freiraum für die persönliche Entfaltung.

▶ Die erziehende Person ist bereit, mit den Kindern oder Jugendlichen über persönliche Probleme zu sprechen und gemeinsam eine Lösung zu suchen.

▶ Äußerungen, die die erziehende Person gegenüber Kindern bzw. Jugendlichen ausspricht, dürfen umgekehrt werden.

▶ Als Erziehungsmittel wird hauptsächlich Lob, weniger Tadel eingesetzt.

▶ Bei Kindern bzw. Jugendlichen werden dadurch Eigeninitiative und Selbstständigkeit gefördert.

Kinder und Jugendliche, die mithilfe des demokratischen Erziehungsstils erzogen wurden, sind als Erwachsene oftmals eher bereit, Verantwortung für andere Menschen zu übernehmen.

Erziehen von Kindern

Autoritärer Erziehungsstil

Bei diesem Erziehungsstil bestimmt allein die erziehende Person, was Kinder bzw. Jugendliche tun und lassen sollen.

- Aktivitäten von Kindern und Jugendlichen werden durch die „Erzieher" bestimmt.
- Es werden Kommandos und Anordnungen erteilt.
- Die Belange der Kinder und Jugendlichen werden nur in geringem Maße berücksichtigt.
- Kinder bzw. Jugendliche und die „Erzieher" haben nicht die gleichen Rechte.
- Die Äußerungen, die „Erzieher" Kindern bzw. Jugendlichen gegenüber aussprechen, dürfen nicht umgekehrt werden.
- Widerspruch vom Kind bzw. Jugendlichen wird nicht geduldet, da die Entscheidungen allein bei der erziehenden Person liegen.
- Gehorsam, Ordnung und Sauberkeit werden von den Kindern und Jugendlichen erwartet.
- Erziehungsmittel sind Tadel und Missbilligung, weniger eingesetzt werden Lob und Anerkennung.

Kinder bzw. Jugendliche werden so an die Gewohnheiten der „Erzieher" angepasst. Es bleibt wenig Spielraum für die Entfaltung der eigenen Persönlichkeit.

Die Kinder und Jugendlichen erwarten Anweisungen von Erwachsenen.

Antiautoritärer Erziehungsstil

Der antiautoritäre Erziehungsstil ist – wie der Name sagt – das Gegenteil vom autoritären Erziehungsstil.

- Die Kinder bzw. Jugendlichen können tun, was sie möchten, die erziehende Person lässt sie gewähren.
- Die erziehende Person verhält sich passiv und macht keine oder nur geringe Vorgaben.
- Die erziehende Person erteilt nur Auskunft, wenn sie gefragt wird, und greift nur ein, wenn Gefahren auftreten.
- Die erziehende Person ist freundlich, aber neutral.
- Die Kinder bzw. Jugendlichen haben also viel Freiheit und erleben wenig Widerstand.
- Bei dem antiautoritären Erziehungsstil wird auf Begrenzungen, Lob und Tadel verzichtet. Der antiautoritäre Erziehungsstil setzt also keine Erziehungsmittel ein.

Die Kinder und Jugendlichen, die antiautoritär erzogen wurden, entwickeln ein Gefühl der persönlichen unbegrenzten Macht.

Die Sozialkompetenz – die Fähigkeit, sich in einer Gemeinschaft einzuordnen – dieser Kinder und Jugendlichen wird nicht entwickelt, sie suchen jeweils ihren eigenen Vorteil.

---

1. Betrachte die drei Abbildungen. Erläutere an Beispielen um welchen Erziehungsstil es sich jeweils handelt.
2. Finde mindestens drei Beispiele, die zeigen, dass Erziehung notwendig ist.
3. Formuliert eigene Erziehungsziele.
4. Entwickelt in arbeitsteiligen Gruppen drei Rollenspiele zu den drei beschriebenen Erziehungsstilen.

Erziehen von Kindern

Die Familie gibt Sicherheit

In der veränderten Welt von heute brauchen Kleinkinder ihre Eltern mehr denn je. Sie brauchen sie als Orientierungshilfen in einer unübersichtlicher und komplizierter gewordenen Zeit, als sicheren, verlässlichen Hintergrund, der ihnen Vertrauen und Kraft für ihre „Ausflüge" nach draußen gibt, und als „Ansprechpartner" für ihre Sorgen und Nöte, gerade wenn sie diese noch nicht mit Worten ausdrücken können. Und sie brauchen Geborgenheit, um mit ihren Kinderängsten fertig zu werden, sowie das sichere Gefühl, akzeptiert zu werden.

Die größte Hilfe, die Eltern ihren Kindern geben können, ist für sie da sein und sie lieb haben. Das ist, so belegen auch wissenschaftliche Erkenntnisse, ebenso wichtig wie richtige Ernährung, Pflege und ausreichender Schlaf. Die beständige Nähe der vertrauten Person gibt dem Kind ein Gefühl von Geborgenheit und „Urvertrauen", das es braucht, um die vielfältigen Schritte seiner geistigen, seelischen und sozialen Entwicklung tun zu können. – Dass das sichere Gefühl, geliebt und angenommen zu werden, auch ausschlaggebend für eine gesunde körperliche Entwicklung ist, haben Wissenschaftler seit langem erkannt.

Aber auch blinde Liebe ohne Wissen um die speziellen Bedürfnisse eines Kindes reicht nicht aus. Sie kann sogar schädlich sein, das Selbstständigwerden des Kindes kann durch übertriebenes Behüten und Verwöhnen behindert werden. Das Kind muss seine eigenen Erfahrungen sammeln und auch Misserfolge verkraften, um ein stabiles Selbstbewusstsein zu entwickeln. Eltern, die nicht um die Bedeutung von „Trotz" und „Neinsagen" wissen, können die Willensbildung des Kindes schädigen. (Bundeszentrale für gesundheitliche Aufklärung)

Erziehungsmittel

Erziehungsmittel sollen positive Verhaltensweisen verstärken und negative abbauen.

Gewöhnung wird bereits in der frühen Kindheit als Erziehungsmittel eingesetzt, z.B. Tischsitten werden durch die tägliche Wiederholung zur Gewohnheit.

Die Einsicht, dass bestimmte Verhaltensweisen, z.B. Ordnung, notwendig sind, bzw. das Vorbild anderer kann gute Gewohnheiten verstärken.

Lob und Anerkennung ermuntern, wirken leistungssteigernd, verstärken positive Verhaltensweisen. Sie heben das Selbstwertgefühl und ermutigen das Kind, auch auf anderen Gebieten tätig zu werden.

Belohnung

- darf nicht zu häufig – für jede Kleinigkeit – erfolgen, die Forderungen des Kindes könnten sich sonst steigern.
- muss unmittelbar nach dem positiven Verhalten bzw. dem Bemühen darum erfolgen, damit der Zusammenhang zwischen Verhalten und Belohnung deutlich wird.
- muss nicht immer aus Süßigkeiten oder Geld bestehen, es kann auch ein gemeinsames Spiel sein.

Tadel bzw. Kritik muss für das Kind verständlich geäußert werden, nur so können falsche Verhaltensweisen abgebaut werden. Das Kind muss lernen, dass sein Verhalten Konsequenzen nach sich zieht, die es zu tragen hat. Häufige Kritik, harte Strafen können aber zu Aggressionen, Machtkämpfen bzw. Entmutigung führen. Das Selbstwertgefühl des Kindes wird verletzt.

Strafe

- soll zeigen, wie Fehlhandlungen korrigiert werden können.
- darf nicht ungerecht, Angst erregend oder demütigend sein, das Vertrauen bzw. das Selbstwertgefühl wird sonst zerstört.
- die nicht ausgeführt wird, macht den Erzieher bzw. die Erzieherin unglaubwürdig.

Erziehen von Kindern

Ratschläge eines Kindes

> 1. Diskutiert die folgenden Erziehungsgrundsätze. Beschreibt jeweils entsprechende Alltagssituationen.
> 2. Beschreibt mithilfe von Beispielen, was ihr unter partnerschaftlicher Erziehung versteht.

- Verwöhne mich nicht. Ich weiß gut, dass ich nicht alles haben sollte, worum ich dich bitte. Ich prüfe dich nur.
- Habe keine Angst, fest zu mir zu sein. Es ist mir lieber, ich weiß dadurch, woran ich bin.
- Wende keine Gewalt bei mir an. Sonst lerne ich, dass es nur auf Gewalt ankommt. Ich lasse mich ohne Gewalt viel bereitwilliger führen.
- Sei nicht inkonsequent. Dies verwirrt mich, sodass ich umso mehr versuche, meinen Willen durchzusetzen.
- Mache keine Versprechungen, denn vielleicht kannst du sie nicht einhalten. Dies würde mein Vertrauen in dich mindern.
- Falle nicht auf meine Herausforderungen herein, wenn ich Dinge sage und tue, nur um dich aufzuregen. Denn sonst werde ich versuchen, noch mehr solche „Siege" zu erringen.
- Tue nicht für mich, was ich selber tun kann. Denn sonst bekomme ich das Gefühl, ein Baby zu sein, und ich könnte dich auch weiterhin in meine Dienste stellen.
- Sei vorsichtig, dass mein schlechtes Betragen mir nicht eine Menge Aufmerksamkeit einbringt. Dies könnte mich sonst ermutigen, meine schlechten Angewohnheiten beizubehalten.
- Versuche nicht, mir Predigten zu halten. Du wärst erstaunt, wie gut ich weiß, was Recht und Unrecht ist.
- Verlange keine Erklärungen für mein schlechtes Benehmen. Ich weiß nicht, warum ich manchmal so bin.
- Vergiss nicht, dass ich gern Dinge ausprobiere. Ich lerne dadurch; hindere mich bitte nicht daran.
- Schütze mich nicht vor unangenehmen Folgen. Es ist nötig, dass ich aus Erfahrung lerne.
- Weise mich nicht ab, wenn ich ehrliche Fragen an dich richte. Sonst werde ich dich nicht mehr fragen, sondern anderswo Belehrung suchen.
- Glaube nicht, dass es unter deiner Würde ist, dich bei mir zu entschuldigen. Eine ehrliche Entschuldigung gibt mir ein überraschend warmes Gefühl.
- Mache dir keine Sorgen, wenn du nicht allzu viel Zeit für mich hast. Es kommt drauf an, wie wir die Zeit miteinander verbringen.
- Zeig deine Ängstlichkeit um mich nicht zu sehr, denn sonst werde ich noch ängstlicher. Zeige mir Mut.
- Vergiss nicht, dass ich ohne viel Verständnis und Ermutigung nicht gedeihen kann. Aber ich glaube, dass ich dir das nicht zu sagen brauche.

1.6 Leben mit älteren Menschen

Erkundung – Senioren in unserer Gemeinde

Vorbereitung der Erkundung
Die Situation der Senioren in unserer Gemeinde können wir durch Beobachten – Fotografieren, Interviews und Auswerten von Statistiken – erkunden.

Wo können wir hingehen?
Erkundet zunächst in eurer Gemeinde das Amt für soziale Dienste oder geht zu Einrichtungen der freien Wohlfahrtsverbände, z. B. Arbeiterwohlfahrt, Caritas, Diakonisches Werk. Dort könnt ihr sicher einiges über die Situation der Senioren in eurer Gemeinde und mögliche Freizeitangebote und Hilfsdienste für diese Menschen erfahren. Kennzeichnet auf einem Stadtplan, wo es in der Gemeinde Senioren- und/oder Pflegeheime oder sonstige Einrichtungen für Senioren gibt.

Wie können wir eine Befragung oder ein Interview durchführen?
Für eine Befragung bzw. ein Interview, das in einem Seniorenheim, mit Großeltern oder anderen älteren Menschen durchgeführt wird, benötigen wir einen Fragebogen oder einen Interview-Leitfaden.

Erstellung eines Fragebogens bzw. eines Interview-Leitfadens
Einige mögliche Fragen für den Fragebogen bzw. den Interview-Leitfaden:
▶ Was tun Sie besonders gern, nicht gern?
▶ Ist Ihr Leben so ähnlich abgelaufen, wie Sie es ursprünglich mal gedacht haben?
▶ Woran erinnern Sie sich besonders gern?
▶ Haben Sie Familienangehörige/Personen, die Sie besuchen?
▶ Besuchen Sie einen Seniorenkreis?
▶ Benötigen Sie Unterstützung, z. B. beim Einkauf?
▶ Ist Ihre Wohnung altersgerecht eingerichtet, z. B. Telefonanschluss für Notfälle?
▶ Müssen Sie eine Diät einhalten?
▶ Welche Wünsche haben Sie an …?
▶ usw.

Wie wollen wir die Ergebnisse der Befragung, des Interviews, dokumentieren?
Stellt fest, ob es in der Schule Kassettenrekorder, Fotoapparat oder Videokamera gibt. Es kann auch jeweils einer von euch ein Protokoll des Gespräches aufschreiben. Legt nun genau fest, wo ihr in Gruppen oder zu zweit hingehen wollt und was ihr mitnehmen wollt, z. B. Fragebogen oder Kassettenrekorder.

Wie wollen wir unsere Ergebnisse präsentieren?
Die Ergebnisse der Erkundung „Situation der Senioren in unserer Gemeinde" können in einer Wandzeitung oder Collage für den Schaukasten der Schule oder in einer kleinen Broschüre für eure Mitschülerinnen und Mitschüler zusammengetragen werden.

Wir erstellen eine Mind Map

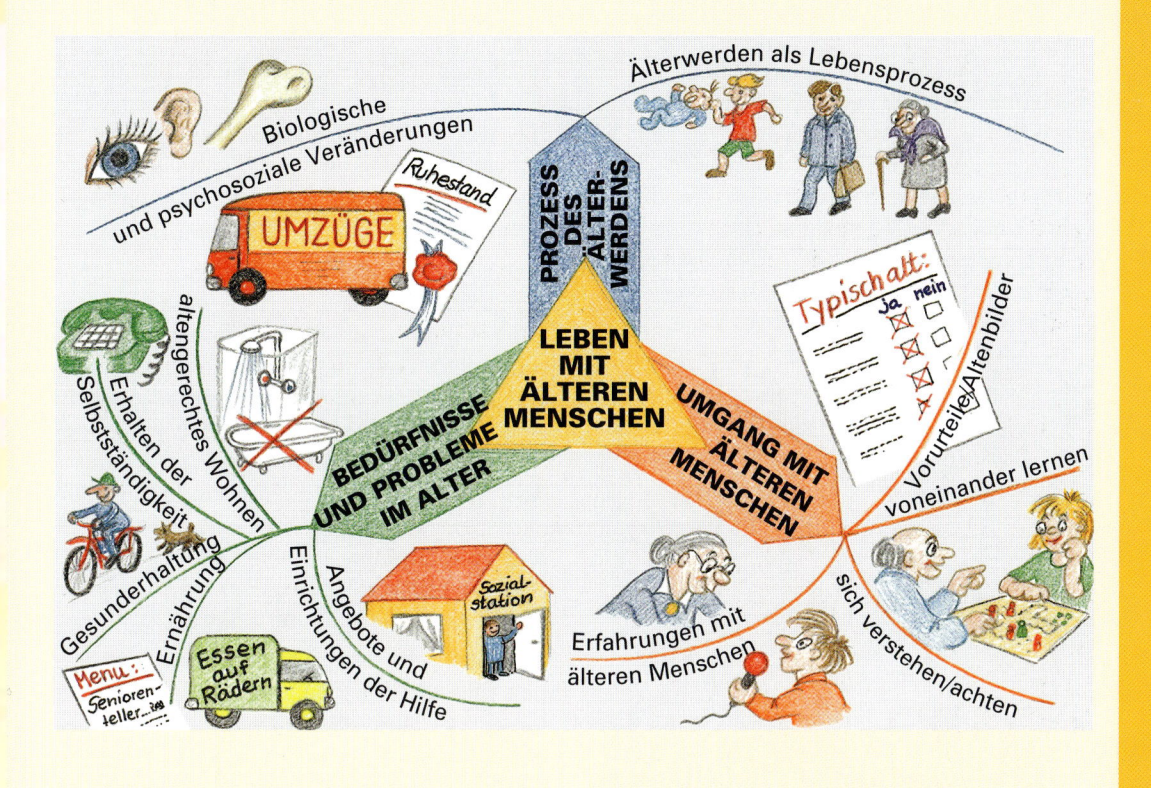

1. Mache dir die Ordnung der Mind Map (Gedächtniskarte) „Leben mit älteren Menschen" klar.
2. Erstellt eine Mind Map zum Thema „Angebote für Senioren" oder zu einem anderen Thema, das ihr im Unterricht vereinbart.
   a) Bestimmt zunächst die Bezeichnungen für die Hauptäste.
   b) Gestaltet dann die Unteräste mit unterschiedlichen Schriften und Abbildungen.

Eine Mind Map kann man zum Gliedern, Ideenfinden, Zusammenfassen usw. benutzen.

Die jeweiligen Gedanken bestimmen das Bild – die entstehende Mind Map. So dargestellte Inhalte können wir viel besser behalten. Wie wäre es, wenn wir vor der nächsten Klassenarbeit gemeinsam eine Mind Map erstellen würden?

Wie erstellen wir eine Mind Map?
- Wir beschreiben das Blatt quer, nicht längs.
- Das jeweilige Thema, hier „Leben mit älteren Menschen", schreiben wir groß in die Mitte des Blattes.
- Nun können wir zunächst auf einem Extrazettel – Tafel, Kartentechnik – Begriffe zum Thema sammeln.
- Jetzt überlegen wir uns drei bis fünf – nicht mehr – Überschriften, die wir in Großbuchstaben und mit unterschiedlichen Farben an die Hauptäste schreiben.
- Die Unteräste, z. B. Erhalten der Selbstständigkeit, gestalten wir dann mit unterschiedlichen Farben, Schriften und Symbolen.
- Nicht zu viele Unteräste einzeichnen, damit wir die Übersicht behalten.
- Das Blatt beim Schreiben so drehen, dass die Begriffe gut zu lesen sind.

Leben mit älteren Menschen

Nur ein Märchen?

Es war einmal ein steinalter Mann, dem waren die Augen trüb geworden, die Ohren taub, und die Knie zitterten ihm. Wenn er bei Tisch saß, konnte er den Löffel kaum halten, so schüttete er Suppe auf das Tischtuch. Sein Sohn und dessen Frau ekelten sich davor, und deshalb musste der alte Großvater endlich hinter dem Ofen in der Ecke sitzen. Sein Essen bekam er in einem kleinen Porzellanschüsselchen, satt wurde er kaum. Er sah betrübt hinüber zu dem Tisch, und seine Augen wurden nass.

Einmal konnten seine zitternden Hände das Schüsselchen nicht fest halten, es fiel auf den Boden und zerbrach. Nun bekam der Großvater ein hölzernes Schüsselchen, es hatte nicht viel gekostet. Wie sie so da sitzen, trägt der kleine Enkel von vier Jahren ein paar Brettchen zusammen. „Was machst du da?", fragte der Vater. „Ich mache ein Tröglein", antwortete das Kind, „daraus sollen Vater und Mutter essen, wenn ich groß bin."

Da sahen sich Mann und Frau eine Weile an, fingen endlich an zu weinen. Sie holten den alten Großvater an den Tisch und ließen ihn von nun an mitessen, sie sagten auch nichts mehr, wenn er ein wenig Suppe verschüttete.

(nach Gebrüder Grimm)

Situation der älteren Menschen

Die Bundesrepublik Deutschland gehört zu den Ländern mit dem höchsten Anteil an hochbetagten und hundertjährigen Menschen.

Um 1900 betrug die Lebenserwartung eines Menschen 45 bis 48 Jahre, heute sind es 75 bis über 80 Jahre. Der Anteil an alten Menschen nimmt in unserer Bevölkerung zu.

Mehr als 89 % der Senioren über 75 Jahre wohnen noch zu Hause. Das ist ihnen auch am liebsten, denn die meisten alten Menschen legen auf diese Unabhängigkeit sehr viel Wert – zumindest solange sie noch fit sind. 90 % von ihnen bevorzugen eine eigene Wohnung, getrennt von den Kindern. Nur 7,5 % der über 75-Jährigen leben in einem Seniorenheim. 85 % aller Pflegebedürftigen können in der Familie bleiben. Dabei werden Männer weit häufiger von ihren Frauen oder Kindern betreut.

Die gesellschaftliche Entwicklung verändert das Bild der Bevölkerung. Immer weniger Menschen heiraten, und immer mehr Ehen werden geschieden. Die Zahl der Kinder nimmt ab, die erwachsenen Kinder wohnen häufig weit entfernt von den Eltern. Es wird in Zukunft mehr pflegebedürftige Alleinstehende geben. Als Angebot für diesen Personenkreis müssen dann auch Wohngruppen, „betreutes Wohnen" oder Ähnliches vorhanden sein.

---

1. Lest und diskutiert den Inhalt des Märchens.
2. Informiert euch, z. B. im Internet, über Pflegestufen in der Pflegeversicherung. Vgl. S. 154 f.
3. Schreibt einen Text: „So stelle ich mir mein Alter vor".
4. Bildet Gruppen und entwerft Rollenspiele: Zwei ältere Menschen sitzen auf einer Parkbank und unterhalten sich über ihr zurückliegendes Leben. Über positive und negative Erlebnisse wird berichtet und diskutiert.

Prozess des Älterwerdens

„Senioren" – Was ist das?

Als mein Großvater vor einem halben Jahr starb, war er 93 Jahre alt: ein verhutzelter, etwas eingetrockneter Mann, der zuletzt fast niemand mehr erkannte, dessen Kräfte von Tag zu Tag dahinschwanden. Zuletzt verlöschte er einfach wie eine heruntergebrannte Kerze.

Bei meiner Geburt war er 60 Jahre alt. Mit 56 wurde er pensioniert, reiste viel – allein oder mit meiner Großmutter – und hegte seinen geliebten Garten. Um uns Enkel kümmerte er sich nie viel. Da er schlecht hörte und sowieso keinen richtigen Draht zu uns Kindern hatte, interessierte mich mein Großvater damals nicht so sehr.

Als Jugendliche wurde mir klar, dass die Großeltern für Jüngere auch eine Chance bedeuten können. Ich fing also an, das Gespräch mit dem verschlossenen Mann zu suchen. Gesprächsstoff gab es genug: Mein Großvater hatte zwei Weltkriege überlebt, einen davon als Soldat. Er hatte die erste Demokratie, das Dritte Reich und das Wirtschaftswunder nach dem Zweiten Weltkrieg erlebt. Als mein Großvater geboren wurde, betrug die durchschnittliche Lebenserwartung für Männer 45 Jahre, für Frauen 48 Jahre.

Dann bekam mein Großvater Herzbeschwerden, und ihm wurde ein Herzschrittmacher eingesetzt. Und mir wurde zum ersten Mal richtig klar, dass er jeden Tag sterben konnte. Zunächst starb jedoch meine Großmutter. Mein Großvater lebte weiter vor sich hin: zwar gesund, aber doch hinfällig. Eine Pflegerin kam schließlich täglich, um ihn zu waschen und mit ihm spazieren zu gehen. Als er auch nachts nicht mehr alleine bleiben konnte, zog er in ein Pflegeheim. Dort, in seinem Zimmer mit Blick in den Garten, mit seinen eigenen Möbeln, fühlte er sich sicher.

„Ich bin zufrieden", sagte er den Besuchern. Wenn ich den Begriff des „Senioren" umreißen sollte, würde ich meinen Großvater beschreiben. Denn er hat die Vielseitigkeit dieser Bevölkerungsgruppe in sich vereinigt: aktiver Ruheständler, Großvater, Zeitzeuge, Witwer und Pflegebedürftiger.

Was können wir aus dieser Geschichte erkennen? Es gibt nicht den typischen Senioren. Ebenso wenig wie es die typische Frau oder den typischen Hundebesitzer gibt. Es gibt ein Seniorenalter, doch schon bei der Abgrenzung gehen die Ansichten auseinander: Senioren gleich Rentner, sagen die einen und bezeichnen alle, die über 65 Jahre alt sind, als Senioren. Am häufigsten wird die Grenze bei 60 Jahren gezogen. Und Deutschlands erstes Radioprogramm für die ältere Generation nennt sich forsch „Radio 50 plus" – die Alten werden immer jünger.

Über einen Kamm scheren lassen sich die Älteren und Alten also nicht. Aus dem Lebensabend ist ein dritter Lebensabschnitt geworden. Auf diese Weise sind in den vergangenen Jahren neue Themenbereiche entstanden. Sport und Bewegung im Alter beispielsweise oder auch: Was fangen Senioren mit ihrem Geld an, wie verbringen sie ihre Freizeit? Welche Reisen unternehmen ältere Menschen?

Leben mit älteren Menschen

Erfahren vom „Altsein"

Suche eine Partnerin oder einen Partner.
Wählt eine Form von
Altersbeschwerden aus.
Empfinde nach, wie du dich in der Rolle
des alten Menschen und des helfenden
Menschen fühlst.
Wechselt die Rollen.
Geht sorgsam miteinander um.

1. Schwerhörigkeit,
   Verwendung von Ohrstöpseln
   Aufgaben:
   – Mitteilung einer Einkaufsliste,
   – Vereinbarung eines Treffens
   – usw.

2. Blind,
   Verwendung eines Schals
   Aufgaben:
   – Schuhe anziehen,
   – Bezahlen eines Einkaufs
   – usw.

3. Unbeweglich sein,
   Verwendung von Gewichten
   Aufgaben:
   – Tragen von Einkaufstüten,
   – Treppensteigen
   – usw.

4. Fahren im Rollstuhl:
   Beobachtet Schwierigkeiten und das
   Verhalten anderer Menschen.

Kalendarisches und biologisches Alter

Älterwerden ist nicht allein ein biologischer Vorgang. Älterwerden heißt für die 16-Jährigen zunächst genauso wie für die 60-Jährigen Entwicklung – Veränderung. Älterwerden heißt nicht unbedingt Abbau und Verschleiß.

Neue Lebensabschnitte bedingen veränderte Lebenssituationen. Für Jugendliche bedeutet das Älterwerden zunächst Eintritt in das Berufsleben und Auszug aus dem Elternhaus. Für die 60-Jährigen kann es Ausscheiden aus dem Berufsleben und räumliche Trennung von den Kindern heißen. Persönliche Einstellungen und Erwartungen und auch die Haltung von Freunden, Familienangehörigen und Kollegen bestimmen den jeweiligen „Prozess des Älterwerdens".

Nach der Festlegung der WHO (World Health Organization) werden Personen ab 61 Jahren als ältere Menschen bezeichnet. Hiermit ist eindeutig **das kalendarische Alter** gemeint. Unter dem **biologischen Alter** versteht man dagegen die körperliche und seelisch-geistige Verfassung eines Menschen. Das kalendarische und das biologische Alter können auseinander klaffen, es gibt „jung gebliebene Alte" und es gibt „alte Junge". Wir begegnen hochbetagten Menschen, die geistig rege sind und ein eigenständiges, sinnerfülltes Leben führen. Es gibt jugendlich wirkende Seniorinnen und Senioren und verbraucht wirkende Vierzig- und Fünfzigjährige. Oder: Ich bin sechzehn, aber ich sehe aus wie zwölf bzw. ich sehe aus wie achtzehn.

An das kalendarische Alter ist eine Fülle von Vorschriften gebunden: Wahlrecht, Strafmündigkeit und Pensionierung. Die Vorstellungen der Gesellschaft bestimmen: Für den Posten bist du noch zu jung oder dafür bist du zu alt. Die eigene Leistungsfähigkeit und die eigenen Interessen werden nicht berücksichtigt. Der Ausspruch „Jeder ist so alt, wie er sich fühlt" findet wenig Beachtung.

Leben mit älteren Menschen

Wenn ich einmal alt bin …

Die Reporterin Evelyn Holst verkleidet sich als alte Frau und reist durch Deutschland, um zu erleben, wie man als alter Mensch in unserer Gesellschaft behandelt wird. Sie berichtet darüber:

Dass ich als alte Frau durchging, merkte ich an der Kasse vom Einkaufshaus. Mit Stock und Einkaufskarre etwas unbeweglich, kramte ich nach dem Geld, um für eine Wollmütze zu zahlen, als sich eine junge Frau in meinem Alter energisch an mir vorbeischob: „Kann ich das mal schnell bezahlen?", fragte sie mit einem Seitenblick auf mich. Und der Blick sagte: „Bis du so weit bist, Oma, bin ich hier verschimmelt."

Ich kannte diesen Blick gut. Von mir. Ich kannte dieses nervöse Kribbeln am Samstagvormittag, wenn vor mir am Käsestand eine alte Frau „noch zwei Scheiben von dem Scharfen" verlangte, die Verkäuferin entnervt zurückfragt: „Wir haben Tilsiter, Roquefort, welchen wollen Sie?" Und wenn die alte Frau zögert, sich nicht entscheiden kann, dann war ich ein Teil der ungeduldigen Schlange hinter ihr, aus der jemand rief: „Geht's hier noch mal weiter?" Und die alte Frau, ganz mutlos, sagt: „Geben Sie mir irgendwas." Tempo, Tempo. Die alte Frau kann ihre Brille nicht finden, die Münzen nicht erkennen. Sie gibt ihre Börse der Kassiererin: „Suchen Sie sich's raus."

Ich versuche nun so auszusehen, mich in eine alte abgearbeitete Frau mit einer kleinen Rente hineinzufühlen. Als ich mit meinem Stock an einem Schaufensterspiegel vorbeigehe und das graue, gebeugte Wesen sehe, das ich sein soll, erschrecke ich. Doch die Leute sehen mich gar nicht. Ich bin uninteressant.

Meine Deutschlandreise als alte Frau schlug mir von Tag zu Tag mehr auf die Seele. Es war so mühsam mit dem Stock, ich fühlte mich unwohl.

Ich bin es gewohnt, dass mir die Leute ins Gesicht blicken. Mich alte Frau schaut kaum mehr jemand an. Mein Aussehen, mein Stock und die Einkaufskarre signalisieren schon von weitem: „Vorsicht, alt."

Ich hatte das Gefühl, die Menschen machen einen Bogen um mich, wenn ich die Bahnhofstreppen hochschlurfe, um einen Sitzplatz in der S-Bahn anstehe, an Kassen nach Geld krame. Ich merke, wie ich von selbst immer krummer gehe und mich kaum noch hochzuschauen traue. Ich bekomme Horror vor meiner Welt von morgen.

Man ist so alt, wie man sich fühlt, man ist so alt, wie man behandelt wird. Ich habe nie gelacht, worüber auch.

„Wissen Sie", verrät mir eine sehr alte, sehr muntere Frau in einem Café, „bis sechzig hat es mich gestört, dass ich alt werde, ich habe versucht, meine Falten wegzuschminken und eine Jugendlichkeit vorzutäuschen, die ich längst nicht mehr hatte. Jetzt bin ich 78 Jahre alt und die Anstrengung los. Ich kleide mich, wie ich will, ich sage, was ich denke, und weiß genau, dass mich die Leute manchmal nicht ernst nehmen. Lass sie doch."

Ich habe mir diese Worte zu Herzen genommen. In der S-Bahn stehe ich wieder vor den lässig ausgestreckten Beinen eines Mitfahrers. Bevor er reagieren kann, gebe ich ihm ein paar leichte Schläge mit dem Stock und sage: „Junger Mann, würden Sie wohl die Freundlichkeit haben?", lächle in sein fassungsloses Gesicht und fühle mich großartig, als er aufsteht.

Als ich, wieder jung geworden, in meiner Heimatstadt einkaufe, remple ich ganz in Gedanken eine alte Frau an. Sie stolpert, fast wären wir beide hingefallen. Da schimpft sie: „Können Sie nicht ein bisschen aufpassen! Sie werden ja schließlich auch mal alt."

Leben mit älteren Menschen

Körperliche Veränderungen

Jeder Mensch „altert" von Jugend an. Durch das Altern verändert sich zuerst das äußere Erscheinungsbild.

Etwa ab dem 30. Lebensjahr sinkt die Elastizität der **Haut**, sie produziert weniger Fett und verliert an Feuchtigkeit, es bilden sich Falten. Hautpflege kann diese Veränderungen nur verzögern.

Die **Bewegungsfähigkeit** kann durch eine Abnahme der Muskelmasse und eine Verringerung der Elastizität des Bindegewebes eingeschränkt sein. Die beste Therapie dagegen ist körperliche Aktivität: Spaziergänge, Schwimmen usw. Krankheiten, z. B. Rheuma, können die Bewegungsfähigkeit jedoch weiter einschränken.

Der ältere **Mensch wird kleiner**, weil die Bandscheiben schrumpfen. Die Knochen verlieren Calcium und damit ihre Festigkeit. Schon bei kleineren Stürzen kann es zu gefährlichen Brüchen kommen.

Die Funktion der **inneren Organe ist eingeschränkt**. Die Darmbewegung verlangsamt sich, Verstopfung kann die Folge sein. Die Gefäßwände verhärten sich, Ursache kann Diabetes mellitus, vgl. S. 138 ff., oder eine Fettstoffwechselstörung, vgl. S. 142, sein. Durch die Verhärtung der Gefäße kann es zu einem Anstieg des Blutdrucks kommen. Aufgrund der verringerten Elastizität des Bindegewebes wird auch die Lungenfunktion eingeschränkt.

Sinnesorgane
Besonders deutlich wird oft die Beeinträchtigung der Sinnesorgane – Augen und Ohren – wahrgenommen.

Die Augenlinse verliert an Elastizität, dadurch kommt es bei vielen Menschen zur **Altersweitsichtigkeit**.

Das **Gehör** wird schlechter. Höhere Töne können nicht mehr so gut wahrgenommen werden. Mehrere Geräusche – Stimmen – gleichzeitig können schwerer unterschieden und verstanden werden.

Manche ältere Menschen werden durch diese Einschränkung der Sinnesorgane misstrauisch und meinen, „etwas wird hinter ihrem Rücken unternommen", da es nicht mehr wahrgenommen werden kann. Andere Menschen glauben evtl., der ältere Mensch passe „absichtlich" nicht richtig auf. Eine Isolation kann die mögliche Folge sein: Man will sich nicht durch ständiges Nachfragen blamieren bzw. seine Schwerhörigkeit anderen eingestehen.

Geschmacks- und Geruchssinn lassen nach. Im Alter geht das Geschmacksempfinden in der Mitte der Zunge verloren.

---

1. Erstelle mit einem Computerprogramm – vgl. S. 108 ff. – einen Tageskostplan für eine 70-jährige Frau.

2. Überlege, welche körperlichen Veränderungen im Alter Einfluss auf die Lebensmittelauswahl haben können.

Normaler Sehwinkel

Eingeschränkter Sehwinkel beim „grünen Star"

Leben mit älteren Menschen

Psychologisches Alter

Früher wohnten und arbeiteten die Menschen im Familienverband. Auf manchem Bauernhof mag es auch heute noch so sein. Die Eltern zogen im „Rentenalter" ins Altenteil. Ihre Hilfe war aber immer noch notwendig, es gab lediglich evtl. die Möglichkeit des „Kürzertretens". Mit der Industrialisierung kam es zur Auflösung dieser Lebens- und Produktionsgemeinschaft.

Finanziell sind die älteren Menschen durch die Rente abgesichert, aber ihre beruflichen Kenntnisse und Fähigkeiten sind nicht mehr gefragt.

Dank für die geleistete Arbeit, Händeschütteln, Abschiedsfeier, der letzte Arbeitstag ist vorüber. Mit der Pensionierung wird teilweise auch die verbilligte Werkswohnung gekündigt. Am nächsten Morgen ist alles anders. Der Kontakt zu den Arbeitskollegen beschränkt sich nun zwangsläufig auf die Freizeit.

Beziehungen zu anderen Menschen gehören zu den Grundbedürfnissen wie Nahrung und Wohnung. Allein stehende ältere Menschen fühlen sich so eher einsam als ältere Ehepaare.

Alt werden verlangt Umorientierung, d. h. Aufgabe alter Aufgaben und die Übernahme neuer Aufgaben. Ob dies gelingt, hängt von dem Menschen selbst und von seiner Umgebung ab.

Intelligenz und geistige Leistungsfähigkeit der Menschen sind je nach dem biologischen Alter unterschiedlich. Probleme, für deren Lösung Lebenserfahrung und umfangreiches Wissen benötigt werden, können von älteren Menschen nicht selten besser als von jungen gelöst werden. In den vergangenen Jahrhunderten begegnete man älteren Menschen häufig mit besonderem Respekt, da sie die Geheimnisse des Lebens kannten.

Den Ausspruch „Jetzt werde ich alt, das habe ich wieder vergessen" kann man auch von jüngeren Menschen hören. Die schnelle technische Entwicklung in unserer Zeit lässt einmal erworbenes Wissen schnell veralten. Der Gedächtnisspeicher beim älteren Menschen ist gefüllt mit vielen Informationen, die umgeräumt, gelöscht oder neu bewertet werden müssen. Die Aufnahme neuer technischer Informationen fällt manchen Seniorinnen und Senioren nicht leicht.

Die Gedächtnisleistung hängt jedoch im Wesentlichen vom Training ab, das Gedächtnis muss in „Schwung" gehalten werden. Einsamkeit ist keine gute Voraussetzung für eine aktive Auseinandersetzung mit der Umwelt, es fehlt der Ansporn, Neues zu lernen. Angst ist auch kein guter Lehrmeister. Beispiel: „Opa, jetzt fragst du mich zum dritten Mal, was es heute zu essen gibt. Wie oft soll ich dir das noch sagen?" Wer öfter diese Erfahrung macht, wird sich in sich zurückziehen und keine Fragen mehr stellen. Wer ist schon gerne alt und vergesslich?

Die Lernfähigkeit älterer Menschen ist von dem Bedürfnis, etwas Neues zu lernen, abhängig. Auch Jugendlichen fällt das Lernen für Fächer, in denen sie gut sind, sehr viel leichter. Alte Menschen können genauso wie junge Menschen Neues lernen, wenn es sie interessiert, andere Sachverhalte können sie sich dagegen nicht so gut merken. Aber das ist bei Jugendlichen oft auch nicht anders. Eine aktive Auseinandersetzung mit der Umwelt verlangsamt das „Altern".

Ich bin so alt wie ich mich fühle...

Gut, dann vergiss nicht deine Pillen und dein Taschengeld!

Leben mit älteren Menschen

Opa steht auf rosa Shorts

Dass Opa zu uns ziehen sollte, kam ganz überraschend.

Als Oma gestorben war, blieb Opa zuerst allein in seiner Wohnung. „Das schaffe ich gut", hatte er gesagt. „Bloß nicht ins Heim!"

Aber nach ein paar Wochen hatte Onkel Viktor, der in derselben Stadt wohnte, Papa angerufen und gesagt, so ginge es nicht weiter. Opas Wohnung wäre völlig verdreckt, und von Tante Sabine könnte keiner erwarten, dass sie die auch noch putzen sollte. Außerdem wüsste kein Mensch, wovon sich Opa ernähre, und Onkel Viktor könnte wirklich nicht jeden Tag vorbeifahren und ihm Essen hinschaffen. Jedenfalls wäre Opa schon völlig vom Fleisch gefallen.

Am Ende hatten sie beschlossen, dass Opa in ein Heim sollte.

„Das könnt ihr doch nicht machen!", sagte Mama. „Da geht der Mann euch doch kaputt!" „Und was schlägst du vor?", fragte Papa gereizt. „Willst du ihn nehmen?"

Aber das war natürlich gar nicht möglich, weil wir da noch diese winzige Wohnung in der Stadt hatten. Seitdem wohnte Opa im Heim, und Papa besuchte ihn einmal im Monat. Ich versuchte mich jedes Mal zu drücken, obwohl ich Opa früher immer gern besucht hatte. Aber jetzt graute mir vor dem Heim, wo alles so tot und so unwirklich war wie im Krankenhaus. Beim Besuch saßen wir in Opas Zimmer und aßen mitgebrachten Kuchen und wir erzählten, und Opa nickte dazu. Selbst erzählte er nie. Er schien darauf zu warten, dass wir wieder gingen.

Das ging so zwei Jahre, und inzwischen waren wir in das neue Haus gezogen. Ich kriegte ein Zwanzig-Quadratmeter-Zimmer. Mama und Papa holten Opa mit einem gemieteten Bus im Heim ab.

Zu Anfang fiel Opa gar nicht weiter auf. Opa saß oben in seinem Zimmer, aber was er da machte, wussten wir nicht. Irgendwie störte uns das mehr, als wenn er immer unten rumgewuselt wäre.

Eines Tages: Der Opa ist nicht rechtzeitig zum Abendbrot da. Opa sagte: „Ich habe schon gegessen." Dann saß er noch zufrieden bei uns, und die ganze Zeit lächelte er vor sich hin.

Die Eltern sind verreist, eines Tages schwänzt Tine die Schule. Sie fährt mit dem Fahrrad durch die Seitenstraßen und kommt aus purem Zufall hinter Opas Geheimnis. Opa steht in rosa Shorts, barfuß mit einem Tablett mit Gläsern und Krug vor einer Haustür.

„Na so was", sagte Opa und kratzte sich mit der freien Hand am Kopf. „Na, wenn du schon einmal da bist, dann komm man auch mit nach hinten."

Auf einem der vier Gartenstühle, die um den Tisch standen, saß eine Frau im mintfarbenen Overall. Die bloßen Füße hatte sie auf einen anderen Stuhl gelegt. Ihre Haare waren streichholzkurz und hennarot gefärbt, und sie war mindestens siebzig Jahre alt.

„Das ist Lenore", sagte Opa und setzte sich auch auf einen weißen Stuhl.

Ich glaube, Opa merkte, dass ich seine Lenore ziemlich merkwürdig fand. Jedenfalls fing er plötzlich an, sie mir anzupreisen. „Lenore studiert nämlich, Tine!", sagte er. „Psychologie. Sie will sogar noch Doktor werden, stell dir das mal vor!"

Diese Aussage haute mich um. „Geht das überhaupt?", fragte ich. Nicht nur, dass sie sich anzog, als wäre sie höchstens vierzig, und die Haare trug, als wäre sie zwanzig, jetzt nahm sie auch noch den jungen Leuten den Studienplatz weg.

(Boie, K.: Opa steht auf rosa Shorts, Hamburg)

Leben mit älteren Menschen

Umgang mit älteren Menschen

1. Schreibt auf Karten die abgedruckten und weitere Vorurteile. Ordnet die Karten gemeinsam nach folgenden Gruppen:
   a) ältere Menschen,
   b) jüngere Menschen,
   c) trifft für keine Personengruppe zu.
2. Plant eine Begegnung mit älteren Menschen, z. B. „Wir helfen bei einem Seniorennachmittag".
3. Sammelt Aussagen, was eurer Meinung nach im Umgang zwischen älteren und jüngeren Menschen wichtig ist.

Fragen an sich selbst:
- Wie möchte ich eigentlich selbst im Alter leben?
- Kenne ich ältere Menschen in meiner Umgebung, welche Kontakte habe ich zu ihnen?
- Welche Lebensgeschichte haben diese Menschen?
- Wie spreche ich mit alten Menschen, nehme ich sie wirklich ernst?
- Was weiß ich vom Leben meiner Eltern?
- Wie denken sie im Nachhinein über ihre Kindheit und Jugend?
- Welches Verhältnis möchte ich später einmal zu meinen eigenen Kindern haben?
- Was geht in mir vor, wenn ich alte Menschen sehe, die hilflos sind, z. B. im Straßenverkehr?
- Was lese ich über alte Menschen in Zeitungen und Zeitschriften, wie werden sie im Fernsehen dargestellt?
- Was kann ich konkret für ältere Menschen tun?

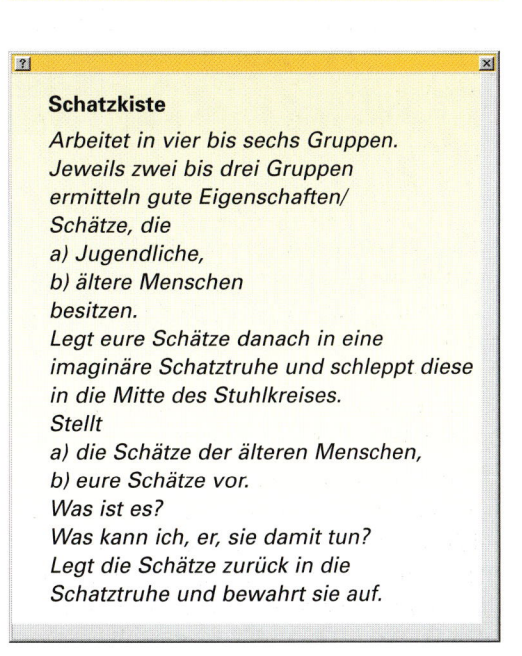

gütig · starrsinnig · weise · hilfsbedürftig · geizig · vernünftig · passiv · abgebaut · versöhnlich · entgegenkommend · tatterig · vorwurfsvoll · bescheiden · unternehmungslustig · sorglos · unordentlich · neugierig · vergesslich · ängstlich · interessiert

Schatzkiste

Arbeitet in vier bis sechs Gruppen. Jeweils zwei bis drei Gruppen ermitteln gute Eigenschaften/ Schätze, die
a) Jugendliche,
b) ältere Menschen
besitzen.
Legt eure Schätze danach in eine imaginäre Schatztruhe und schleppt diese in die Mitte des Stuhlkreises.
Stellt
a) die Schätze der älteren Menschen,
b) eure Schätze vor.
Was ist es?
Was kann ich, er, sie damit tun?
Legt die Schätze zurück in die Schatztruhe und bewahrt sie auf.

Leben mit älteren Menschen

Noch eine Dreiviertelstunde bis zur Abfahrt des Zuges …

ZiSch-Reporter erdachten eine Geschichte über einen jungen und einen alten Mann

Welche Vorurteile tragen junge und alte Menschen mit sich herum?

Wie groß kann der innere Abstand zwischen ihnen sein?

Und wie können sie wieder zusammenkommen?

Diese Fragen bewegten zwei ZiSch-(Zeitung in der Schule-)Reporter, sich folgende Geschichte über einen alten und einen jungen Mann auszudenken, die sich zufällig auf dem Bahnhof treffen.

„Es ist ein schöner Tag", denkt sich Martin. „Warum setzt sich gerade dieser alte Kotzbrocken neben mich? Habe ich das verdient?" Er bemüht sich, Herrn Lemke gar nicht zu beachten. Der alte Mann stöhnt innerlich auf, als er sieht, wer da mit ihm die einzige freie Sitzbank am Gleis 5 auf dem Hauptbahnhof teilen wird. Er kennt das kleine, wohl 15-jährige Scheusal aus dem Haus nebenan gut. Am Wochenende oft bis 2.00 Uhr morgens laute Musik und dann Erbrochenes am Gehsteig. Das ist der Lümmel, der ihm mit den anderen Halbstarken oft sehr unfreundliche Wörter hinterherruft, wenn er einkaufen geht. Alles eine Bande, die Jugend von heute: respektlos, faul, kriminell. „Wenn meine Beine nur ein bisschen besser wären, würde ich ja stehen, aber so!?", denkt er und setzt sich. Martin macht etwas Platz, rückt sein Baseballcap gerade und schaltet die Musik seines MP3-Players lauter. Er schaut auf die große Wanduhr der Halle. 11.30 Uhr. „Naja, eine dreiviertel Stunde noch", denkt er.

Herr Lemke versucht inzwischen, sein Hörgerät auszustellen, um von dieser Musik, welche nun an seine Ohren dröhnt, verschont zu bleiben. Dieses allerdings gelingt ihm wegen der Parkinsonkrankheit im linken Arm nicht. So steckt er es einfach in die Tasche und zieht sich eine Tageszeitung heraus.

Beide schauen kurz auf: Das Gleis ist leer, die Leute eilen durch die Halle, und die große Uhr zeigt 11.35 Uhr. Ein schriller Schrei lässt sie nach rechts schauen. Wenige Meter entfernt liegt ein Baby in seinem Kinderwagen und schreit wie am Spieß. Keiner in der Nähe, der das Kind beachtet. „Die Leute heutzutage sind mit sich selbst beschäftigt", denkt Herr Lemke. „Keiner hilft noch jemandem."

Martin steht auf und geht in Richtung Kind, ohne genau zu wissen warum. Erinnert es ihn an seine kleine Schwester? Er hat keine Ahnung. Vor dem Kind realisiert er sofort das Schnullerproblem und löst es kurzerhand, indem er selbigen einfach in den Kindermund steckt. Ein junger Mann rennt auf ihn zu, bedankt sich kurz und geht mit dem Kinderwagen zügig davon. „Seltsam", denkt Martin, „es gab eben wirklich keinen Grund aufzustehen. Hoffentlich hat mich keiner meiner Freunde gesehen, wäre echt blöd!"

„Was ist bloß in den Jungen gefahren, wieso hilft gerade der einem Kind?", denkt Herr Lemke und hält ihm den Platz frei. Martin setzt sich wieder und schaltet den MP3-Player ab. Herr Lemke steckt sein Hörgerät wieder ins Ohr. „Sag mal Junge, warum hast du dem Kind geholfen?", forscht er nach. „Weiß nicht!" „Soso. Und was sagen deine Freunde dazu?" Martin wird bleich. Wenn das die Runde macht, würde er selbst zu den Weicheiern gehören, die von allen gemobbt werden. Er versucht, lässig zu wirken. „Die kratzt das nicht." Er würde am liebsten aufstehen und verschwinden. Aber der Alte redet weiter. „Also würde es dich nicht stören, wenn jemand wie deine Klassenlehrerin es erfahren würde?" Woher kennt er die denn? Das war jetzt tödlich. Wenn die Lehrerin davon Wind bekäme, würde sie ihn womöglich vor der gesamten Klasse loben. Dann war er toter als tot. „Scheiße!", entfährt es ihm. „Wie bitte?" „Äh, nichts ... Sie würden ihr das erzählen?", fragt Martin. „Nein, nicht wenn du es nicht willst", antwortet Herr Lemke. Schwein gehabt, der Alte hält dicht. „Danke", sagt Martin. Der Alte lacht. „Du brauchst dich nicht zu bedanken. Ich finde es gut, dass du dem Kind geholfen hast, das hätte nicht jeder getan." Eigentlich war der Alte ganz nett.

11.50 Uhr. „Eigentlich ein netter Junge", denkt auch Herr Lemke, während sie sich über das Wetter unterhalten. „Fast könnte man meinen, er sei ein ganz anderer Junge." Er steckt seine Zeitung in die Tasche zurück und sagt: „Der Herbstwind pustet mir noch sämtliche Haare vom Kopf!" Er streckt sich auf der Bank. Sie wechseln das Thema, sprechen über Mode und Technik, lachen miteinander. 12.20 Uhr, der Zug hält. „Naja, etwas verspätet", denkt Herr Lemke. „Trotzdem, heute ist ein schöner Tag!"

Frederik Greve und Tobias Feldmann, Klasse 9 a, Realschule

---

1. Welche Vorurteile hat der
   a) ältere Mann,
   b) jüngere Mann?

2. Wodurch kommt es zu dem Umdenken bei
   a) dem jüngeren Mann,
   b) dem älteren Mann?

3. Schreibt eigene Berichte über Begegnungen mit älteren Menschen.

---

4. Erstellt Collagen:

   Die jungen Alten – die alten Jungen

   ▶ Bildet Gruppen, in denen ihr die Collagen „Die jungen Alten – die alten Jungen" erstellen wollt.

   ▶ Sammelt Bilder, Fotos, Texte, Schlagzeilen usw. zum genannten Thema.

   ▶ Ordnet das „Gesammelte" auf einem Plakat an. Eigene Texte und Zeichnungen sollten das Kunstwerk ergänzen. Eine Collage ist mehr als eine Aneinanderreihung von Bildern. Sie soll eure Selbsterfahrungen kritisch hinterfragen und evtl. Sachinformationen zu einem Thema liefern. In erster Linie geht es nicht um die künstlerische Gestaltung, sondern um die intensive Auseinandersetzung mit dem Stoff.

   ▶ Die Collagen werden dann von den Künstlerinnen und Künstlern präsentiert.

   ▶ Die Kunstwerke werden im Klassenraum sichtbar aufgehängt, damit das Thema über längere Zeit sichtbar in Erinnerung bleiben kann.

Wirtschaft

Die Schülerinnen und Schüler können

- die Mittel des Haushalts verantwortungsvoll in ausgewählten haushälterischen Situationen unter ökonomischen/ökologischen und persönlichen Aspekten einsetzen
- Verbraucherinformationen auswerten und auf den Fall bezogen nutzen
- anhand von Fallbeispielen einen Entscheidungsprozess zur Gebrauchsgüterbeschaffung, Gebrauchswerterhaltung und Entsorgung im familiären Umfeld durchführen
- einfache Haushaltsbuchführung anwenden, um einen Überblick über Einnahmen und Ausgaben zu erhalten
- aktuelle Rechte und Pflichten des Verbrauchers bei Kaufverträgen anwenden
- unterschiedliches Konsumverhalten durchschauen und Auswirkungen auf die individuelle Haushaltssituation erkennen
- institutionelle Hilfen bei wirtschaftlichen Notsituationen nennen

Wir führen eine Befragung durch

Vorbereitung der Befragung

Die Bedürfnisse der Menschen in unserer Umgebung können wir durch Beobachten, Befragen – Interviews – und Auswerten von Statistiken erforschen.

Für eine Befragung – ein Interview – benötigen wir einen Fragebogen oder einen Interview-Leitfaden.

Erstellung eines Fragebogens bzw. eines Interview-Leitfadens

Einige mögliche Fragen:
- Welche Lebensmittel haben Sie gerade zur Deckung Ihrer Grundbedürfnisse eingekauft?
- Welche weiteren Grundbedürfnisse – Wohnen und Kleidung – haben Sie?
- Was tun Sie besonders gern, nicht gern?
- Welches der folgenden Bedürfnisse ist Ihnen besonders wichtig?
  - Bedürfnis nach Sicherheit
  - Bedürfnis nach Liebe und Geborgenheit
  - Bedürfnis nach Ansehen
  - Bedürfnis nach Selbstverwirklichung
- Fällt Ihnen ein weiteres Bedürfnis – ein weiterer Wunsch – ein?
- Usw.

Wo können wir hingehen?
Wen können wir befragen?

In einem Supermarkt z. B. können wir Personen beim Einkaufen beobachten, ihre Einkaufsgewohnheiten erkunden. Welche Grundbedürfnisse, Luxusbedürfnisse werden durch den Einkauf erfüllt?

Beim Verlassen des Ladens können wir die Personen über ihre weiteren Bedürfnisse befragen.

Vorher muss im Supermarkt die Genehmigung für die Befragung eingeholt werden.

Wie wollen wir die Ergebnisse der Befragung, des Interviews, dokumentieren?

Stellt fest, ob es in der Schule Kassettenrekorder, Fotoapparat oder Videokamera gibt. Es kann auch jeweils einer von euch ein Protokoll des Gesprächs schreiben. Legt nun genau fest, wo ihr in Gruppen oder zu zweit hingehen und was ihr mitnehmen wollt, z. B. Fragebogen und Kassettenrekorder.

Wie wollen wir die Ergebnisse präsentieren?

Die Ergebnisse der Befragung „Bedürfnisse unserer Mitmenschen" können in einer Wandzeitung oder Collage für den Schaukasten der Schule oder in einer kleinen Broschüre für eure Mitschüler und Mitschülerinnen zusammengetragen werden.

2 Mittel des Haushaltes verantwortungsvoll einsetzen

2.1 Mittel des Haushaltes verantwortungsvoll einsetzen

Gespräch zwischen drei Nachbarn:

Herr Meier: „Hallo, ihr beiden, habt ihr Lust, am Donnerstagabend mit mir zu einem EDV-Vortrag zu gehen?"

Herr Vogel: „Hört sich interessant an, geht bei mir aber leider nicht – die häuslichen Verpflichtungen … Meine Frau besucht einen VHS-Kurs, und in der Schule hat unsere Jüngste Elternabend. Da bin ich gefordert."

Herr Schäufele: „Donnerstag? Ach du liebe Zeit! Dazu habe ich bestimmt keine Energie mehr! Seit ich Hausmann bin, stecke ich voll im Stress! Morgens Großeinkauf, danach mit meiner Schwiegermutter zum Arzt, mittags mit unserem Jüngsten zur Cellostunde und anschließend in den Garten – die Bohnen sind reif. Bis ich die abends mit meiner Frau eingefroren habe …"

Herr Meier: „Das hast du von deinem Gesundheitstick! Ich hole mir die Bohnen tiefgekühlt im Supermarkt oder gehe gleich mit meiner Frau zum Essen – da spare ich mir den Stress mit der Hausarbeit."

Herr Vogel: „Ihr seid ja auch beide erwerbstätig, da könnt ihr euch den Luxus leisten. Und wenn ihr keine Lust habt zum Essengehen, dann bestellt ihr den Pizzadienst."

Herr Meier: „Wenn ich es mir richtig überlege, …"

1. Lies das nebenstehende Gespräch. Nenne Gründe, die für bzw. gegen die Vergabe von Hausarbeiten sprechen.

2. Erstellt eine Liste der Aufgaben, die bei Familie Pullmann, vgl. S. 10 f., im Haushalt verrichtet werden müssen.

3. Erstellt eine Collage „Unser Wunschhaushalt im Jahr 2015". Vgl. S. 53 und Abb. S. 9.

Im privaten Haushalt geht es um die Lebensgestaltung der Haushaltsmitglieder. Grundlegendes Haushaltsziel ist das leibliche und seelische Wohlbefinden aller im Haushalt lebenden Personen. Eine wichtige Voraussetzung hierfür ist wirtschaftliche Sicherheit. Nur wenn ein ausreichendes Einkommen vorhanden ist, sind das „Dach über dem Kopf" sowie die Versorgung mit Nahrung, Kleidung und anderen zur Lebensführung benötigten Gütern gewährleistet.

Der Haushalt ist auch der Ort, an dem Kinder erzogen und Kranke und Hilfsbedürftige gepflegt und betreut werden. Auch Freizeitgestaltung/Erholung ist eine wichtige Grundlage für das Wohlbefinden der Haushaltsmitglieder.

Im Gegensatz zu früher ist der Haushalt heute nicht mehr als isolierte Einheit zu betrachten. Durch vielfältige Aufgaben steht er in Beziehung zu Einrichtungen außerhalb, z. B. Handel, Handwerk, Banken, Versicherungen, Gesundheitseinrichtungen, Bildungseinrichtungen.

Dennoch ist kein Haushalt wie der andere. Haushaltsmitglieder haben individuelle Zielvorstellungen. Die jeweiligen Haushaltsziele werden durch die wirtschaftlichen Gegebenheiten und die persönlichen Einstellungen, z. B. Schonung der Umwelt, bestimmt.

Bedürfnisse

> 1. Lies das Fallbeispiel.
>   Wovon träumen Claudia und Helge?
>
> 2. Versetzt euch in die Lage von Claudia und Helge.
>   Zählt weitere Wünsche auf.
>
> 3. Stellt eine Rangfolge für die Wünsche auf.

Claudia und Helge sitzen vor dem Fernseher, da läuft die Werbung zu einem Lottospiel. Helge sagt: „Stell dir vor, ich würde im Lotto gewinnen. Ich würde mir alles kaufen, wovon ich träume. Ein Mofa, nein, besser ein Auto. Wenn ich im Lotto gewinne, muss ich nicht mehr aufs Geld achten, dann kaufe ich mir gleich einen schnellen Sportwagen." Claudia beginnt auch zu träumen: „Meinen Urlaub würde ich nicht hier, sondern in … verleben."

Jeder Mensch hat viele Bedürfnisse:

Um nicht zu verhungern, muss er Nahrung zu sich nehmen, um nicht zu frieren, muss er wärmende Kleidung anziehen. Menschen benötigen auch eine Wohnung, die sie schützt.

Lebensnotwendige Grundbedürfnisse – Existenzbedürfnisse – sind Nahrung, Kleidung und Wohnen.

Alle Bedürfnisse, die nicht lebensnotwendig sind, jedoch zum normalen Lebensstandard unserer Gesellschaft gehören, nennt man Kulturbedürfnisse.

Kulturbedürfnisse sind z. B. Kühlschrank, Fernseher, Telefon, Bücher und Zeitungen.

Daneben gibt es Bedürfnisse, die über den normalen Lebensstandard einer Gesellschaft hinausgehen. Man möchte etwas Außergewöhnliches – hier spricht man von Luxusbedürfnissen.

Luxusbedürfnisse sind z. B. besondere Markenkleidung oder eine Weltreise.

Mittel zur Bedarfsdeckung sind Sachgüter und Dienstleistungen.

Sachgüter sind z. B.
Lebensmittel: Brot, Gemüse und Milch;
Kleidung: Hose, Schuhe und Hemd;
Möbel: Bett, Tisch und Stuhl.

Dienstleistungen sind z. B.:
Der Friseur schneidet unsere Haare.
Der Briefträger bringt uns die Post.
Der Arzt behandelt die Kranken.

Die Bedürfnisse der Menschen sind unbegrenzt. Wir haben so viele Wünsche, wenn wir nur das Geld dafür hätten.

Aus dem Umgang mit unserem Taschengeld wissen wir aber auch, dass wir uns nicht alle Wünsche erfüllen können. Wir müssen versuchen, durch planvolles Handeln zunächst die wichtigsten Bedürfnisse und Wünsche zu erfüllen.

Das Führen eines Haushaltsbuches, vgl. S. 77 ff., kann uns helfen, dieses Ziel zu erreichen.

2 Mittel des Haushaltes verantwortungsvoll einsetzen

Wirtschaftliches Handeln

Geld ist das wichtigste Mittel zur Bedürfnisbefriedigung, mit Geld kann man Sachgüter, Dienstleistungen und Rechte erwerben. Geld ist meist aber nur begrenzt vorhanden, deshalb muss es so eingesetzt werden, dass ein möglichst hohes Maß der Bedürfnisbefriedigung erreicht wird.

Wirtschaften heißt, mit den verfügbaren Mitteln den Bedarf möglichst umfassend zu decken.

Unter dem Wirtschaftlichkeitsprinzip – ökonomischen Prinzip – versteht man ein planvolles, vernünftiges Wirtschaften. Das Handeln nach dem ökonomischen Prinzip ist also Grundvoraussetzung für eine optimale Bedarfsdeckung möglichst vieler Bedürfnisse der Haushaltsmitglieder

Wirtschaftliches – ökonomisches – Handeln kann nach dem Minimal- oder Maximalprinzip erfolgen.

▶ **Maximalprinzip:** Dadurch soll ein höchstmögliches – maximales – Ergebnis mit vorhandenen Mitteln erzielt werden.

Beispiel: Claudia Meier bekommt 10,00 € und soll damit möglichst viele Gemüse- und Salatsorten für ein Salatbüfett kaufen.

Beispiel: Wenn ein Sparer die ertragreichste Anlageform für seine Ersparnisse aussucht, handelt er nach dem Maximalprinzip.

▶ **Minimalprinzip:** Ein bestimmtes Ziel soll mit einem möglichst geringen – minimalen – Einsatz von Mitteln erreicht werden. Das Minimalprinzip kann auch Sparprinzip genannt werden.

Beispiel: Claudia Meier soll ein Salatbüfett mit möglichst geringen Kosten erstellen.

Beispiel: Wenn ein Verbraucher die Angebote vergleicht, um möglichst preiswert einzukaufen, handelt er nach dem Minimalprinzip.

Beim Einsatz von Rohstoffen und Energie ist das Minimalprinzip die Richtschnur. Hierdurch wird zugleich umweltbewusst gehandelt.

Minimalprinzip:
geringe Mittel
↓
bestimmtes Ziel

Maximalprinzip:
vorhandene Mittel
↓
maximales Ziel

1. Um welches ökonomische Prinzip handelt es sich bei den folgenden Beispielen?
   a) *Claudia Meier möchte durch planvolles Arbeiten möglichst viele Kekse aus dem Mürbeteig ausstechen.*
   b) *Ole Meier kauft alle Lebensmittel, die auf dem Einkaufszettel stehen, besonders günstig ein.*
   c) *Ole Meier bekommt 20,00 € und kann dafür alle Lebensmittel, die auf dem Einkaufszettel stehen, kaufen.*
2. Finde selbst zwei weitere Beispiele
   a) *zum Minimalprinzip,*
   b) *Maximalprinzip.*

2 Mittel des Haushaltes verantwortungsvoll einsetzen

Arbeitserleichterung durch Technisierung

Der Haushalt ist zum zweitgrößten Einsatzbereich für elektrische Geräte geworden. Die Werbung will uns von deren Notwendigkeit überzeugen. Welche Gedanken macht sich wohl ein Familienvater, wenn er seiner Frau zum Geburtstag oder zu Weihnachten ein elektrisches Haushaltsgerät schenkt? Kaufen wir uns durch solche Geschenke nur frei von der Hausarbeit?

Das Geschirrspülen war bisher die Aufgabe von Ole und Claudia, nun spült die Geschirrspülmaschine.

Elektrogeräte – die Technisierung im Haushalt – führen häufig dazu, dass die „Hausfrau" noch mehr als vorher die Arbeiten im Haushalt allein verrichten muss.

Andere Geräte sind für uns so selbstverständlich, dass wir nicht mehr ohne sie leben möchten.

Oft bringen die Geräte auch nicht die gewünschte Arbeitsersparnis.

Wie viele Geräte stehen oft tagelang herum und werden nicht genutzt!

1. Nenne Arbeiten im Haushalt, die durch elektrische Geräte
   a) erleichtert,
   b) nicht erleichtert werden.

2. Sammelt Werbeanzeigen für Elektrogeräte.
   Diskutiert die Werbeaussagen.

3. Nenne Maßnahmen, durch die Wasser bzw. Strom gespart wird.

4. Nenne Elektrogeräte,
   a) die du für unbedingt notwendig erachtest,
   b) auf die man verzichten kann.

5. Erkundet Entsorgungsmöglichkeiten für Elektrogeräte:
   a) Kühlschrank,
   b) Geschirrspülmaschine,
   c) Computer.

6. Nennt Arbeitserleichterungen im Haushalt, die nicht mit elektrischen Geräten zu erreichen sind.

Gut ausgestattet
Von je 100 Haushalten in Deutschland besitzen

Kühlschrank (auch mit Gefrierfach)	99
Fernsehgerät	96
Telefon (stationär)	96
Waschmaschine	95
Fahrrad	78
Pkw	74
Hi-Fi-Anlage	72
Gefriergerät	70
Mobiltelefon	70
Videorecorder	69
CD-Player	59
Mikrowellengerät	59
Kabelanschluss	54
PC	54
Geschirrspülmaschine	52
Anrufbeantworter	44
Internet/Online-Dienste	36
Wäschetrockner	33
Satellitenempfangsanlage	33
CD-Recorder	26
Modem	22
Videokamera, Camcorder	22
Faxgerät	16
ISDN-Anschluss	14
DVD-Player	14
Notebook, Laptop	8

Stand 2002/aktualisiert Mai 2003
Quelle: Stat. Bundesamt
© Globus

2 Mittel des Haushaltes verantwortungsvoll einsetzen

Haushaltsstrukturtypen

Selbstversorgerhaushalt: Alle Arbeiten werden selbst übernommen.

Dienstleistungshaushalt: Sachgüter wie Lebensmittel und Kleidung werden gekauft, Dienstleistungen wie Kochen, Waschen und Kinderbetreuung werden selbst erbracht.

Vergabehaushalt: Alle Aufgaben werden vergeben. Arbeit wird zum Erwerb von Einkommen eingesetzt.

In Wirklichkeit sind die Haushalte meist Mischungen aller drei Haushaltsstrukturtypen.

Mittel des Haushaltes verantwortungsvoll einsetzen 2

Betriebsmittel sind austauschbar

Besonders die Betriebsmittel Arbeit und Geld (Sachmittel) sind entsprechend der jeweiligen Haushaltssituation zumindest teilweise austauschbar. Erwerbstätigkeit, Gesundheit, Umweltbewusstsein usw. bestimmen den Betriebsmitteleinsatz.

Geld wird z. B. verstärkt benötigt bei dem Wunsch nach Arbeitszeiteinsparung oder bei lückenhaften Fachkenntnissen und fehlender Geschicklichkeit.

▶ **Sachmittel:** Es entstehen Kosten für die Anschaffung und den Betrieb der Sachmittel, z. B. Anschaffung einer Mikrowelle oder Kauf von Fertigprodukten.

▶ **Vergabe von Arbeiten** an Dienstleistungsunternehmen, z. B. Geburtstagsessen im Restaurant.

Arbeit wird z. B. verstärkt benötigt bei Einkommensrückgang oder dem Wunsch nach besserem Umweltschutz, z. B. für die

▶ Herstellung einer möglichst preiswerten, schadstofffreien, naturbelassenen Nahrung – ohne aufwändige Verpackung und Zusatzstoffe.

▶ Reinigung mit umweltfreundlichen Mitteln.

Stichworte – Betriebsmittel

Der Haushalt ist ein Betrieb. Zur Bewältigung der anfallenden Aufgaben werden die Betriebsmittel Geld, Arbeitskraft und Sachmittel eingesetzt.

Geld wird eingesetzt, um Verbrauchsgüter, z. B. Lebensmittel, und Gebrauchsgüter, z. B. Herd, zu kaufen.

Arbeitskraft wird eingesetzt, um Speisen, z. B. Schokoladencreme, zuzubereiten.

Sachmittel werden z. B. für die Herstellung der Schokoladencreme eingesetzt. Das sind z. B.

▶ Geräte und Maschinen – Herd und Handrührgerät,

▶ Fertigprodukte bzw. vorgefertigte Lebensmittel, vgl. S. 62 f.

Andrea will bei ihrer Geburtstagsparty Schokoladencreme anbieten. Sie hat die Möglichkeit, die Creme
- nach eigenem Rezept selbst herzustellen,
- als Fertigprodukt zu kaufen,
- aus einem Cremepulver herzustellen.

Bewerte die verschiedenen Produkte im Hinblick auf den
a) Zeitaufwand,
b) Preis,
c) Gesundheitswert,
c) ökologischen Wert.

Rezept – Schokoladencreme
½ l Milch
1 Pr. Salz
40 g Zucker
40 g Stärke
2 EL Kakao
30 g gehackte Mandeln
1 Eischnee

+ ½ l Milch

Schoko DESSERT für 500 ml Milch € 0,54
Zutaten: Zucker, Stärke, Maltodextrin, modifizierte Stärke, fettarmer Kakao, Verdickungsmittel (Carragen), Aroma Vanillin

Schoki 125 g € 0,19
Zutaten: Magermilch, Sahne, Zucker, modifizierte Stärke, fettarmer Kakao, Stärke, Karamell, Verdickungsmittel Carragen, Magermilchpulver Gelatine, Aroma

Speisen selbst hergestellt oder vorgefertigt?

1. Übertrage die Tabelle für Aufgabe 3 in dein Heft und vervollständige sie. Vergleiche Menge, Kosten, Arbeitszeit und Geschmack vom Müsli:
   a) selbst hergestellt,
   b) aufbereitfertig,
   c) verzehrfertig.

2. Erstelle eine Zutatenliste für Müsli, selbst hergestellt. Vergleiche diese mit den Zutatenlisten auf den Müslipackungen:
   a) aufbereitfertig,
   b) verzehrfertig.

3. Welches Müsli würdest du auswählen? Berücksichtige bei der Entscheidung auch die unterschiedlichen Zutaten (vgl. Zutatenliste) und den Umweltschutz. Begründe deine Entscheidung.

Vergleich: Müsli, selbst hergestellt oder vorgefertigt?

eine Portion	selbst hergestellt	halb-fertig	verzehr-fertig
Menge	?	?	?
Preis	? €	? €	? €
Tätig-keitszeit	? min	? min	? min
Ge-schmack	?	?	?

Bewerte den Geschmack mit den Begriffen:
sehr gut,
gut und
weniger gut.

4. Vergleiche Kosten und Arbeitszeit, Geschmack, Zutaten und den Umweltaspekt für Pizza
   a) tiefgefroren,
   b) vom Pizza-Service,
   c) selbst hergestellt.

Müsli, verzehrfertig
200 g fettarmer Joghurt **Bircher Müsli** aus Milch mit 1,5 % Fett

Müsli, halbfertig, der Firma A
Zutaten für eine Portion
laut Angabe auf der Packung
50 g Früchte-Müsli
75 ml Milch

Müsli, selbst hergestellt
2 EL Haferflocken	(20 g)
4 EL Milch	(60 g)
1 kl. Apfel, geschält	(120 g)
½ Banane, geschält	(70 g)
1 EL Sultaninen	(20 g)
1 EL Haselnüsse	(15 g)
1 EL Zitronensaft	(10 g)

Viel Verpackung

Mittel des Haushaltes verantwortungsvoll einsetzen

Generell sind vorgefertigte Lebensmittel/Speisen teurer und aufwändiger verpackt als selbst hergestellte.

Der Nährstoffgehalt unterscheidet sich oft wesentlich vom Frischprodukt. Bei der Lebensmittelverarbeitung kommt es zu Nährstoffverlusten bzw. der Fett- und Salzgehalt werden erhöht, teilweise werden Zusatzstoffe – vgl. S. 118 – verwendet.

Durch die notwendige Verpackung dieser Lebensmittel wird die Umwelt belastet.

Die Entscheidung sollte im Einzelfall durch folgende Überlegungen bestimmt werden:
▶ Wie hoch sind die zusätzlichen Kosten?
▶ Wie viel Zeit wird bei der Zubereitung und Reinigung (Tätigkeitszeit) eingespart?
▶ Wie ist der Energie- und Nährstoffgehalt zu beurteilen?
▶ Wie sind Geschmack, Aussehen und Beschaffenheit zu beurteilen?
▶ Wurden Zusatzstoffe zur Verbesserung des Aussehens, der Haltbarkeit usw. verwendet?
▶ Wie stark belastet die Verpackung die Umwelt?
▶ Ist der Einsatz aufgrund der speziellen Situation unbedingt erforderlich?

Begriffserläuterungen

Bei vorgefertigten Lebensmitteln – Conveniencefood – werden bestimmte Be- und Verarbeitungsstufen im Herstellbetrieb übernommen.

Es werden zunehmend vorgefertigte Lebensmittel/Speisen zum Kauf angeboten. Nach der Stufe der Bearbeitung unterscheidet man folgende vorgefertigte Lebensmittel:

Teilfertig: Lebensmittel, die weitere Zutaten benötigen und/oder einer weiteren Bearbeitung, z. B. Zerkleinern, Mischen, Garen, Erwärmen, bedürfen.

Küchenfertig: Lebensmittel, von denen der nicht essbare Teil entfernt ist und die gegebenenfalls zerkleinert sein können.

Aufbereitfertig: fertig vorbereitete oder gegarte Lebensmittel, die weitere Zutaten benötigen und/oder bis zur Verzehrtemperatur zu erwärmen sind.

Verzehrfertige Lebensmittel: Lebensmittel und Speisen, die ohne weitere Behandlung oder Tätigkeit verzehrt werden können. Das Öffnen oder Entfernen der Verpackung ist erforderlich.

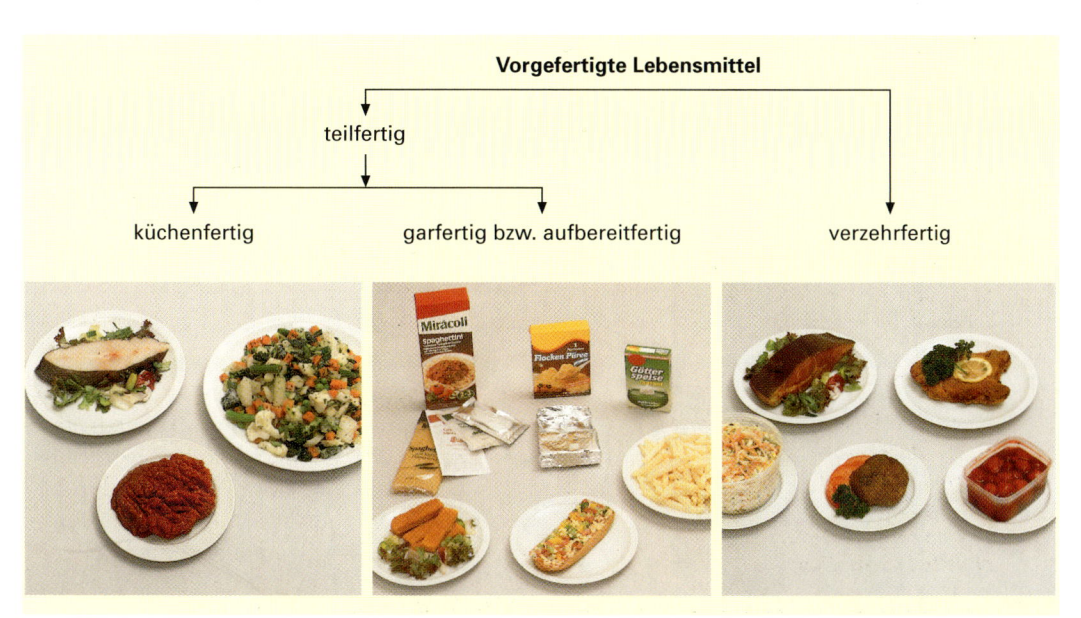

Vorgefertigte Lebensmittel
- teilfertig
  - küchenfertig
  - garfertig bzw. aufbereitfertig
- verzehrfertig

2 Mittel des Haushaltes verantwortungsvoll einsetzen

Ökologisches Handeln

Energieversorgung

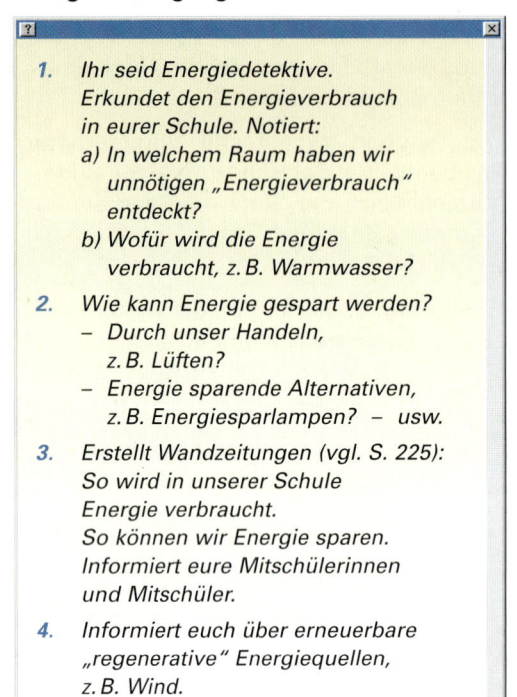

1. Ihr seid Energiedetektive. Erkundet den Energieverbrauch in eurer Schule. Notiert:
   a) In welchem Raum haben wir unnötigen „Energieverbrauch" entdeckt?
   b) Wofür wird die Energie verbraucht, z. B. Warmwasser?
2. Wie kann Energie gespart werden?
   – Durch unser Handeln, z. B. Lüften?
   – Energie sparende Alternativen, z. B. Energiesparlampen? – usw.
3. Erstellt Wandzeitungen (vgl. S. 225): So wird in unserer Schule Energie verbraucht. So können wir Energie sparen. Informiert eure Mitschülerinnen und Mitschüler.
4. Informiert euch über erneuerbare „regenerative" Energiequellen, z. B. Wind.

Strom-Verbraucher

Jährlicher Stromverbrauch der privaten Haushalte:
134 Milliarden Kilowattstunden

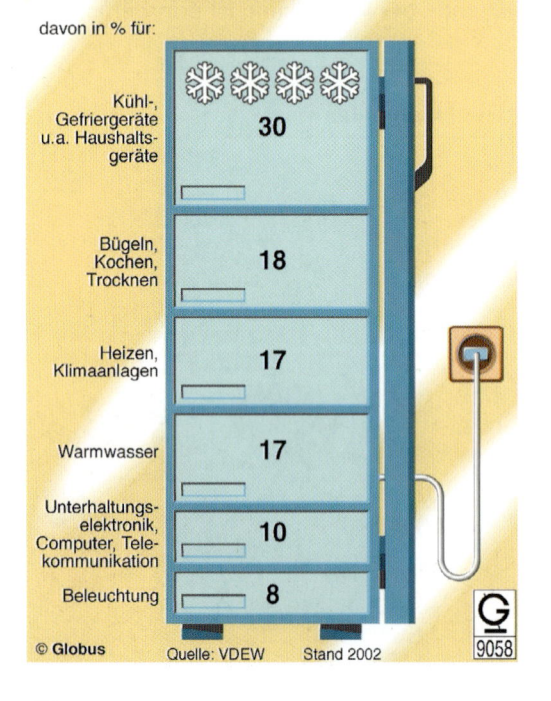

davon in % für:

Bereich	%
Kühl-, Gefriergeräte u. a. Haushaltsgeräte	30
Bügeln, Kochen, Trocknen	18
Heizen, Klimaanlagen	17
Warmwasser	17
Unterhaltungselektronik, Computer, Telekommunikation	10
Beleuchtung	8

© Globus   Quelle: VDEW   Stand 2002   9058

Energie verwenden statt verschwenden

▶ Solarbetriebene Geräte, z. B. Taschenrechner oder Walkman, anschaffen, diese benötigen keinen Strom aus der Steckdose und auch keine umweltbelastenden Batterien.

▶ Schocklüften. Fenster im Winter kurz und weit öffnen, so geht nicht so viel Heizungswärme verloren.

▶ Wärmer anziehen hilft Heizkosten sparen. Wenn die Temperatur im Raum um ca. 3 °C gesenkt wird, wird fast ein Fünftel der Heizkosten gespart. Nachts die Heizung in Schlafräumen ausdrehen. Auch eine gute Wärmeisolierung hilft, die Heizkosten zu senken.

▶ Beim Kauf von elektrischen Geräten auf den Stromverbrauch achten, er ist in der Produktinformation angegeben. Sparsame Geräte kaufen.

▶ Energiesparlampen statt Glühbirnen benutzen. Eine Energiesparlampe mit 20 Watt leuchtet genauso hell wie eine normale 100-Watt-Glühlampe. Eine Glühlampe wird heiß, hier wird nur ein Teil der Energie in Licht umgesetzt.

▶ Öfter duschen statt baden, es wird weniger heißes Wasser benötigt.

▶ Stand-by, z. B. beim Fernseher, benötigt Energie. Es ist zwar einfach, nur auf die Fernbedienung zu drücken, um das Gerät einzuschalten, aber ein Kernkraftwerk könnte abgeschaltet werden, wenn alle umweltbewusst handelten.

▶ Wäsche muss nicht im Kochwaschgang gewaschen werden. Der Kochwaschgang verbraucht doppelt so viel Energie wie eine 60-Grad-Wäsche. Meist reicht sogar eine 40-Grad-Wäsche. Moderne Waschmaschinen und Waschmittel machen diese Energieverschwendung überflüssig.

Mittel des Haushaltes verantwortungsvoll einsetzen 2

Papier

1. Sammelt Ideen:
   So verbrauchen wir weniger Papier.
2. Informiert euch über die Wiederverwendung von Altpapier.
3. Erstellt Wandzeitungen „Wälder in unserer Umgebung". Vgl. S. 225.

   Mögliche Textgestaltungen:
   Aussagesätze: Bäume müssen nicht gefällt werden. Altpapier kann man recyceln. Man kann neues Papier daraus machen.

   Fragesätze: Hast du schon einmal darüber nachgedacht, wie viel Papier du täglich verbrauchst?

   Aufforderungssätze: Das darf so nicht bleiben! Komm, mach mit!

   Fotos von Wäldern und Bäumen in eurer Umgebung können die Wandzeitungen noch interessanter machen.
4. Informiert euch in Gruppen über Jugendbücher zum Thema Umwelt. Berichtet über eure Erfahrungen.
5. Schreibt eine Geschichte: „Aus dem Leben eines Baums".

Der Baum
Zu fällen einen schönen Baum,
braucht's eine halbe Stunde kaum.
Zu wachsen, bis man ihn bewundert,
braucht er, bedenke es,
ein Jahrhundert.

Eugen Roth

Die Buche

Eine gesunde ausgewachsene, etwa 100 Jahre alte Buche hat einen Kronendurchmesser von 14 Metern.

Diese Buche produziert stündlich 1,7 kg Sauerstoff, sie deckt damit den Sauerstoffbedarf von 64 Menschen.

Diese Buche trägt wesentlich zur Luftverwirbelung bei, sie verbraucht stündlich etwa 2,4 kg Kohlenstoffdioxid.

Diese Buche filtert eine Tonne Staub im Jahr.

Diese Buche verdunstet an sonnigen Tagen bis zu vierhundert Liter Wasser, sie erhöht die Luftfeuchtigkeit unter dem Baum um etwa 10%.

Diese Buche kühlt die Lufttemperatur ihrer direkten Umgebung um bis zu 5 °C ab.

Die Buche schützt vor ultravioletter Strahlung.

Ein Hektar Wald mindert die Windgeschwindigkeit um bis zu 50 %.

Wisst ihr, dass durch unseren Papierbedarf bereits riesige Wälder zerstört wurden? Das Papier landet danach im Müll. Jeder von uns benötigt jährlich ungefähr 200 kg Papier. Das sind etwa 1600 Schulhefte pro Jahr oder 8 große Schulhefte pro Tag.

Insgesamt benötigen die Deutschen also jährlich 16 Millionen Tonnen Papier. Stellen wir uns vor, es wären Schulhefte, die wir stapeln können: Dann hätten wir bereits zwei Drittel der Strecke zum Mond geschafft.

Um 1 kg Papier herzustellen, braucht man 2 kg Holz, für 200 kg also 400 kg Holz. Erkundet, wie viele Bäume jährlich für unseren Papierbedarf gefällt werden müssen.

Projekt: Unsere umweltfreundliche Schule

Vorbereitungsphase

Wir überlegen:

Wie können wir unsere Schule umweltfreundlicher gestalten?
- Weniger Müll?
- Geringerer Energieverbrauch, z. B. Heizung und Strom?
- Geringerer Wasserverbrauch?

Durchführungsphase

Wir haben „Schwachstellen" in unserer Schule, z. B. bei der Müllentsorgung, beim Heizen oder beim Stromverbrauch, entdeckt.

Wir entwickeln ein Müllkonzept oder ein Konzept für die Energieeinsparung und planen Maßnahmen zur Verbesserung.

Planungsphase

Wir besichtigen unsere Schule:
- Wo und wie wird der Müll entsorgt?
- Wie wird in den Klassenräumen gelüftet?
- Wo wird Strom verbraucht?
- usw.?

Kontrollphase

Wir überlegen:
- Was haben wir verbessert?
- Hat sich unser Umweltbewusstsein und das unserer Mitschüler/-innen verändert?
- Gibt es weitere mögliche Maßnahmen zum Schutz unserer Umwelt?

Wir erstellen ein Quiz – Ökologisches Handeln

Mögliche Fragekarten

1. Bildet je nach der Klassengröße vier bis acht Spielteams. Die Teams geben sich Namen und bereiten ein Quiz über Umweltfragen vor, indem sie zehn Fragen und die jeweiligen Antworten zusammenstellen.

2. Sind alle Gruppen mit ihren Fragen fertig, werden die Karten im Uhrzeigersinn an den nächsten Gruppentisch weitergegeben.

   Der Kartenstapel liegt verdeckt auf dem Tisch.

   Ein Gruppenmitglied nimmt eine Karte, liest den Text vor und legt die Karte dann offen auf den Tisch.

   Gemeinsam wird nun die Antwort gesucht.

3. Jeweils zwei Teams spielen gegeneinander, das Los entscheidet, welche Teams sich gegenübertreten.

   Wer eine Zahl über sechs würfelt (zwei Würfel), muss eine Frage beantworten.

   Für jede richtig beantwortete Frage gibt es einen Punkt.

4. Diskutiert, ob ihr diese Spielregeln befolgen wollt. Ihr könnt sie auch abändern.

- Nenne drei Möglichkeiten der Wassereinsparung.
- Berichte über Recycling eines Produktes.
- Nenne drei Möglichkeiten der Energieeinsparung.
- Nenne drei „Dinge", die nicht ins Abwasser gehören.
- Nenne drei Produkte, die sich in vielen Haushalten befinden und die Umwelt belasten.
- Wie viele Liter Trinkwasser werden täglich pro Person nicht zum Trinken verwendet?
- Was sind regenerative Energien?
- Erläutere eine umweltfreundliche Art der Warmwasserbereitung.
- Wie viel Müll produziert ein Bundesbürger pro Jahr?

2.2 Entscheidungsprozess zur Gebrauchsgüterbeschaffung

Geschirrspülen mit der Maschine oder von Hand?

Familie Meier bespricht im Familienkreis, ob sich für ihr Bedürfnis nach mehr Freizeit die Anschaffung einer Geschirrspülmaschine lohnt.

Führe für Familie Meier den folgenden Entscheidungsprozess durch.

Planungsphase:
Welche Vorüberlegungen muss Familie Meier vor dem eventuellen Kauf anstellen?

▶ Wie können wir die Kosten für Kauf und Nutzung ermitteln?

▶ Wie können wir Zeitersparnis und Kraftersparnis ermitteln, die durch den Einsatz einer Geschirrspülmaschine erreicht werden?

▶ Wie können wir weitere Vorteile bzw. Nachteile ermitteln?

▶ Wo können wir das Gerät aufstellen? Sind entsprechende technische Einrichtungen vorhanden bzw. notwendig?

Informationsphase:
Um diese Fragen beantworten zu können, muss sich Familie Meier Informationsmaterial beschaffen.

Beschaffung von Informationsmaterial:

▶ Prospekte/Produktinformationen, Energielabel, vgl. Abbildung, in Fachgeschäften usw.

▶ Kennzeichnung an Geräten, z. B. Warenzeichen, Sicherheitszeichen

▶ Verbraucherinformation in Verbraucherberatungsstellen und Energieberatungsstellen

▶ Testbericht, z. B. „Stiftung Warentest"

▶ Erfahrungen von Freunden und Bekannten

▶ Werbung in Medien

1. Stellt fest, ob es an eurem Wohnort eine Verbraucherberatungsstelle gibt.
2. Stellt die Anschrift der Verbraucherberatungsstelle fest.
3. Sammelt Informationsmaterial über Geschirrspülmaschinen.

Beurteilungsphase:
Nun müsst ihr das Informationsmaterial für Familie Meier auswerten. Dabei könnt ihr nach folgendem Schema vorgehen.

Überlegungen bzw. Tätigkeiten während der Beurteilungsphase
Vergleich verschiedener Geräte hinsichtlich der

▶ Kosten für Anschaffung und Nutzung

▶ technischen Daten, Umweltfreundlichkeit, z. B. der Energieverbrauch, Wasser- und Salzverbrauch, Geräusch/Lärmbelästigung

▶ Bedienung, Handhabung; Arbeitsaufwand und Arbeitserleichterung

▶ Richtigkeit der Werbeaussagen

Auswertung des Informationsmaterials
Das Fassungsvermögen einer Geschirrspülmaschine wird in Maßgedecken angegeben. Es beträgt in der Regel 10, 12 oder 14 Maßgedecke einschließlich Serviergeschirr.

12 Maßgedecke entsprechen der Geschirrmenge, die in einem 4-Personen-Haushalt täglich anfällt.

Arbeitsaufwand: Aufgrund des Fassungsvermögens ist täglich ein Spülgang mit der Maschine notwendig. Beim Spülen von Hand wird diese Geschirrmenge meist in zwei Spülgängen gereinigt.

Die Arbeitszeit für das Geschirrspülen beträgt pro Tag

a) mit der Maschine etwa 15 Minuten (einräumen, ausräumen usw.),

b) von Hand etwa 60 Minuten.

Die Kosten für das Geschirrspülen setzen sich zusammen aus Kapitalkosten und Betriebskosten.

Die Kapitalkosten für die Geschirrspülmaschine setzen sich zusammen aus

▶ Anschaffungskosten, geteilt durch 10 (Nutzungsdauer in Jahren),

▶ Kosten für Aufbau und Anschluss des Gerätes,

▶ Kosten für Reparatur (Instandhaltung),

▶ Zinsen, die man sonst für das Kapital erhalten würde.

Die Nutzungsdauer einer Geschirrspülmaschine beträgt etwa 10 Jahre. Die Kapitalkosten pro Jahr für das Geschirrspülen mit der Maschine betragen ca. 100,00 €.

Kapitalkosten für das Geschirrspülen von Hand entstehen meist nicht, da Spüle und benötigte Materialien vorhanden sind.

Betriebskosten entstehen beim Betrieb des Gerätes bzw. beim Spülen von Hand.

Wie soll Familie Meier sich entscheiden?

Ermittlung der Betriebskosten

4. Übertrage die ersten beiden Tabellen von S. 70 in dein Heft.

5. Berechne die täglichen Betriebskosten für das Geschirrspülen

a) mit der Maschine,

b) von Hand.

Ermittlung der Gesamtkosten und der Gesamtarbeitszeit

6. Übertrage die Tabellen „Gesamtkosten pro Jahr" und „Gesamtarbeitszeit pro Jahr" in dein Heft.

7. Berechne die Gesamtkosten und die Gesamtarbeitszeit für das Geschirrspülen pro Jahr

a) mit der Maschine,

b) von Hand.

Wie hoch sind die jährlichen Mehrkosten bei der Benutzung einer Geschirrspülmaschine?

Wie hoch ist die jährliche Arbeitszeitersparnis bei der Benutzung einer Geschirrspülmaschine?

Nun sind alle notwendigen Daten für eine mögliche Entscheidung ermittelt, aber sicher gibt es noch mehr zu bedenken.

Entscheidungsphase:
Welche Entscheidung soll Familie Meier treffen?

Geschirrspülmaschine – ja oder nein?

Diskutiert in der Klasse:

8. Lohnt sich die Anschaffung einer Geschirrspülmaschine für Familie Meier? Sicher findet ihr dabei weitere Gründe, die für bzw. gegen die Anschaffung einer Geschirrspülmaschine sprechen, z. B.

▶ stark verschmutze Töpfe müssen per Hand gereinigt werden,

▶ Umweltbelastung durch Spülmittel, Salz, vgl. S. 71, usw.

9. Erkundet Möglichkeiten der Entsorgung von Geschirrspülmaschinen und deren Kosten.

2 Entscheidungsprozess zur Gebrauchsgüterbeschaffung

Betriebskosten mit der Geschirrspülmaschine pro Tag

Hilfs- und Betriebsstoffe	Einheit	Preis je Einheit in €	1 Spülgang pro Tag Verbrauch	Kosten in €
Wasser	m³	2,60	0,014	?
Strom	kWh	0,20	1,050	?
Spülmittel	kg	2,00	0,030	?
Klarspüler	l	4,80	0,003	?
Salz	kg	1,00	0,020	?
tägliche Kosten	–	–	–	?

Betriebskosten beim Geschirrspülen von Hand pro Tag

Hilfs- und Betriebsstoffe	Einheit	Preis je Einheit in €	2 Spülgänge pro Tag Verbrauch	Kosten in €
Wasser	m³	2,60	0,040	?
Strom	kWh	0,20	2,0	?
Spülmittel	l	1,75	0,006	?
Spülbürste, Geschirrtuch	–	–	–	0,05
tägliche Kosten	–	–	–	?

Gesamtkosten pro Jahr

Kostenart	Maschine	Geschirrspülen von Hand
Kapitalkosten	100,00 €	–
Betriebskosten	365 × ? €	365 × ? €
Gesamtkosten	? €	? €

Gesamtarbeitszeit pro Jahr

	Maschine	Geschirrspülen von Hand
Arbeitszeit pro Tag	365 × ? Minuten	365 × ? Minuten
Gesamtarbeitszeit	? Minuten	? Minuten

Erfragt die Strom- und Wasserkosten beim regionalen Anbieter.

Umweltbelastung durch die Geschirrspülmaschine?

Die Reinigung des Geschirrs wird durch Wasser, Temperatur, Mechanik (Sprüharm) und Chemie (Spülmittel, Klarspüler und Salz) erreicht.

Die mechanische Reinigung, die beim Spülen von Hand durch die Spülbürste usw. erfolgt, ist beim Spülvorgang in der Geschirrspülmaschine sehr gering. Die fehlende Mechanik muss also durch den Einsatz hochwirksamer Spülmittel ersetzt werden.

Spülmittel/Reiniger sollten sowohl für das Spülen von Hand als auch für das Spülen mit der Maschine möglichst sparsam verwendet werden. Eine Unter- oder Überdosierung sollte jedoch vermieden werden. Unterdosierung führt zu einer ungenügenden Reinigung und evtl. zu Korrosion, d.h. zu einer chemischen Veränderung der Materialoberfläche. Überdosierung bedeutet eine unnötige Umweltbelastung.

Bei den Spülmitteln für die Maschine sollte der Einsatz von chlorfreien Mitteln erwogen werden. Chlorverbindungen werden Spülmitteln zur Beseitigung von Tee-, Kaffeeflecken, Lippenstiftresten und zum Desinfizieren zugesetzt.

Klarspüler sollen Kalk lösen und einen Wasser abweisenden Glanz auf dem Geschirr bewirken. Die Inhaltsstoffe des Klarspülers werden später durch die Speisen gelöst und mitgegessen.

Das Spülmaschinensalz ist gefärbtes Kochsalz. Es verhindert Kalkablagerungen auf dem Geschirr und auf den Heizröhren der Maschine. Beim Kauf der Geschirrspülmaschine sollte man auch auf den Kochsalzverbrauch für die Wasserenthärtung der Maschine achten. Pro Spülgang werden mindestens 16 g Kochsalz, maximal 70 g benötigt. Die Höhe des Verbrauchs ist abhängig von der Wasserhärte und dem Gerätetyp. Pro Jahr gelangen durch den Einsatz von Geschirrspülmaschinen 30 000 Tonnen Salz in die Abwässer. Durch den Salzeinsatz wird jedoch gleichzeitig die Spülmittelmenge (Reiniger) verringert.

1. Schreibt einen Bericht „Aus dem Leben einer Geschirrspülmaschine" – von der Herstellung bis zur Entsorgung.

2. Lest die Informationen auf Reinigungsmitteln für die Geschirrspülmaschine.

3. Klärt mithilfe eines Lexikons die Begriffe
   a) Gebrauchsgüter,
   b) Verbrauchsgüter.

4. Führt einen Entscheidungsprozess für die Anschaffung eines Handys durch.

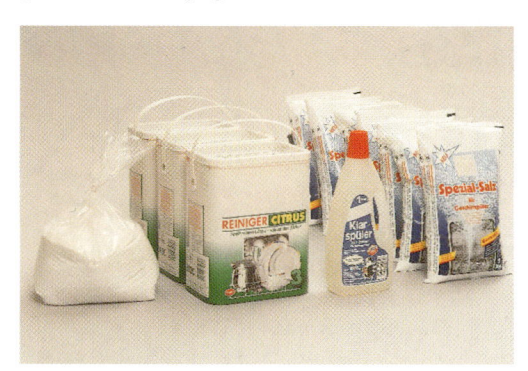

Durchschnittlicher Jahresverbrauch von Spülmittel, Klarspüler und Salz für eine Geschirrspülmaschine

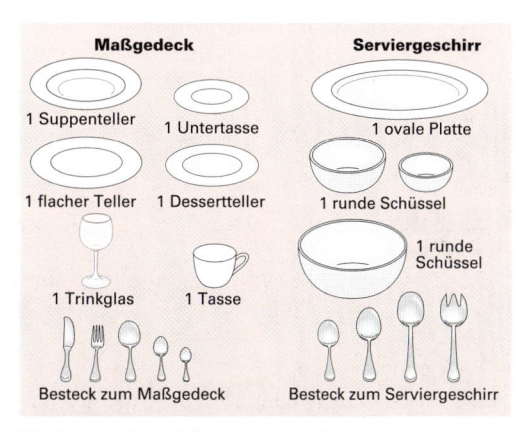

Maßgedeck und Serviergeschirr

Entscheidungsprozess zur Gebrauchsgüterbeschaffung

Warenkennzeichnung

Das Warenangebot ist bei uns sehr groß. Oft fällt die Kaufentscheidung schwer.

Um den Verbrauchern Vergleichshilfen bei der Kaufentscheidung zu geben, sind gesetzliche Warenkennzeichnungen vorgeschrieben.

Daneben gibt es freiwillige Warenkennzeichnungen, mit denen die Unternehmen über Qualität und Beschaffenheit ihrer Produkte informieren.

Darüber hinaus sollen Gesetze, Verordnungen und Vorschriften die Verbraucher vor Täuschung – Irreführung – und vor gesundheitlichen Gefahren schützen.

Eichgesetz

Da die Verpackungsgröße nicht immer die Füllmenge erkennen lässt, schreibt das Eichgesetz die Angabe der Füllmenge auf allen Verpackungen vor.

Preisangabenverordnung

Diese Verordnung soll den Verbrauchern Preisvergleiche ermöglichen. Im Einzelhandel müssen – abgesehen von wenigen Ausnahmen – die Waren mit dem Endpreis einschließlich Mehrwertsteuer ausgezeichnet sein. Preise für Dienstleistungen, z. B. beim Friseur oder in der Gaststätte, müssen im Schaufenster oder im Schaukasten ausgehängt werden. Anstelle des Endpreises kann auch der Stundensatz einschließlich Mehrwertsteuer für bestimmte Leistungen, z. B. Reparaturen, angegeben werden.

Der Grundpreis muss bei so genannten krummen Gewichten neben dem Endpreis zusätzlich angegeben werden, das ist der Preis pro übliche Maßeinheit, also pro 100 g/100 ml bzw. pro 1 kg oder 1 l.

Beispiel: 235 g zu 4,50 € ergibt einen Grundpreis von 19,15 € pro kg.

Außerdem müssen die Verpackungen so gestaltet sein, dass keine größere Füllmenge vorgetäuscht wird. Mogelpackungen sind also nicht erlaubt. Die Eichbehörde kontrolliert die angegebenen Mengen.

Warenkennzeichnung im Überblick

gesetzliche Kennzeichnung	freiwillige Kennzeichnung
Lebensmittel-Kennzeichnungsverordnung	Nährstoffangaben
Handelsklassen	Bio- und Umweltzeichen
Textilkennzeichnungsgesetz	Weinsiegel
Preisangabenverordnung	Gütezeichen, RAL-Testate
Eichgesetz	Textilpflegesymbole
Gefahrstoffverordnung	Fair gehandelte Ware
Energiekennzeichnung	DIN-, EN-, ISO-Normen
Wasch- und Reinigungsmittelgesetz	Sicherheitszeichen

Entscheidungsprozess zur Gebrauchsgüterbeschaffung

Gefahrstoffverordnung

Diese Verordnung regelt den Umgang mit Gefahrstoffen. Sie schreibt vor, dass der Hersteller gefährliche Stoffe und Zubereitungen entsprechend verpacken und kennzeichnen muss.

Die einzelnen Vorschriften über die Einstufung und Kennzeichnung gefährlicher Stoffe und Zubereitungen versetzen Personen, die mit diesen Stoffen umgehen, in die Lage, wirksame Schutzmaßnahmen zu treffen. Die Verordnung enthält auch besondere Anforderungen an den Umgang mit Krebs erregenden Stoffen und das Erbgut verändernden Gefahrstoffen.

Energiekennzeichnung – Energielabel

Hersteller müssen Kühlschränke, Gefrierschränke, Geschirrspülmaschinen, Waschmaschinen und Wäschetrockner mit einem Energielabel versehen.

Auf dem Energielabel wird der Stromverbrauch mit dem Buchstaben A für besonders sparsam bis G gleich Energiefresser gekennzeichnet. Das Energielabel gibt so dem Verbraucher die Möglichkeit, ein besonders energiesparendes Gerät auszuwählen.

Das Energielabel, vgl. S. 68, gibt außerdem Auskunft über weitere Eigenschaften der Geräte:

Spülmaschine, z. B. Wasserverbrauch, Anzahl der Maßgedecke. Die Verbrauchsangaben beziehen sich auf das vom Hersteller angegebene Vergleichsprogramm – meist das langsamste –, die Angaben können nicht auf andere Programme übertragen werden.

Verbraucherzentralen

In den Jahren 1958 bis 1961 wurden in allen Bundesländern mit Unterstützung des Bundeswirtschaftsministeriums und der Länderregierungen Verbraucherzentralen gegründet. Es gibt 16 zentrale Verbraucherorganisationen auf Länderebene.

Die Verbraucherzentralen sollen die Verbraucherinteressen unterstützen. Ihre Aufgaben im Einzelnen sind:

▶ Wahrnehmung der Verbraucherinteressen gegenüber Staat und Wirtschaft
▶ Beratung von Einzelnen und Gruppen auf den Gebieten Rechtsberatung, Produktberatung, Ernährungs- und Gesundheitsberatung, Kredit-, Versicherungs- und Schuldnerberatung, Energie- und Umweltberatung
▶ Verbraucheraufklärung durch Ausstellungen, Vorträge und Diskussionen
▶ Unterstützung der Verbraucher/-innen bei Reklamationen und Beschwerden
▶ Unterrichtung der Öffentlichkeit über Verbraucherfragen in Presse, Rundfunk, Fernsehen und Internet

Den Verbraucherzentralen sind 220 örtliche Beratungsstellen für Rat suchende Verbraucher/-innen angegliedert. Sie können sich dort individuell beraten lassen.

Internet: www.verbraucherzentralen.de

Verbraucherzeitschriften

Zeitschriften dienen der Information und Aufklärung der Verbraucher. Schwerpunkte sind Warenpreise und Warenqualität, vergleichende Warentests und kritische Bewertung von Produkten und Dienstleistungen. Sie setzen sich auch mit Verkaufs- und Werbemethoden, Ernährungs-, Gesundheits-, Umwelt-, Steuer- und Rechtsfragen auseinander.

Zu den verbreitetsten Verbraucherzeitschriften gehören die anzeigenfreien Zeitschriften der Stiftung Warentest – test und FINANZtest – sowie Öko-Test.

2 Entscheidungsprozess zur Gebrauchsgüterbeschaffung

Stiftung Warentest

Die Stiftung Warentest führt in unabhängigen Spezialprüfungsinstituten vergleichende Warentests und Dienstleistungsuntersuchungen durch. Die Veröffentlichung der Untersuchungsergebnisse in der „test-Zeitschrift" bzw. über andere Medien soll den Verbrauchern zu einer besseren Marktübersicht verhelfen.

Die Kosten für die Arbeit der Stiftung Warentest werden aus öffentlichen Mitteln und aus eigenen Einnahmen gedeckt.

> **Arbeitet mit der „test-Zeitschrift".**
> 1. Nennt für ein Gebrauchsgut die Beurteilungskriterien, die untersucht werden.
> 2. Welches würdest du kaufen?
> 3. Möchtest du weitere Informationen haben?
> 4. Welche Informationen sind unverständlich?

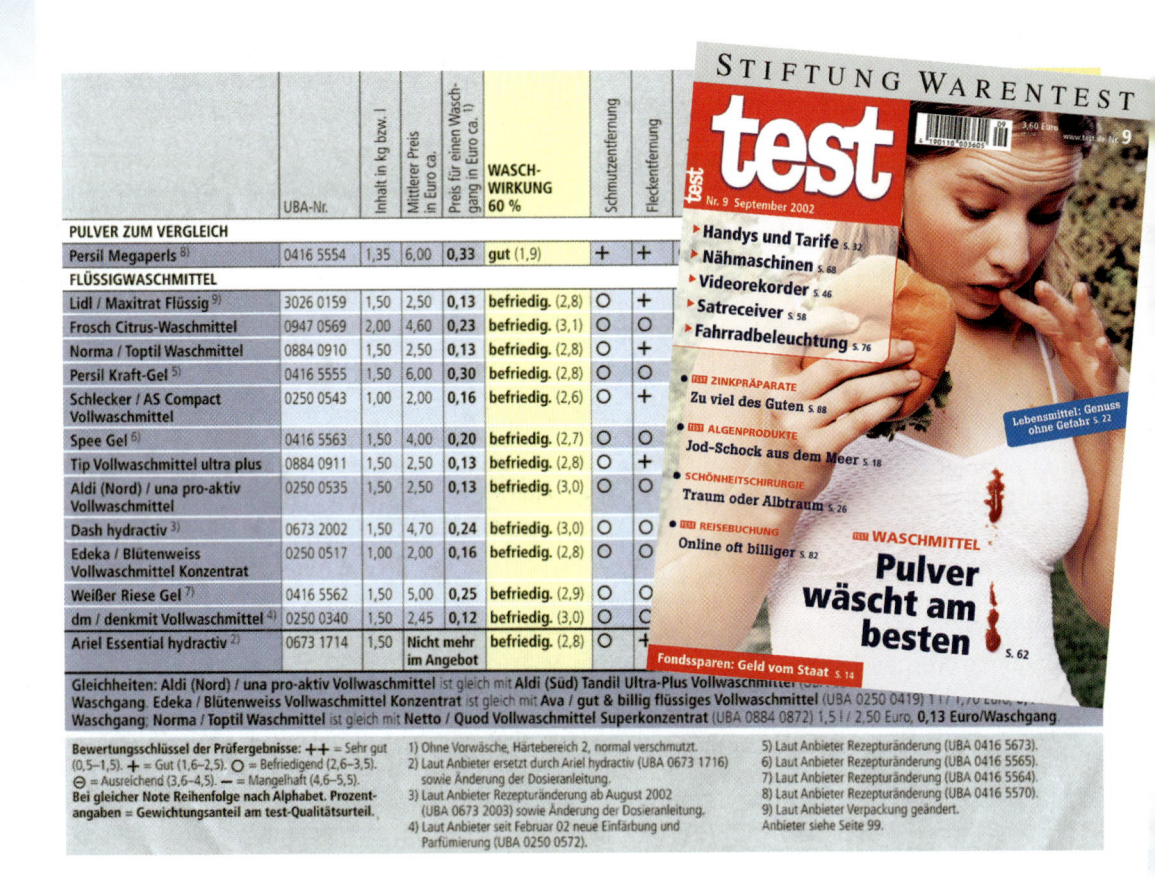

	UBA-Nr.	Inhalt in kg bzw. l	Mittlerer Preis in Euro ca.	Preis für einen Waschgang in Euro ca.[1]	WASCH-WIRKUNG 60 %	Schmutzentfernung	Fleckentfernung
PULVER ZUM VERGLEICH							
Persil Megaperls [8]	0416 5554	1,35	6,00	0,33	gut (1,9)	+	+
FLÜSSIGWASCHMITTEL							
Lidl / Maxitrat Flüssig [9]	3026 0159	1,50	2,50	0,13	befriedig. (2,8)	O	+
Frosch Citrus-Waschmittel	0947 0569	2,00	4,60	0,23	befriedig. (3,1)	O	O
Norma / Toptil Waschmittel	0884 0910	1,50	2,50	0,13	befriedig. (2,8)	O	+
Persil Kraft-Gel [5]	0416 5555	1,50	6,00	0,30	befriedig. (2,8)	O	O
Schlecker / AS Compact Vollwaschmittel	0250 0543	1,00	2,00	0,16	befriedig. (2,6)	O	+
Spee Gel [6]	0416 5563	1,50	4,00	0,20	befriedig. (2,7)	O	O
Tip Vollwaschmittel ultra plus	0884 0911	1,50	2,50	0,13	befriedig. (2,8)	O	+
Aldi (Nord) / una pro-aktiv Vollwaschmittel	0250 0535	1,50	2,50	0,13	befriedig. (3,0)	O	O
Dash hydractiv [3]	0673 2002	1,50	4,70	0,24	befriedig. (3,0)	O	O
Edeka / Blütenweiss Vollwaschmittel Konzentrat	0250 0517	1,00	2,00	0,16	befriedig. (2,8)	O	O
Weißer Riese Gel [7]	0416 5562	1,50	5,00	0,25	befriedig. (2,9)	O	O
dm / denkmit Vollwaschmittel [4]	0250 0340	1,50	2,45	0,12	befriedig. (3,0)	O	C
Ariel Essential hydractiv [2]	0673 1714	1,50	Nicht mehr im Angebot		befriedig. (2,8)	O	+

Gleichheiten: **Aldi (Nord) / una pro-aktiv Vollwaschmittel** ist gleich mit **Aldi (Süd) Tandil Ultra-Plus Vollwaschmittel** (UBA 0250 0418) 1,5 l / 2,70 Euro, 0,14 Euro/Waschgang; **Edeka / Blütenweiss Vollwaschmittel Konzentrat** ist gleich mit **Ava / gut & billig flüssiges Vollwaschmittel** (UBA 0250 0419) 1 l / 1,70 Euro, 0,17 Euro/Waschgang; **Norma / Toptil Waschmittel** ist gleich mit **Netto / Quod Vollwaschmittel Superkonzentrat** (UBA 0884 0872) 1,5 l / 2,50 Euro, 0,13 Euro/Waschgang.

Bewertungsschlüssel der Prüfergebnisse: ++ = Sehr gut (0,5–1,5), + = Gut (1,6–2,5), O = Befriedigend (2,6–3,5), ⊖ = Ausreichend (3,6–4,5), — = Mangelhaft (4,6–5,5). Bei gleicher Note Reihenfolge nach Alphabet. Prozentangaben = Gewichtungsanteil am Test-Qualitätsurteil.

1) Ohne Vorwäsche, Härtebereich 2, normal verschmutzt.
2) Laut Anbieter ersetzt durch Ariel hydractiv (UBA 0673 1716) sowie Änderung der Dosieranleitung.
3) Laut Anbieter Rezepturänderung ab August 2002 (UBA 0673 2003) sowie Änderung der Dosieranleitung.
4) Laut Anbieter seit Februar 02 neue Einfärbung und Parfümierung (UBA 0250 0572).
5) Laut Anbieter Rezepturänderung (UBA 0416 5673).
6) Laut Anbieter Rezepturänderung (UBA 0416 5565).
7) Laut Anbieter Rezepturänderung (UBA 0416 5564).
8) Laut Anbieter Rezepturänderung (UBA 0416 5570).
9) Laut Anbieter Verpackung geändert.
Anbieter siehe Seite 99.

Die Aktivitäten der Stiftung Warentest sind sicher für die Verbraucher wichtig. Auf der anderen Seite muss man jedoch auch die Grenzen dieser Informationsmöglichkeiten sehen. Lediglich 1 % der Güter kann vergleichenden Warentests unterzogen werden. Die Testergebnisse werden nur von etwa 20 % der Verbraucher für Kaufentscheidungen genutzt, da sie nicht für alle verständlich sind. Außerdem weichen die in den Testberichten verwendeten Qualitätsbegriffe teilweise von den Qualitätsvorstellungen der Verbraucher ab.

Entscheidungsprozess zur Gebrauchsgüterbeschaffung 2

Verbraucherzentrale – ein Porträt

Die Verbraucherzentrale ist dazu da, bei Verbraucherproblemen weiterzuhelfen, zu informieren, den Verbraucherschutz zu verwirklichen:

- Gegenüber Wirtschaft und Staat müssen Verbraucherinteressen wahrgenommen werden.
- Bei Reklamationen wird dem Verbraucher Unterstützung angeboten.
- Jedermann kann sich zu den unterschiedlichsten Gebieten beraten lassen: Kauf und Dienstleistungen, Bauen – Wohnen – Energie, Ernährung, Gesundheit und Pflege, Markt und Recht, Reise und Freizeit, PC und Telefon.
- Unlautere Werbung und unzulässige Geschäftsbedingungen werden durch die Verbraucherzentrale verfolgt – notfalls auch vor Gericht.

- Über Presse, Rundfunk und Fernsehen wird die breite Öffentlichkeit ständig zu aktuellen Verbraucherfragen unterrichtet.

Jedes Bundesland hat seine Verbraucherzentrale. Auf Bundesebene sind die Zentralen in der „Arbeitsgemeinschaft der Verbraucher" (AGV) in Bonn zusammengeschlossen.

Die Verbraucherzentrale ist als gemeinnütziger Verein weltanschaulich und parteipolitisch unabhängig. Ordentliche Mitglieder sind Verbände und Vereinigungen auf Landesebene, die nicht erwerbswirtschaftlich orientiert sind.

Verbraucher ist jeder von uns; aktive Verbraucherarbeit ist heute vielleicht wichtiger denn je. Darum kann jede(r) Frau/Mann förderndes Mitglied bei der Verbraucherzentrale werden, die/der ihre Ideen und Ziele unterstützen möchte.

Das Land Baden-Württemberg, der Bund und einige Kommunen unterstützen die Arbeit der Verbraucherzentrale durch öffentliche Zuwendungen. Deshalb können die Leistungen der Verbraucherzentrale meist kostenlos abgegeben werden.

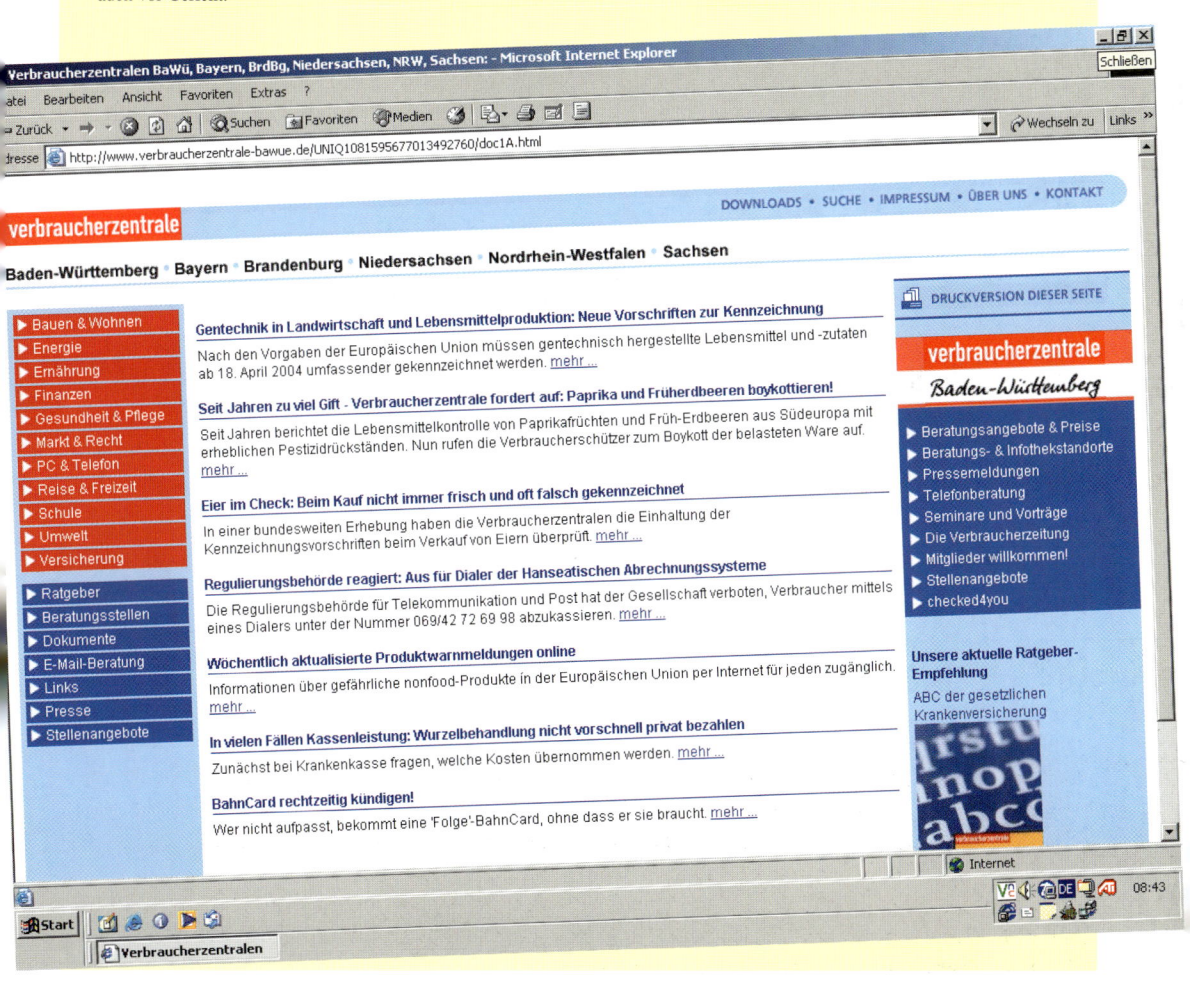

75

2.3 Haushaltsbuchführung

Wir bauen ein Standbild – Mein Taschengeld bekomme ich von meinem ?

Wenn ein Thema gefunden ist, das oben genannte oder ein Thema eurer Wahl, beginnt die eigentliche Bauphase.

Die Klasse wird in mindestens zwei Gruppen unterteilt, die nacheinander ein Standbild zum gleichen Thema oder zu unterschiedlichen Themen erbauen.

Folgende Spielregeln sind beim Erbauen und Betrachten zu beachten:

Zunächst findet eine kurze Beratungsphase in der Gruppe hinsichtlich des zu erstellenden Standbildes statt:

▶ Was wollen wir aussagen?

▶ Wie können wir dies aussagen?

Der Erbauer bzw. die Erbauerin des Standbildes sucht sich dann aus der Klasse bzw. Gruppe die Personen aus, die er/sie in Bezug auf Körperhaltung, Mimik usw. für geeignet hält.

Nun wird „aus den Mitspielern und -spielerinnen" das Standbild gebaut, indem die Positionen, Haltung usw. verändert werden. Alle verhalten sich dabei völlig passiv – sie dürfen die jeweilig geforderte Haltung nicht ablehnen.

Während der gesamten Bau- und Betrachtungsphase wird kein Wort gesprochen. Was wir sagen wollen, können wir nur durch unsere Körpersprache zum Ausdruck bringen.

Wenn ein Standbild fertig ist, erstarren alle Mitspieler und -spielerinnen für 60 Sekunden.

Die Beobachtenden haben nun Gelegenheit, das entstandene Standbild zu betrachten und es auf sich wirken zu lassen.

Dann wird das Standbild durch alle Beteiligten beschrieben und interpretiert.

Auch geheime Themen können in einem Standbild erstellt und erraten werden.

Haushaltsbuchführung

Ein Haushaltsbuch hilft sparen

> Auf der S. 78 ist ein Teil des Haushaltsbuchs der Familie Schulze abgedruckt.
>
> 1. Welche Einnahmen sind eingetragen?
> 2. Welche Ausgaben sind eingetragen?
>   a) Welche Sachgüter, z. B. Schuhe, wurden gekauft?
>   b) Welche Dienstleistungen, z. B. Reinigung, wurden in Anspruch genommen?
> 3. Welchen Nutzen hat man von einer Haushaltsbuchführung?

Wie werden die Einnahmen und Ausgaben in das Haushaltsbuch eingetragen?
- In die 1. Spalte wird das jeweilige Datum eingetragen.
- In die 2. Spalte werden sämtliche Bezeichnungen für Einnahmen und Ausgaben eingetragen.
- In die 3. Spalte werden alle Einnahmen eingetragen.
- In die 4. Spalte wird der gegenwärtige Kassenbestand eingetragen.
- In die 5. Spalte werden alle Ausgaben eingetragen.
- In den Spalten 6 bis 14 werden alle Ausgaben nach Ausgabengruppen unterschieden.

In diesem Haushaltsbuch werden folgende Ausgabengruppen unterschieden: Lebensmittel (Nahrungsmittel, Genussmittel), Wohnen, Bekleidung, Gesundheits- und Körperpflege, Freizeit und Bildung, Verkehr und Post, Sonstiges.

Wie werden die Ausgaben kontrolliert?
- Wöchentlich werden die einzelnen Posten der Ausgabengruppen addiert (Spalten 6 bis 14).
- Außerdem werden sämtliche Ausgaben der Spalte 5 addiert.
- Auch die Einnahmen in der Spalte 3 werden addiert.
- Nun werden die Ausgaben von den Einnahmen subtrahiert, hierdurch wird in Spalte 4 der Kassenbestand ermittelt. Familie Schulze verfügt am 5. April also noch über 1301,95 €. Es wird Bilanz gezogen.

Eine Bilanz ist eine Gegenüberstellung von Einnahmen und Ausgaben innerhalb eines bestimmten Zeitraums.

Allgemein gilt:
- Die Ausgaben jeweils sofort eintragen. Belege und Rechnungen aufheben und täglich die Beträge in das Haushaltsbuch eintragen.
- Wöchentlich die Ausgabenposten addieren und den Kassenbestand ermitteln. So weiß man, wie viel Geld noch vorhanden ist.
- Außerdem die einzelnen Ausgabenposten addieren, auf diese Weise kann man die Höhe der Ausgaben innerhalb einer Ausgabengruppe überprüfen. Wurde z. B. zu viel Geld für Benzin oder Genussmittel ausgegeben?
- Durch die Haushaltsbuchführung können Einnahmen und Ausgaben besser aufeinander abgestimmt werden. Das vorhandene Geld kann überlegter eingeteilt werden.

Besteht ein Missverhältnis zwischen Einnahmen und Ausgaben, gibt es nur zwei Möglichkeiten: die Ausgaben senken und/oder die Einnahmen erhöhen.

Haushaltsbuchführung

2 Haushaltsbuchführung

Haushaltsbuch *Schulze*
Monat: *April*

Datum	Konto		Einnahmen		Kassenbestand		Ausgaben		Ausgaben														
									Lebensmittel				Wohnen		Bekleidung		Gesundheits- und Körperpflege		Freizeit, Bildung		Verkehr, Post		Sonstiges	
									Nahrungsmittel		Genussmittel										Private Verkehrsmittel		Öffentl. Verkehrsmittel, Telefon u. Ä.		
		Bezeichnung	€	Ct	€	Ct	€	Ct	€	Ct	€	Ct	€	Ct	€	Ct	€	Ct	€	Ct	€	Ct	€	Ct	€	Ct
1		2	3		4		5		6		7		8		9		10		11		12		13		14	
1.		Gehalt	1970	00	1970	00																				
		Miete			1571	00	399	00					399	00												
		Benzin			1551	00	20	00													20	00				
2.		Supermarkt			1498	93	52	07	45	30	6	77														
		Taschengeld			1494	43	4	50																	4	50
		Reinigung			1486	93	7	50							7	50										
		Strom			1440	93	46	00					46	00												
3.		Zeitung			1428	43	12	50											12	50						
		Telefon			1406	77	21	66															21	66		
		Obst, Gemüse			1398	89	7	88	7	88																
4.		Friseur			1383	89	15	00									15	00								
		Sparen			1323	89	60	00																	60	00
		Porto			1320	89	3	00															3	00		
5.		Fleischer			1308	44	12	45	12	45																
		Bus			1306	94	1	50															1	50		
		Reinigungsmittel			1301	95	4	99					4	99												
		Summe	1970	00	1301	95	668	05	65	63	6	77	449	99	7	50	15	00	12	50	20	00	26	16	64	50

Haushaltsbuchführung

Familie Meier hat beschlossen, ein Haushaltsbuch zu führen.

Vom 1. bis 6. März hatten sie folgende Einnahmen und Ausgaben.

1. März	Gehalt	1997,00 €
1. März	Miete	432,00 €
1. März	Taschengeld für Claudia	3,00 €
2. März	Abgaben von Manfred für Wohnung und Essen	75,00 €
2. März	Supermarkt	38,40 €
3. März	Blumen	2,49 €
4. März	Benzin	20,00 €
4. März	Zeitung	18,00 €
4. März	Sparen	200,00 €
5. März	Kino	8,00 €
5. März	Metzger	12,30 €
5. März	Briefmarken	3,80 €
6. März	Bluse	19,50 €
6. März	Friseur	15,00 €
6. März	Waschmittel	4,99 €
6. März	Strom	48,00 €

1. Trage die Einnahmen der Familie Meier in ein Haushaltsbuch ein.
2. Wie hoch ist die Summe der Einnahmen der Familie Meier?
3. Trage die Ausgaben der Familie Meier jeweils in die richtigen Spalten ein.
4. Wie hoch ist die Summe der Ausgaben der Familie Meier?
5. Wie hoch ist der Kassenbestand?

Wie erhält man ein Haushaltsbuch?

Gehe zur Sparkasse oder zur Verbraucherberatungsstelle und hole dir ein kostenloses Exemplar „Unser Haushaltsbuch".

Oder schreibt in der Klasse einen Brief an die

> Zentralstelle für rationelles Haushalten
> (Beratungsdienst der Sparkassen)
> Postfach 2580
> 53015 Bonn

und bittet um Zusendung von ... Exemplaren „Unser Haushaltsbuch".

1. Schreibe Einnahmen und Ausgaben in einem Heft auf.
2. Stelle fest, wofür du am meisten Geld ausgegeben hast.
3. Wo könntest du etwas einsparen, um damit evtl. eine größere Anschaffung zu ermöglichen?
Diese Aufzeichnungen brauchst du niemandem zu zeigen, aber sie helfen dir sicher, dein Taschengeld besser einzuteilen.

2.4 Kaufvertrag

Geschäftsfähigkeit

Geschäftsfähigkeit ist die Fähigkeit einer Person, Rechtsgeschäfte selbstständig und gültig abschließen zu können. Nur wer geschäftsfähig ist, ist in der Lage, seine Rechte auch durchzusetzen.

Um junge Menschen vor den Folgen unüberlegt abgeschlossener Rechtsgeschäfte zu schützen, wird ihnen die volle Verantwortung für ihr Tun und Handeln erst allmählich übertragen.

Menschen erwerben in drei Stufen die volle Geschäftsfähigkeit.

Geschäftsunfähig sind:
- Kinder, die noch keine sieben Jahre alt sind,
- Personen, die dauernd geisteskrank sind.

Rechtsgeschäfte, z. B. ein Kaufvertrag, die mit diesen Personen abgeschlossen werden, sind generell ungültig, weil sie nicht in der Lage sind, die Folgen ihrer Willenserklärung zu übersehen. Für diese Personen handeln jeweils die gesetzlichen Vertreter, die Erziehungsberechtigten oder Betreuer.

Beschränkt geschäftsfähig sind:
- Minderjährige ab sieben Jahre,
- Personen, die unter einer vom Gericht verfügten Betreuung stehen, z. B. aufgrund von Trunk- oder Rauschgiftsucht.

Beschränkt geschäftsfähige Personen können einen Kaufvertrag abschließen. Wirksam wird der Kaufvertrag jedoch erst dann, wenn der gesetzliche Vertreter zugestimmt hat. Verweigert der gesetzliche Vertreter, z. B. der Vater, die Zustimmung, so wird der Kaufvertrag endgültig unwirksam.

Bestimmte Rechtsgeschäfte können auch beschränkt geschäftsfähige Personen ohne die ausdrückliche Zustimmung des gesetzlichen Vertreters abschließen. Dazu gehören:

- Geschäfte, die nur rechtliche Vorteile bringen, z. B. Geschenke annehmen ohne Gegenverpflichtungen,
- Geschäfte, die mit Geld bestritten werden, das Minderjährigen zur freien Verfügung steht oder für diesen Zweck von dem gesetzlichen Vertreter oder mit dessen Zustimmung von einem Dritten überlassen wurde, so genannter Taschengeldparagraf.

Unbeschränkt – voll – geschäftsfähig sind:
- Personen mit Vollendung des 18. Lebensjahres.

Volljährige Personen können Rechtsgeschäfte, z. B. Kaufverträge, rechtsgültig abschließen. Sie sind dann aber auch für die eingegangenen Verpflichtungen voll verantwortlich und müssen die Vertragsvereinbarungen erfüllen.

---

1. Sofie ist 15 Jahre alt. Sie hat 200,00 € von ihrem Taschengeld gespart. Nenne Dinge, die sich Sofie von dem Taschengeld
   a) alleine,
   b) nicht alleine kaufen kann.

2. Peter ist 16 Jahre alt. Entscheide, was er von seinem Taschengeld ohne Zustimmung der Eltern kaufen darf:
   a) eine CD,
   b) einen DVD-Player,
   c) eine Fußballausrüstung,
   d) eine Pizza,
   e) ein Mofa.

Stufen der Geschäftsfähigkeit

Kaufvertrag

Zustandekommen eines Kaufvertrages

Oft ist es uns gar nicht bewusst, dass wir einen Kaufvertrag – mit bestimmten Rechten und Pflichten – eingehen. Bei einem Kaufvertrag ist es dem Gesetz nach ganz gleich, ob dieser Kaufvertrag mündlich oder schriftlich zustande kommt.

Wie kommt ein Kaufvertrag zustande?

Erste Möglichkeit:
Frau Meier geht in ein Geschäft und verhandelt mit dem Verkäufer: „Ich kaufe diese Geschirrspülmaschine für 556,80 €." Dies ist im Sinne des Gesetzes ein Antrag – eine Willenserklärung – der Käuferin.

Der Verkäufer sagt zu Frau Meier: „Diese Geschirrspülmaschine können Sie zum Preis von 556,80 € erhalten." Dies bedeutet im Sinne eines Kaufvertrages die Annahme des Antrags von Frau Meier.

Erste Möglichkeit:

Antrag
Willenserklärung I
↓
volle inhaltliche Übereinstimmung
Vertrag
↑
Annahme des Antrages
Willenserklärung II

Ein Kaufvertrag wird geschlossen

Zweite Möglichkeit:
Der Verkäufer kann Frau Meier auch ein Angebot – eine Willenserklärung – unterbreiten. Frau Meier nimmt dann das Angebot durch eine Bestellung einer Geschirrspülmaschine an.

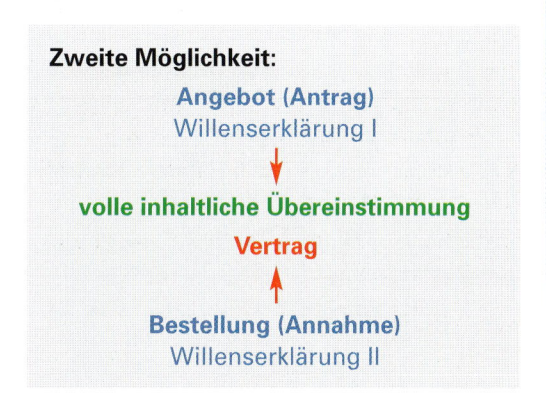

Zweite Möglichkeit:

Angebot (Antrag)
Willenserklärung I
↓
volle inhaltliche Übereinstimmung
Vertrag
↑
Bestellung (Annahme)
Willenserklärung II

Nach den Verhandlungen zwischen Frau Meier und dem Verkäufer kommt es bei zwei übereinstimmenden Willenserklärungen zu einem Kaufvertrag. Frau Meier will kaufen und der Verkäufer will verkaufen. Auch ein mündlicher Kaufvertrag ist wirksam, eine schriftliche Form ist nur beim Kauf von Grundstücken vorgeschrieben.

Nichtig ist ein Kaufvertrag, wenn er z. B. gegen Gesetze verstößt oder wenn es sich um ein Scherz- oder Scheingeschäft handelt.

> Ein Kaufvertrag kommt durch zwei inhaltlich übereinstimmende, rechtsgültige Willenserklärungen von mindestens zwei Personen zustande.

Prüfe, ob die folgenden Rechtsgeschäfte nichtig, also unwirksam sind. Begründe deine Entscheidung:
a) Ein 5-Jähriger kauft sich eine Packung Kaugummi.
b) Frau Meier sagt:
   „Für ein Glas Wasser gäbe ich mein goldenes Armband."

Kaufvertrag

Inhalt eines Kaufvertrages

1. Art, Qualität und Beschaffenheit der Ware: z. B. Geschirrspülmasche, Modell Waschfix

2. Menge: z. B. 1 Geschirrspülmaschine

3. Preis: Hier wird in der Regel der Nettopreis plus Mehrwertsteuer (MwSt.) angegeben, z. B. Geschirrspülmaschine 480,00 € plus 16 % Mehrwertsteuer 76,80 €, Bruttopreis 556,80 €.

4. Lieferbedingungen: Hier wird festgelegt, wer die Transportkosten und die Verpackungskosten trägt:

▶ **unfrei,** gesetzlich hat der Käufer die Kosten für den Versand der Ware zu tragen. Der Verkäufer hat seine Leistung erfüllt, wenn er die Ware im Geschäft, Lager oder der Werkstatt übergibt. Abweichend können jedoch auch andere Lieferbedingungen vereinbart werden.

Die Lieferung muss umgehend erfolgen, falls kein fester Termin oder ein späterer Zeitpunkt vereinbart wurde.

Die Verpackungskosten trägt nach gesetzlicher Regelung ebenfalls der Käufer. Andere Vereinbarungen sind aber möglich, z. B. Preis einschließlich Versandverpackung.

5. Zahlungsbedingungen: Hier wird festgelegt, wie die Zahlungsbedingungen aussehen, z. B:

▶ Der Käufer zahlt bei der Übergabe der Ware oder er zahlt innerhalb einer bestimmten Frist oder es wird Ratenzahlung vereinbart, z. B. Anzahlung 300,00 €, der Rest ist in 4 Monatsraten zu zahlen.

Hier sind auch Preisnachlässe geregelt:

▶ Rabatt wird z. B. als Mengenrabatt, Treuerabatt oder Sonderrabatt gewährt. Rabatt kann man unter Umständen beim Kauf heraushandeln.

▶ Skonto wird teilweise bei sofortiger Zahlung gewährt, z. B. 2 % Skonto bei Zahlung innerhalb von zehn Tagen.

Erfüllung eines Kaufvertrages

Pflichten des Verkäufers: Der Verkäufer wird durch den Kaufvertrag verpflichtet, die Sache frei von Mängeln an den Käufer zu übergeben und ihm das Eigentum an der Ware zu verschaffen.

Vor der Bezahlung der Ware ist der Käufer lediglich Besitzer, aber nicht Eigentümer der Ware. Bei einem Ratenkauf wird der Käufer erst nach der Zahlung der letzten Rate Eigentümer.

Pflichten des Käufers: Der Käufer wird durch den Kaufvertrag verpflichtet, den vereinbarten Kaufpreis fristgemäß zu zahlen und die gekaufte Ware abzunehmen. Der Käufer muss die Ware sofort auf sichtbare Mängel überprüfen.

Beispiel: Frau Meier ist verpflichtet, die Geschirrspülmaschine abzunehmen. Bei Lieferung frei Haus am nächsten Tag kann sie nicht sagen: „Ich habe es mir anders überlegt." Sie muss den Kaufpreis zahlen, auch wenn ihr die Maschine nun zu teuer erscheint.

Der Verkäufer muss Frau Meier die Geschirrspülmaschine einwandfrei und rechtzeitig liefern und die in den Geschäftsbedingungen angegebenen Pflichten erfüllen.

Kaufverträge werden heute oft telefonisch, per Fax, per E-Mail oder über das Internet abgeschlossen, hierbei handelt es sich um Fernabsatzverträge.

Fernabsatzvertrag

Kaufvertrag 2

Mangelhafte Lieferung

Vereinbarte Beschaffenheit
Wenn die von den Vertragspartnern ausdrücklich vereinbarte Beschaffenheit nicht gegeben ist, liegt ein Mangel vor.
Beispiel: Familie Schulze ordert eine Ergänzungslieferung für das Essgeschirr. Es wird ausdrücklich vereinbart, dass das Geschirr das gleiche Dekor haben soll. Es stellt sich heraus, dass das Dekor inzwischen verändert worden ist.

Vom Käufer und Verkäufer vorausgesetzte Beschaffenheit
Bei Lebensmitteln gehen Käufer und Verkäufer davon aus, dass die Lebensmittel nicht vor dem Mindesthaltbarkeitsdatum verderben. Ist dies trotzdem der Fall, so liegt ein Mangel vor.
Beispiel: Das Mindesthaltbarkeitsdatum der Milch lautet 1.12., die Milch ist aber bereits am 30.11. ungenießbar.

Eignung zur gewöhnlichen Verwendung
Ein Produkt muss die Eigenschaften haben, die bei Waren gleicher Art üblich sind und vom Käufer erwartet werden.
Beispiel: Ein Kleidungsstück mit dem Pflegesymbol 60 °C-Wäsche läuft beim Waschen in diesem Waschprogramm ein. Es hatte also keine Eignung zur gewöhnlichen Verwendung, ein Sachmangel liegt vor.

Werbung
Die Erwartungen des Käufers an ein Produkt werden durch die Werbung und die Kennzeichnung geprägt. Der Käufer kann die in der Werbung genannten Aussagen beanspruchen. Treffen die Aussagen der Werbung nicht zu, so liegt ein Mangel vor.
Beispiel: Ein Waschmaschinenhersteller wirbt damit, dass der Strom- und Wasserverbrauch einmalig gering ist. Es liegt jedoch ein höherer Strom- und Wasserverbrauch als bei Mitbewerbern vor.

Montageanleitung und Montage
Ist eine Montageanleitung – die Beschreibung – fehlerhaft und der Käufer führt aufgrund dieser Tatsache die Montage falsch durch und beschädigt dabei den Gegenstand, so liegt ein Mangel vor. Ein Mangel liegt ebenfalls vor, wenn ein Handwerker bei einer Montage etwas beschädigt.
Beispiel: Ein Regal wird nach der Montageanleitung zusammengebaut. Beim Einräumen der Vorräte löst sich ein Regalboden und beschädigt dadurch die Vorräte.

Falschlieferung und Mängel in der Menge
Wird etwas Falsches, z. B. Nelken anstelle von Rosen, oder zu wenig geliefert, so liegt ein Mangel vor bzw. es muss nachgeliefert werden.

---

1. Wann gilt ein Kaufvertrag als abgeschlossen?

2. Welche Pflichten gehen Käufer und Verkäufer mit dem Abschluss eines Kaufvertrages ein?

3. Finde weitere Beispiele für eine mangelhafte Lieferung.

4. Erstellt Wandzeitungen „Rechte und Pflichten des Verbrauchers nach dem Abschluss eines Kaufvertrages".

5. Informiert euch, z. B. bei einer Verbraucherzentrale, über die Rechte der Verbraucher beim Teleshopping.

Kaufvertrag

Reklamation – Garantie

Frau Meier hat in einem Fachgeschäft eine neue Nähmaschine gekauft. Der Verkäufer hatte ihr versichert, dass die Nähmaschine eine hervorragende Qualität habe. Die Programme können blitzschnell und bequem eingestellt werden. Noch weitere Vorzüge der Maschine werden in der Gebrauchsanweisung genannt.

Frau Meier und ihre Tochter Claudia nutzen nun die neue Nähmaschine, die Claudia dringend für MUM benötigte.

Zufrieden sind Claudia und Frau Meier aber nicht mit der Nähmaschine: Die Knopflochautomatik ist ausgefallen und der automatische Spuler hackt.

Claudia sagt zu ihrer Mutter: „Wir werden die Nähmaschine reklamieren."

„Wir haben die Nähmaschine doch schon gebraucht, und bezahlt ist sie ebenfalls", meint Frau Meier. „Geht das jetzt noch?"

Claudia geht in ihr Zimmer und holt ihr Schulbuch für den MUM-Unterricht. Aus diesem Buch liest sie ihrer Mutter den folgenden Text vor:

Stellt der Käufer bei einer gelieferten Ware Mängel fest, so muss er diese mündlich oder schriftlich beim Verkäufer reklamieren. Aus Beweisgründen sollten Mängel schriftlich reklamiert werden.

Welche Unterlagen werden für eine Reklamation benötigt?

Gewährleistungsfrist

Grundsätzlich kann der Käufer während der Gewährleistungsfrist von zwei Jahren Mängel reklamieren. Dies gilt nicht für Waren nach Ablauf des Mindesthaltbarkeitsdatums und auch nicht bei natürlichem Verschleiß oder Abnutzung.

Bei arglistig verschwiegenen Mängeln erhöht sich die Gewährleistungsfrist auf drei Jahre.

Beweislastumkehr

Im Recht ist die Beweislast zugunsten des Käufers – Verbrauchers – umgekehrt worden.

Falls sich ein Sachmangel einer Ware innerhalb der ersten sechs Monate nach dem Kauf herausstellt, wird zugunsten des Käufers vermutet, dass die Ware bereits beim Kauf oder der Lieferung fehlerhaft war.

In diesem Fall ist nicht der Käufer beweispflichtig, sondern der Verkäufer muss beweisen, dass die Sache entgegen der Vermutung tatsächlich mangelfrei war.

Beispiel: Die neue Nähmaschine von Claudia und Frau Meier weist nach zwei Wochen Nähstörungen auf. Claudia und ihre Mutter müssen in den ersten sechs Monaten nach dem Kauf nicht nachweisen, dass sie sachgemäß mit der Nähmaschine umgegangen sind. Erst nach dieser Frist muss der Käufer nachweisen, dass er die Störung nicht verursacht hat.

Ausnahme: Hat der Verkäufer beim Verkauf auf einen Mangel hingewiesen, z. B. zweite Wahl, hat der Käufer kein Recht auf eine Mängelrüge.

Aber: Bei Sonderangeboten – ohne Hinweis auf eventuelle Mängel – kann es zu einer Mängelrüge kommen.

---

1. Erläutere die Begriffe
   a) Beweislastumkehr,
   b) Gewährleistungsfrist.

2. Nennt Beispiele für Mängel, die nicht reklamiert werden können.

Kaufvertrag 2

Rechte des Käufers bei einer Reklamation

▶ **Nacherfüllung durch Nachbesserung oder Ersatzlieferung**

Wenn mangelhafte Waren geliefert werden, hat der Käufer zunächst nur den Nacherfüllungsanspruch.

Der Käufer kann bei Mängeln – Fehlern – zwischen

- einer **Nachbesserung** – Beseitigung der Mängel – oder
- einer **Ersatzlieferung** einer mangelfreien – fehlerfreien – Ware wählen.

Der Verkäufer muss alle Kosten tragen, die im Rahmen der Nacherfüllung entstehen: Transport-, Wege-, Arbeits- und Materialkosten.

Eine Nacherfüllung gilt erst nach dem zweiten Versuch als fehlgeschlagen.

Nach einem zweiten fehlgeschlagenen Nachbesserungsversuch oder bei Weigerung des Verkäufers zur Nacherfüllung hat der Käufer folgende Rechte:

- **Rücktritt vom Vertrag** und/oder
- **Schadensersatz** oder
- **Minderung, Preisnachlass.**

Beispiel: Die Nähmaschine funktioniert nicht einwandfrei. Nach erfolgter zweiter Reparatur hat der Käufer die Auswahl zwischen folgenden Möglichkeiten:

▶ **Rücktritt und Schadensersatz**

Erbringt der Verkäufer eine Leistung nicht vertragsgemäß, kann der Käufer innerhalb einer angemessenen Frist von dem Vertrag zurücktreten. Der Käufer hat zusätzlich Anspruch auf Schadensersatz.

Beispiel: Der Käufer kann die mangelhafte und nicht nachzubessernde Nähmaschine zurückgeben und den bezahlten Betrag zurückverlangen.

Ist dem Käufer in dieser Zeit ein zusätzlicher Aufwand entstanden, z. B. sehr dringende Reparaturen in einer Änderungsschneiderei, kann er in dieser Höhe Schadensersatz verlangen.

▶ **Minderung**

Statt zurückzutreten, kann der Käufer eine Minderung des Kaufpreises verlangen. Die geforderte Minderung muss in einem angemessenen Verhältnis zum Kaufpreis stehen.

Rechte des Käufers bei Reklamation:
▶ Nacherfüllung, d. h.
  - Lieferung einer mangelfreien Ware durch
    Umtausch oder Ersatzlieferung oder
  - Nachbesserung

Nach dem zweiten Nachbesserungsversuch:
▶ Rücktritt vom Vertrag oder
▶ Minderung, d. h. Preisnachlass
▶ Schadensersatz bei zusätzlichem Schaden

---

1. Lies die folgenden Fallbeispiele. Wie würdest du entscheiden? Nachbesserung? Ersatzleistung? Oder?

2. Fertige ein Schreiben an, in dem du die Nähmaschine für Claudia im Fachgeschäft Nähfix reklamierst.

▶ In einer Bistroschürze wird nach dem Kauf ein winziges Loch entdeckt.

▶ Sonderangebot – Mindesthaltbarkeitsdatum abgelaufen. Am nächsten Morgen wird festgestellt: Das Brot ist verschimmelt.

▶ Schlussverkaufsware – vom Umtausch ausgeschlossen. Zu Hause wird festgestellt: Die Farbe auf der Rückseite des Kissenbezugs ist verblichen.

2 Kaufvertrag

Produkthaftungsgesetz

Für Mängel an Waren muss der Verkäufer geradestehen. Was ist aber, wenn ein Mangel zu einem Folgeschaden führt?

Beispiel: Es kommt zu einer Schnittverletzung, weil eine Mineralwasserflasche unter Überdruck steht.

Aufgrund des Gewährleistungsrechtes hat der Käufer lediglich Anspruch auf eine neue Mineralwasserflasche. Wer zahlt jedoch Heilkosten und Schmerzensgeld für die verletzte Person?

Nach dem Produkthaftungsgesetz haftet der Hersteller eines Produktes für Schäden, die durch den Gebrauch oder Verbrauch eines fehlerhaften Produktes entstanden sind – und zwar unabhängig davon, ob er alles Menschenmögliche getan hat, um einen solchen Schaden zu vermeiden.

Folgende Regelungen sind dabei getroffen worden:

- Die Höchstgrenze für Personenschäden beträgt 85 Millionen €.
- Bei Sachschäden muss der Geschädigte mindestens 500,00 € selbst tragen.
- Ersatz von Sachschäden kann nur bei privater Nutzung verlangt werden.
- Der Hersteller kann seine Produkthaftung in den allgemeinen Geschäftsbedingungen weder ausschließen noch beschränken.
- Bei ausländischen Produkten haftet der Händler, der die Ware in den Verkehr bringt, anstelle des nicht erreichbaren Herstellers im Ausland.
- Landwirtschaftliche und andere Produkte, die noch nicht bearbeitet wurden, sind von der Produkthaftung ausgeschlossen.

Die Hersteller können sich gegen eventuelle finanzielle Belastungen, die durch das Produkthaftungsgesetz entstehen, versichern.

Lieferverzug

1. Lies das Fallbeispiel.
   Wie soll Marcus sich verhalten?
   Zahlen oder nicht zahlen?

2. Entwirf für Marcus ein Schreiben, in dem du eine Nachfrist für die Lieferung des Snowboards setzt.

Marcus hat am 1. Dezember bei einem Versandhaus ein Snowboard bestellt, da er in den Weihnachtsferien mit seinen Eltern einen Winterurlaub im Schwarzwald verbringen will.

Zu Ferienbeginn ist das Snowboard immer noch nicht geliefert. Kurz entschlossen kauft er sich in einem Kaufhaus ein Snowboard. Er nimmt an, dass das Versandhaus die Lieferung vergessen hat.

Im Januar erhält Marcus das Snowboard vom Versandhaus. Marcus schickt es zurück, da er es nun nicht mehr benötigt. In einem Begleitbrief schreibt er: „Da Sie nicht termingerecht geliefert haben, ist der Kaufvertrag für mich nicht mehr gültig."

In dem Antwortschreiben des Versandhauses heißt es: „Der Kauf des Snowboards ist rechtskräftig, Sie müssen das Snowboard umgehend bezahlen."

Lieferverzug

Kaufvertrag

Auch wenn der Verkäufer die Ware nicht zu dem vorgesehenen Termin liefert, besteht der Kaufvertrag weiter.

Der Käufer muss die Lieferung der Ware nun schriftlich – Einschreiben Einwurf – mit Fristsetzung anmahnen.

Ein Lieferverzug liegt außerdem nur vor, wenn den Verkäufer ein Verschulden trifft, z. B. Lieferung vergessen. Kann der Verkäufer aufgrund höherer Gewalt, z. B. Streik der Fabrik, nicht liefern, liegt kein Lieferverzug vor.

Nach Ablauf der Nachfrist kann der Käufer
- von dem Kaufvertrag zurücktreten.
- die Lieferung ablehnen und sich evtl. Mehrkosten, die durch den Kauf z. B. bei einem anderen Händler entstehen, ersetzen lassen.
- auf der Lieferung bestehen und sich den Schaden, der durch die verspätete Lieferung entstanden ist, ersetzen lassen.

Es gibt jedoch noch eine weitere Möglichkeit, sich vor all diesen Unannehmlichkeiten zu schützen:

Bei Abschluss des Kaufvertrages wird ein fester Liefertermin vereinbart und eine spätere Abnahme der Ware abgelehnt. Auf der einen Seite muss der Verkäufer die Ware also rechtzeitig liefern, auf der anderen Seite ist der Käufer jedoch auch verpflichtet, die Ware rechtzeitig abzunehmen.

> 1. Claudia Meier bestellt bei einer Buchhandlung ein Lexikon.
>   Als das Buch eintrifft, ist sie nicht bereit, es abzunehmen, da ihr in der Schule ein anderes Nachschlagewerk empfohlen wurde.
>   Welche Rechte hat die Buchhandlung?
> 2. Claudia Meier ersteigert im Internet ein Schulbuch.
>   Welche Rechte und Pflichten hat Claudia Meier?

Widerrufsrecht

Von einem Haustürgeschäft spricht man, wenn der Vertrag durch einen Werber zum Beispiel
- in der Privatwohnung (Haustür),
- am Arbeitsplatz,
- auf der Straße,
- bei Freizeitveranstaltungen – Werbefahrten – zustande kommt.

Haustürgeschäfte haben die Besonderheit, dass der Käufer schriftlich belehrt werden muss, dass er den Vertrag innerhalb von zwei Wochen schriftlich widerrufen kann.

Diese Belehrung ist von dem Käufer zu unterschreiben. Dabei müssen auch der Name und die Anschrift des Widerrufsempfängers – Verkäufers – angegeben werden. Verkäufer und Käufer erhalten jeweils ein Vertragsexemplar.

Unterbleibt die Belehrung oder wird sie nicht korrekt ausgeführt, z. B. fehlende Unterschrift, so erlischt das Widerrufsrecht des Käufers erst nach sechs Monaten.

Vom Widerrufsrecht sind folgende Verkaufsgeschäfte ausgeschlossen:
- Der Kunde hat den Vertreter bestellt,
- Bagatellgeschäfte – bis 40,00 €,
- notariell beurkundeter Vertrag,
- eine Versicherung wurde abgeschlossen.

Das Widerrufsrecht gilt auch für Fernabsatzverträge, z. B. Kauf im Internet. Aber: Bei folgenden Fernabsatzverträgen gibt es kein Widerrufsrecht:
- nach Kundenwünschen eigens angefertigten Waren,
- Lebensmitteln oder Arzneimitteln, deren Mindesthaltbarkeitsdatum innerhalb der Widerrufsfrist überschritten wird,
- Audio- und Videoaufzeichnungen und Software, nachdem sie vom Verbraucher entsiegelt wurden,
- Zeitungen und Zeitschriften,
- ersteigerten Waren.

M

2.5 Das Konsumverhalten hat Auswirkungen auf die Haushaltssituation

Wir starten eine Zeitreise und untersuchen unsere Konsumgewohnheiten

Ole: Ich muss unbedingt das neue Handy haben, mit dem man auch Bilder verschicken kann.

Silke: Wem willst du denn die Bilder schicken? Du hast dir doch im Unterricht schon eine E-Mail-Anschrift eingerichtet. Da kannst du die Bilder doch viel billiger verschicken.

Ole: Ich gehöre doch nur zur Clique, wenn ich so ein Handy habe.

Silke: Verstehen kann ich das nicht, aber mein Konsumverhalten ist auch nicht immer positiv. Immer wenn ich eine schlechte Note geschrieben habe, muss ich mir was Tolles kaufen, um mich zu trösten. Später bereue ich es dann oft, weil mein Taschengeld schon am 15. alle ist.

Ole: Du hast Recht, wir sollten einmal nachdenken, warum wir dies oder jenes unbedingt kaufen wollen.

Startet eine Zeitreise durch die letzten Tage oder Wochen!
Erinnert euch nochmals an eure letzten Einkäufe. Sicher seht ihr manchen spontanen oder auch lange geplanten Einkauf nun in einem anderen Licht.
Folgende Fragen sollt ihr euch bei der Zeitreise beantworten:
▶ In welcher Situation befand ich mich, als ich einkaufte?
▶ Wie war meine Stimmung? Hatte ich Frust? Musste ich etwas haben, um dazuzugehören?
▶ Wofür habe ich das Geld ausgegeben?
▶ War der Kauf wirklich notwendig?
▶ Habe ich mich nachher über den Kauf geärgert, weil mein Taschengeld nicht reichte, weil ich den Gegenstand gar nicht wirklich benötigte? usw.
▶ War ich erfreut und stolz auf meine Errungenschaft?
▶ Gibt es bei mir Konsumgewohnheiten, die mir nur das Geld aus der Tasche ziehen?

Nun sollte eine Liste eurer positiven und negativen Konsumgewohnheiten entstanden sein.

Zurück in der Gegenwart!
Erstellt in Gruppen oder allein Listen.
▶ Welche positiven Konsumgewohnheiten wollt ihr beibehalten?
▶ Welche Strategien wollt ihr entwickeln, um eure negativen Konsumgewohnheiten zu mindern?

Startet nun gemeinsam eine Zeitreise in die Zukunft!
Präsentiert euren Mitschülern und Mitschülerinnen die positiven Konsumgewohnheiten, die in Zukunft für euch bestimmend sein sollen. Sicher gibt es viele konkrete Beispiele, die auch Anregungen für sie enthalten können.

Jetzt bin ich im Bilde und obendrein völlig blank!!

Das Konsumverhalten hat Auswirkungen auf die Haushaltssituation

Haushaltstypen

1. Vergleiche die Ausgaben von Familie Meier in Stuttgart und Großvater Meier in Herrenberg. Nenne Gründe für die unterschiedlichen Ausgaben.
2. Familie Meier möchte in den Urlaub fahren. Wo können sie evtl. sparen?
3. Nenne Leistungen, die ihr im Haushalt selbst erbringen könnt, um Geld zu sparen.
4. Nenne Auswirkungen, die ein falsches Konsumverhalten auf die Haushaltssituation haben kann.
5. Nehmt Stellung zu der Aussage: „Über das Einkommen können die Haushalte frei verfügen."

Das Statistische Bundesamt stellt die Ausgaben der verschiedenen privaten Haushalte jährlich zusammen. Dabei werden verschiedene Haushaltstypen unterschieden. Zwei davon sind:

Haushaltstyp A: Z.B. Großvater Meier ist Rentner. Er lebt mit seiner Frau in einer Kleinstadt mit 5000 Einwohnern.

(„2-Personen-Haushalt" mit niedrigem Einkommen, Renten- und Sozialhilfeempfänger)

Haushaltstyp B: Z.B. Familie Meier wohnt in einer Großstadt. Herr Meier arbeitet in einem Supermarkt. Sie haben zwei Kinder, die vierzehn und sechzehn Jahre alt sind.

Familie Meier verwendet das Haushaltseinkommen, um ihre Bedürfnisse zu decken. Sie kaufen z.B. Lebensmittel und Kleidung, sie bezahlen Miete, Strom, Heizung, Fahrkosten und Versicherungen und nehmen die Leistungen vom Arzt, Friseur usw. in Anspruch.

(„4-Personen-Arbeitnehmerhaushalt" mit mittlerem Einkommen)

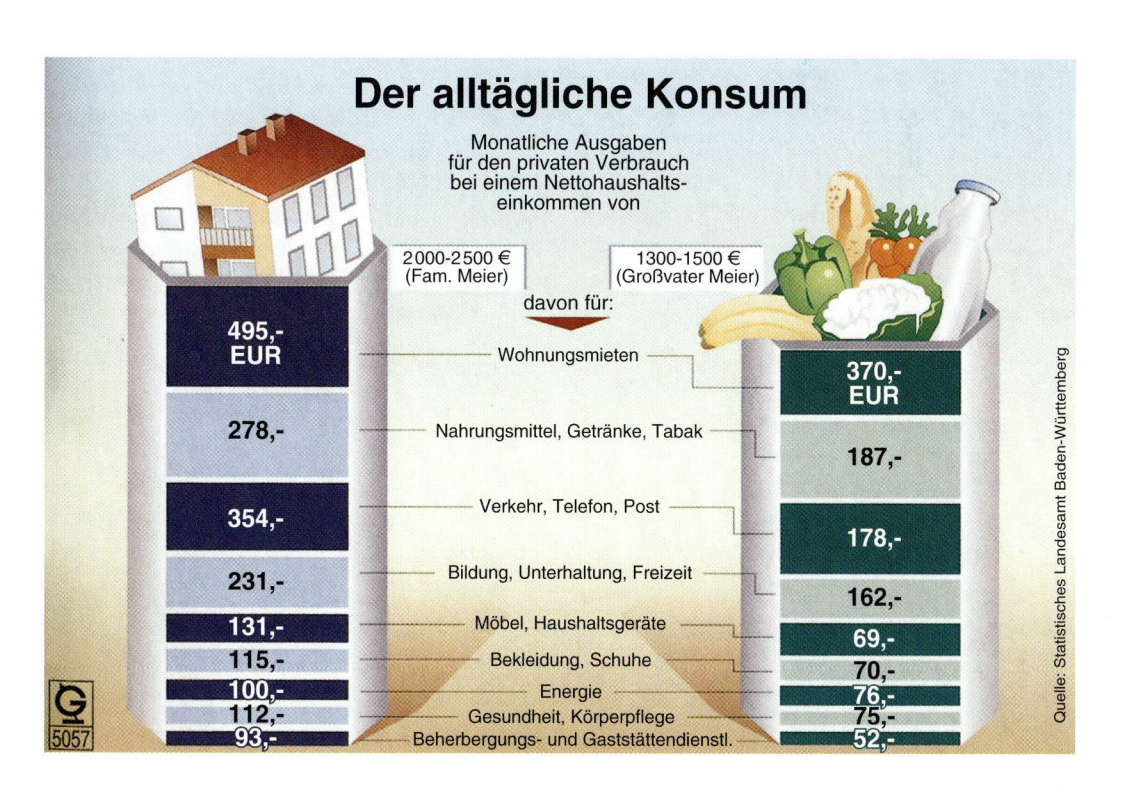

Der alltägliche Konsum

Monatliche Ausgaben für den privaten Verbrauch bei einem Nettohaushaltseinkommen von

2000-2500 € (Fam. Meier)	davon für:	1300-1500 € (Großvater Meier)
495,- EUR	Wohnungsmieten	370,- EUR
278,-	Nahrungsmittel, Getränke, Tabak	187,-
354,-	Verkehr, Telefon, Post	178,-
231,-	Bildung, Unterhaltung, Freizeit	162,-
131,-	Möbel, Haushaltsgeräte	69,-
115,-	Bekleidung, Schuhe	70,-
100,-	Energie	76,-
112,-	Gesundheit, Körperpflege	75,-
93,-	Beherbergungs- und Gaststättendienstl.	52,-

Quelle: Statistisches Landesamt Baden-Württemberg

M

Wir erstellen ein Magazin für junge Leute „Richtiger Umgang mit dem Geld"

Claudia: Wir sind nun Experten in Sachen Geld, da können wir doch ein Projekt starten. Wir schreiben ein „Magazin für junge Leute" über den richtigen Umgang mit Geld, eine spannende Zeitschrift für unsere Mitschüler und Mitschülerinnen.

Ole: Und wie stellst du dir das vor?

Claudia: Wir setzen uns alle zusammen und überlegen uns Themen und die Gestaltung – und die Arbeitsverteilung natürlich auch.

Ole: In den paar Stunden MUM schaffen wir das doch nie.

Claudia: Kein Problem, da fragen wir unsere anderen Lehrer und Lehrerinnen, ob sie mitmachen. Im Computerraum können wir die Texte schreiben und die Bilder malen. Von unserer Deutschlehrerin bekommen wir sicher noch ein paar Tipps, wie wir das alles interessant schreiben können, damit die anderen unser Magazin auch kaufen und lesen.

Los, lass uns die anderen fragen, die haben sicher noch mehr Ideen für unser Projekt.

▶ Zunächst überlegen wir gemeinsam, welche Themen in unserer Zeitschrift enthalten sein sollen, z. B.

▶ **Fotostory – Das liebe Geld**
Null Bock auf Schulden
Rätsel ?– rund um das Geld
Die Klasse ... rät
usw.

▶ Jetzt wählt jede Gruppe ein Thema aus. Die Gruppenmitglieder sammeln nun Material – Texte und Bilder – zu ihrem Thema. Andere Zeitschriften können dabei Anregungen für die Gestaltung unseres Jugendmagazins geben.

▶ Zwischendurch treffen wir uns alle im Stuhlkreis und berichten über unsere bisherige Arbeit. Da gibt es sicher einige Anregungen von den anderen für die eigene Arbeit. Wir können uns gegenseitig bei Schwierigkeiten helfen und wir können auch kontrollieren, was die anderen schreiben, sodass wir nichts doppelt schreiben.

▶ Nun geht es auf die Suche nach passenden Überschriften und an das Schreiben der Texte für unsere Zeitschrift sowie das Zeichnen der Bilder und das Erstellen von Fotos.

▶ Die geschriebenen Texte und Bilder werden dann auf DIN-A4-Seiten gelegt. Gefällt es uns so oder wollen wir noch etwas ändern?

▶ Sind alle Gruppenmitglieder zufrieden, können die Texte und Bilder aufgeklebt und die fertigen Zeitschriftenseiten kopiert werden.

▶ Nun müssen wir uns nur noch überlegen, wie wir unser Werk zusammenheften. Wo wollen wir die Zeitschrift verkaufen und was kostet sie?

Wir haben unser eigenes Magazin – super! Wir sind die Finanzreporter unserer Schule.

2.6 Hilfe in wirtschaftlichen Notsituationen

Das soziale Netz

Gesetzliche Sozialleistungen
In der Bundesrepublik Deutschland ist die soziale Sicherheit des Einzelnen und der Familie umfassend geregelt:

Sozialversicherung
- Krankenversicherung
- Unfallversicherung
- Arbeitslosenversicherung
- Rentenversicherung

Weitere Hilfen zum Lebensunterhalt
- Kindergeld
- Wohngeld
- Ausbildungsförderung
- Sozialhilfe usw.

Ziele der Sozialgesetzgebung sind:
- soziale Gerechtigkeit
- soziale Sicherheit
- Hilfe zur Selbsthilfe

Die Sozialversicherung wird durch Beiträge von Arbeitnehmern und Arbeitgebern finanziert, der Staat gewährt Zuschüsse.

Die weiteren Sozialleistungen werden aus Steuermitteln finanziert.

---

1. Informiert euch im Sozialamt eurer Gemeinde über Hilfen in wirtschaftlichen Notsituationen.
2. Besorgt euch entsprechende Broschüren für Menschen in wirtschaftlichen Notsituationen.
3. Schreibt auf, was Menschen in wirtschaftlichen Notsituationen denken könnten, vgl. Abbildung.

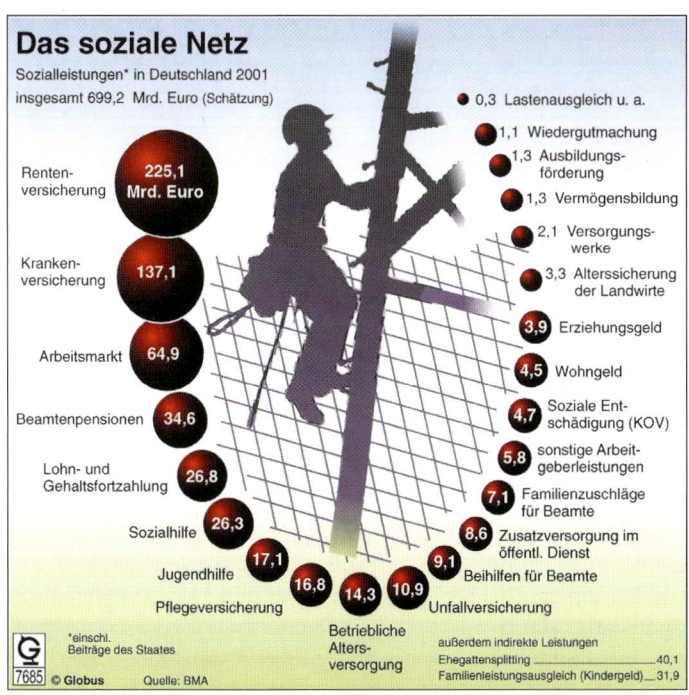

Das soziale Netz
Sozialleistungen* in Deutschland 2001
insgesamt 699,2 Mrd. Euro (Schätzung)

- Rentenversicherung: 225,1 Mrd. Euro
- Krankenversicherung: 137,1
- Arbeitsmarkt: 64,9
- Beamtenpensionen: 34,6
- Lohn- und Gehaltsfortzahlung: 26,8
- Sozialhilfe: 26,3
- Jugendhilfe: 17,1
- Pflegeversicherung: 16,8
- Betriebliche Altersversorgung: 14,3
- Unfallversicherung: 10,9
- 0,3 Lastenausgleich u. a.
- 1,1 Wiedergutmachung
- 1,3 Ausbildungsförderung
- 1,3 Vermögensbildung
- 2,1 Versorgungswerke
- 3,3 Alterssicherung der Landwirte
- 3,9 Erziehungsgeld
- 4,5 Wohngeld
- 4,7 Soziale Entschädigung (KOV)
- 5,8 sonstige Arbeitgeberleistungen
- 7,1 Familienzuschläge für Beamte
- 8,6 Zusatzversorgung im öffentl. Dienst
- 9,5 Beihilfen für Beamte

*einschl. Beiträge des Staates

außerdem indirekte Leistungen
Ehegattensplitting _____ 40,1
Familienleistungsausgleich (Kindergeld) _ 31,9

© Globus Quelle: BMA

Hilfe in wirtschaftlichen Notsituationen

Das schnelle Geld?

Die 15-jährige Petra berichtet: „Ich war echt stolz, als ich auch noch eine Geldkarte für den Bankautomaten bekam, ein irres Gefühl, so als wäre man schon erwachsen und würde für voll genommen. Super!"

Der 20-jährige Kevin gibt zu: „Ich will mich ja nicht rausreden, aber irgendwie hat mich der Automat richtig heiß gemacht. Man steht da, tippt ein paar Nummern ein, und der spuckt aus, was man will, als wäre das gerade mal nix. Ich habe das also dreimal wiederholt und mir Sachen gekauft, die ich mir nie leisten konnte. Endlich mal richtig in die Vollen greifen, das ist schon eine tolle Sache. Wie viel Miese ich hatte, wollte ich gar nicht wissen, ich habe, ehrlich gesagt, nicht daran gedacht. Mein Konto hatte ein Minus von 750 €. Ich war total von den Socken."

Der 18-jährige Tobias berichtet: „Im Versandhaus lief alles easy ab. Und was ging mir vorher die Muffe! Ich dachte, die checken vor dem Kauf ganz genau meine Finanzen und sagen dann: Nein! Aber die Frau, die die Bestellung aufgenommen hat, war absolut cool und hat mich gefragt, was ich sonst noch gern hätte, und fing an, im Katalog herumzublättern. Wenn schon, denn schon. Na ja, und dann habe ich noch außer dem Computer und Spieldisketten einen Diskman gekauft und Turnschuhe, die ich immer schon haben wollte. Die Frau sagte keinen Ton: Nun machen Sie mal langsam oder so was in der Richtung. Die gab meine Bestellung in den Computer rein, ich unterschrieb, und das war's. Von dem Moment an war ich mit 12 Monatsraten zu je 85,00 € dran, das hat mich völlig kalt gelassen, ich ging raus und war total happy. Die erste Rate konnte ich noch mit Ach und Krach hinlegen, aber dann klappte nichts mehr."

Konsum und Schulden

1. Erstellt Collagen, vgl. S. 53 und Abb. S. 9.
   „Muss ich das haben, um in der Clique mithalten zu können? – Woher nehme ich das Geld?"

2. Lest die Fallbeispiele.
   Diskutiert die Fallbeispiele und sucht nach Handlungsalternativen.

3. Schreibt auf Karten Tipps zum besseren Auskommen mit dem Einkommen. Vgl. z. B. S. 210, 241.

4. Überprüft die Werbeanzeigen von Sparkassen und Banken.
   a) Wer soll dadurch angesprochen werden?
   b) Welche Vorstellungen und Wünsche werden geweckt?
   c) Wie sieht die Wirklichkeit aus?

5. Stellt fest, ob es an eurem Wohnort eine Schuldnerberatung gibt.

6. Warum handelt es sich im Fall von Tobias um einen Kaufvertrag?

Werbung von Banken und Sparkassen

Die Karte, mit der Sie immer bei Kasse sind ... kein spontaner Kinoabend oder auch keine supergünstige Einkaufsgelegenheit scheitert in Zukunft daran, dass Sie das nötige Kleingeld vergessen haben.

Wie es das Unmögliche möglich macht ... und wenn Sie zu einem Punkt kommen, wo trotz konsequenten Sparens alle Reserven nicht reichen, um ein wichtiges Projekt, einen großen Traum zu erfüllen.

Freiheit durch Dispositionskredit (Kredit auf dem Konto)

Hilfe in wirtschaftlichen Notsituationen **2**

Wie kann man sich vor Verschuldung schützen?

Nach einer Untersuchung der Universität Bielefeld leiden inzwischen 10 % der deutschen Jugendlichen an einer unkontrollierten Kaufsucht, und weitere 25 bis 30 % sind stark gefährdet.

Um mithalten zu können, jobben mehr als 400 000 Schüler/-innen in der Freizeit oder machen Schulden. 10 bis 15 % der 11- bis 15-jährigen Jugendlichen sind verschuldet. Wer muss diese Schulden bezahlen?

Möglichst keine Bankkarten benutzen!
Bei der Benutzung dieser Karten verliert man schnell den Überblick, wie viel Geld wirklich noch auf dem Konto ist. Kredite an Jugendliche zu vergeben ist nicht erlaubt, aber Kundenkarten werden großzügig ausgeteilt.

Ermittelt euren Geldbedarf!
Schreibt einen Monat eure Ausgaben auf. Stellt fest, wie viel Geld ihr benötigt habt.

Wofür habt ihr besonders viel ausgegeben?

Wo könnt ihr sparen?

Habt ihr zu oft Freunde eingeladen?

Belege aufbewahren!
Kontoauszüge und alle Kaufbelege aufbewahren. Ihr benötigt sie, wenn ihr etwas reklamieren wollt. Und so behaltet ihr den Überblick über eure Ausgaben und Zahlungsverpflichtungen.

Keine Ratenverpflichtungen eingehen!
Ihr müsst sonst in Zukunft monatlich auf diese Beträge bei euren sonstigen Ausgaben verzichten. Oft reicht dann das Geld nicht mehr und es kommt zur Verschuldung. Auch seinen Job kann man verlieren und dann sind die sonst so sicher gewesenen Zahlungen nicht mehr möglich.

Keine Unterschriften auf der Straße!
Keine Verträge für Mitgliedschaften in Buchclubs usw. unterschreiben. Und wenn es doch einmal passiert, denkt dran, dass ihr diese Kaufverträge und Ratenverpflichtungen innerhalb von zwei Wochen schriftlich wieder kündigen könnt. Diese Kaufverträge werden erst nach zwei Wochen gültig.

Ehrlich zu sich selbst sein!
Überlegt vor dem Kauf:
▶ Kann ich mir das wirklich leisten?
▶ Brauche ich das wirklich?
▶ Kann ich das nicht auch billiger verwirklichen? Es müssen nicht immer Markenartikel sein.
▶ Kann ich das selber machen? Z. B. Freunde zu Hause zur Pizza einladen, es muss nicht immer die Pizzeria sein.
▶ Auch das Geld aus dem „Automaten" muss zurückgezahlt werden.
▶ Die Bank verdient an euren Schulden, ihr müsst viel dafür bezahlen.

Schulden werden nicht von alleine weniger!
Versucht nicht, den Kopf in den Sand zu stecken, sondern holt euch Rat, wenn ihr Schwierigkeiten habt. Ermittelt die Anschrift einer Schuldnerberatungsstelle und vereinbart einen Termin. Im persönlichen Gespräch könnt ihr Lösungsmöglichkeiten besprechen.

Ernährung

Die Schülerinnen und Schüler können

- komplexe Aufgaben der Nahrungszubereitung selbstständig planen, organisieren, durchführen und bewerten
- erweiterte Garmethoden und Zubereitungstechniken anwenden und präsentieren
- den Nährstoffbedarf ausgewählter Personengruppen mithilfe neuer Medien ermitteln und entsprechende Menüplanungen erstellen und bewerten
- Lebensmittelqualität unter den Aspekten Gesundheitsverträglichkeit, Sozialverträglichkeit, Umweltverträglichkeit beurteilen
- aktuelle Trends in der Produktion und Behandlung von Lebensmitteln erkennen, diese aus Verbrauchersicht bewerten und dieses Wissen in die eigene Lebensmittelauswahl einbeziehen
- gesundheitliche Folgen von Fehlernährung aufzeigen und Ernährungs- und Verhaltensregeln ableiten
- vegetarische Kostformen nennen und unter verschiedenen Aspekten bewerten
- Internetrecherchen zu ausgewählten Themenbereichen durchführen und auswerten
- Essstörungen erkennen, wissen um deren mögliche Folgen und Hilfsmöglichkeiten durch Freunde, Familie sowie Institutionen

Projekt – Frankreich-Abend mit französischem Büfett

„Hallo Jeanette, hallo Mark, wir sind gerade von unserer Klassenfahrt nach Straßburg zurückgekommen. An einem Abend hatten wir dort ein französisches Büfett. Da gab es viele leckere Speisen."

Jeanette: „Schade, dass wir nicht mitfahren konnten. So ein französisches Büfett möchte ich auch gern einmal erleben."

Mark: „Weißt du was, für unsere Schulabschlussfeier könnten wir doch einen Frankreich-Abend mit französischem Büfett planen. Aber so richtig französisch; nicht nur französische Speisen und Getränke, sondern auch die Kleidung und die Raumdekoration sollten an Frankreich erinnern. Ich kann mit den anderen ‚Franzosen' eine französische Speisekarte für das Büfett erstellen."

Jeanette: „Ich frage die anderen MUM-Leute, ob sie für das Servierpersonal blau-weiß-rote Westen nähen wollen. Los, lass uns in die Klasse gehen und mit den anderen über den ‚Frankreich-Abend' reden."

Soupe à l´oignon, Rezept S. 158

Durchführung des Projektes

Für die Durchführung des Projektes müssen nun Gruppen gebildet und die anfallenden Aufgaben verteilt werden:

▶ Welche Speisen und Getränke soll es geben?
▶ Wer ist für den Einkauf und die Zubereitung zuständig?
▶ Wer näht die blau-weiß-roten Westen?
▶ Wer erstellt die Speisekarten?
▶ Wer stellt ein französisch-deutsches Unterhaltungsprogramm zusammen? Da gibt es sicher auch Anregungen im Internet.
▶ Wer soll eingeladen werden? Wer schreibt die Einladungskarten?
▶ Usw.

Mousse au chocolat, Rezept S. 172

Zwischendurch treffen sich die Gruppen immer wieder und berichten über den Stand der Arbeit. Dabei wird es sicher neue Ideen und Anregungen für die weitere Vorbereitung des „Frankreich-Abends" geben.

Bonne chance!

Tarte aux pommes, Rezept S. 183

3 Arbeitsorganisation

3.1 Arbeitsorganisation

Arbeitsgestaltung

Ziel der Arbeitsgestaltung ist es, anfallende Aufgaben mit möglichst wenig Kraft, Zeit und Geld zu erledigen. Gleichzeitig sollen dabei die körperliche Gesunderhaltung, das Wohlbefinden und die Freude an der Arbeit Beachtung finden.

Arbeitshaltung

1. Wer macht es richtig?
2. Beschreibe jeweils die Haltung von Rücken und Armen.
3. Welche Arbeiten sollen im Sitzen und welche im Stehen durchgeführt werden?
   a) Kartoffeln schälen
   b) Hefeteig kneten
   c) Plätzchen ausstechen
   d) Tischdecke bügeln
   e) Gemüse putzen
   f) Teig ausrollen
   g) Mandeln mahlen

Die Leistungsfähigkeit ist abhängig vom gezielten Einsatz unserer Kräfte, auch die Körperhaltung hat einen Einfluss auf unsere Leistungsfähigkeit.

▶ Beim Arbeiten aufrecht stehen oder sitzen. Die Arbeitsfläche sollte eine Handbreit unter dem angewinkelten Ellbogen liegen. Auf diese Weise kann der Arm beim Arbeiten locker herunterhängen. Es gibt Küchenprogramme bzw. verstellbare Stühle mit unterschiedlichen Höhen.

▶ Bückarbeiten vermeiden, sie sind sehr anstrengend.

▶ Gebeugtes Sitzen oder Stehen führt zur schnelleren Ermüdung und zu Gesundheitsschäden (Haltungsschäden).

▶ Für das Arbeiten im Sitzen wird weniger Energie benötigt. Arbeiten möglichst im Sitzen durchführen, z. B. Gemüse putzen, Klöße formen.

▶ Nur Arbeiten, die viel Kraft und/oder Platz benötigen, werden im Stehen durchgeführt, z. B. Reinigung von Töpfen, Teig ausrollen.

▶ Ein Wechsel der Körperhaltung bringt Erleichterung.

Wegestudien – Fadendiagramm

Wegestudien werden mithilfe einer maßstabgerechten Raumskizze, mit einem Faden und Nadeln bzw. Reißzwecken durchgeführt.

Fertigung des Planes – Fadendiagramm
Ein maßstabgerechter Raumplan, z. B. Maßstab 1:50 oder 1:25, wird auf einer festen Unterlage angefertigt. In diesem Raumplan werden nun bei den verschiedenen Arbeitsplätzen Nadeln bzw. Reißzwecken befestigt. Die Nadeln bzw. Reißzwecken müssen so angebracht werden, dass ein Faden darumgewickelt werden kann.

Erstellung des Fadendiagramms
Bei einem Arbeitsprozess wird nun das Fadendiagramm erstellt. Eine Person beobachtet eine andere Person bei der Arbeit und verfolgt genau die zurückgelegten Wege. Für jede Wegstrecke wird ein Faden gespannt. Geht die arbeitende Person z.B. vom Herd zum Arbeitsplatz, wird ein Faden um die Nadel am Herd gewickelt und weiter zur Nadel am Arbeitsplatz gespannt.

Auswertung des Fadendiagramms
Der Verlauf des Fadens wird zunächst betrachtet, dann wird die Gesamtlänge des Fadens gemessen und so der Weg während des Arbeitsprozesses ermittelt.

Schwachpunkte der Anordnung der verschiedenen Elemente im Raum bzw. der Arbeitsplanung ergeben sich aus der Anzahl der Fäden zu einem Punkt bzw. aus der Gesamtlänge des Fadens.

Nun müssen Ursachen für zu lange bzw. zu häufig zurückgelegte Wege ermittelt werden.

▶ Wurde der Arbeitsplatz zu häufig gewechselt?
▶ Können mehr Arbeitsschritte nacheinander an einem Arbeitsplatz durchgeführt werden?
▶ Ist der Materialfluss beginnend bei der Anlieferung über die Lagerung, die Verarbeitung bis zur Auslieferung und Entsorgung der Abfälle optimal?

Abschließend können Verbesserungen für die räumliche Gestaltung bzw. den Arbeitsprozess entwickelt werden.

Kontrolle der Verbesserungsvorschläge
Nun kann eine erneute Wegestudie durchgeführt werden und festgestellt werden, wie viel Wegstrecke durch die Veränderung des Arbeitsablaufes eingespart wurde.

Durchführung einer Wegestudie
▶ Erstellt auf Millimeterpapier einen Raumplan der Schulküche.
▶ Vereinbart in Gruppen ein Menü, für das ihr eine Wegestudie anfertigen wollt.
▶ Eine Person führt nun die Aufgaben aus, die andere Person erstellt das Fadendiagramm.
▶ Wertet das Fadendiagramm aus.
▶ Erarbeitet Verbesserungsvorschläge.
▶ Wie können die Wege vermindert werden?

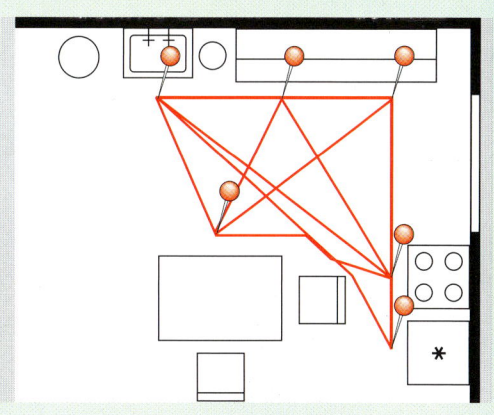

Unzweckmäßig eingerichtete Küche

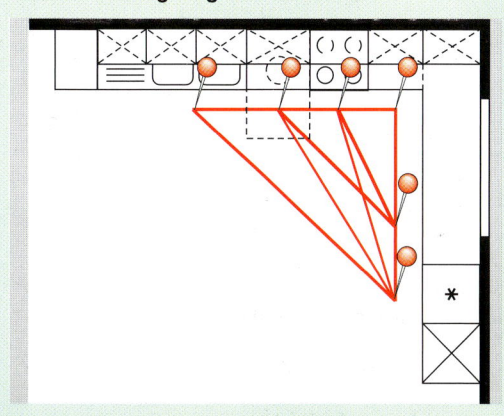

Zweckmäßig eingerichtete Küche

Arbeitsorganisation

Arbeitsablaufplanung

Ein berufstätiger Vater und seine zwei schulpflichtigen Kinder haben 45 Minuten Zeit für die Zubereitung eines Mittagessens.

Auf der Wunschliste stehen
a) Putengeschnetzeltes, Rezept S. 162, mit Kartoffelbrei und Salat,
b) Fertigpizza mit Salat,
c) Käsespätzle mit Salat.

---

1. Wähle eines dieser Mittagessen aus und begründe deine Auswahl unter den Aspekten
   a) Gesundheitsverträglichkeit,
   b) Umweltverträglichkeit.
2. Übertrage die unten stehende Tabelle in dein Heft.
3. Erstelle einen Arbeitsplan für die Erstellung des ausgewählten Mittagessens – unter Einbeziehung des Vaters und der zwei schulpflichtigen Kinder.
4. Überlege auch, welche Geräte sinnvoll zur Zeitersparnis eingesetzt werden können.
5. Berechne den Energie- und Nährstoffgehalt des ausgewählten Mittagessens, vgl. S. 108 ff.

Arbeitsplan für das Mittagessen

Zeit	Mann	Kind 1	Kind 2
10 Min.	Zutaten und Geräte bereitstellen		
10 Min.	?	?	?
10 Min.	?	?	?
10 Min.	?	?	?
5 Min.	?	?	?

Wir informieren uns zunächst über
▶ **die Arbeitsaufgabe,**
   hier Zubereitung eines Mittagessens,
▶ **die Planungsgrundlage,**
   hier drei Essen,
   Arbeiten im Team mit drei Personen,
   Arbeitszeit maximal 45 Minuten.

Wir wählen die Rezepte aus und informieren uns über die Zubereitung der verschiedenen Speisen.

Wir erstellen einen Arbeitsablaufplan
Ein Arbeitsplan ist ein gutes Hilfsmittel bei der Planung und Durchführung der Speisenzubereitung und bei der Erledigung anderer Aufgaben.

Grundsätzlich unterscheiden wir bei einem Arbeitsplan

▶ **Vorarbeiten:** Bereitstellen der Lebensmittel, Geräte, Einrichtung des Arbeitsplatzes,
▶ **Hauptarbeiten:** Zubereitung der Speisen,
▶ **Nacharbeiten:** Aufräumungsarbeiten wie Geschirr spülen, Herd reinigen.

Zur besseren Übersichtlichkeit wird dann der Arbeitsablauf in kleinere Einheiten, wie **Teilablauf** oder/und **Ablaufstufen**, aufgeteilt.

▶ **Teilablauf:**
   Putengeschnetzeltes
   Kartoffelbrei
   Salat

▶ **Ablaufstufen – Arbeitsschritte:**
   Kartoffeln waschen
   Kartoffeln garen – Wartezeit
   Kartoffeln pellen
   Kartoffeln pürieren
   Kartoffelbrei fertig stellen

Bei der näheren Betrachtung der Ablaufstufen entdecken wir, dass es sich um **Tätigkeitszeiten**, z. B. Kartoffeln waschen, und **Wartezeiten**, z. B. Kartoffeln garen, handelt.

Aufgrund dieser Unterscheidung kann der Arbeitsplan so gestaltet werden, dass während der Wartezeit andere Arbeiten erledigt werden können und kein Leerlauf entsteht.

Arbeitsorganisation 3

Bei der Arbeitsablaufplanung lernen wir Aufgaben in Teilabläufe – Arbeitsschritte – zu zerlegen und diese vernünftig – rationell – ineinander zu planen.

Der endgültige Arbeitsplan/Zeitplan wird dann in umgekehrter Reihenfolge – von der Fertigstellung ausgehend rückwärts zum Arbeitsbeginn – aufgestellt.

Durch die Arbeitsablaufplanung ermitteln wir die Gesamtarbeitszeit und den Beginn der einzelnen Arbeitsschritte. Die Arbeitsplanung soll uns helfen, die Arbeiten in einer möglichst kurzen Zeit zu erledigen.

Das Mittagessen soll hier von drei Personen zubereitet werden.

Arbeitsteilung kann uns helfen,
▶ alle Teilvorgänge in kürzerer Zeit zu erledigen,
▶ alle Beteiligten gleichmäßig zu belasten.

Es muss also überlegt werden:
▶ Wer erledigt die einzelnen Arbeitsschritte?
▶ In welcher Reihenfolge sollen jeweils die einzelnen Arbeitsschritte erledigt werden? Es wird mit der Speise/Tätigkeit begonnen, die die längste Zeitdauer benötigt.

Übersicht – Arbeitsplanung und -teilung

Was? Wir setzen uns ein Ziel. Z. B.: Wir wollen ein Mittagessen zubereiten.

Womit? Wir überlegen uns: Welche Geräte, Maschinen können wir evtl. einsetzen? Lohnt sich der Einsatz – trotz aufwändiger Rüst- und Reinigungsarbeiten?

Wie? Wir überlegen uns die beste Arbeitsmethode. Z. B.: Wie kann ich die Speisen fettarm zubereiten?

Wer? Wir verteilen die Arbeit. Z. B.: Wir sind vier in der Gruppe, in der Familie sind vier oder drei Personen.

Wann? Wir erstellen einen Arbeitsablaufplan. D. h., wir zerlegen die Arbeiten in Arbeitsschritte und planen die günstigste Reihenfolge. Wir nutzen die Wartezeiten.

1. Vergleicht und überprüft gemeinsam die erstellten Arbeitspläne.
2. Untersucht den „Abwasch". Stellt fest: Welche Schüssel usw. hätte eingespart werden können?
3. Nenne Speisen, die aus Gründen der Energie- und Zeitersparnis im Dampfdrucktopf gegart werden sollten.
4. Beschreibt euren Mitschülern und Mitschülerinnen Situationen, in denen ihr viel Zeit für die Speisenzubereitung benötigt habt. Sie sollen dann jeweils Verbesserungsvorschläge entwickeln.
5. Mache Vorschläge, wie die Wartezeiten während der Speisenzubereitung sinnvoll genutzt werden können.

Arbeitsorganisation

Überprüfung eines Arbeitsplans

Begriffserläuterungen

Arbeitsplanung ermöglicht eine Verringerung der Arbeitszeit.

Tätigkeitszeit beinhaltet eine planmäßige, unmittelbar der Arbeitsaufgabe dienende Tätigkeit.

Wartezeit ist eine ablaufbedingte Unterbrechung. Man wartet, bis die Tätigkeit wieder notwendig wird. Wartezeiten werden nach Möglichkeit für andere Tätigkeiten genutzt.

Verteilzeit entsteht durch störungsbedingte oder persönlich bedingte Unterbrechungen, z. B. Nase putzen, vergessene Zutaten holen, Maschine funktioniert nicht. Diese Zeiten sind nicht planbar.

Erholzeit dient der Wiederherstellung der Arbeitskraft, z. B. Erfrischungsgetränk zu sich nehmen.

Rüstzeit beinhaltet alle Zeiten zum Vor- und Nachbereiten eines Arbeitsablaufes.

Gesamtarbeitszeit ist die Summe aller genannten Zeiten.

REFA – Verband für Arbeitsgestaltung, Betriebsorganisation und Unternehmensentwicklung e. V. Der Verband betreibt grundlegende Forschungsarbeit zur Rationalisierung der Arbeit, auch der Hausarbeit.

Mitschüler und Mitschülerinnen beobachten die Durchführung der Arbeit nach dem Arbeitsplan und stoppen Zeiten. Die ermittelten Zeiten werden dann für spätere Arbeitsplanungen genutzt.

Anschließend wird gemeinsam der Arbeitsplan diskutiert und es werden evtl. Verbesserungsvorschläge entwickelt.

▶ **Stimmten geplante und benötigte Arbeitszeit überein?**

▶ **Gab es störungsbedingte Unterbrechungen? Wie kann man diese vermeiden?**
- Z. B.: Wurden zunächst alle benötigten Geräte und Zutaten bereitgestellt?
- Wurde der Arbeitsplatz richtig eingerichtet, wurde eine kraftsparende Körperhaltung beachtet?
- Können Arbeitsschritte durch eine andere, zweckmäßigere Geräteauswahl, z. B. größeres Messer, Handrührgerät, erleichtert werden?

▶ **Wurden gleichartige Tätigkeiten gemeinsam durchgeführt?**
- Z. B. gleicher Weg: Holen der Zutaten.
- Wurden gleichartige Tätigkeiten zusammengelegt, z. B. Vorbereiten von Gemüse und Kartoffeln? So können Geräte und Arbeitsplatz nochmals genutzt werden, die Reinigungsarbeiten werden vermindert.

▶ **Wann entstanden ungenutzte Wartezeiten?**
- Z. B. Kochen der Kartoffeln. Kann diese Zeit für andere Aufgaben genutzt werden?
- Oder können Wartezeiten verkürzt werden? Z. B. Benutzung des Dampfdrucktopfes.
- Entstanden Wartezeiten durch eine falsche Planung der Arbeitsschritte?

▶ **Wurden Arbeitssicherheit und Arbeitshygiene beachtet?**

Ein durchdachter Arbeitsplan ermöglicht ein gutes Arbeitsergebnis.

3.2 Nahrungszubereitung

Übersicht – Vorbereitungstechniken

Vorbereitungstechniken	Erklärung	Arbeitsregeln
Putzen	Entfernen wertloser Bestandteile: Abschneiden, Entsteinen	Putzen mithilfe eines Messers durchführen. Lebensmittel dabei nicht im Wasser liegen lassen.
Schälen/Pellen	Entfernen feinhäutiger Schalen	Pflanzliche Lebensmittel werden mit dem Messer oder einem Sparschäler möglichst dünn geschält.
Waschen	Entfernen von Schmutzstoffen	Waschen immer vor dem Zerkleinern der Lebensmittel durchführen. In kaltem Wasser möglichst schnell und gründlich waschen.
Wässern	Entfernen unerwünschter wasserlöslicher Stoffe	Z. B. Salzheringe werden gewässert. Hier muss man jedoch beachten, dass auch wertvolle Inhaltsstoffe herausgelöst werden.
Blanchieren	Kurzfristige Hitzebehandlung roher Lebensmittel in kochendem Wasser/Wasserdampf, danach schnelles Abkühlen in Eiswasser	Lebensmittel – Gemüse, Obst – vor dem Tiefkühlen blanchieren. Die Oberflächenenzyme werden hierdurch zerstört, sie können nicht mehr verändernd einwirken.
Schneiden	Zerkleinern der Lebensmittel in Stücke, Würfel, Scheiben, Streifen oder Stifte	Zum Schneiden stehen verschiedene Spezialgeräte zur Verfügung. Lebensmittel erst kurz vor der Weiterverarbeitung zerkleinern.
Raspeln	Zerkleinern der Lebensmittel in feine längliche Teile	Zum Raspeln stehen ebenfalls verschiedene Geräte zur Verfügung.
Reiben/Hacken	Zerkleinern in kleinste Stückchen	Zum Reiben und Hacken stehen verschiedene Spezialgeräte zur Verfügung. Zerkleinerte Lebensmittel sind leichter verdaulich.
Passieren/Pürieren	Durchstreichen von weichen, oft gegarten Lebensmitteln	Zum Passieren ein Sieb oder ein anderes Spezialgerät benutzen.

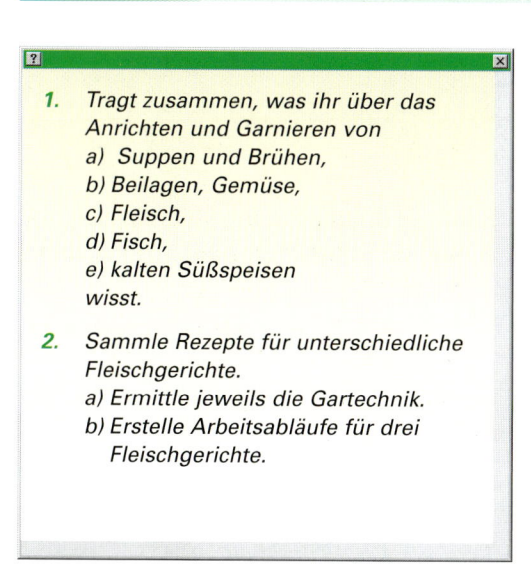

1. Tragt zusammen, was ihr über das Anrichten und Garnieren von
   a) Suppen und Brühen,
   b) Beilagen, Gemüse,
   c) Fleisch,
   d) Fisch,
   e) kalten Süßspeisen
   wisst.

2. Sammle Rezepte für unterschiedliche Fleischgerichte.
   a) Ermittle jeweils die Gartechnik.
   b) Erstelle Arbeitsabläufe für drei Fleischgerichte.

Was heißt waschen? Ich kann nicht schwimmen!

Nahrungszubereitung

Übersicht – Gartechniken

Gartechniken	Erklärung	geeignete Lebensmittel	Bewertung
Kochen – unter Druck	Garen in viel siedender Flüssigkeit.	wasserarme, stärkereiche Lebensmittel; Teigwaren, Suppen, Backwaren, Gemüse	Nährstoffverluste treten ein, Mineralstoffe, wasserlösliche Vitamine usw. werden herausgelöst. Kochwasser möglichst mitverwenden.
Garziehen	Garen in nicht siedender Flüssigkeit bzw. im Wasserbad.	Reis, Teigwaren, Cremes, Klöße, Fisch	Schonende Gartechnik, Nährstoffe werden wie beim Kochen herausgelöst.
Dämpfen – unter Druck	Garen im Wasserdampf.	Gemüse, Kartoffeln, Fisch, zartes Fleisch	Schonende Gartechnik, durch den Wasserdampf werden kaum Nährstoffe aus den Lebensmitteln herausgelöst.
Dünsten	Garen im eigenen Saft, evtl. Zugabe von wenig Fett bzw. Flüssigkeit zur Aromabildung.	wasserreiche Lebensmittel: Gemüse, Obst, Fisch, zartes Fleisch	Schonende Gartechnik, nur geringe Nährstoffverluste treten auf. Auch Garen in Folie wird als Dünsten bezeichnet.
Schmoren	Garen durch Anbraten in heißem Fett und ein Weitergaren nach Zugabe von wenig kochender Flüssigkeit.	Fleischstücke mit festem Bindegewebe, hohem Fettgehalt, gefüllte Gemüse	Hitzeempfindliche Vitamine werden zerstört, wasserlösliche Nährstoffe gehen nicht verloren, da der Sud mitverwendet wird.
Braten	Garen und Bräunen in heißem Fett.	feinfaseriges Fleisch, Fisch, Kartoffeln	Hitzeempfindliche Vitamine werden zerstört, sonst kaum Nährstoffverluste, Röststoffe bilden sich, durch Fett wird der Energiegehalt erhöht.
Backen	Garen und Bräunen in heißer Luft.	Backwaren, Auflaufmassen	Hitzeempfindliche Vitamine werden zerstört, sonst keine Verluste.
Frittieren	Garen im heißen Fettbad.	Gebäck, Kartoffeln, kleine panierte Fleischstücke	Speisen sind schwer verdaulich, fettreich. Fett nach drei- bis viermaligem Gebrauch erneuern.
Grillen	Garen durch Strahlungshitze oder Kontakthitze mit oder ohne Fettzugabe.	kleine Fleisch- und Fischstücke, Geflügel, Obst, Gemüse	Garen ohne oder mit geringer Fettzugabe, Bildung von Röststoffen. Schmackhafte und zugleich energiearme Speisen. Hitzeempfindliche Vitamine werden zerstört.
Mikrowellengaren	Garen durch elektromagnetische Wellen, die Molekülbewegung/Reibung erzeugt Wärme.	kleine Portionen, Tellergerichte, Tiefkühlkost	Schonende Gartechnik, kaum Nährstoffverluste.

Folgende Speisen sollen zubereitet werden: a) Kartoffelsuppe, b) Rinderroulade, c) Schnittbohnen, d) Fertiggericht für eine Person, e) Pizza. Stellt in Gruppen Regeln auf, wie diese Speisen unter den Aspekten der Gesundheitsverträglichkeit, Sozialverträglichkeit und Umweltverträglichkeit zubereitet werden können. Siehe auch S. 113 ff.

Lernspiel – Um welche Speisekomponenten geht es hier?

Göran ist sehr krank. Immer wieder muss er für einige Wochen ins Krankenhaus. Dort gibt es zwar auch Unterricht, aber nicht in MUM. Damit Göran in MUM am Ball bleibt, hat die 9c ihm ein Lernspiel erstellt.

Auf den kleinen roten Karten stehen die Bezeichnungen der Speisekomponenten, auf den gelben Karten die Definitionen für diese.

▶ Übertrage die Angaben für das Lernspiel auf Karteikarten.
Spielt das Lernspiel als Zuordnungsspiel in Gruppen.

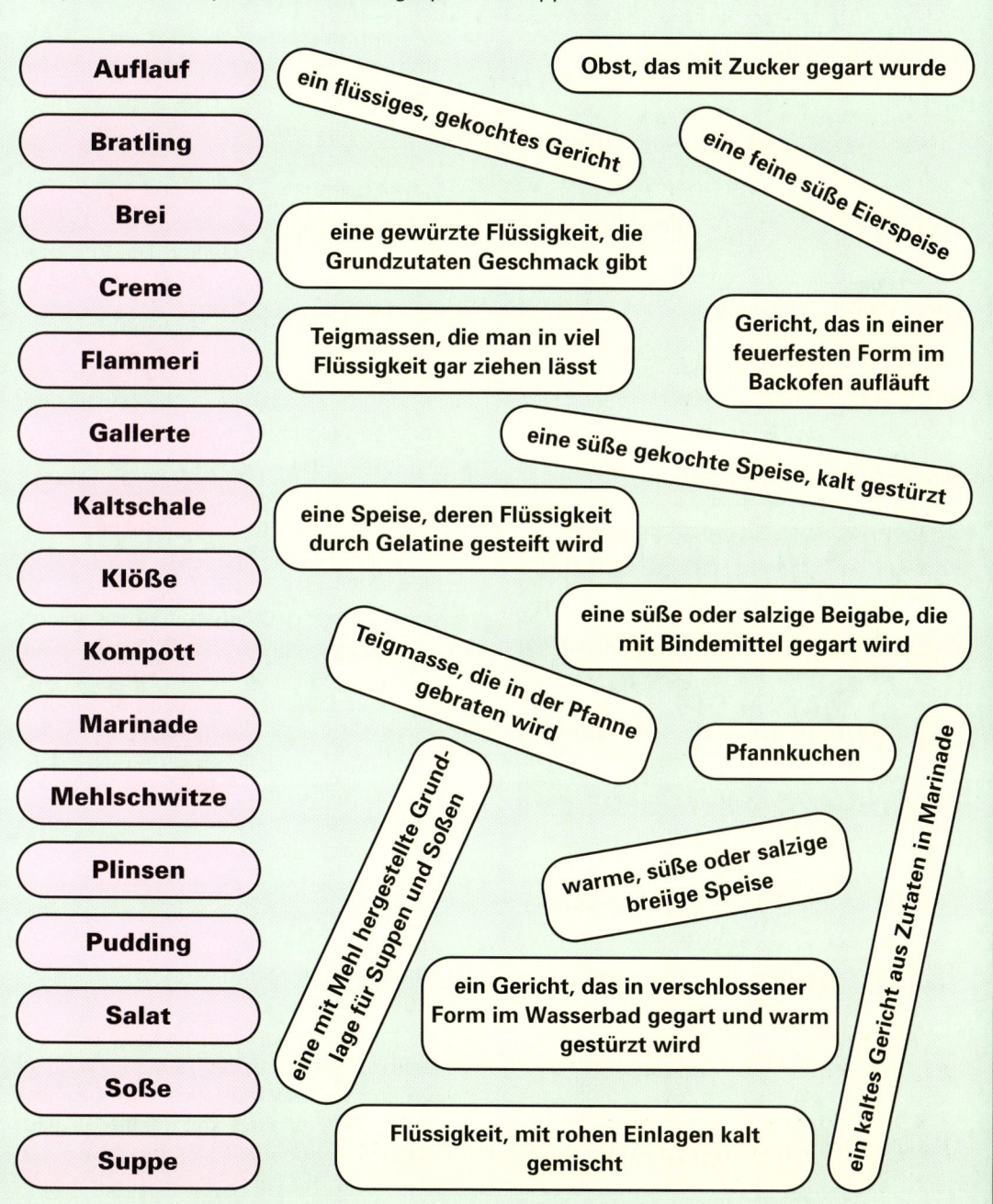

Rote Karten (Bezeichnungen):
- Auflauf
- Bratling
- Brei
- Creme
- Flammeri
- Gallerte
- Kaltschale
- Klöße
- Kompott
- Marinade
- Mehlschwitze
- Plinsen
- Pudding
- Salat
- Soße
- Suppe

Gelbe Karten (Definitionen):
- ein flüssiges, gekochtes Gericht
- Obst, das mit Zucker gegart wurde
- eine feine süße Eierspeise
- eine gewürzte Flüssigkeit, die Grundzutaten Geschmack gibt
- Teigmassen, die man in viel Flüssigkeit gar ziehen lässt
- Gericht, das in einer feuerfesten Form im Backofen aufläuft
- eine süße gekochte Speise, kalt gestürzt
- eine Speise, deren Flüssigkeit durch Gelatine gesteift wird
- eine süße oder salzige Beigabe, die mit Bindemittel gegart wird
- Teigmasse, die in der Pfanne gebraten wird
- Pfannkuchen
- eine mit Mehl hergestellte Grundlage für Suppen und Soßen
- warme, süße oder salzige breiige Speise
- ein Gericht, das in verschlossener Form im Wasserbad gegart und warm gestürzt wird
- ein kaltes Gericht aus Zutaten in Marinade
- Flüssigkeit, mit rohen Einlagen kalt gemischt

Nahrungszubereitung

Festliches Menü

Je nach Anlass und räumlichen Gegebenheiten stehen unterschiedliche Formen der Bewirtung zur Auswahl: Kaffeetafel, festliches Menü, kaltes Büfett, Fondue, Raclette, vgl. S. 190, Grillen, Brunch usw.

---

1. Nenne mögliche Anlässe für ein festliches Menü.
2. Stellt mithilfe der Rezepte im Buch und weiterer Rezepten ein festliches Menü für 12 Personen mit vier Gängen zusammen.
3. Beschreibt das Anrichten und Garnieren der Speisen.
4. Beschreibt das Servieren und Abservieren der Speisen.
5. Erstellt
   a) eine Einkaufsliste,
   b) einen Arbeitsablaufplan für die Zubereitung des festlichen Menüs.
6. Sammelt und beurteilt verschiedene Menüvorschläge.

Menü

Forellenfilet

***

Gemüsekraftbrühe

***

Rehrücken Baden-Baden
Pfifferlinge – Spätzle

***

Himbeerschaum
Mokka

▶ Während das Grundmenü aus drei Gängen besteht, werden zum erweiterten, festlichen Menü vier bis fünf Gänge gereicht.

▶ Zunächst werden ein bis zwei Vorgerichte, z. B. Salatcocktail, Suppe, serviert.

▶ Kalte Vorspeisen werden vor der Suppe gereicht, warme Vorgerichte oder Fischgerichte nach der Suppe.

▶ Es folgt das Hauptgericht, z. B. Fleisch mit verschiedenen Gemüsen und Beilagen.

▶ Das Menü wird mit ein bis zwei Nachspeisen, z. B. Süßspeise, Gebäck, und Mokka beendet.

▶ Die Speisenfolge bestimmt den Umfang der verschiedenen Gänge. Die Portionsmenge je Gang wird umso geringer, je mehr Gänge gereicht werden.

▶ Bei der Zusammenstellung der Speisenfolge müssen Jahreszeit, z. B. bei der Salat- und Gemüseauswahl, und Anlass der Feier berücksichtigt werden.

▶ Die Speisenfolge soll geschmacklich und farblich aufeinander abgestimmt sein. Auf die vielfältigen Möglichkeiten von Form und Farbe der Speise sollte geachtet werden: Das Auge „isst mit".

▶ Lebensmittel und Zubereitungsarten, wie Überbacken, vgl. S. 158, Grillen und Frittieren, sollten sich möglichst nicht wiederholen, z. B. Spargelsuppe und Spargel als Beilage oder Zwiebelsuppe, überbacken, und überbackenes Gemüse. Ausnahme: Kartoffeln können zweimal gereicht werden, die Zubereitungsart sollte sich unterscheiden.

▶ Die Lebensmittel einer Mahlzeit sollten unterschiedliche Farbe haben. Ein Gericht wie Blumenkohl, Kartoffelbrei und Kalbsgeschnetzeltes wirkt wenig appetitanregend.

▶ Die Lebensmittel sollen unterschiedliche Struktur haben, z. B. Fisch mit weicher Struktur und Rohkost mit fester Struktur. Durch Lebensmittel mit fester Struktur wird ein höherer Sättigungswert erreicht.

Nahrungszubereitung 3

Kaltes Büfett

1. Nennt entsprechend Tageszeit und Anlass für unterschiedliche Büfettarten:
   a) Frühstücksbüfett
   b) Salatbüfett
   c) usw.
2. Sammelt Rezepte für ein kaltes Büfett.
3. Ein kaltes Büfett für 20 Personen soll erstellt werden.
   a) Stellt eine Speisefolge zusammen.
   b) Überlegt, wie viele Rezepte von den verschiedenen Speisen zubereitet werden sollen. Berücksichtigt die Mengenangaben auf S. 193.
   c) Erstellt eine Einkaufsliste und einen Arbeitsplan für die Erstellung eines kalten Büfetts.
   d) Berechnet die Kosten für das kalte Büfett.
4. Macht Vorschläge für das Anrichten und Garnieren der Speisen.
5. Erkundet Angebote und Kosten für kalte Büfetts von verschiedenen Partyservice-Firmen.
6. In dem Flyer (Handzettel) einer Partyservice-Firma ist dies Foto eines kalten Büfetts zu finden. Beschreibe
   a) die Speisenauswahl,
   b) die Anordnung der Speisen.
   Mache Verbesserungsvorschläge.

Zusammenstellung eines Büfetts

Je nach Tageszeit und Anlass können unterschiedliche Büfetts aufgebaut werden. Man unterscheidet kalte, warme und gemischte Büfetts, z. B. Salat-, Frühstücks-, Dessertbüfetts.

Aufbau eines kalten Büfetts

▶ Einen länglichen Tisch z. B. an die Wand stellen. Er ist so von drei Seiten zugänglich. Der Gast sollte von links nach rechts daran vorbeigehen können.

▶ Links auf dem Tisch steht der Tellerstapel. Ist der Platz zu knapp, so können Teller, Gläser und Besteck auch auf einem Nebentisch angeordnet werden.

▶ Speisen, Salate, kalte Platten, Fleisch, Fisch usw. stehen rechts neben den Tellern. Die entsprechenden Vorlegebestecke liegen neben den Schüsseln bzw. auf den Platten.

▶ Speisen sollen für die Gäste leicht erreichbar sein, daher die hinten stehenden Speisen evtl. erhöht anordnen.

▶ Verschiedene Brotsorten, das sortierte Besteck und die Servietten liegen rechts daneben.

▶ Nachspeisen, Käse, Kuchen und Obst stehen ganz rechts.

▶ Getränke und Gläser können auch auf einem Servierwagen oder einem Nebentisch stehen.

▶ Das gebrauchte Geschirr wird auf einem Seitentisch abgestellt.

Vorteile eines kalten Büfetts

▶ Die Speisen und Getränke können in Ruhe vorbereitet werden. Die Gastgeber können sich den Gästen widmen, sie müssen sich nicht um das Servieren und Abservieren bemühen.

▶ Jeder Gast kann die Speisen nach seinem Geschmack und Appetit wählen.

▶ Eine größere Anzahl von Gästen kann auch in einer kleinen Wohnung bewirtet werden. Die Zahl der Festteilnehmer ist nicht festgelegt.

Nahrungszubereitung

Anrichten und Garnieren

- Schüsseln, Schalen usw. nur drei viertel voll füllen. Den Rand säubern. Auch bei Platten den Rand frei lassen. Die Speisen wirken so sauberer.
- Vorlegebesteck bei Schüsseln u. Ä. daneben legen, bei Platten darauf legen. Beispiele: Gemüselöffel, Kartoffellöffel, Salatbesteck, Suppenkelle, Soßenlöffel, Fleischgabel.

- ▶ **Anrichten von Suppen und Brühen:** in vorgewärmter Suppentasse mit Untertasse oder im Suppenteller oder in einer Suppenterrine mit Kelle.
- ▶ **Garnieren von Suppen und Brühen:** mit Kräutern, saurer oder süßer Sahne, Currypulver oder Paprikapulver.
- ▶ **Anrichten von Beilagen:** in vorgewärmten runden Schüsseln.
- ▶ **Garnieren von Beilagen:** mit gehackten Kräutern oder Petersilieblättchen oder mit in heißer Butter gebräuntem Semmelmehl.
- ▶ **Anrichten von Gemüse:** auf vorgewärmten Platten oder in Schüsseln.
- ▶ **Anrichten von Fleisch:** aufgeschnittenen Braten oder Kurzgebratenes auf einer vorgewärmten Platte, Gulasch in einer vorgewärmten Schüssel, Rouladen und gefülltes Gemüse auf einer vorgewärmten tiefen Platte, dazu Soße in einer Soßenschüssel.
- ▶ **Garnieren von Fleisch:** mit Zwiebelringen, gedünsteten Tomaten, gedünsteten Pilzen oder Obst, z. B. Apfelringen, oder etwas Soße darüber gießen.
- ▶ **Anrichten von Fisch:** auf einem vorgewärmten Teller oder einer Platte.
- ▶ **Garnieren von Fisch:** mit gedünsteten Speckwürfeln, Zwiebelwürfeln, Zitronenachteln, Zitronenscheiben, Tomatenscheiben oder gehackten Kräutern.
- ▶ **Anrichten von kalten Süßspeisen:** in Glasschälchen, -schüsseln oder -tellern. Kleine Glasgefäße evtl. auf mittelgroßen Teller stellen.
- ▶ **Garnieren – allgemein:** Speisen so garnieren, dass die Garnitur farblich und geschmacklich dazu passt und mitgegessen werden kann: z. B. Petersilie, Tomatenachtel, Zwiebelringe, Zitronenscheiben, Kräuterblätter.

Generell empfehlen sich Mittelpunkt- oder Randgarnierungen.

---

1. Mache Vorschläge für das Garnieren
   a) eines Kartoffelsalates,
   b) einer Erdbeerquarkspeise,
   c) eines Obstsalats.

2. Beschreibe des Anrichten
   a) einer Tomatensuppe,
   b) eines Bratens mit Soße.

Nahrungszubereitung 3

Servieren

Die linke Hand ist die Tragehand und die rechte Hand die Arbeitshand.

Man unterscheidet Tellerservice und Plattenservice.

Tellerservice

Beim Tellerservice werden die Speisen in der Küche angerichtet.
▶ Beim Einstellen von Tellergerichten setzt die rechte Hand von der rechten Seite des Gastes den Teller auf den Tisch.
▶ Beim Ausheben von Tellergerichten nimmt die rechte Hand von der rechten Seite des Gastes den Teller auf und übergibt ihn an die Tragehand.
▶ Zum Einstellen und Ausheben geht die Bedienung im Uhrzeigersinn von rechts nach links.
▶ Salat und Kompott können von links eingesetzt werden.

Servieren von Speisen

Abservieren

Plattenservice

Beim Plattenservice werden die Speisen in der Küche auf Platten bzw. in Schüsseln angerichtet und erst am Tisch angeboten bzw. vorgelegt.
▶ Schüsseln und Platten, z. B. für Kartoffeln und Fleisch, werden von links eingesetzt bzw. angeboten, so kann sich der Gast mit der rechten Hand leicht bedienen. Die Schüssel bzw. Platte wird auf der linken flachen Hand gehalten, dabei berührt der Plattenrand den Rand des Tellers des Gastes. Der Rücken der Tragehand darf leicht auf dem Tisch aufliegen, damit der Arm entlastet wird.
▶ Beim Servieren jeweils vorwärts gehen. Wird von links serviert, nach rechts weitergehen, wird von rechts serviert, nach links weitergehen.
▶ Legt der Gast das Besteck gekreuzt auf den Teller, so will er weiteressen bzw. etwas nachgereicht bekommen. Mit dem Abservieren wird begonnen, wenn der letzte Gast die Mahlzeit beendet hat, er legt dann Messer und Gabel nebeneinander auf den Teller.
▶ Beim Abservieren werden zunächst die Platten und Schüsseln abgetragen. Danach werden die Teller von rechts abserviert.

Frühstücksgedeck

Gedeck für ein Mittagessen oder Abendessen

107

3 Nährwertberechnung mit dem Computer

3.3 Nährwertberechnung mit dem Computer

(Für dieses Beispiel wurde das Nährwertprogramm „Erleben und Lernen" verwendet.)

Programmstart
Zunächst wirst du von „Draki" begrüßt und gibst deinen Namen ein. Außerdem muss der Speicherort, z. B. Diskette, festgelegt werden.

Programmbeginn – Eingabe des Namens

Auswahl der Programmbausteine

Bedarfsgruppe auswählen

Acht Computerbausteine
Das Nährwertprogramm enthält acht Programmbausteine: Rechenaufgaben, Messen und Wiegen von Lebensmitteln und Getränken, Sortieren von Lebensmitteln nach ihrem Nährstoffgehalt, BMI, Ermittlung der Sollwerte, Nährwertberechnung.

Hinter den beiden unteren Programmbausteinen des Nährwertprogramms verbirgt sich die eigentliche Nährwertberechnung: Links muss man die Nährwertberechnung selbst berechnen, rechts rechnet der PC.

Bedarfsgruppe auswählen
Für die Nährwertberechnung muss nun zunächst die Personengruppe – die Bedarfsgruppe – ausgewählt werden.

Dazu klickst du auf den Mann oder die Frau, um das Geschlecht einzugeben.

Dann klickst du auf „Jahre", um das Alter der betroffenen Person einzugeben.

Für Säuglinge gib 0 Jahre ein und klicke auf „Monate", um das Alter in Monaten einzugeben.

Wenn du fertig bist, erscheint der Weiter-Knopf. Klicke darauf.

Genauere Bestimmung der Bedarfsgruppe
Der Energie- und Nährstoffbedarf ist nicht nur vom Alter und Geschlecht abhängig. Auch die körperliche Aktivität ist entscheidend. Diese wird heute in PAL (physical activity level) angegeben.

Klicke nun auf die zutreffende Aussage, PAL 1,4 – Leichtarbeiter.

Tätigkeiten und Energiebedarf (DGE):

Beispiele	PAL-Wert
überwiegend sitzend und liegend	1,2
überwiegend sitzend – wie im Büro …	1,4 bis 1,5
überwiegend stehend und sitzend – wie in der Schule, im Labor …	1,6 bis 1,7
überwiegend gehend und stehend – wie im Haushalt, im Kaufhaus …	1,8 bis 1,9

Nährwertberechnung mit dem Computer 3

Schließlich muss noch eingegeben werden, ob die Person schwanger ist oder stillt.

Die ausgewählte Bedarfsgruppe wird – mit allen Angaben – links oben angezeigt.

Energie- und Nährstoffbedarf – Richtwerte
Nun wird der Energie- und Nährstoffbedarf für die ausgewählte Person angezeigt.

Die Richtwerte können abgeändert werden, z. B. wenn man weniger Eiweiß essen will. Dazu klicke auf die Pfeile.

Um den Programmabschnitt zu beenden, klicke auf den Fertig-Knopf ✓.

Änderung der Anzahl der Mahlzeiten bzw. der Energie- und Nährstoffzufuhr
In diesem Abschnitt können Energie- und Nährstoffzufuhr für die einzelnen Mahlzeiten an die individuellen Bedürfnisse angepasst werden. D. h., eine Mahlzeit kann gelöscht werden bzw. der Anteil einer Mahlzeit kann vergrößert bzw. verkleinert werden.

Falls nur fünf Mahlzeiten geplant sind, wird z. B. die Spätmahlzeit auf 0 % gestellt. Das Abendessen würde in diesem Fall z. B. von 20 % auf 25 % erhöht, damit insgesamt wieder 100 % Energie aufgenommen werden.

Der Weiter-Knopf ➡ erscheint nur, wenn 100 % erreicht wurden. Wenn du mit deinen Änderungen fertig bist, muss die Gesamtmenge 100 % betragen. Nur dann erscheint der Weiter-Knopf.

Mit dem Weiter-Knopf ➡ geht es nun zur Berechnung eines Tageskostplans bzw. einer oder mehrerer Mahlzeiten.

Auswahl einer Mahlzeit
Durch einen Doppelklick auf den Namen einer Mahlzeit wählst du diese Mahlzeit zur Bearbeitung aus.

Eine Änderung der zu bearbeitenden Mahlzeit erfolgt durch ein Klicken auf den jeweiligen Mahlzeitknopf.

Zunächst wählst du nun nacheinander für jede Mahlzeit Lebensmittel aus.

Auswahl von Lebensmitteln
Für die Auswahl von Lebensmitteln klicke auf einen Abschnitt des Ernährungskreises

1. Ermittle jeweils Berufe, die zu den verschiedenen PAL-Werten passen.
2. Erstelle mit einem Computerprogramm einen Tageskostplan – ohne Spätmahlzeit – für einen Jungen, der 15 Jahre alt ist.

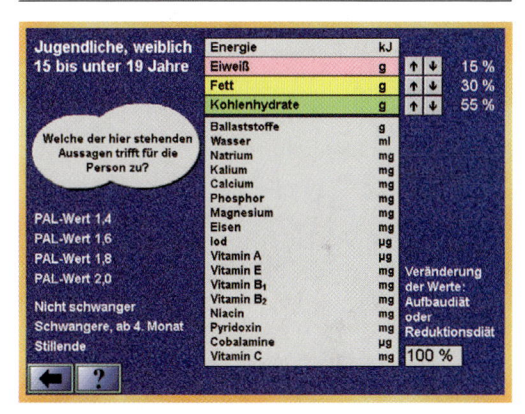

Genauere Bestimmung der Bedarfsgruppe

Bestätigung der ausgewählten Personengruppe

Veränderung der Anzahl der Mahlzeiten

109

3 Nährwertberechnung mit dem Computer

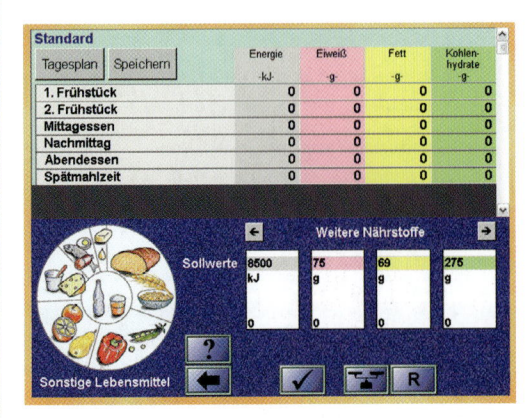

Auswahl einer Mahlzeit

Auswahl von Lebensmitteln zur Berechnung

Auswahl von Lebensmitteln zur Berechnung

▶ Der Nährstoffgehalt der Lebensmittel kann im Programmabschnitt „Sortieren von Lebensmitteln" erkundet werden.

und wähle so eine Lebensmittelgruppe aus. Es erscheinen zunächst die Lebensmittelgruppen, dann die Lebensmittel.

Durch einen Doppelklick auf ein Lebensmittel wird dieses in die Mahlzeit eingefügt.

Bist du damit fertig, klicke auf den Fertig-Knopf ✓.

Nun kann eine andere Mahlzeit ausgewählt werden.

Wiegen von Lebensmitteln

Ist dir beim Erstellen einer Mahlzeit bzw. eines Tageskostplanes das Gewicht bzw. Volumen eines Lebensmittels/Getränkes nicht mehr bekannt, kannst du jederzeit mithilfe des „Wiege-Knopfes" zum Ernährungskreis gelangen.

Du wählst nun wiederum einen Abschnitt des Ernährungskreises oder „Sonstige Lebensmittel" aus, in dem sich das gesuchte Lebensmittel befinden könnte.

Bilder von unterschiedlichen Lebensmitteln der jeweiligen Lebensmittelgruppe erscheinen. Wenn du auf den Weiter-Knopf ➡ klickst, erhältst du weitere Lebensmittel zur Auswahl.

Du wählst also hier das Lebensmittel aus, dessen Gewicht du ermitteln möchtest.

Dann ziehst du mit der Maus Gewichte auf die rechte Waagschale, bis die Waage ein Gleichgewicht anzeigt.

Danach trägst du das Gewicht des Lebensmittels in das Eingabefeld ein.

Bist du fertig, klickst du auf den Fertig-Knopf ✓, auf diese Weise kommst du zur Berechnung zurück.

Speichern eines Tageskostplans bzw. einer Mahlzeit

Der Tageskostplan bzw. eine Mahlzeit wird automatisch gespeichert.

Erleichtert wird das Wiederfinden einer Mahlzeit durch die Wahl einer passenden Bezeichnung.

Hierzu wird der Knopf „Speichern" angeklickt, nun erscheint ein Feld, in das der Name der Mahlzeit, z. B. „herkömmlich", eingegeben werden kann.

Nährwertberechnung mit dem Computer 3

Verschieben von Lebensmitteln

Durch Klicken auf die Pfeiltasten mit der linken Maustaste können die Lebensmittel nach oben bzw. unten verschoben werden. Gleichzeitig erscheint ein roter Strich unterhalb der Pfeiltasten, der die Bewegung deutlich macht.

Entfernen von Lebensmitteln

Klickst du auf die Lebensmittelbezeichnung, so erscheint ein Feld „Entfernen", das du einmal anklickst, um das betreffende Lebensmittel aus der Liste zu nehmen.

Drucken einer Mahlzeit

Nach dem Klicken auf das Feld „Mahlzeit" erscheinen die verschiedenen Mahlzeiten und unten ein Feld „Drucken".

Nach dem Klicken auf dieses Feld wird die Mahlzeit ausgedruckt.

Ist/Soll-Vergleich

Unten rechts befinden sich Säulendiagramme. Hier wird jeweils für die betreffende Mahlzeit ein Ist/Soll-Vergleich durchgeführt.

Beim Hinzufügen eines Lebensmittels kannst du also beobachten, wie sich die Istzufuhr durch dieses Lebensmittel verändert.

Wenn die Zahlen in der oberen und unteren Reihe gleich sind, ist eine 100 %ige Bedarfsdeckung erreicht.

Unterscheiden sich die Istwerte und die Sollwerte, so kann z. B. bei einer unerwünscht hohen Fettzufuhr die Fettmenge durch die Auswahl eines fettärmeren Lebensmittels vermindert werden.

Vergleichend können auch unterschiedliche Lebensmittel ausgewählt werden, z. B. Kartoffeln und Pommes frites. So kannst du die unterschiedliche Energie- und Nährstoffzufuhr durch diese Lebensmittel anschaulich kontrollieren.

Wenn die Bearbeitung der Mahlzeit abgeschlossen ist, klickst du auf den Fertig-Knopf.

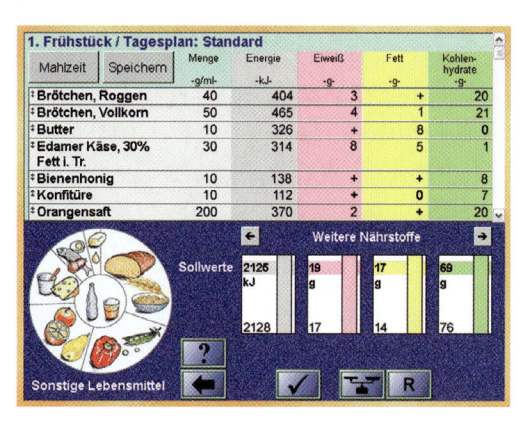

Erstellung eines Frühstücks

Wiegen und Messen von Lebensmitteln

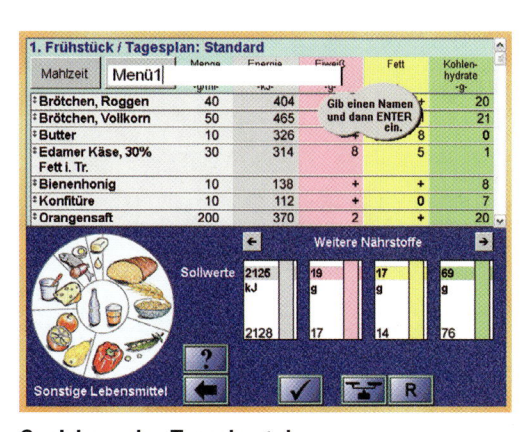

Speichern des Tageskostplans

▶ Der Computer übernimmt bei der Menüplanung die Rechenarbeit, der Benutzer kann sich auf das Wesentliche konzentrieren.

111

3.4 Lebensmittelqualität

**Wir erstellen eine Wandzeitung –
Wie ernähre ich mich richtig?**

▶ Schreibt auf Karten, was ihr am vergangenen Tag gegessen und getrunken habt.
▶ Schreibt jede Speise und jedes Getränk auf eine eigene Karte.
▶ Erstellt eine Wandzeitung, vgl. Abbildung und S. 225.
▶ Klebt eure Karten in die entsprechenden Tabellenspalten der Wandzeitung.
▶ Diskutiert, ob alle mit den jeweiligen Entscheidungen einverstanden sind.
▶ Macht Vorschläge, was ihr in Zukunft ändern wollt.

Wandzeitung

gesund | ungesund | umweltfreundlich | nicht umweltfreundlich

Lebensmittelqualität　3

Gesundheitsverträglichkeit

Gesunde Speisen sollen wenig Zucker, Fett, Energie und Salz enthalten. Dagegen sollen gesundheitsfördernde Inhaltsstoffe wie Ballaststoffe, sekundäre Pflanzenstoffe, Vitamine und Mineralstoffe reichlich enthalten sein. Die Speisen sollen leicht verdaulich sein und satt machen.

Folgende Haupternährungsfehler werden häufig gemacht:

Wir essen zu viel und zu energiereich.
Unser Energiebedarf ist im Zeitablauf gesunken, da sich die Arbeits- und Lebensbedingungen geändert haben. Geräte erleichtern die Arbeit, Verkehrsmittel ersparen längere Wege. Wir bewegen uns häufig zu wenig.

Unser Lebensmittelangebot dagegen ist überreichlich.

Vor allem am Abend, z. B. vor dem Fernseher, am Wochenende und an Feiertagen wird häufig zu viel gegessen und getrunken.

Wir essen das Falsche.
Getreideprodukte mehrmals am Tag und reichlich Kartoffeln sollten gegessen werden, da sie kaum Fett und viele Vitamine, Mineralstoffe und Ballaststoffe enthalten.

Kohlenhydratreiche Lebensmittel wie Kartoffeln gelten aber oft als Dickmacher, Hummer und Lachs dagegen als eine Delikatesse.

Wir nehmen zu viel Zucker zu uns und trinken zu viel energiereiche Getränke.
Mit Getränken, Süßigkeiten, Konfitüre usw. nehmen wir täglich durchschnittlich 100 g Zucker (etwa 20 Zuckerstücke) zu uns. So viel Zucker ist bereits in 1 l Cola-Getränk oder Obstsaft enthalten. Nimmt man über den Energiebedarf hinaus Zucker auf, so wird er in Depotfett umgewandelt und gespeichert.

Der hohe Zuckerkonsum kann nicht nur zu Übergewicht, sondern auch zu Karies führen.

**Lebensmittelpyramide –
eine Hilfe für die gesunde Ernährung**

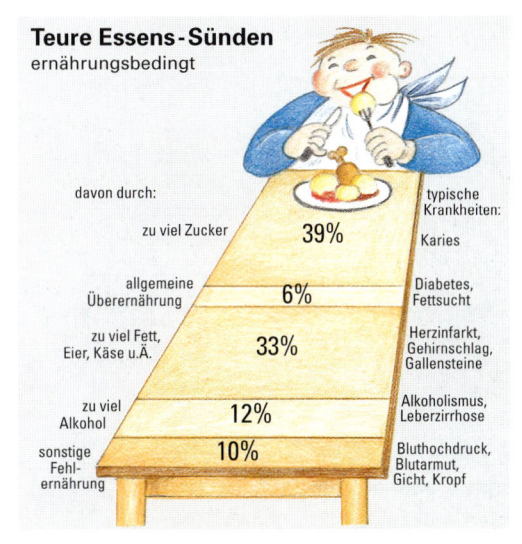

Teure Essens-Sünden
ernährungsbedingt

davon durch:

		typische Krankheiten:
zu viel Zucker	39%	Karies
allgemeine Überernährung	6%	Diabetes, Fettsucht
zu viel Fett, Eier, Käse u.Ä.	33%	Herzinfarkt, Gehirnschlag, Gallensteine
zu viel Alkohol	12%	Alkoholismus, Leberzirrhose
sonstige Fehl-ernährung	10%	Bluthochdruck, Blutarmut, Gicht, Kropf

In drei Äpfeln enthaltene Saftmenge

113

3 Lebensmittelqualität

Lebensmittel	Verzehrempfehlungen
Gruppe 1: Getränke	Täglich 1½ l Flüssigkeit, z. B. Wasser, Tee, Kaffee, verdünnte Obst- und Gemüsesäfte
Gruppe 2: Getreide, Getreideprodukte und Kartoffeln	Täglich 4 bis 6 Scheiben Brot (ca. 200 bis 300 g), 1 Portion Reis (gekocht 150 bis 180 g) oder Nudeln (gekocht 200 bis 250 g) oder Kartoffeln (ca. 200 bis 250 g ≙ 4 mittelgroßen Kartoffeln) Vollkornprodukte bevorzugen
Gruppe 3: Gemüse, Salat	Täglich mindestens 300 g Gemüse gegart und 100 g Rohkost/Salat oder 200 g gegart und 200 g roh
Gruppe 4: Obst	Täglich mindestens 2 bis 3 Stück oder 2 bis 3 Portionen Obst (200 g und mehr)
Gruppe 5: Milch und Milchprodukte	Täglich 200 bis 250 g Milch/Joghurt und 2 Scheiben Käse (50 bis 60 g), fettarme Produkte bevorzugen
Gruppe 6: Fisch, Fleisch, Wurst und Eier	Wöchentlich 1 bis 2 Portionen Seefisch (80 bis 150 g fettarm und 70 g fettreich), wöchentlich 300 bis 600 g Fleisch und Wurst, fettarme Produkte bevorzugen, wöchentlich bis zu 3 Eier
Gruppe 7: Fette (Butter, Pflanzenmargarine oder -öle)	Täglich 15 bis 30 g Butter oder Margarine und 10 bis 15 g Öl, z. B. 2 Esslöffel Butter oder Margarine und 1 Esslöffel hochwertiges Pflanzenöl

1. Stelle mithilfe des Ernährungskreises oder der Lebensmittelpyramide, vgl. S. 113, eine Liste
   a) gesunder,
   b) eher ungesunder
   Lebensmittel und Getränke zusammen.
2. Begründe, warum der Verzehr ballaststoffreicher Lebensmittel gesund ist.
3. Erläutere die Abbildung „Teure Essens-Sünden". Vgl. S. 113.

Wir nehmen zu wenig Ballaststoffe auf.
Unsere Nahrung ist oft zu stark verfeinert. Bei der Verarbeitung der Lebensmittel werden häufig Ballaststoffe, Vitamine und Mineralstoffe entfernt. Anstelle von Lebensmitteln essen wir „isolierte Nährstoffe".

3 Äpfel (450 g) liefern z. B. 150 g Apfelsaft.
Apfelsaft enthält Vitamine und Mineralstoffe und häufig auch viel Zucker, aber die Ballaststoffe fehlen. Ein Glas Apfelsaft ist schnell getrunken, an drei Äpfeln muss man dagegen „lange kauen". Der geringe Verzehr an Ballaststoffen kann zu Verdauungsstörungen und Verstopfung führen. Außerdem kann es durch den Verzehr von ballaststoffarmen Lebensmitteln, z. B. Weißbrot, zu Vitamin- und Mineralstoffmangelerscheinungen kommen.

Gemüse und Obst – „Nimm fünf am Tag": Fünf Portionen Obst und Gemüse sollten möglichst frisch oder nur kurz gegart verzehrt werden. Damit werden reichlich Vitamine und Ballaststoffe aufgenommen.

Wir essen zu fett – zu viel tierisches Fett.
Häufig werden pro Tag 40 bis 50 g Fett zu viel aufgenommen. Meist geschieht dies, ohne dass es uns bewusst wird. Besonders in Fleisch, Wurst und Fertiggerichten ist „verstecktes Fett" enthalten. Auch durch Gartechniken, z. B. Braten, kann die Fettzufuhr erhöht werden. Oder die Lebensmittel sind mager, aber die Kräuterbutter – so sagt es uns die Werbung – verbessert dann den Geschmack.

Der hohe Fettverzehr kann zu Übergewicht und so zu Herz- und Kreislauferkrankungen führen.

Wir salzen zu stark.
Lebensmitteln wird oft bei der Verarbeitung Salz zugefügt. Durch Nachsalzen wird der Salzgehalt der Speisen noch weiter erhöht. Der Geschmackssinn kann hierdurch so verändert werden, dass sogar gesalzene Speisen nicht mehr salzig schmecken.

Hoher Salzkonsum kann zu Bluthochdruck und somit Herz- und Kreislauferkrankungen führen.

Sozialverträglichkeit

Die Welternährung hat zwei Gesichter:
Überfluss auf der einen und Mangel auf der anderen Seite. Sie ist also durch zwei Formen der Fehlernährung gekennzeichnet:

▶ Überernährung in den Industrieländern

▶ Nahrungsmangel in den Entwicklungsländern

Erst nehmen – dann geben
Während die Agrarberge in den Industrienationen wachsen, haben Millionen Menschen in den Entwicklungsländern nicht genug zu essen. Die Industrieländer leisten sich auf Kosten der Dritten Welt viel Luxus.

40 % der Weltgetreideernte werden an Masttiere verfüttert. Mit dieser Menge könnte man 2,5 Milliarden Menschen ernähren. Durch den Anbau von Futtermitteln in Entwicklungsländern gehen wertvolle Anbauflächen für die Erzeugung von lebensnotwendigen Lebensmitteln für die einheimische Bevölkerung verloren.

Eine Karikatur beschreibt die Situation: Ein Europäer nimmt einem Bauern die Erdnussproduktion fort und verspricht gleichzeitig eine Lieferung Getreide, die kaum zum Überleben reicht.

Jahr für Jahr werden Millionen Tonnen an Lebensmitteln aus den Industrieländern in die Entwicklungsländer transportiert, vor allem Getreide, Magermilchpulver, Speisefette und Zucker. Durch diese Lebensmittelhilfen werden die Agrarüberschüsse der Industrienationen verringert. Für die Entwicklungsländer haben diese Billiglieferungen schlimme Folgen. Ein Beispiel sei erwähnt:

Die Hungerkatastrophe im Sudan war bereits überwunden. Doch die Lebensmittelhilfe wurde fortgeführt, so fiel der Getreidepreis pro Sack von 230 Pfund auf 6 Pfund. Die Kosten für Ernte und Transport zu den Märkten waren nun höher als der Erlös. Die Bauern ernteten nur für den Eigenbedarf, die nächste Lebensmittelknappheit war so bereits vorprogrammiert.

Kleinbauern, die nur für den eigenen Bedarf produzieren, werden nicht selten von

Wir sind arm, weil ihr reich seid

Ich war hungrig,
  und ihr habt meine Nahrungsmittel eurem Tier gefüttert.
Ich war hungrig,
  und ihr wolltet nicht auf das Steak aus Südamerika verzichten.
Ich war hungrig,
  und eure Konzerne pflanzten auf meinen besten Böden eure Wintertomaten.
Ich war hungrig,
  aber wo Reis für meine täglichen Mahlzeiten wachsen könnte, wird Tee für euch angebaut.
Ich war hungrig,
  aber ihr habt aus Zuckerrohr und Maniok Treibstoff für eure Autos destilliert.
Ich war hungrig,
  aber die Abwässer eurer Fabriken vergiften die Fischgründe.
Ich war hungrig,
  aber mit eurem Geld habt ihr mir die Nahrungsmittel weggekauft.
Ich war hungrig,
  aber für eure Schlemmer werden exotische Früchte auf meinem Land angebaut.
Ich war hungrig,
  aber ihr habt mir nicht zu essen gegeben.

(von Berthold Burkhardt)

3 Lebensmittelqualität

Projekt Neu-Kalifornien in Brasilien

Die Hälfte der Menschen in Brasilien leidet täglich Hunger. Auf Anregung eines großen Unternehmens plant die brasilianische Regierung ein großes Bewässerungsprojekt entlang dem zweitgrößten Fluss Brasiliens, dem Rio São Francisco. Angebaut werden sollen unter anderem Viehfutter, Spargel, Melonen und Ananas. Die Lebensmittel sollen in die USA, nach Europa und Japan exportiert werden.

Das Gesamtprojekt wird Großgrundbesitz, die ehemaligen Kleinbauern werden Lohnempfänger, soweit sie nicht in die Elendsviertel der Großstädte geflohen sind. Experten warnen vor der Zerstörung des fruchtbaren Flusstales.

großen Betrieben verdrängt. Die Einkommensgrundlage wird zerstört. Um für die Familie Einkommen zu erwirtschaften, erfolgt häufig eine Abwanderung in die Städte. Die rasche Verstädterung schafft mit den Slums neue Probleme.

„Für die entwickelten Nationen heißt die Frage nicht, ob sie es sich leisten können, den Entwicklungsländern zu helfen, sondern ob sie es sich leisten können, ihnen nicht zu helfen."

Fairer Handel – TRANSFAIR will gerechte Handelsbedingungen/Preise für Kleinbauern und Kleinproduzenten in Entwicklungsländern schaffen zur Verbesserung der Lebensbedingungen. Der faire Handel will auch die Menschen in den Industrieländern auf die Situation in den Entwicklungsländern aufmerksam machen.

Fairer Handel stellt folgende Bedingungen: Einkauf direkt beim Erzeuger, garantierter Mindestpreis, langfristige Lieferverträge. Das TRANSFAIR-Siegel ist auf diesen Lebensmitteln zu finden. Der Absatz erfolgt hauptsächlich über so genannte Welt-Läden und entsprechende Aktionsgruppen.

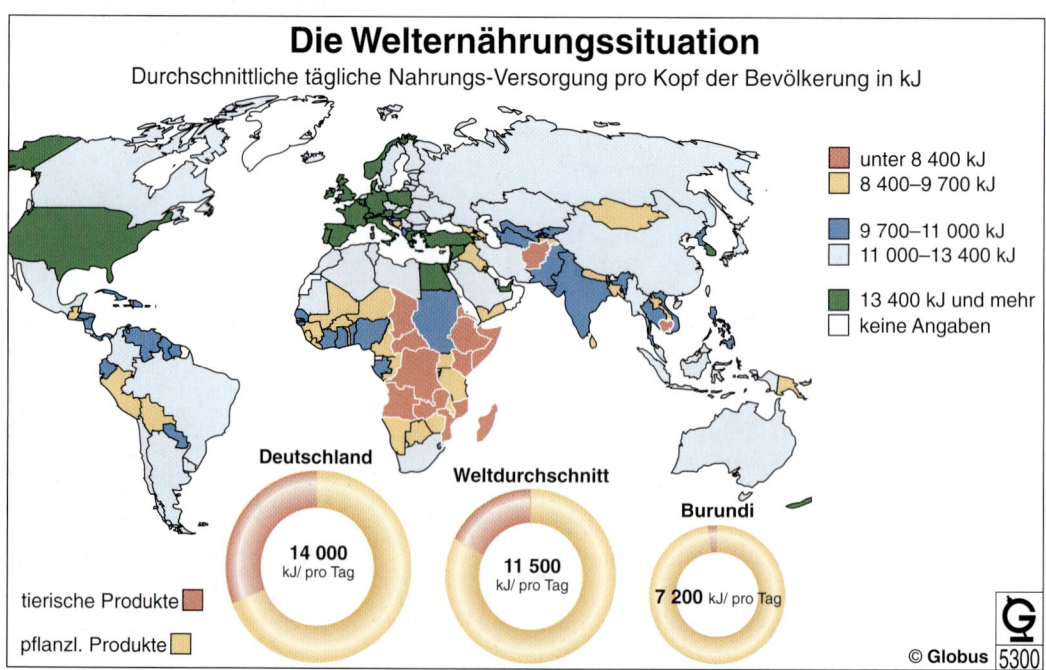

Die Welternährungssituation
Durchschnittliche tägliche Nahrungs-Versorgung pro Kopf der Bevölkerung in kJ

- unter 8 400 kJ
- 8 400–9 700 kJ
- 9 700–11 000 kJ
- 11 000–13 400 kJ
- 13 400 kJ und mehr
- keine Angaben

Deutschland: 14 000 kJ/ pro Tag
Weltdurchschnitt: 11 500 kJ/ pro Tag
Burundi: 7 200 kJ/ pro Tag

tierische Produkte
pflanzl. Produkte

© Globus 5300

Diskussionsspiel

1. Bildet Kleingruppen von vier bis sechs Personen.

   Schreibt die nebenstehenden Aussagen auf Karten.

2. Legt den Stapel mit Karten verdeckt auf den Tisch.

   Ein Gruppenmitglied nimmt eine Karte, liest den Text vor und legt die Karte dann offen in der Mitte auf den Tisch.

3. Alle Gruppenmitglieder äußern sich im Uhrzeigersinn zu dem Text.

   Jede Zustimmung oder Ablehnung muss kurz begründet werden.

4. Das nächste Gruppenmitglied – im Uhrzeigersinn – nimmt eine Karte auf.

   Es folgt wieder ein Rundgespräch.

   Dies geht so weiter, bis alle Karten behandelt worden sind.

5. Berichtet den Mitschülern und Mitschülerinnen aus den anderen Gruppen über eure Ergebnisse.

   Hinweis: Dies sind nur einige Anregungen. Ihr könnt auch andere/weitere Karten schreiben.

- Es gibt keine gesunden Lebensmittel, Schadstoffe sind überall drin.
- Bananen aus Afrika sind besser als Äpfel aus Deutschland.
- Gesunde Lebensmittel – Vollkorn, Gemüse – machen nicht satt.
- Obst und Gemüse vom Biobauern können wir uns nicht leisten.
- Bei uns muss es schnell gehen, wir verwenden nur Fertiggerichte.
- Auf Erdbeeren und Salat mag ich auch im Winter nicht verzichten.
- Auch für wenig Geld kann man sich gesund ernähren.
- Das Essen muss mir schmecken, ob es gesund ist, ist mir egal.
- Woher soll man wissen, welche Zusatzstoffe in den Lebensmitteln sind?
- Das Wichtigste beim Einkauf ist das Mindesthaltbarkeitsdatum.
- Ich esse keine Rohkost, ich bin doch kein Kaninchen.

3 Lebensmittelqualität

Versprühen von Pflanzenschutzmitteln

Bestrahlte Lebensmittel

Verpackungsmüll

Umweltverträglichkeit

Bei der Lebensmittelerzeugung und -verarbeitung gelangen Schadstoffe und Zusatzstoffe in die Nahrung:

▶ durch Industrie und Verkehr: toxische – giftige – Schwermetalle (Blei, Cadmium und Quecksilber) usw.,

▶ durch die Landwirtschaft: Pestizide (Pflanzenschutzmittel), Düngemittel, Tierarzneimittel usw.,

▶ durch die Lebensmittelindustrie: Zusatzstoffe wie Nitrat/Nitrit, Phosphate, Farbstoffe, Konservierungsmittel usw. Auch Stoffe aus Verpackungsmaterial, mit denen die Lebensmittel während Verarbeitung und Transport in Berührung kommen, sind mögliche Ursachen für eine Schadstoffbelastung.

▶ Radioaktiv bestrahlte und gentechnisch veränderte Lebensmittel werden außerdem angeboten. Vgl. S. 129, 130 f.

▶ Bei der Lebensmittelverarbeitung und -lagerung können weitere Schadstoffe, z. B. beim Grillen, gebildet werden.

Begriffserläuterungen

Als **Schadstoffe** werden in der Umwelt vorkommende Stoffe bezeichnet, die den Menschen, andere Lebewesen oder die Umwelt schädigen können.

Zusatzstoffe sind alle Stoffe, die nicht normale Lebensmittelrohstoffe oder deren Inhaltsstoffe sind und bei der Verarbeitung und Zubereitung von Lebensmitteln verwendet werden, z. B. Farbstoffe und Konservierungsstoffe.

---

1. Beschreibe die Veränderung der Lebensmittelqualität in den abgebildeten Situationen.
2. Ermittle Lebensmittelgruppen, bei denen
   a) Farbstoffe,
   b) Konservierungsstoffe
   verwendet wurden.

Lebensmittelqualität 3

**Nitrat, Nitrit –
kann der Gehalt gemindert werden?**
Die Belastung in Gemüse steigt durch die Stickstoffdüngung. Nitrat wird zu 70 % über Gemüse, 20 % über Trinkwasser und 10 % über tierische Lebensmittel aufgenommen.

Im Körper wird Nitrat zu Nitrit umgewandelt, das den Sauerstofftransport beeinträchtigt. Aus Nitrit und Eiweiß können außerdem Krebs erregende Nitrosamine gebildet werden.

Besonders gefährlich ist Nitrat für Säuglinge. Bei ihnen werden größere Nitritmengen gebildet, die zur „Blausucht" und so zum Ersticken führen können.

Verringerung des Nitrat-/Nitritgehalts
Durch einen umweltbewussten – ökologischen – Anbau, Einkauf und die richtige Zubereitung/Lagerung kann man die gesundheitliche Gefährdung und die Umweltbelastung durch Nitrat mindern.

▶ Gemüse der Saison bevorzugen: Ausgereiftes Freilandgemüse aus der Region enthält weniger Nitrat als stark gedüngte Treibhauserzeugnisse. Die Sonneneinstrahlung senkt z. B. den Nitratgehalt.

▶ Folgende Gemüsesorten reichern besonders viel Nitrat an: grüne Bohnen, Chinakohl, Kopfsalat, Rote Bete, Rettich, Radieschen, Spinat.

▶ Der Nitratgehalt ist nicht gleichmäßig in den Lebensmitteln verteilt. Bei Blattgemüse Stiele und große Blattrippen und bei Kopfsalat, Chinakohl die äußeren Blätter entfernen, sie sind besonders nitratreich.

▶ Reste von zubereitetem nitratreichen Gemüse nicht aufbewahren und wieder erhitzen. Rote-Bete-Saft nach dem Öffnen austrinken. Es kommt zur Nitritbildung.

▶ Säuglingen bis zum fünften Lebensmonat keinen Spinat geben.

▶ Durch Vitamin C kann die Bildung von Nitrosaminen gemindert werden. Für Salat daher möglichst eine Marinade mit Zitronensaft verwenden.

Nitrat-/Nitritnachweis
1. Halte ein Nitratteststäbchen auf
   a) die Schnittfläche eines Radieschens,
   b) tiefgekühlten Spinat.

   Überprüfe jeweils nach einer Minute die Farbänderung mithilfe der Farbskala in der Gebrauchsanweisung.

2. Überprüfe den Nitratgehalt von
   a) Trinkwasser,
   b) weiteren Lebensmitteln.

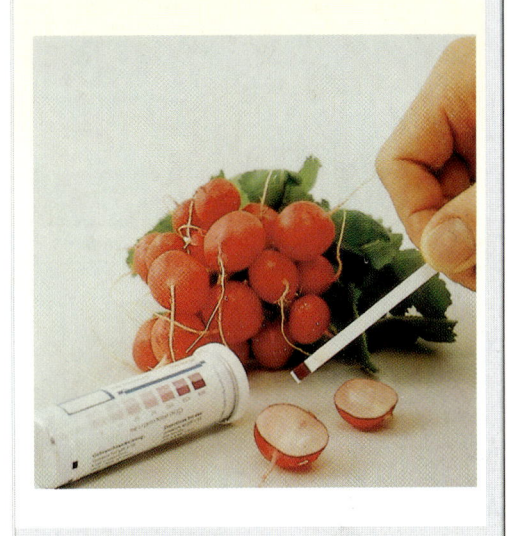

Unser Trinkwasser in Gefahr
In Gelliehausen im Kreis Göttingen ist das Leitungswasser so stark mit Nitrat belastet, dass es nicht mehr als Trinkwasser verwendet werden sollte. Der Grenzwert von 50 Milligramm pro Liter ist überschritten. Das Nitrat soll aus Gülleeintrag der Landwirte stammen. Aus Nitrat entstehen Krebs erregende Nitrosamine.

Industrie: Chlorkohlenwasserstoffe wurden im Trinkwasser festgestellt. Als Verursacher wurde ein Chemiewerk ausfindig gemacht.

Die Haushalte – was befindet sich hier alles im Abwasser?

3 Lebensmittelqualität

Nahrungskette

(Schaubild mit Beschriftungen: globale Verteilung, Industrie/Haushalt/Landwirtschaft, Verdunstung, Pflanzen, Nutztiere, Wasser, Nutztiere, Muscheln, Krebse/Schnecken, Seevögel, Fische)

Cadmium

Cadmium gelangt durch Abwässer von Zinkhütten und Müllverbrennungsanlagen in die Umwelt.

Cadmium wird von Pflanzen und Fischen direkt aufgenommen. Die anderen Tiere und die Menschen nehmen Cadmium indirekt über Pflanzen und Fische auf.

Man schätzt, dass ein erwachsener Bundesbürger 20 bis 30 mg Cadmium in Leber und Niere gespeichert hat.

Besonders hohe Cadmiumwerte wurden nachgewiesen in

▶ Wildpilzen, bis zu 15 mg pro Kilogramm. Pro Woche sollte ein Erwachsener höchstens 200 bis 250 g Wildpilze essen. Wildpilze haben die Eigenschaft, Schwermetalle und radioaktive Elemente anzureichern. Zuchtpilze sind nicht belastet.

▶ Leber und Niere von Schweinen und Rindern. Leber und Niere sollten selten verzehrt werden.

▶ Tintenfischen und Tintenfischerzeugnissen. Dort wurden nicht selten über 2 mg Cadmium pro Kilogramm nachgewiesen.

Anzeichen einer Cadmiumvergiftung:
Knochenerweichung, Zahnausfall, Rippenschmerzen, Schmerzen an der Wirbelsäule und in der Hüftgegend, Schrumpfung des Skeletts um bis zu 30 cm. Eine Beeinträchtigung der Nierenfunktion kann zum Tode führen.

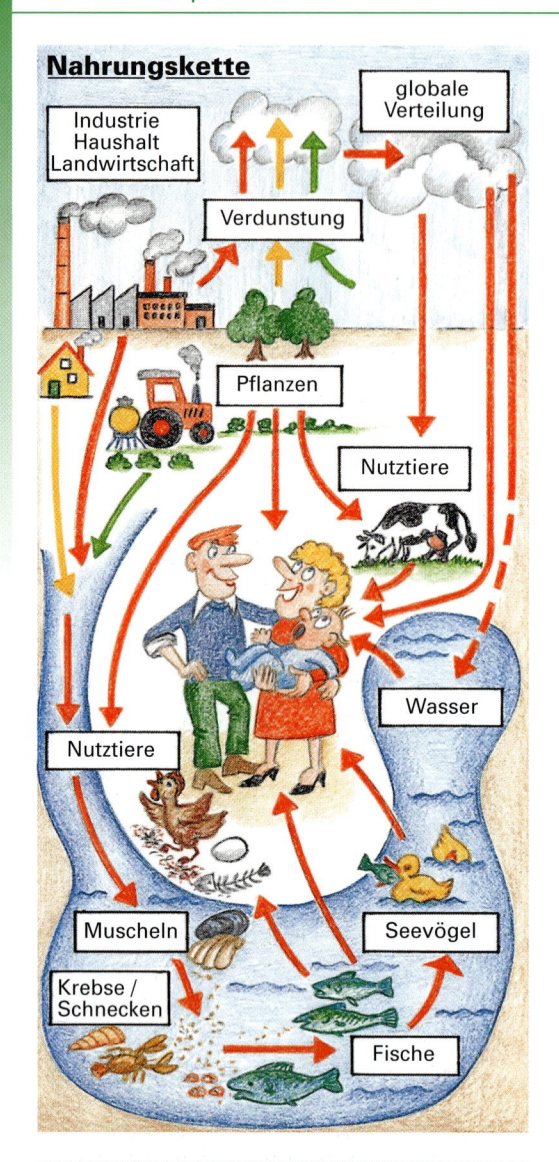

Vom Schaubild zum Text

Beschreibe das Schaubild in einem erläuternden Text, der Auskunft darüber gibt, wie Cadmium und andere Schwermetalle über die Nahrungskette in den menschlichen Körper gelangen.

Überlege dir zunächst eine Gliederung für die Beschreibung:
Wo fange ich an, …
Was schreibe ich als Nächstes?

Beschreibe den Ablauf genau und folgerichtig.

Vergiftung in Japan

In der Zeit von 1940 bis 1958 starben 130 Menschen an einer unbekannten Krankheit, die den Namen Itai-Itai-Krankheit (Aua-Aua-Krankheit) erhielt. Die Knochen der erkrankten Personen wurden druckempfindlich und brachen. Besonders betroffen waren ältere Menschen, die jahrelang Reis von Feldern gegessen hatten, die mit Flusswasser bewässert worden waren. An dem Fluss lag eine Zinkhütte, deren Abwässer dort eingeleitet wurden.

Lebensmittelqualität

Farbstoffe

Lebensmitteln, die farblos sind oder bei der Verarbeitung ihre natürliche Farbe verloren haben, werden oft natürliche oder synthetische Farbstoffe zugesetzt. Farbe und Aroma sind wichtige Faktoren bei der unbewussten Beurteilung von Lebensmitteln. Z.B. ausgebleichte Erdbeerkonfitüre ist bei uns nicht einmal als Billigprodukt zu verkaufen, die fehlende Farbe signalisiert eine mindere Qualität.

Natürliche Farbstoffe sind gesundheitlich unbedenklich, z.B. Betenrot, Betanin, Zuckercouleur, Carotine, Lactoflavin.

Synthetische Farbstoffe sind einfacher und billiger herzustellen. Lebensmittel können damit gleichmäßiger und kräftiger gefärbt werden.

Einige dieser synthetischen Farbstoffe rufen **pseudo-**(scheinbar-)**allergische Reaktionen** hervor. Eine Allergie ist eine Überempfindlichkeitsreaktion des Körpers auf bestimmte Stoffe, bei der Antikörper im Blut gebildet werden. Symptome sind z.B. Nesselfieber, Asthma. Bei Farbstoffallergien kommt es zu den gleichen Symptomen, anschließend befinden sich aber keine Antikörper im Blut, deshalb spricht man hier von einer pseudoallergischen Reaktion.

Azorubin (E 122), rot, ist der Farbstoff, der am häufigsten pseudoallergische Reaktionen auslöst.

Der Verbraucher kann sich vor Produkten mit synthetischen Farbstoffen schützen, indem er die Zutatenliste beachtet. Verwendete Farbstoffe müssen mit dem Namen oder der E-Nummer in der Zutatenliste angegeben werden.

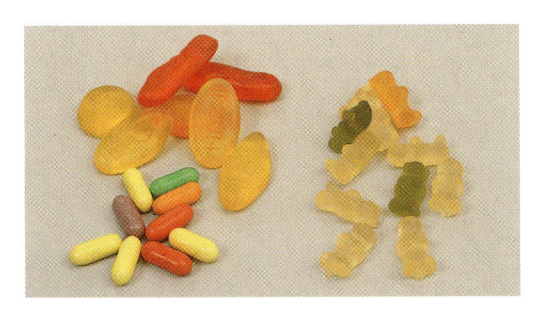

---

1. Lies die Fallbeispiele.
2. Welche Personen sind besonders betroffen?
3. Warum spricht man von einer peudoallergischen Reaktion?
4. Ermittelt Namen von chemischen Konservierungsstoffen und Lebensmittel, die diese enthalten.
5. Ermittelt die technologische Bedeutung von Zusatzstoffen.

Susanne reagiert auf bestimmte Stoffe allergisch mit Nesselfieber. Vor einigen Wochen bekam sie, direkt nachdem sie sich mit ihrem Bruder eine Tüte Weingummi geteilt hatte, am ganzen Körper auf der Haut stark juckende Quaddeln, die jedoch nach einiger Zeit wieder verschwanden. Bei entsprechenden Hauttests und Blutuntersuchungen konnten jedoch keine Antikörper nachgewiesen werden.

Peter bekommt Asthmaanfälle, wenn er sich aufregt. Vor einigen Tagen machte er sich eine Limonade aus rotem Brausepulver. Bereits Minuten nachdem er sie getrunken hatte, bekam er plötzlich Atemnot und musste nach Luft ringen. Sein Zustand besserte sich nach kurzer Zeit. Auch bei Peter ergab ein Allergietest kein positives Ergebnis.

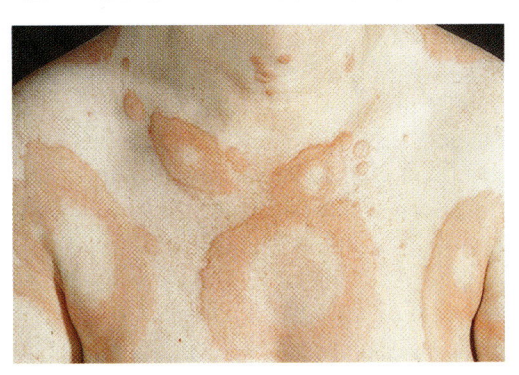

Gefärbte Süßigkeiten

Nesselfieber

Lebensmittelqualität

Chemische Konservierungsstoffe
Petra will Johannisbeergelee herstellen. Hierfür benötigt sie Geliermittel, damit das Gelee fest wird. In einem Geschäft findet sie das folgende Angebot:

Geliermittel ohne Konservierungsstoff,
1 kg Zucker für 1 kg Früchte.

Geliermittel, Zucker sparend,
mit Konservierungsstoff Sorbinsäure, ½ kg Zucker für 1 kg Früchte.

1. Warum muss dem Zucker sparenden Geliermittel ein Konservierungsmittel zugesetzt werden?
2. Welches Geliermittel soll Petra kaufen? Begründe deine Entscheidung.
3. Ermittle in einem Supermarkt weitere Lebensmittel, denen chemische Konservierungsstoffe zugesetzt wurden.

Häufig verwendete Konservierungsstoffe, die zu den Zusatzstoffen gehören:

Sorbinsäure (E 200 bis E 203) für Salate, Fruchtsäfte, Sauerkonserven, Marzipan, Schnittbrot

Benzoesäure (E 210 bis E 213) für Salate, Fruchtsäfte, Sauerkonserven, Marzipan

PHB-Ester (E 214 bis E 219) für Salate, Marzipan

Propionsäure (E 280 bis E 283) für Brot, Feinbackwaren

Schwefeldioxid für Trockenfrüchte, Trockengemüse

Das Lebensmittelrecht erlaubt den Einsatz bestimmter chemischer Konservierungsstoffe, um den Lebensmittelverderb und damit mögliche Lebensmittelvergiftungen zu verhindern.

Die Kenntlichmachung verwendeter Konservierungsstoffe ist vorgeschrieben. Auf einem Behälter mit Kartoffelsalat kann z. B. Folgendes stehen:

Zutatenliste: ... Benzoesäure oder E 210.

Oder auf einer Speisekarte steht hinter der Angabe **Heringstopf: Konservierungsstoff E 200** (Sorbinsäure).

Die Verbraucher wissen aufgrund dieser Angabe, dass den Lebensmitteln bzw. Speisen Konservierungsstoffe zugesetzt wurden. Sie können entscheiden, welche Lebensmittel bzw. Speisen sie bevorzugen.

Geschmacksverstärker
Geschmacksverstärker sind Zusatzstoffe, die den Geschmack und/oder den Geruch eines Lebensmittels verstärken. Geschmacksgebende Inhaltsstoffe gehen z. B. bei der Hitzebehandlung von Fertiggerichten verloren; durch den Zusatz von Geschmacksverstärkern möchte man den noch vorhandenen Eigengeschmack verstärken. Der Einsatz teurer Gewürze wird somit umgangen. Geschmacksverstärker finden sich u. a. in Pizza, Tütensuppen und Keksen.

Ein bekannter Geschmacksverstärker ist die Glutaminsäure (E 620). Glutaminsäure gibt den Speisen in Verbindung mit Kochsalz einen würzig fleischigen Geschmack. Dieser Geschmack wird in der Regel als angenehm empfunden. Einige Menschen reagieren jedoch mit einer Lebensmittelunverträglichkeit – dem Chinarestaurant-Syndrom – auf diesen Zusatzstoff. Symptome: Herzklopfen, Kopfschmerzen, Taubheit im Nacken, Gliederschmerzen, Schwächegefühl und Übelkeit. Diese Menschen sollten besonders auf die Lebensmittelkennzeichnung achten.

Für die Glutaminsäureproduktion werden in Japan auch gentechnisch veränderte Bakterien eingesetzt, vgl. S. 130.

Süßstoffe und Zuckeraustauschstoffe

Süßstoffe sind synthetische und natürliche Lebensmittelzusatzstoffe mit intensivem süßen Geschmack. Die Süßstoffe haben im Gegensatz zum Zucker nur einen geringen oder keinen Energiegehalt.

Süßstoffe können von Diabetikern zum Süßen von Speisen und Getränken verwendet werden. Bei Übergewicht werden Süßstoffe zur Gewichtsabnahme eingesetzt. Light-Produkte, vgl. S. 124, 143, enthalten Süßstoffe.

Süßstoffe sind in Form von Streu- und Flüssigsüße sowie in Tablettenform im Handel.

Kennzeichnung: Wenn ein Lebensmittel Süßstoffe enthält, muss dies in der Zutatenliste angegeben werden. Süßstoffe gehören zu den Zusatzstoffen.

Aufgrund zahlreicher Untersuchungen wurde ermittelt, dass die Süßstoffe nicht gesundheitsschädlich sind. Vorsichtshalber hat die Weltgesundheitsorganisation trotzdem Höchstwerte für den Verzehr festgelegt. Süßstoffe begünstigen nicht die Entstehung von Karies.

Die bekanntesten Süßstoffe sind Saccharin (E 954), Cyclamat (E 952) und Aspartam (E 951).

Saccharin war der erste Süßstoff, der industriell hergestellt wurde. Saccharin ist zum Kochen und Backen nur bedingt geeignet.

Cyclamat darf nur noch energieverminderten Erfrischungsgetränken zugesetzt werden.

Aspartam wird aus Aminosäuren hergestellt. Zum Kochen und Backen kann Aspartam nicht verwendet werden.

Zuckeraustauschstoffe können im menschlichen Körper insulinunabhängig verwertet werden, vgl. S. 138 ff. Aus diesem Grund werden die Zuckeraustauschstoffe wie die Süßstoffe anstelle von Zucker in der Diabetesdiät verwendet.

Zuckeraustauschstoffe enthalten im Gegensatz zu den meisten Süßstoffen Energie, und zwar etwa 17 kJ pro Gramm.

Sie werden häufig mit Süßstoffen kombiniert, um so eine höhere Süßkraft bei einem geringeren Energiegehalt zu erhalten.

Zuckeraustauschstoffe haben jedoch einen Nachteil. Sie werden im Dünndarm nicht vollständig aufgenommen und gelangen teilweise unverändert in den Dickdarm. Dort binden sie Wasser und können so Durchfall hervorrufen.

Zuckeraustauschstoffe gehören ebenfalls zu den Zusatzstoffen und müssen entsprechend in der Zutatenliste genannt werden.

Zuckeraustauschstoffe sind Fruchtzucker, ein Einfachzucker mit hoher Süßkraft, außerdem die Zuckeralkohole Mannit (E 421), Sorbit (E 420) und Xylit (E 967).

Zuckeraustauschstoffe kommen in der Natur in vielen Pflanzen vor.

---

1. Ermittelt in Geschäften, welche Produkte
   a) Süßstoffe,
   b) Zuckeraustauschstoffe enthalten.
2. Erläutere die folgende Lebensmittelkennzeichnung:
   PEPPERMINT ohne Zucker
   Zuckeraustauschstoff Sorbit. Kann bei übermäßigem Verzehr abführend wirken.

Süßstoffe	Saccharin	Cyclamat	Aspartam	Acesulfam	Neohesperidin DC
Süßkraft stärker als Saccharose	500-mal	30-mal	200-mal	200-mal	500-mal
Löslichkeit	in kaltem Wasser schlecht	gut	zerfällt im sauren Bereich	gut	begrenzt
Hitzebeständigkeit	zerfällt im sauren Bereich	gut	schlecht	gut	gut

3.5 Aktuelle Trends in der Lebensmittelerzeugung

Novel Food – neuartige Lebensmittel und Lebensmittelzusatzstoffe

Novel Food sind „neuartige Lebensmittel" oder Lebensmittelzutaten, die mithilfe von Rohstoffen hergestellt wurden, die bisher nur selten für die Herstellung von Lebensmitteln eingesetzt wurden oder bisher in der Europäischen Union nur selten verzehrt wurden. Das bereits vielfältige, unüberschaubare Lebensmittelangebot wird also noch verwirrender. Neuartiges wird es im Handel geben, z. B. Erzeugnisse, die Algen, Fettersatzstoffe oder Lupinenmehl enthalten. Wegen des hohen Stellenwertes von Fitness, Wohlbefinden und Leistungssteigerung werden diese Lebensmittel auch von jungen, gesunden Menschen gekauft.

In der Verordnung im Lebensmittelrecht werden folgende Gruppen an Novel Food unterschieden:

- ▶ Lebensmittel oder Lebensmittelzutaten mit neuer und gezielt veränderter Struktur, z. B. Fettersatzstoffe.
- ▶ Lebensmittel und Lebensmittelzutaten, die aus Mikroorganismen, Pilzen oder Algen bestehen oder aus diesen isoliert worden sind, z. B. Einzellerproteine.
- ▶ Lebensmittel oder Lebensmittelzutaten, die aus Pflanzen oder Tieren isoliert worden sind, außer Lebensmitteln oder Lebensmittelzutaten, die mit herkömmlichen Vermehrungs- oder Zuchtmethoden gewonnen wurden.

Lebensmittel, die unter die Novel-Food-Verordnung fallen, dürfen:

- ▶ keine Gefahr für den Verbraucher darstellen;
- ▶ keine Irreführung des Verbrauchers bewirken;
- ▶ sich von Lebensmitteln oder Lebensmittelzutaten, die sie ersetzen sollen, nicht so unterscheiden, dass ihr normaler Verzehr Ernährungsmängel für den Verbraucher mit sich bringt.

Unbedenklichkeit und Kennzeichnungspflicht

Novel Food muss vor dem ersten Verkauf von dem Hersteller auf seine gesundheitliche Unbedenklichkeit geprüft werden. Die EU-Kommission lässt Novel Food erst dann zu, wenn die gesundheitliche Unbedenklichkeit feststeht. Konventionelle Lebensmittel bedürfen keiner staatlichen Zulassung.

Novel Food muss gekennzeichnet werden, wenn die Lebensmittel Unterschiede zu herkömmlichen Lebensmitteln aufweisen und wenn sie gentechnisch veränderte Organismen enthalten.

Der Verbraucher soll über Ernährungseigenschaften der Lebensmittel, wie Zusammensetzung, Nährwert und Verwendungszwecke, informiert werden.

**Food Design –
Gestalten von Lebensmitteln**

Mithilfe von Food Design werden neue Lebensmittel – so genanntes Designer Food – entwickelt. Mit modernen Methoden der Lebensmittelverarbeitung werden gezielt neue Lebensmittel „konstruiert", die dem Bedarf des Menschen angepasst sein sollen. Mögliche Ziele, die durch die Konstruktion von Designer Food erreicht werden sollen, sind:

Ersatz von Nährstoffverlusten,
z. B. Sportlergetränke

Erhöhung der Leistungsfähigkeit,
z. B. Energy-Drinks

Verminderung des Körpergewichts,
z. B. Light-Produkte

Erhaltung und Verbesserung der Gesundheit,
z. B. probiotische Milchprodukte

Genuss/Vermittlung bestimmter Erlebnisse,
z. B. Snacks, Süßwaren

Beim Designer Food kommen häufig isolierte pflanzliche oder tierische Rohstoffe zum Einsatz.

Lebensmittelqualität

Functional Food – funktionelle Lebensmittel

Die Idee für die Schaffung von Functional Food – funktionellen Lebensmitteln – stammt aus Japan. Bereits vor zwanzig Jahren forderte die japanische Regierung, dass funktionelle Lebensmittel entwickelt werden sollten, um die Gesundheit der Bevölkerung zu verbessern und somit die Kosten im Gesundheitswesen zu senken. Auch bei uns werden gesundheitliche Aspekte von den Verbrauchern zunehmend in die Kaufentscheidungen einbezogen.

Definition: Funktionelle Lebensmittel üben zusätzlich zu ihrem Nährwert eine positive gesundheitliche Wirkung aus. Funktionelle Lebensmittel sind keine Pillen, Kapseln oder Pulver, sondern Teil einer normalen Mahlzeit. Diese Lebensmittel sollen in eine ausgewogene Ernährung passen.

Funktionelle Lebensmittel, die bei uns bereits länger auf dem Markt sind, sind probiotische Milchprodukte. Joghurt z. B. soll den Körper mit Eiweiß und Calcium versorgen, probiotischer Joghurt enthält zusätzlich Milchsäurebakterien, die sich vorübergehend im Dickdarm ansiedeln. Hier üben sie einen positiven Einfluss auf die Gesundheit aus. Dieser Joghurt „deckt also nicht nur den Nährstoffbedarf", sondern kann darüber hinaus einen gewissen gesundheitlichen Nutzen bringen. Dies gilt zwar auch für „herkömmlichen Joghurt", bei probiotischen Lebensmitteln tritt der gesundheitliche Aspekt stärker in den Vordergrund.

Für funktionelle Lebensmittel gibt es in der EU bisher keine rechtliche Regelung, rein rechtlich unterscheiden sie sich nicht von herkömmlichen Lebensmitteln oder speziellen Diätprodukten. Funktionelle Lebensmittel sind keine Arzneimittel.

Werbung für funktionelle Lebensmittel

Es besteht ein Verbot krankheitsbezogener Werbeaussagen: z. B. „beseitigt, lindert oder verhütet …". Gesundheitsbezogene Werbeaussagen sind dagegen erlaubt: z. B. „unterstützt die körpereigenen Abwehrkräfte" oder „leistet einen aktiven Beitrag für Ihr Wohlbefinden". Diese Aussagen müssen jedoch wissenschaftlich ausreichend gesichert sein. Lebensmittel dringen somit in einen Bereich vor, der bisher den Arzneimitteln vorbehalten war.

Einige Stoffe, die den funktionellen Lebensmitteln zugesetzt werden:

- ▶ Vitamine A, C und E, deren vorbeugende Wirkung vor Krebserkrankungen und Herz-Kreislauf-Erkrankungen diskutiert wird,
- ▶ probiotische Bakterien, sie sollen das Krebsrisiko senken,
- ▶ Ballaststoffe und sekundäre Pflanzenstoffe zur Senkung des Blutfett- und Blutcholesterinspiegels.

> ▶ Allein durch den Verzehr funktioneller Lebensmittel kann die Gesundheit aber nicht verbessert werden.
> Sie stellen lediglich eine mögliche Ergänzung einer gesundheitsbewussten Ernährung dar.

Funktionelle Lebensmittel

Lebensmittelqualität

Beispiele für Milchersatzprodukte

Zutatenliste eines Mischfettes
Pflanzenöl, z.T. gehärtet, Magermilch, Caseinate, Salz, Säureregulatoren (E 325, E 331, E 339), Emulgatoren (E 471), Konservierungsstoffe (E 202), Aromastoff, Vitamin A und D, Farbstoff (E 160a)

Milchprodukte und ihre Imitate

Imitate	Imitiertes Milchprodukt	Hauptbestandteile bzw. Ausgangsprodukte
Ohne Milchbestandteile		
Sojadrink	Trinkmilch	Sojabohnen, Wasser, Süßungsmittel, Aromastoffe
Tofu	Käse, Quark	
Sojajoghurt	Joghurt	
Mit Milchbestandteilen		
Mischfette	Butter, Milchhalbfett	pflanzliche Öle/Fette, Milchfette, Milcheiweiß
Mischkäse	Käse (Quark)	Magermilch bzw. Milcheiweiß, pflanzliche Öle/Fette
Kondensmilchimitate	Kondensmilch	kondensierte Magermilch, pflanzliche Öle
Kaffeeweißer	Kondensmilch	pflanzliche Fette, Zucker, Milcheiweiß
Sahneimitate	Sahne	pflanzliche Fette, Zucker, Milcheiweiß, Milchfett
Dessertschäume	Sahne	pflanzliche Fette, Zucker, Milcheiweiß

Lebensmittelimitate

Lebensmittelimitate sind den Originalprodukten ähnlich, beim Verbraucher führen sie nicht selten zu Verwechslungen.

Milchimitate wie Margarinekäse und Sojadrink werden in der Bundesrepublik Deutschland hergestellt und verkauft. Milchimitate sind Produkte, bei denen Milchfett und/oder Milcheiweiß ganz oder teilweise durch anderes Fett und Eiweiß, wie z.B. Soja, ersetzt sind. Pflanzliche Rohstoffe sind weitaus billiger. Der Weltmarktpreis für Butter ist dreimal so hoch wie der Preis für Sojaöl. Soja wird z.B. in den USA in großen Monokulturen angebaut. Pestizide werden eingesetzt, vgl. S. 118. Für den Transport wird viel Energie benötigt, die Umweltbelastung ist hoch.

Beim Kauf sollte auf die Kennzeichnung – insbesondere die Zutatenliste – geachtet werden. So können z.B. Milchprodukte und Milchimitate unterschieden und die Inhaltsstoffe bewertet werden.

Fettimitate – Fettersatzstoffe

Eine amerikanische Firma entwickelte den Fettersatzstoff Olestra.

Olestra wird zum Frittieren von Chips verwendet. Olestra lässt sich – im Gegensatz zu anderen Fettersatzstoffen – hoch erhitzen. Olestra schmeckt sahnig-buttrig-cremig, also ein Genuss für die Zunge, allerdings ohne Reue? Olestra ist unverdaulich. Der Darm wird mit einem dünnen Ölfilm überzogen, fettlösliche Vitamine können nicht in den Körper gelangen, gleichzeitig bewirkt Olestra Durchfall und Vitaminmangel.

Durch die Verwendung von Olestra entsteht eine extreme Umweltbelastung. Olestra kann weder von den Darmbakterien noch von den Bakterien im Boden abgebaut werden. Der mit Olestra belastete menschliche Stuhl müsste – nach herkömmlichen Richtlinien – als Sondermüll entsorgt werden.

Schlank um jeden Preis?

Lebensmittelqualität

Nahrungsergänzungsmittel

Nahrungsergänzungsmittel sind Lebensmittelbestandteile, die wegen ihres Nährwertes verzehrt werden, um die tägliche, gewöhnliche Nahrung gesunder Personen zu ergänzen, deren Zufuhr an einem oder mehreren Nährstoffen aus dieser gewöhnlichen Nahrung möglicherweise zweifelhaft oder vorübergehend unzureichend ist.

Das angestrebte Ziel ist eine ausreichende Versorgung mit Vitaminen, Mineralstoffen/Spurenelementen, essentiellen Fettsäuren, Aminosäuren, Eiweiß und Kohlenhydraten.

Vitamin- und Mineralstoffpräparate, Grapefruitkernextrakte und sonstige Produkte sind also Nahrungsergänzungsmittel.

Nahrungsergänzungsmittel werden als Tabletten, Kapseln, Brausetabletten, Trinkampullen und in Pulverform angeboten.

Nahrungsergänzungsmittel sind keine Arzneimittel, sie unterliegen dem Lebensmittelrecht. Für Arzneimittel wird eine Zulassung benötigt. Für Nahrungsergänzungsmittel besteht keine Meldepflicht, jeder, der eine Gewerbeerlaubnis besitzt, kann diese herstellen. Der Nährwert muss nicht angegeben werden, lediglich Vitamine sind zu kennzeichnen.

In den Werbestrategien für Nahrungsergänzungsmittel entsteht der Eindruck, die normale Ernährung reiche für die Versorgung mit den notwendigen Nährstoffen nicht aus, eine Ergänzung sei lebensnotwendig.

Eine unzureichende Nährstoffzufuhr ist jedoch meist auf eine ungünstige Lebensmittelauswahl zurückzuführen. Zu hohe Dosen an Vitaminen und Mineralstoffen können darüber hinaus gesundheitliche Schäden verursachen.

In Deutschland werden jährlich ca. eine Milliarde € für Nahrungsergänzungsmittel ausgegeben. Gesundheit kann man aber nicht kaufen.

Zu den Risikogruppen, für die Nahrungsergänzungsmittel sinnvoll sein können, zählen lediglich Personen mit Erkrankungen des Magen-Darm-Traktes, Schwangere, Personen, die über längere Zeit eine Reduktionsdiät machen, und ältere Menschen, die sich aufgrund von Essstörungen einseitig ernähren.

Die Kennzeichnung muss folgende Angaben enthalten:
▶ die empfohlene tägliche Verzehrsmenge in Portionen des Erzeugnisses,
▶ einen Warnhinweis, die angegebene empfohlene Tagesdosis nicht zu überschreiten,
▶ einen Hinweis, darauf, dass Nahrungsergänzungsmittel nicht als Ersatz für eine abwechslungsreiche Nahrung verwendet werden sollten,
▶ einen Hinweis darauf, dass die Produkte außerhalb der Reichweite von kleinen Kindern zu lagern sind.

Wir führen eine Erkundung im Supermarkt durch.

1. Erkundet in einem Supermarkt das Angebot an neuartigen Lebensmitteln. Erstellt eine Liste der ermittelten
   a) funktionellen Lebensmittel,
   b) Nahrungsergänzungsmittel.

2. Begründe, warum ACE-Getränke zu den funktionellen Lebensmitteln gehören.

3. Führt eine Pro-und-Kontra-Diskussion: „Funktionelle Lebensmittel bzw. Nahrungsergänzungsmittel gehören zum täglichen Nahrungsangebot."

Zukunftswerkstatt – Unser Ernährungskonzept

Zunehmend fühlen sich Menschen durch wachsende Umweltverschmutzung und gesundheitsschädigende Lebensmittel bedroht. Gibt es da keinen Ausweg?

Die Zukunftswerkstatt bietet Sonst-nicht-Gefragten die Chance, Ängste und Probleme anzusprechen und Lösungen zu entwickeln.

Zunächst sollte folgende Frage in Gruppen diskutiert werden:

▶ Was spricht für bzw. gegen unser derzeitiges Lebensmittelangebot?

Alle Ängste, alle Vorbehalte und jede Kritik dürfen geäußert werden.

▶ Nun erfinden wir eine eigene positive Zukunft. Dazu sammeln wir zunächst Beiträge zu der folgenden Frage: Wie stellen wir uns eine gesunde, schmackhafte und umweltfreundliche Ernährung vor? Dies ist zugleich ein Neubeginn, alles Bisherige wollen wir vergessen.

So nehmen wir an … wir sind wie Robinson Crusoe auf einer einsamen Insel gestrandet. Wir haben die Möglichkeit, ein neues Ernährungskonzept für die Insel zu entwickeln.

Um das Ernährungskonzept für die Insel zu entwickeln, haben wir einen Wunsch frei. Wir können zwischen den Lebensmittelangeboten – siehe Wunschliste – für die Insel auswählen.

Entwickelt euer Ernährungskonzept.

Wunschliste

▶ Schmackhafte, große und gut aussehende Lebensmittel aller Art, sie enthalten allerdings geringe Mengen an Schadstoffen und Zusatzstoffen, die die Menschen schnell altern lassen.

▶ Lebensmittel, die keinerlei Schadstoffe enthalten und sehr gesund sind. Sie haben allerdings einen ungewohnten Geschmack. Die Zubereitung ist sehr mühsam.

▶ Künstlich erzeugte Lebensmittel, es wird keine landwirtschaftliche Nutzfläche benötigt. In Aussehen, Farbe und Geschmack gibt es keinen Unterschied zu natürlichen Lebensmitteln. Gesundheitliche Folgen, die durch den Verzehr entstehen könnten, sind bisher unbekannt.

▶ Oder ihr könnt beliebig viele Lebensmittel eigener Wahl zusammenstellen und auf der Insel anbauen.

Aktuelle Trends in der Lebensmittelerzeugung

Konservierung durch Bestrahlung

Energiereiche Strahlung wird zunehmend dazu benutzt, Mikroorganismen in Lebensmitteln abzutöten.

Lebensmittel werden mit Gamma-Bestrahlungsanlagen, vgl. Abbildung, bestrahlt. Hierbei werden die Lebensmittel mit einem automatischen Transportsystem um eine zentrale Strahlenquelle gefahren und von allen Seiten gleichmäßig bestrahlt. Die Bestrahlungsdauer für Sterilisieren beträgt z. B. 15 Stunden.

Anwendungsmöglichkeiten der Lebensmittelbestrahlung sind vielfältig. Europaweit dürfen getrocknete aromatisierte Gewürze und Kräuter bestrahlt werden. So ist z. B. schwarzer Pfeffer mit 350 000 bis 80 Millionen Keimen pro g eine gesundheitliche Gefährdung. Die Keimzahl kann durch gesundheitlich nicht unbedenkliche Begasungsmittel oder durch Bestrahlung gemindert werden.

Weltweit werden jährlich etwa 100 000 Tonnen Gewürze bestrahlt. Eine Einfuhr weiterer bestrahlter Lebensmittel nach Deutschland ist untersagt. In Deutschland spielt die Bestrahlung bisher praktisch keine Rolle.

Einsatzgebiete der Bestrahlung:
- Verhinderung des Auskeimens von Kartoffeln und Zwiebeln
- Keimverminderung bei Gewürzen, z. B. bei schwarzem Pfeffer mit 350 000 bis 80 Millionen Keimen pro Gramm
- Verzögerung des Reifens bzw. Verderbs bei Früchten
- Abtötung von Mikroorganismen, z. B. Salmonellen bei Garnelen, Fischen und Geflügel
- Verbesserung technologischer Eigenschaften von Lebensmitteln, z. B. erhöhte Saftausbeute bei Obst

Kenntlichmachung

Auf bestrahlten Lebensmitteln ist folgender Wortlaut anzugeben:

„bestrahlt" oder „mit ionisierenden Strahlen behandelt".

Lebensmittel werden europaweit bestrahlt

Zurzeit ist in neun Staaten der EU die Bestrahlung von Lebensmitteln erlaubt. In Deutschland ist bisher nur die Bestrahlung von Gewürzen gestattet.

Gegner kritisieren die Strahlenbehandlung vor allem, weil sie eine Gefährdung der Verbraucher befürchten. Dagegen spricht sich ein Großteil der Experten aus. So stellt die Weltgesundheitsorganisation (WHO) fest: „Bestrahlte Lebensmittel gefährden nicht die Gesundheit."

Untersuchungen möglicher Risiken seien weitgehend abgeschlossen, betont Friedrich Diehl von der Bundesforschungsanstalt für Ernährung in Karlsruhe. Studien in vielen Ländern hätten in 50 Jahren keine Beeinträchtigung durch den Verzehr bestrahlter Lebensmittel festgestellt. Kartoffeln könnten auf diese Weise ohne chemische Zusätze am Keimen gehindert werden. Insekteneier in Getreide lassen sich pestizidfrei vernichten, Fisch und Fleisch im gefrorenen Zustand entkeimen.

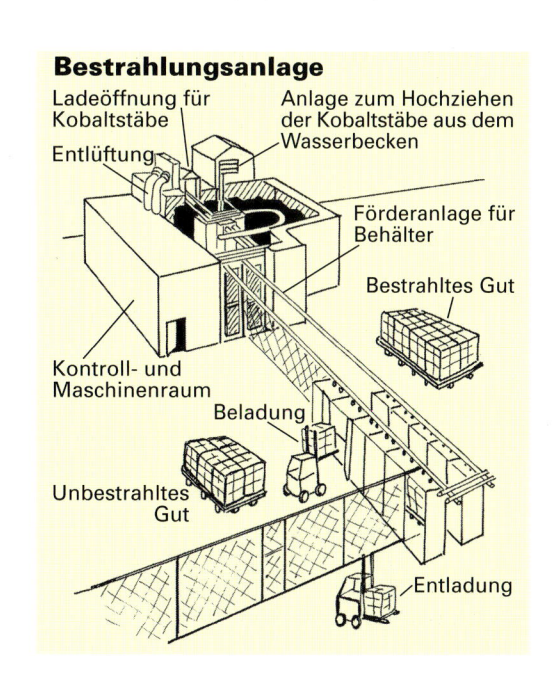

Bestrahlungsanlage

3 Aktuelle Trends in der Lebensmittelerzeugung

Direkte Erbgutveränderungen bei Pflanzen, Tieren und Mikroorganismen

Beispiele

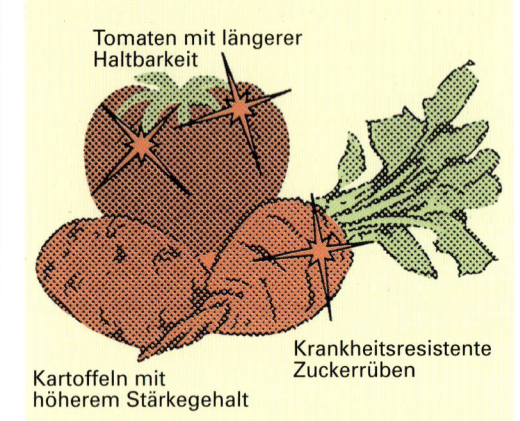

Tomaten mit längerer Haltbarkeit

Krankheitsresistente Zuckerrüben

Kartoffeln mit höherem Stärkegehalt

▶ In den Labors warten insgesamt über 50 gentechnisch veränderte Obst-, Gemüse- und Getreidesorten sowie Milch- und Hefeprodukte auf ihren Einsatz

© Globus 1241

Methoden

Schematische Darstellung am Beispiel einer Pflanze
Der Pflanze werden Zellen entnommen

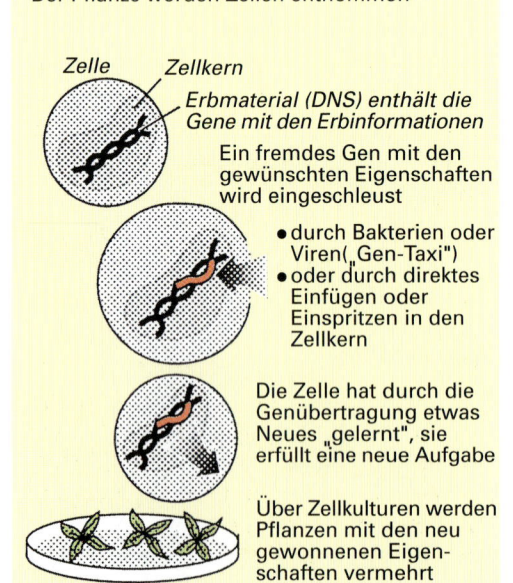

Zelle Zellkern

Erbmaterial (DNS) enthält die Gene mit den Erbinformationen

Ein fremdes Gen mit den gewünschten Eigenschaften wird eingeschleust
- durch Bakterien oder Viren („Gen-Taxi")
- oder durch direktes Einfügen oder Einspritzen in den Zellkern

Die Zelle hat durch die Genübertragung etwas Neues „gelernt", sie erfüllt eine neue Aufgabe

Über Zellkulturen werden Pflanzen mit den neu gewonnenen Eigenschaften vermehrt

Gentechnisch veränderte Lebensmittel

Tomaten, vier Wochen nach dem Kauf im Supermarkt noch knackig frisch und wohlschmeckend – kann es das geben? Die Gentechniker sagen ja! Das Gen, das für ein zellwandabbauendes Enzym verantwortlich ist, wird „abgeschaltet".

Seit zirka 20 Jahren wird die Gentechnik eingesetzt. Gentechnik kann die klassischen Züchtungsmethoden nicht ersetzen, sondern sie ist ein zusätzliches Mittel zum schnelleren Erreichen züchterischer Ziele.

Mittels der Gentechnik ist es möglich, gezielt einzelne vorteilhafte Eigenschaften in eine Pflanze oder ein Tier einzubauen oder unerwünschte Eigenschaften daraus zu entfernen.

Das Prinzip der Gentechnik besteht darin, genetische Informationen – Erbgut – von einem Organismus auf einen anderen zu übertragen. Bei Fischen kann man z. B. ein „Antifrostgen" übertragen, sie können nun in kalten Gewässern leben.

Gentechnisch veränderte Bakterienkulturen helfen bei der Käseherstellung und beim Backen, sie produzieren Aromen, Vitamine, Süßstoffe und Enzyme.

Gentechnisch veränderte Lebensmittel kann man in drei Gruppen unterteilen:
1. Lebensmittel aus gentechnisch veränderten Organismen, z. B. gentechnisch veränderte Sojabohnen oder Tomaten.
2. Lebensmittel, die lebende gentechnisch veränderte Organismen enthalten, z. B. Joghurt mit gentechnisch veränderten Milchsäurebakterien.
3. Lebensmittel, die gentechnisch veränderte Stoffe, z. B. Enzyme, enthalten.

Das gegenwärtige Angebot
Die Verbraucher erhalten nur importierte gentechnisch veränderte Lebensmittel, wie Sojabohnen, Raps, Mais oder Öl oder Proteine. Man geht davon aus, dass gegenwärtig 60 bis 70 % aller Lebensmittel in irgendeiner Weise mit der Gentechnik in Berührung gekommen sind.

Aktuelle Trends in der Lebensmittelerzeugung

Nutzen für die Verbraucher
Gentechnisch veränderte Lebensmittel bringen derzeit keinen Nutzen für die Verbraucher. 70 % der Verbraucher lehnen diese Lebensmittel ab.

Vertrieb und Kennzeichnung
Im Ausland gentechnisch hergestellte Lebensmittel und Zusatzstoffe dürfen ohne spezielle Beschränkung nach Deutschland eingeführt werden. Ausgenommen sind Lebensmittel, die vermehrungsfähige Organismen enthalten, also z. B. das lebende Schwein, dem ein Gen für menschliches Wachstum eingefügt wurde, muss laut Gentechnik-Gesetz draußen bleiben. Das Kotelett vom Gen-Schwein darf jedoch importiert werden, ebenso wie Cornflakes aus Gen-Mais und Ketchup aus Gen-Tomaten.
Gentechnisch veränderte Lebensmittel müssen immer als solche gekennzeichnet werden, wenn in den Lebensmitteln die neu eingeführte Erbinformation nachgewiesen werden kann.

Kennzeichnung von Lebensmitteln aus gentechnisch veränderten Pflanzen: z. B. „aus gentechnisch verändertem … hergestellt".

Für Zusatzstoffe und Aromen, die in gentechnisch veränderten Organismen hergestellt wurden, besteht ebenfalls eine Kennzeichnungspflicht, wenn sie sich von herkömmlichen Produkten unterscheiden. Dann muss der Zusatzstoff im Zutatenverzeichnis den Zusatz „gentechnisch verändert" oder „aus genetisch veränderten … hergestellt" erhalten.

1. Führt eine Internetrecherche zum Thema „Kennzeichnung von gentechnisch veränderten Lebensmitteln" durch, z. B.: www.kennzeichnung-gentechnik.de.
2. a) Informiert euch über andere Einsatzbereiche der Gentechnik, z. B. unter www.umweltministerium.bayern.de.
   b) Führt zu den gefundenen Einsatzbereichen eine Pro- und Kontra-Diskussion.

Folgende Befürchtungen hinsichtlich der Gentechnik werden geäußert:
▶ Die ökologischen Risiken bei der Freisetzung von gentechnisch veränderten Organismen in die Umwelt sind nicht vorhersehbar. Es kann zu Kreuzungen zwischen gentechnisch veränderten und eng verwandten „unveränderten" Pflanzen kommen.
▶ Mögliche gesundheitliche Risiken für die Verbraucher sind zurzeit nicht klar abschätzbar, z. B. Allergien, da es keine Langzeituntersuchungen gibt.
▶ Es gibt keinen überragenden Nutzen für die Verbraucher, der die Inkaufnahme des Risikos rechtfertigt.

Gene im menschlichen Organismus
Der menschliche Körper besteht aus rund 100 Billionen Zellen. In jeder Zelle – außer in den roten Blutkörperchen – befindet sich die ganze Erbinformation des Menschen, verteilt auf 30 000 bis 40 000 Gene. Sobald wir etwas essen, nehmen wir viele Milliarden fremde Gene von Rindern, Schweinen oder Tomaten auf. Wer das nicht möchte, müsste verhungern.

Klonen
In jeder einzelnen Zelle eines Organismus ist der komplette Satz des Erbgutes vorhanden, so kann theoretisch aus jeder Zelle ein neuer Organismus hervorgebracht werden.

Zumindest beim Schaf, aber auch bei Kühen und Schweinen wurde dies mittlerweile Realität.

Das Vorgehen ist einfach erklärt, aber schwierig in der Durchführung: Aus einer Eizelle wird der Zellkern entfernt und durch einen Zellkern eines ausgewachsenen Tieres ersetzt. Die Eizelle entwickelt sich zum Embryo, der anschließend in eine (Leih-)mutter eingepflanzt und der üblichen Entwicklung überlassen wird.

131

3.6 Fehlernährung und die Folgen

???

Monika, 16 Jahre, ist das dickste Mädchen in ihrer Klasse. Ihre Mitschüler und Mitschülerinnen hänseln sie oft, besonders im Sportunterricht. In solchen Situationen fühlt Monika sich zum Heulen. So allein …! In der anschließenden Pause kauft sie sich dann zwei Stück Kuchen und Schokolade.

Ihre Mutter kann es nicht verstehen, dass Monika gehänselt wird und oft allein ist. Sie meint: „Monika ist vielleicht etwas pummelig, aber wenn sie erst einmal erwachsen ist, wird das bisschen Speck schon von selbst weggehen." Die Mutter ist stolz auf Monika.

Monika bringt meist sehr gute Noten mit nach Hause, für die es jedes Mal etwas zum Naschen gibt. Aber auch für eine schlechte Note gibt es zum Trösten Schokolade oder ein Eis.

Monika ist es von klein auf gewohnt, allein zu Hause zu sein. Ihre Eltern arbeiten den ganzen Tag. Als Monika noch jünger war, brachten ihre Eltern ihr jeden Tag etwas Leckeres mit, oder eine süße Überraschung lag nach der Schule auf dem Küchentisch.

Heute braucht Monika nur an den Küchenschrank zu gehen, um sich das, was sie mag, selbst zu holen, oder ihre Mutter legt ihr Geld hin, damit sie selbst etwas kaufen kann.

Monikas Eltern freuen sich, dass Monika so gut allein zu Hause sein kann. Monikas Lieblingsbeschäftigung ist Fernsehen oder Video. Dabei knabbert sie dann eine Tüte Chips oder Erdnüsse.

Wenn ihre Eltern wieder einmal später am Abend nach Hause kommen, bringen sie Monika etwas aus dem Imbiss mit, da sie wissen, dass Monika gern Pommes mit Mayo isst.

Eines Tages beschließen Monika und ihre Eltern: „Jetzt wird alles anders." …

Überernährung

1. Nenne mögliche Ursachen für das Übergewicht von Monika, die
   a) im Text genannt werden,
   b) dir zusätzlich einfallen.
2. Überlege, welche Auswirkungen das Übergewicht auf Monikas Verhalten hat.
3. Suche eine Überschrift für den Bericht.
4. Erstelle eine Liste von Situationen, in denen du
   a) wenig,
   b) viel isst.
5. Schreibe einen Bericht über das „neue Leben" von Monika und ihren Eltern. Vgl. auch S. 134f.
6. Ermittle und bewerte deinen eigenen BMI, vgl. S. 133.

Mögliche Fragen zur Texterfassung:
▶ Durch welche Personen wird das Ernährungsfehlverhalten von Monika verursacht?
▶ Durch welche Rahmenbedingungen oder Verhaltensweisen wird das Fehlverhalten ausgelöst oder verstärkt?
▶ Entsteht eine gesundheitliche Gefahr durch das Verhalten?
▶ Wie kann das Fehlverhalten von Monika abgebaut und ein gesundes Ernährungsverhalten verstärkt werden?

3 Fehlernährung und die Folgen

Übergewicht führt zu gesundheitlichen Gefährdungen

Knochen und Gelenke werden durch Übergewicht überbeansprucht. Es kann zu Veränderungen an Wirbelsäule, Knien und Füßen kommen.

Bronchien werden anfälliger für Erkrankungen. Die freie Atmung ist beeinträchtigt, es kann leichter eine Bronchitis entstehen.

Herz und Kreislauf werden überbelastet. Herz- und Kreislauferkrankungen, Bluthochdruck können entstehen.

Stoffwechselerkrankungen können durch Übergewicht bzw. Überernährung zum Ausbruch kommen. Zuckerkrankheit, Fettstoffwechselstörungen und Gicht können Folgeerkrankungen sein.

77 % aller Übergewichtigen haben eine Stoffwechselerkrankung bzw. Bluthochdruck.

Unfälle bei der Arbeit und auf der Straße treten bei Übergewichtigen leichter auf, da sie meist langsamer als Normalgewichtige sind.

Seelische Störungen sind häufig eine Folge des Übergewichts, z. B. Komplexe – Minderwertigkeitsgefühle.

Gesundheitliche Gefährdungen

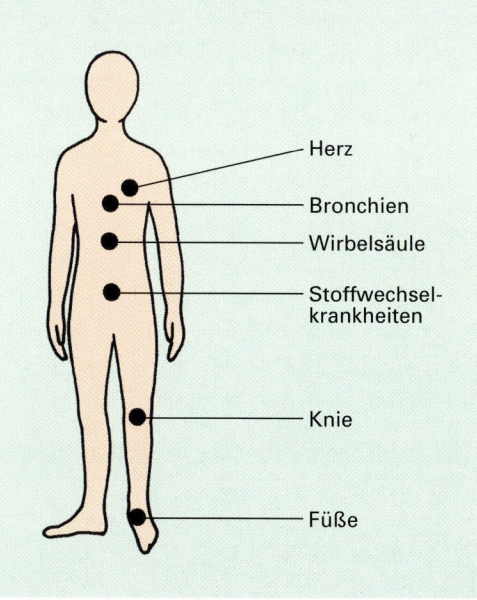

- Herz
- Bronchien
- Wirbelsäule
- Stoffwechselkrankheiten
- Knie
- Füße

Normalgewicht nach Body-Mass-Index
(Körpermassenindex)

Allgemein: $BMI = \dfrac{KG \text{ in kg}}{(\text{Körpergröße in m})^2}$

Es wird das Verhältnis von Körpergewicht in kg zu Körpergröße in m zum Quadrat berechnet.

Beispiel: $\dfrac{64 \text{ kg}}{(1{,}70 \text{ m})^2}$

Body-Mass-Index

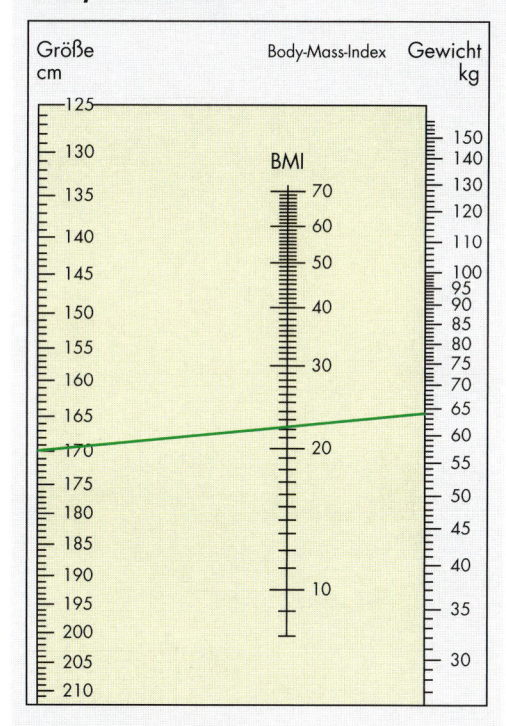

Bewertung

unter 18: Untergewicht – empfehlenswert ist eine Gewichtszunahme

18–25: **Normalgewicht**

26–30: Übergewicht – eine Gewichtsabnahme ist notwendig

\> 30: Fettsucht

3 Fehlernährung und die Folgen

Ernährung bei Übergewicht – Reduktionsdiäten

1. Nenne Gründe, die Jugendliche für die Durchführung einer Reduktionsdiät angeben.
2. Nenne Merkmale einer Reduktionsdiät – einer energiereduzierten Mischkost.
3. Nenne Lebensmittel, die anstelle der abgebildeten energiereichen Lebensmittel gegessen werden können.
Begründe deine Auswahl.

Veränderte Lebensmittelauswahl – energiearme Lebensmittel

▶ Mehr frisches Obst und Gemüse der Saison auswählen, oft roh essen, sie enthalten Ballaststoffe und einen hohen Wassergehalt, Vitamine und Mineralstoffe. Vor jeder Mahlzeit eine Portion Rohkost essen oder ein Glas Wasser trinken.

▶ Vollkornprodukte und Kartoffeln häufiger essen, sie enthalten ebenfalls Ballaststoffe, Vitamine, Mineralstoffe und Eiweiß. Diese Lebensmittel haben ein großes Nahrungsvolumen und gleichzeitig einen geringen Energiegehalt.

▶ Stark verfeinerte Lebensmittel, wie Auszugsmehle, Zucker, stark gezuckerte Lebensmittel usw., meiden, sie enthalten konzentrierte Energie.

▶ Weniger tierische eiweißreiche Lebensmittel essen, sie enthalten meist gleichzeitig versteckte Fette.

▶ Fettarme Gartechniken auswählen, z. B. Dämpfen, Dünsten, Grillen, Mikrowelle.

▶ Speisen nicht stark salzen, der Flüssigkeitsbedarf wird sonst erhöht. Ein hoher Salzkonsum kann bei einer Reduktionsdiät den Nieren schaden. Kräuter und Gewürze verwenden.

▶ Auf eine ausreichende Flüssigkeitszufuhr achten, damit die Stoffwechselendprodukte der abgebauten körpereigenen Stoffe ausgeschieden werden können.

▶ **Oder einfach die Regeln der vollwertigen Ernährung berücksichtigen.**

▶ Eine energiearme Mischkost soll zu einer Umstellung
  • der Lebensmittelauswahl,
  • des Essverhaltens führen.
▶ Ein bewusstes Ernährungsverhalten verhindert Übergewicht.

4. Begründe und ergänze die Regeln für ein bewusstes Ernährungsverhalten, vgl. S. 135.

① Weintrauben
② Gulaschsuppe
③ Pommes frites
④ Sahnequark
⑤ Cornflakes
⑥ Mettwurst
⑦ grüne Erbsen
⑧ Vollmilchschokolade
⑨ Cola
⑩ Sahnetorte
⑪ Doppelrahmfrischkäse
⑫ Erdnüsse

Fehlernährung und die Folgen 3

Bewusstes Essverhalten
▶ **Feststellen, was man eigentlich isst**
Aufschreiben, was man täglich isst, dadurch können … ❓

Eine Liste mit energiearmen Lebensmitteln zusammenstellen, so … ❓

Eine Einkaufsliste erstellen, möglichst schmackhafte energiearme Lebensmittel besorgen.

▶ **Ernährungsgewohnheiten langsam umstellen**
Z.B. nur noch kleinere Portionen der Lieblingsspeisen essen, bei der Zubereitung Fett einsparen.

Den Teller nur einmal und nie ganz voll füllen, so … ❓

▶ **Die Mahlzeiten genießen**
Für einen schön gedeckten Tisch, appetitlich angerichtete Speisen und eine freundliche Stimmung sorgen, so … ❓

Langsam essen, kleine Bissen und Schlucke nehmen – gründlich kauen, auf Geschmack und Sättigung achten. Die Mahlzeiten sollten etwa 30 Minuten dauern.

▶ **Nicht unkonzentriert essen**
Regelmäßig – zu festgelegten Zeiten – kleine Mahlzeiten einnehmen. Nicht zwischendurch essen.

Immer am gleichen Platz essen. Während des Essens weder Zeitung lesen noch fernsehen.

Nicht aus Langeweile essen, sondern … ❓

Nicht mit Lebensmitteln trösten, beruhigen oder loben, sondern … ❓

▶ **Das Richtige essen**
Nicht immer Knabbereien und Süßigkeiten vorrätig haben.

Radieschen, Gurken, Möhren usw. für den Heißhunger vorrätig haben.

Keinen Alkohol zu den Mahlzeiten trinken, da … ❓

▶ **Ernährungstraining**
Sich eventuell einer Gruppe anschließen. Erfahrungsaustausch in der Gruppe kann den Erfolg erhöhen.

Feststellen, was man isst

Obst und Gemüse für den Heißhunger

In der Gemeinschaft geht es leichter

135

M

Spurensuche: Der Entstehung von Essstörungen auf der Spur

1. Erstelle eine Liste von Situationen, in denen du
   a) wenig,
   b) viel isst,
   c) nichts essen magst.

2. Beschreibt in Gruppen die unten dargestellten Esssituationen.
   Schreibt dabei zu jedem Bild einen lebendigen Text, sodass eine Geschichte entsteht.

3. Findet Überschriften – Schlagzeilen – für eure Geschichten.

4. Diskutiert folgenden Ausspruch:
   „Das übertriebene Schlankheitsideal ist die Ursache für alle Essstörungen."

5. Sammelt Berichte über Personen mit Essstörungen aus Zeitschriften.

6. Ermittelt jeweils die Ursachen für diese Essstörungen.

Zur Gesunderhaltung des Körpers gehört eine gesunde Ernährung. Aber:

Wie ernährt man sich richtig?

Was sind Essstörungen?

Nicht nur das „Was", sondern auch das „Wie" muss bei der Beantwortung dieser Fragen beachtet werden.

Um die Essgeschichten auch fachlich richtig gestalten zu können, solltet ihr euch also zunächst allgemeine Grundsätze für eine gesunde Lebensmittelauswahl und die Einnahme der Mahlzeiten zusammenstellen.

Nun entsteht die Frage, was wird hier in diesen Geschichten falsch gemacht?

Welche Art von Essstörung liegt vor?

Wo kann ich mögliche Ursachen für dieses Verhalten finden?

Wie kann die Essstörung abgebaut werden?

Wie kann ein gesundes Ernährungsverhalten wiedererlangt werden?

Fehlernährung und die Folgen

Entstehung von Krankheiten

Vor 100 Jahren waren aufgrund mangelnder Hygiene, schlechter Lebensbedingungen und fehlender Medikamente Infektionskrankheiten wie Tuberkulose, Typhus, Kinderlähmung usw. häufigste Krankheiten und Todesursachen.

Heute sind die Lebenserwartungen aufgrund der medizinischen Erfolge und der verbesserten Hygiene gestiegen.

Krankheiten können durch äußere und innere Faktoren entstehen.

Liegen mehrere äußere Faktoren gleichzeitig vor, so wird das Gesundheitsrisiko verstärkt, z. B. überreichliche Ernährung und Rauchen.

Umweltbedingte – äußere – Gesundheitsgefahren können zu Krankheiten führen

- ▶ falsche Ernährung, z. B. zu viel Fett, zu wenig Ballaststoffe
- ▶ mangelnde Bewegung, z. B. sitzende Tätigkeiten, Fernsehen
- ▶ Reizüberflutung/Stress, z. B. Lärm, mangelnde Erholung
- ▶ Giftstoffe, z. B. Alkohol, Nikotin, Schadstoffe
- ▶ Mikroorganismen, z. B. Lebensmittelvergiftungen, Grippe
- ▶ Unfälle, intensive Sonnenbestrahlung

Der Einzelne bestimmt also durch seine Ernährung und seine Lebensweise sein persönliches Gesundheitsrisiko.

Innere Faktoren – Entstehung von Krankheiten

- ▶ Erbfaktoren: genetische Defekte, Anlagen
- ▶ Disposition: Krankheitsbereitschaft, erhöhte Anfälligkeit

Die erbliche Veranlagung spielt z. B. bei Diabetes mellitus, Gicht und anderen Stoffwechselerkrankungen eine erhebliche Rolle. Die Krankheitsbereitschaft ist auch von Alter und Geschlecht abhängig. Außerdem können bestehende Krankheiten die Krankheitsbereitschaft für weitere Erkrankungen heraufsetzen.

Vorbeugen ist besser als Heilen

Vorbeugen – das Verhüten von Krankheiten – stellt hohe Anforderungen an jeden Menschen. Evtl. übernommene falsche Ernährungs- und Lebensgewohnheiten müssen abgeändert bzw. von Anfang an vermieden werden. Gesunde Ernährung, Vermeidung von Suchtmitteln, z. B. Nikotin, und Schadstoffen und ausreichende Erholung tragen zur Gesundheit bei. Gesund zu leben bedeutet nicht, auf vieles verzichten zu müssen.

Diäten zur Behandlung von Krankheiten

Diätetik meint die geeignete Lebensweise und Ernährung für den Einzelnen. Je nach Art der Krankheit muss eine spezielle Ernährungsform – Lebensweise – eingehalten werden.

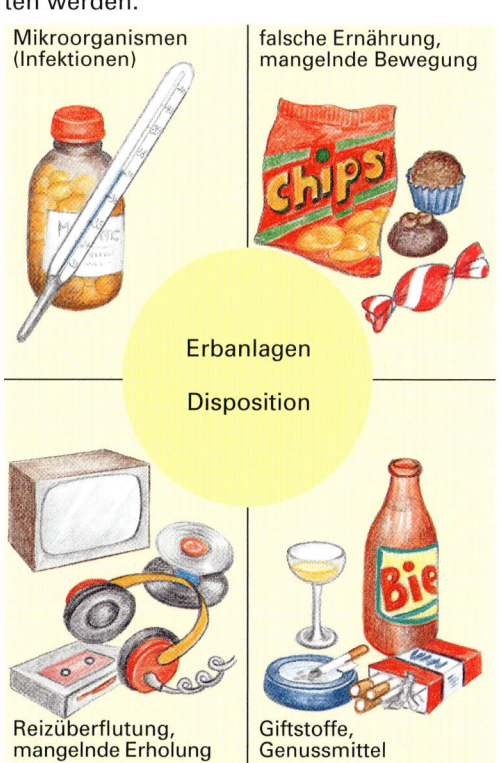

Mikroorganismen (Infektionen)	falsche Ernährung, mangelnde Bewegung
Erbanlagen	**Disposition**
Reizüberflutung, mangelnde Erholung	Giftstoffe, Genussmittel

137

3 Fehlernährung und die Folgen

Diabetes mellitus

> 1. Sammelt in Apotheken, bei Krankenkassen usw. Informationen zum Thema „Zuckerkrankheit – Diabetes mellitus".
> 2. Begründe die Anzeichen bei Diabetes mellitus:
>   a) Durst und vermehrtes Wasserlassen,
>   b) Müdigkeit und Abgeschlagenheit,
>   c) Gewichtsabnahme.
> 3. Erstellt einen Flyer (Handzettel) zur Information für übergewichtige Diabetiker.
>   „Die geeignete Diät, so kann ich abnehmen und gesund werden."
> 4. Informiert euch über die Gewinnung von Insulin, z. B. unter www.umweltministerium.bayern.de.

Diabetes mellitus bedeutet „honigsüßes Hindurchfließen" oder sinngemäß übersetzt „Durchlauf honigsüßen Urins". Die Anzeichen der Krankheit sind seit Jahrtausenden bekannt, eine Behandlung gelang jedoch erst im Jahr 1922. In der Bundesrepublik Deutschland sind etwa fünf Millionen Menschen als zuckerkrank bekannt.

Bei Diabetes mellitus wird zu wenig Insulin – ein Hormon – gebildet bzw. ans Blut abgegeben, hierdurch kommt es zu Stoffwechselveränderungen.

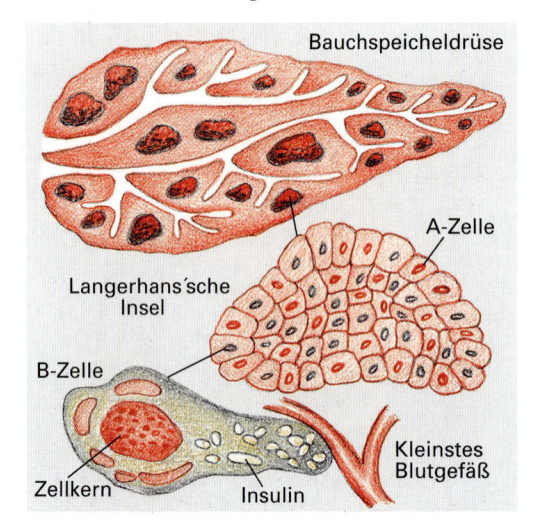

Insulinbildung in den B-Zellen der Langerhans'schen Inseln

Insulin wird in den B-Zellen der Langerhans'schen Inseln der Bauchspeicheldrüse – Pankreas – gebildet. Diese Zellgruppen sehen unter dem Mikroskop wie „Inseln" im Gewebe der Bauchspeicheldrüse aus.

Insulin senkt den Blutzucker, es befördert die Zuckermoleküle in die Zellen. Aus Blutzucker wird nun in Leber- und Muskelgewebe Glykogen – Speicherform des Zuckers – und im Fettgewebe Fett aufgebaut. Insulin hemmt gleichzeitig die Freisetzung von Traubenzucker aus der Leber und den Abbau von Fett aus dem Fettgewebe.

Die fein abgestimmte Wechselwirkung zwischen Nahrungsaufnahme und Insulinbildung einerseits und Bereitstellung von Nährstoffen aus den Körperreserven in den „Hungerphasen" und in der Nacht andererseits garantieren die Versorgung des Gehirns.

Bei Diabetikern, die unter Insulinmangel leiden, werden die Kohlenhydrate der Nahrung normal verdaut und ins Blut aufgenommen, sie gelangen aber gar nicht oder nur viel zu langsam in die Zellen.

Bei unbehandelten Diabetikern – bei Insulinmangel – steigt also der Blutzuckergehalt. Die Nierenschwelle wird überschritten, es wird Zucker mit sehr viel Urin ausgeschüttet, der Flüssigkeitsbedarf – der Durst – steigt.

Da die Körperzellen trotz des hohen Blutzuckers nicht ausreichend mit „Zucker" versorgt werden, werden körpereigene Stoffe zur Energiegewinnung abgebaut, man fühlt sich müde und schlapp, es kommt zur Gewichtsabnahme.

Produziert die Bauchspeicheldrüse noch Insulin – Typ-2-Diabetiker –, kann eine Diät mit gleichmäßig über den Tag verteilten kleinen Mahlzeiten schon ausreichen, um den Hormonmangel in Belastungsphasen zu vermeiden. In anderen Fällen helfen Tabletten, die die Insulinbildung unterstützen.

Kann die Bauchspeicheldrüse gar kein Insulin bilden, so muss das Insulin von außen gezielt – „gespritzt" – zugeführt werden.

Fehlernährung und die Folgen

Insulin ist also das Hormon, das das Aufnehmen, Speichern und Umbauen von Kohlenhydraten im Körper ermöglicht. Die Insulinproduktion reagiert in Sekundenschnelle auf Veränderungen des Blutzuckerspiegels.

Im Hungerzustand sinkt der Insulinspiegel im Blut auf sehr niedrige Werte und steigt bei Nahrungsaufnahme schnell wieder auf Spitzenwerte an. Bei einer ständigen Überernährung verweilt der Insulinspiegel auf einem hohen Niveau und verhilft so der überschüssig aufgenommenen Energie in die Fettdepots. Hierdurch kann es dann allerdings zu einer Überbeanspruchung der Bauchspeicheldrüse kommen, die Insulinproduktion „versiegt". Folge ist der Typ-2-Diabetes.

Ursache für das Ausbrechen des Typ-1-Diabetes sind dagegen Infektionen durch Viren, z.B. bei Grippe, Mumps und Röteln. Durch die Vireninfektion wird die Insulinproduktion der B-Zellen der Langerhans'schen Inseln eingestellt.

Eine kurzfristige starke Erhöhung des Blutzuckerspiegels führt zum Koma. Sind die Blutzuckerwerte über Jahre hinweg erhöht, so kommt es mit der Zeit zu Veränderungen an den feinsten Blutgefäßen. Die Aderwände werden dicker und spröder. Dies kann zur völligen Erblindung und zur Zerstörung der Nieren führen.

Ausscheidung von Traubenzucker
Blutzucker mg/dl

HZ -Harnzucker
Nierenschwelle
normaler Blutzuckerbereich

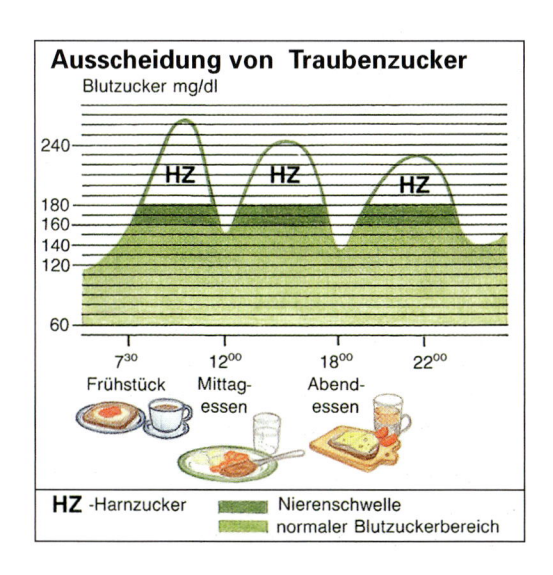

Stichworte zum Thema Diabetes

Typ-1-Diabetes: Akutes Auftreten der Krankheit infolge einer Störung im Immunsystem, häufig besteht gleichzeitig eine Infektion. Die Erkrankung beginnt mit starkem Durst, vermehrtem Wasserlassen und auffälliger Gewichtsabnahme. Insulinbehandlung und eine entsprechende Diät sind erforderlich.

Typ-2-Diabetes: Die Erkrankung wird zunächst kaum bemerkt. 90% der Typ-2-Diabetiker sind übergewichtig. Oft reichen zur Behandlung eine Gewichtsabnahme und eine entsprechende Diät.

Potenzielle Diabetiker: Diabetes mellitus ist häufig eine erblich bedingte Stoffwechselerkrankung. Bei Kindern von diabetischen Eltern und bei stark übergewichtigen Neugeborenen muss befürchtet werden, dass die Krankheit früher oder später auftritt. Durch Vermeidung von Übergewicht wird der Ausbruch der Krankheit evtl. verzögert.

HbA_1-Wert: Der rote Blutfarbstoff Hämoglobin weist abhängig vom jeweiligen Blutzuckerspiegel einen unterschiedlichen Zuckergehalt auf. Der Gehalt an Zuckerhämoglobin (HbA_1) im Blut gibt Auskunft über die Wirksamkeit bzw. Einhaltung der angeordneten Diät.

Diabetisches Koma: Zu hohe Blutzucker- und Harnzuckerwerte führen zu schweren Stoffwechselstörungen. Anzeichen: Übelkeit, Erbrechen, Bauchschmerzen, Aceton in der Atemluft, tiefe Bewusstlosigkeit.

Eine Unterzuckerung des Körpers infolge zu geringer oder zu später Kohlenhydratzufuhr bzw. zu hoher Insulinzufuhr führt ebenfalls zu Herzklopfen, Zittern, Unruhe und Kopfschmerzen.

Spätschäden: Jede Stoffwechselentgleisung – Diätfehler – führt zur Schädigung der Blutgefäße. Die Schäden können im schlimmsten Fall zu Nierenversagen, Erblindung, Herzinfarkt und diabetischem Brand an den Füßen führen.

Fehlernährung und die Folgen

Diabetesdiät

> 1. Nenne Lebensmittelgruppen, die in einer gesunden Ernährung
>   a) bevorzugt,
>   b) selten gegessen werden sollten.
> 2. Nenne Formen körperlicher Bewegung, die den Körper gleichmäßig belasten, z. B. Spaziergang.
> 3. Bereitet Mahlzeiten für Diabetiker zu. Auf S. 163, 168, 185 findet ihr Rezepte.
> 4. Überprüft Diabetikerprodukte hinsichtlich
>   a) der Zutatenliste – Nährstoffe, vgl. auch S. 123,
>   b) des Preises.
> 5. Überprüft Diabetikerprodukte hinsichtlich
>   a) ihrer Eignung,
>   b) ihrer Notwendigkeit für Diabetiker.

Diätetik meint im weitesten Sinne die geeignete Lebensweise und Ernährung für den Einzelnen. Bei jeder Diät müssen Wohlbefinden und Stoffwechsel des jeweiligen Menschen berücksichtigt werden.

Energieaufnahme und Körpergewicht
Übergewichtige Diabetiker sollten ermuntert werden, ihre Energieaufnahme zu senken und ihren Energieverbrauch durch körperliche Bewegung zu steigern. Für normalgewichtige Diabetiker gibt es keine besonderen Empfehlungen für die Energiezufuhr.

Nährstoffzusammensetzung
Kohlenhydrate: Ballaststoffreiche zuckerarme Lebensmittel sind besonders zu empfehlen: Getreideprodukte, Obst, Gemüse, Hülsenfrüchte. Diese Lebensmittel enthalten gleichzeitig Mineralstoffe und Vitamine.

Eine mäßige Zuckeraufnahme < 10 % der Gesamtenergie ist, wenn erwünscht, erlaubt. Zucker sollte vorzugsweise in Mahlzeiten „verpackt" verzehrt werden, d. h. z. B. 1 TL Honig im Vollkornmüsli. Getränke mit hohem Zuckergehalt sind zu meiden.

Bei insulinbehandelten Diabetikern müssen Insulininjektion und Kohlenhydratzufuhr aufeinander abgestimmt werden, damit eine Unterzuckerung bzw. ein zu hoher Blutzucker vermieden wird.

Vor dem Zu-Bett-Gehen sollten ballaststoffreiche zuckerarme Lebensmittel in ausreichender Menge aufgenommen werden, um das Risiko einer nächtlichen Unterzuckerung zu vermindern.

Fett: Die tägliche Fettaufnahme sollte **unter 30 % der Gesamtenergiemenge** liegen. Fettreiche Lebensmittel sollten also gemieden werden, da sie das Risiko für Herzerkrankungen erhöhen. Falls die Cholesterinwerte erhöht sind, sollte die tägliche Cholesterinaufnahme nicht über 300 mg liegen. Ein erhöhter Fischverzehr ist empfehlenswert, da Studien vermuten lassen, dass ein regelmäßiger Fischverzehr das Risiko einer Herzerkrankung zu senken vermag.

Eiweiß: Die tägliche Aufnahme kann zwischen 10 und 20 % der Gesamtenergie liegen. Eiweißreiche fettreiche Lebensmittel wie Fleischwaren sollten nur gelegentlich verzehrt werden.

Natrium: Ebenso wie bei Stoffwechselgesunden sollte die tägliche Kochsalzzufuhr unter 6 g pro Tag liegen.

Im Übrigen gelten für Diabetiker die gleichen Ernährungsempfehlungen wie für die Allgemeinbevölkerung.

Das genaue Einhalten dieser Diätvorschriften kann die Lebenserwartung von Diabetikern erhöhen. Es ist also wichtig, dass Diabetiker von den Menschen, mit denen sie zusammenleben, bei der Einhaltung der Diät unterstützt werden.

Fehlernährung und die Folgen **3**

Test für Diabetiker – ohne Insulinbehandlung

Bei jeder Frage ist mindestens eine Antwort falsch.

1. Welches sind die wichtigsten Wirkungen von Insulin?
   a) Insulin schleust den Blutzucker in Muskeln und Fettgewebe.
   b) Insulin baut das Fettgewebe auf.
   c) Insulin fördert die Zuckerausscheidung in der Niere.
   d) Insulin fördert die Zuckerspeicherung als Glykogen in der Leber.

2. Wie wirkt sich körperliche Aktivität auf den Blutzuckerspiegel aus?
   a) Sie senkt ihn.
   b) Sie lässt ihn ansteigen.
   c) Sie beeinflusst ihn nicht.

3. Welchen Nutzen haben die Ballaststoffe für den Diabetiker?
   a) Sie senken den Blutzuckerspiegel.
   b) Sie fördern die Verdauung.
   c) Sie fördern die Durchblutung.

4. Welche Lebensmittel und Getränke enthalten keinen für Diabetiker nachteiligen Zucker?
   a) Eis, Honig, Limonade,
   b) Brot, Kartoffeln, Milch,
   c) Hülsenfrüchte.

5. Wann ist Zucker im Urin?
   a) Wenn der Blutzucker niedrig ist.
   b) Nie, weil die Niere keinen Zucker ausscheiden kann.
   c) Wenn der Blutzucker ansteigt.

6. Wie behandelt man eine Unterzuckerung?
   a) Man beachtet sie am besten nicht.
   b) Man isst Wurst und Käse.
   c) Man isst so viel Zucker wie möglich.
   d) Man trinkt Fruchtsaft oder isst ein Stück Obst oder 2 bis 3 Zuckerstücke.

7. Welche Berufe sind für Diabetiker nicht geeignet?
   a) Pilot, Busfahrer, Kaminkehrer,
   b) Ärztin, Arzthelferin,
   c) Gärtner, Schuster, Schmied.

8. Welche Risikofaktoren führen zu Gefäßerkrankungen?
   a) Zigarettenrauchen,
   b) hoher Blutdruck,
   c) Diabetes mellitus,
   d) Stress in der Schule.

9. Welche Lebensmittel sollten übergewichtige Diabetiker meiden?
   a) Die viel Eiweiß enthalten.
   b) Die Ballaststoffe enthalten.
   c) Die Zucker und reichlich Fett enthalten.
   d) Die Alkohol enthalten.

10. Welche Lebensmittel enthalten reichlich Ballaststoffe?
    a) Kartoffeln und Vollkornbrot,
    b) Gemüse und Obst,
    c) Fleisch und Fisch,
    d) Hülsenfrüchte.

11. Was kann der HbA_1-Wert, der beim Arzt gemessen wird, angeben?
    a) Ob die Fettwerte normal sind.
    b) Ob die Sehschärfe noch gut ist.
    c) Ob Spätschäden vorliegen.
    d) Ob der Blutzuckerwert in den letzten Wochen im Normalbereich lag.

12. Wie sollte ein Diabetiker seinen Tag gestalten?
    a) Regelmäßig spazieren gehen.
    b) Sechs kleine Mahlzeiten zu sich nehmen.
    c) Stress vermeiden.
    d) Regelmäßig fernsehen zur Augenkontrolle.

141

Fehlernährung und die Folgen

Fettstoffwechselstörungen

> Nenne Ernährungs-/Lebensgewohnheiten, die das Entstehen dieser Erkrankungen begünstigen.

Erhöhter Blutcholesterinspiegel

Bei dieser Erkrankung handelt es sich wie bei Diabetes mellitus und Gicht um eine vererbbare Stoffwechselerkrankung. Ein erhöhter Blutcholesterinspiegel ist die Hauptursache für das Entstehen von Arterienverkalkung – Herzinfarkt. Das Cholesterin dringt in die Gefäßwände ein und verhärtet sie. In der Folge wird Calcium eingelagert.

Täglich sollten nicht mehr als 300 mg Cholesterin aufgenommen werden.

Neben dem erhöhten Blutcholesterinspiegel gibt es den erhöhten **Blutfettspiegel**.

Zu einem erhöhten Blutfettspiegel kommt es meist infolge von
- ▶ Übergewicht, Überernährung,
- ▶ chronischem Alkoholkonsum,
- ▶ Diabetes mellitus.

Diät bei erhöhtem Blutfettspiegel

- ▶ Die Energiezufuhr sollte gesenkt bzw. die körperliche Aktivität gesteigert werden. Eine Gewichtsabnahme ist das wirksamste Mittel zur Senkung des Blutfettspiegels. Insgesamt gelten die gleichen Grundsätze wie bei einer Reduktionsdiät.
- ▶ Der Alkoholkonsum sollte ebenfalls eingeschränkt werden.

Bei Fettstoffwechselstörungen geeignete Lebensmittel

Lebensmittelgruppen	geeignet	ungeeignet
Fleisch	magere Sorten, z. B. Steak, Tatar, Huhn, Pute ohne Haut, Wild	fette Sorten, z. B. Eisbein, Speck, Gans, Ente, Innereien
Fleischwaren	Wurstsorten bis 10 % Fett, z. B. Cornedbeef, Sülz-, Geflügelwurst, Roastbeef, magerer Schinken	Wurstsorten über 10 % Fett, z. B. Leber-, Mett-, Cervelatwurst, Bratwurst, Schweinemett
Fisch, Fischwaren	magere Sorten, z. B. Kabeljau, Fisch, geräuchert, in Gelee, gesäuert	fette Sorten, z. B. Aal, Muscheln, Krabben, Fisch in Öl
Eier	Eiklar	Eigelb
Milch, Milchprodukte	fettarme Milch, z. B. entrahmte Milch, Buttermilch, Magermilchprodukte, Magerquark, Käsesorten bis 30 % Fett i.Tr.	Vollmilch, Sahne, Kondensmilch, Vollmilchprodukte, Sahnequark, Käsesorten über 30 % Fett i.Tr.
Fette, Öle	linolsäurereiche Speiseöle, z. B. Maiskeimöl, Diätmargarine	Butter, Schmalz, Talg, Kokosfett, Olivenöl, einfache Margarine
Gemüse, Obst	alle Arten, alle Arten, außer →	Weintrauben, Trockenobst
Kartoffeln	fettarm bzw. in linolsäurereichem Fett gegart	in linolsäurearmem Fett gegart, z. B. Pommes frites
Süßwaren	Diätkonfitüre	Zucker, Honig, Konfitüre, Schokolade, Speiseeis usw.
Brot, Backwaren	Vollkornbrot, fettarmes Gebäck, z. B. Obsttorte, Hefeteig	fettreiches Gebäck, z. B. Sahnetorte, Blätterteig, Fettgebäck
Nüsse	alle Arten	Kokosnüsse
Getränke	zuckerfreie, z. B. Kaffee, Tee, Mineralwasser	zuckerreiche, z. B. Limonaden, Alkohol

Die Lebensmittel dürfen selbstverständlich nur im Rahmen der erlaubten Gesamtenergiezufuhr gegessen werden.

Fehlernährung und die Folgen 3

Light-Produkte – Sind sie wirklich leicht?

Wir führen eine Erkundung im Supermarkt durch.

1. Erkundet, welche Lebensmittel auch als Light-Produkte angeboten werden.
2. Ermittelt bei den verschiedenen Light-Produkten mithilfe der Zutatenliste, welche Zutaten enthalten sind.
3. Vergleicht die Zutatenlisten von Light-Produkten mit denen von herkömmlichen Lebensmitteln. Stellt Unterschiede fest. Welche Nährstoffe wurden ersetzt?
4. Stellt einen Preisvergleich an: Light-Produkte – herkömmliche Produkte.
5. Beobachtet, welche Personen die Light-Produkte kaufen.
6. Überprüft eure eigenen Verzehrgewohnheiten:
   a) Warum wählt ihr Light-Produkte?
   b) Welche Light-Produkte habt ihr bereits öfter verzehrt?
7. Erstellt Collagen zum Thema „Light-Produkte".

Fasten ist „out", Schlemmen ist „in", aber bitte nur, wenn es nicht dick macht. Man erfand die Light-Produkte und machte damit das große Geschäft.

Light bedeutet keineswegs immer das Gleiche:

Milch- oder Käseprodukte mit wenig Fett erhalten das neue Etikett „Light", die gleichen Lebensmittel gibt es auch ohne dieses Etikett, dann aber häufig preiswerter.

Bei Getränken, Joghurt, Kaugummi und Salatdressing wird Süßstoff anstelle von Zucker verwendet – ein neues Light-Produkt ist entstanden.

Bei Butter und Margarine wird der Fettgehalt gesenkt und durch Wasser ersetzt – noch ein Light-Produkt! Und für das Wasser müssen wir kräftig in die Tasche langen.

Einige Produkte, z. B. Quarkspeisen, werden aufgeschäumt, der Energiegehalt pro 100 g wird nicht verändert.

Bei Bier wird der Alkoholgehalt herabgesetzt, Kaffee wird Koffein entzogen, bei Zigaretten Nikotin.

Light-Produkte, da denkt mancher: Die haben ja kaum oder keine Energie, da kannst du dir die „Butter" ruhig etwas dicker auf das Brot streichen. Und schon ist der Traum vom Energiesparen ausgeträumt! Oft betrügt man sich selbst mit diesen Produkten, anstatt sein Ernährungsverhalten zu ändern. Ein gesundes Ernährungsverhalten kann man nicht kaufen.

Light-Produkte sind meist nicht gesünder als herkömmliche Lebensmittel, oft sind Zusatzstoffe wie Süßstoffe und Konservierungsmittel enthalten. Gesünder erscheinen sie nur in der Werbung. Die Süßstoffe Saccharin und Cyclamat sind in vielen Ländern verboten, da sie evtl. Krebs erregend sind. Aspartam wird gentechnisch hergestellt.

Leichter geht es auch ohne „Light":

Eine Apfelschorle anstelle von Apfelsaft, fettarme Milch und Milchprodukte, Müsli statt Schokoriegel, Obst oder Gemüse kann Chips ersetzen.

3.7 Essstörungen

In unserer Gesellschaft hat das Interesse an Jogging, Trimmaktionen und Diäten zugenommen. Gleichzeitig vermitteln uns die Medien den Eindruck, dass Glück und Erfolg vom Erreichen eines übertriebenen „Idealgewichts" abhängen. Drei Viertel der 14- bis 19-jährigen Mädchen hatten bereits das Gefühl, Übergewicht zu haben.

Von einer Essstörung spricht man, wenn Gedanken und Gefühle sich nur noch auf das Essen, den Körper, das Gewicht konzentrieren und das Interesse an Freunden, Familie, Beruf und Schule abnimmt.

Man schätzt, dass etwa 500 000 Frauen in der Bundesrepublik an Magersucht oder Ess-/Brechsucht erkrankt sind. Viele Magersüchtige hungern sich zu Tode.

Die Betroffenen brauchen Verständnis außerhalb der Familie, z.B. von Freunden oder in einer Selbsthilfegruppe. Nur mithilfe einer länger dauernden ärztlichen oder sonstigen fachkundlichen Behandlung können Essgestörte langsam wieder gesund werden.

Voraussetzung für eine Heilung ist, dass die Essgestörten ihr Essverhalten als Krankheit begreifen und gesund werden möchten.

Magersucht – Anorexia nervosa

1. Welche Gründe können bei Sonja zur Magersucht geführt haben?
2. Nenne und begründe
   a) soziale Folgen,
   b) gesundheitliche Folgen.
3. Wie kann Sonja geholfen werden?

Sonja wiegt 33 kg und ist 157 cm groß. Zuerst machte sie Diäten, nun trinkt sie nur noch Tee, knabbert am Knäckebrot. Sonja hungert und treibt Sport bis zum Umfallen. Sonja meint: „Ich bin stark, ich kann über meinen Körper bestimmen, ich werde die magische Grenze von 30 Kilogramm erreichen." Die Menstruation ist inzwischen ausgeblieben, in ihrem Körper wird kein Kind wachsen.

Bei einem Familienfest vor einem Jahr haben sich die Verwandten über ihre Pummeligkeit lustig gemacht. Sie wog damals 55 kg bei einer Größe von 155 cm. Sonja ist begabt, in der Schule hat sie keine Schwierigkeiten, in der letzten Zeit kann sie sich allerdings nicht mehr so recht konzentrieren. Die Haare sind dünn und glanzlos geworden. Sonja trägt einen großen Pullover, in den sie ihren Körper einhüllen, ihn schützen kann.

Ihr Vater ist Maurer, ihre Mutter ist Geschäftsführerin in einem Lebensmittelladen. Im letzten Jahr fing Sonjas Vater an zu trinken, inzwischen ist die Ehe geschieden. Sonja hatte sich früher mit ihrem Vater gut verstanden. Jetzt beschimpft er sie immer: „Du bist ja nicht normal; aus dir wird nie etwas; so findest du nie einen Mann ..." Sonja denkt: „Die Frau von heute: erfolgreich, schlank, sportlich und aktiv. Ich nicht?"

Sonja hat sich zurückgezogen. Sie glaubt, sie hätte es leichter, wenn sie ein Junge wäre. Sonja kocht gern für andere. Sie selbst isst wenig. Vom Essen bekommt Sonja Magendrücken.

Kennzeichen der Magersucht

- Die Pubertätsmagersucht – 95 % sind Mädchen – fällt in die Entwicklungsstufe, die wir als Übergang zwischen Kindheit und Erwachsensein bezeichnen. Die eigene Sexualität wird abgelehnt.
- Es besteht ein Zwang zum Hungern. Bei einem Gewichtsverlust von mindestens 25 % des Normalgewichtes spricht man von Magersucht.
- Eine falsche Einschätzung des Körpergewichts liegt vor. Man ist mager, glaubt aber, man wäre sehr dick. Selbst bei Untergewicht empfindet man sich noch als zu dick.
- Die Gedanken kreisen ständig um das Essen.
- Die Belastbarkeit ist gering, Fleiß und Ehrgeiz sind extrem hoch, die schulischen Leistungen sind gut.
- Die Krankheit wird geleugnet.
- Es besteht ein Eiweiß-, Vitamin- und Mineralstoffmangel, dieser kann zu bleibenden organischen Schäden führen und lebensgefährlich werden.
- Es liegt keine Erkrankung vor, durch die der Gewichtsverlust begründet werden könnte.
- **Mögliche Anzeichen der Magersucht**
  Ausbleiben der Menstruation
  Fehlen der sekundären Geschlechtsmerkmale
  niedriger Puls und Blutdruck
  Ausfallen der Kopfbehaarung, Flaumbehaarung am Körper
  trockene, faltige Haut
  Überaktivität, z. B. übertriebenes Joggen

Die Behandlung

Bei starkem, lebensbedrohlichem Untergewicht werden die Betroffenen in Kliniken verhaltenstherapeutisch behandelt. Normales Essen muss wieder erlernt werden. Die familiären oder sonstigen Probleme müssen bewältigt werden.

Heilungschancen sind nur bei ca. einem Drittel der Betroffenen gegeben.

Zum Weiterlesen – Maureen Stewart: Essen? Nein, danke!

Rebecca wog jetzt **vierzig Kilo**, jedenfalls heute Morgen hatte sie genau vierzig Kilo gewogen. Zu viel, viel zu viel. Auf jeden Fall zu viel für jemanden, der 165 Zentimeter groß war. Sie konnte die Haut von ihrem Bauch abziehen und das schwabbelige Fett mit den Fingern tasten. Beim bloßen Gedanken daran wurde ihr übel. (...)

Neunenddreißig Kilo!
Rebeccas Herz schlug schneller, ihr Blut pulsierte. Sie hatte an diesem einen Tag ein ganzes Kilo verloren. Das Leben war herrlich, es war großartig, endlich hatte sie es geschafft, sie hatte sich unter Kontrolle. Sie hatte alles unter Kontrolle. (...)

Rebecca zählte die Erbsen auf ihrem Teller. Fünfundzwanzig! Wie sollte sie das schaffen, fünfundzwanzig Erbsen zu essen – und dazu noch zwei Röstkartoffeln und Lammbraten mit Unmengen von Bratenfett und Soße. Ihr Hals war wie zugeschnürt.

Vorsichtig schnitt sie ein Stück Lammfleisch in acht Stücke und steckte ein Stück in den Mund. Sie kaute es zwölfmal, bevor sie es herunterschluckte. Zwölf war heute die Zahl. Also wollte sie auch zwölf Erbsen essen und dazu ein Stück Kartoffel zwölfmal durchgekaut. (...)

Vierunddreißig Kilo. Rebecca konnte es kaum glauben. Wunderbar! Sie kroch ins Bett zurück und machte Pläne für den Tag. Sie war geschwächt, aber glücklich. Überglücklich! ...

Es muss noch einiges geschehen, bis Rebecca begreift, dass sie dabei ist, sich umzubringen.

3 Essstörungen

Ess-/Brechsucht – Bulimie

1. Nenne mögliche Ursachen für das gestörte Essverhalten von Katja.
2. Nenne und begründe
   a) gesundheitliche,
   b) soziale Folgen.
3. Wie kann Katja geholfen werden?
4. Stelle
   a) Unterschiede,
   b) Gemeinsamkeiten bei Magersucht und Ess-/Brechsucht fest.
5. Stelle den Suchtkreislauf bei Essstörungen mit entsprechenden Abbildungen dar:
   a) Gewichtsabnahme,
   b) Machtgefühl über den Körper,
   c) „Fressanfall",
   d) Schuldgefühl,
   e) usw.
   Der Suchtkreislauf soll mit dem Tod oder der Heilung der Essgestörten enden.

Nach einem Umzug versuchte Katja, das Interesse ihrer Mitschüler durch besondere Kleidung zu erregen. Katja war immer gehorsam, die Eltern hatten mit ihr im Gegensatz zu ihren Geschwistern wenig Schwierigkeiten.

Katja bezeichnet ihre Mutter als kühl, bestimmend und teilweise egoistisch, ihren Vater dagegen als warmherzig. Katja wiegt 62 kg bei einer Größe von 178 cm, sie meint, sie wäre zu dick. Durch eine Diät gelang ihr eine Gewichtsabnahme von 5 kg, dies reichte ihr noch nicht, sie hungerte weiter. Zwischendurch kam es immer wieder zu Heißhungeranfällen. Danach fühlte sie sich jeweils schuldig und versuchte, diese Anfälle durch Erbrechen zu beenden. Hungerphasen und Heißhungeranfälle wechselten sich in der Folgezeit ab.

Katja berichtet weiter, eine Freundschaft sei in die Brüche gegangen. Der Freund sei ihr so wenig entgegengekommen, und sie hätte immer daran denken müssen, ob er sie wirklich liebe.

Kennzeichen der Ess-/Brechsucht

▶ Besonders Frauen im Alter zwischen 15 und 35 Jahren sind betroffen. Diese Essstörung ist nicht am äußeren Erscheinungsbild zu erkennen. Die Personen können normal-, unter- oder übergewichtig sein.

▶ Verschlingen größerer Lebensmittelmengen. Dabei erfolgt ein wahlloses Durcheinanderessen aller sonst verbotenen „Dickmacher", bis zu 40 000 kJ werden auf einmal aufgenommen. Die Essanfälle treten mehrmals wöchentlich auf, bei einigen Betroffenen sogar mehrmals täglich. Die Betroffenen geben sehr viel Geld für Lebensmittel aus. Manche sind hoch verschuldet.

▶ Die Heißhungerattacken werden durch selbst herbeigeführtes Erbrechen beendet. Durch das Erbrechen erlernen die Betroffenen, ihr Gewicht zu kontrollieren.

▶ Nach vermehrtem Essen erfolgt der Versuch, wieder abzunehmen. Strenge Diät, Erbrechen, Abführmittel und Entwässerungsmittel werden zur Gewichtsabnahme eingesetzt. Es kommt zu Gewichtsschwankungen von bis zu 5 kg zwischen übermäßigem Essen und dem Fasten.

▶ Die Personen haben Angst, die Willenskontrolle über die Nahrungsaufnahme zu verlieren. Oft ziehen sie sich zurück, haben wenig Kontakt. Minderwertigkeitsgefühle und Selbstvorwürfe folgen den Fressanfällen. Die Betroffenen sind in dem Teufelskreis zwischen Hungern und Essen gefangen.

▶ Durch das Erbrechen – Magensalzsäure – werden Magen, Speiseröhre, Mund und Zähne geschädigt. Gleichzeitig wird der Mineralstoffhaushalt – auch durch die Medikamente – gestört. Wie bei Magersucht kann es auch zu Vitamin- und Eiweißmangel kommen.

Die Behandlung

Je nach Schweregrad der Erkrankung werden die Betroffenen stationär oder in Selbsthilfegruppen behandelt. Nur mithilfe von Fachleuten bestehen Heilungschancen.

Sonderkommission Ernährung

Ihr kennt jetzt die Folgen von Unterernährung und Überernährung und Verhaltensweisen, durch die ihr die Umwelt schonen könnt.

Ihr seid nun Ernährungsfachleute, euch kann keiner mehr etwas vormachen. Gesagt, getan, ihr bewerbt euch bei der Ernährungskommission und werdet mit eurem Fachwissen sofort eingestellt.

In der Sonderkommission Ernährung gibt es für euch viel Arbeit.

Vorbereitung des Rollenspiels:
Für das Rollenspiel „Sonderkommission Ernährung" benötigen wir
- eine Sonderkommission Ernährung (vier Personen).
- Personen, deren Ernährungsverhalten von der Sonderkommission untersucht werden soll. Die Personen werden jeweils von drei anderen Mitschülern bzw. Mitschülerinnen – Zeugen – unterstützt.

Einige mögliche Ernährungssituationen findet ihr auf den Rollenkarten.

Die Sonderkommission Ernährung soll nun das jeweilige Ernährungsverhalten der Personen herausfinden und Ratschläge für eine gesunde und umweltfreundliche Ernährung erteilen.

Die Sonderkommission überlegt sich zunächst, mit welchen Fragen sie das jeweilige Ernährungsverhalten ermitteln kann.

Die zu untersuchenden Personen wählen sich mit ihren Mitschülern/Mitschülerinnen jeweils eine Rolle aus. Dann überlegen sie sich, wie sie ihr Ernährungsverhalten begründen wollen.

Das Rollenspiel beginnt:
- Die Sonderkommission stellt Fragen zu dem Ernährungsverhalten. Sie weiß nicht, um welche Person – welches Ernährungsverhalten – es sich handelt.
- Dann gilt es, Überzeugungsarbeit zu leisten
  „Weißt du, es geht auch anders …"

Rollenkarten

Gaby Paulsen geht ohne Frühstück in die Schule. In der Pause gibt es Schokoriegel und Cola.

Ole Müller mag kein Obst, Fleisch in jeder Art gehört aber für ihn immer dazu.

Silke Meier findet sich zu dick, sie macht wieder einmal Diät.

Frau Hansen liebt die schnelle Suppe aus der Dose oder Tüte, kochen kann sie nicht.

Herr Koch ist ein Genießer. Lachs aus Norwegen, Spargel im Frühjahr und Herbst sind seine Lieblingsspeisen.

Claudia Schüler findet die Speisen alle zu fade, ohne eine Portion Salz extra geht bei ihr gar nichts.

Markus Petersen hat Übergewicht, er isst ?? und trinkt ??

3.8 Vegetarische Kostformen

Besuch auf dem Biobauernhof

Petra und Hans leben mit ihren Eltern auf einem Biobauernhof. Hier gibt es Felder mit goldgelbem Korn; blaue Kornblumen und roter Klatschmohn wachsen am Rand. An den Apfelbäumen auf der Wiese reifen leuchtend rote Äpfel. Im Gemüsegarten wachsen Erbsen und Gurken. Die Hühner laufen frei im Garten herum.

Petra und Hans haben ihre Freunde – Körnchen und Ketchup – aus der Stadt eingeladen, sie sollen einen Tag mit ihnen auf dem Bauernhof verbringen.

Zum Mittagessen gibt es frische Kartoffeln mit leckerem Kräuterquark und frischem Schnittlauch aus dem Garten. Zu Hause hätten Körnchen und Ketchup sicher über das Essen ohne Fleisch die Nase gerümpft. Doch hier an der frischen Luft haben sie Hunger und es schmeckt ihnen prima.

Ketchup stellt fest: „Die Kartoffeln schmecken viel süßer als unsere Kartoffeln aus dem Supermarkt." Körnchen nimmt einen Apfel aus der Obstschale und beißt rein: „Lecker, die Äpfel im Supermarkt sehen alle gleich aus, sie schmecken gar nicht so gut."

Die Bäuerin lacht: „Früher war es überall so wie bei uns. Heute gibt es aufgrund der Massentierhaltung wieder mehr Menschen, die sich natürlich ernähren möchten. Die natürliche Ernährung ist besser für den gesamten Stoffwechsel.

Hier gibt es noch viel zu entdecken. Wenn ihr mögt, könnt ihr in den Garten gehen und die verschiedenen Gemüsesorten probieren."

Petra pflückt ein paar Erbsenschoten und zeigt Körnchen, wie sie diese öffnen kann. Körnchen staunt nicht schlecht: „Bei uns gibt es Erbsen nur in Dosen."

Mit einem Korb voll Obst und Gemüse und vielen Rezepten fahren Körnchen und Ketchup abends zurück in die Stadt.

Vegetarische Ernährung

> Lies den Text „Besuch auf dem Biobauernhof".
> 1. Beschreibe, was Petra und Hans essen.
> 2. Welche Unterschiede zur herkömmlichen Ernährung werden genannt?

In der Bundesrepublik Deutschland ernährt sich etwa 1% der Bevölkerung vegetarisch. In der ganzen Welt sind es etwa eine Milliarde Menschen, die meisten allerdings unfreiwillig aus wirtschaftlichen oder klimatischen Gründen.

Die vegetarische Ernährung soll Menschen eine natürliche und gesunde Lebensweise ermöglichen. 1867 wurde in Deutschland die erste vegetarische Vereinigung gegründet.

Vegetarier ist, wer keine Lebensmittel von getöteten Tieren zu sich nimmt, z. B. auch kein Schweineschmalz.

Formen des Vegetarismus
1. **Ovo-Lacto-Vegetarier** essen neben pflanzlichen Lebensmitteln Produkte von lebenden Tieren wie **Milch, Milcherzeugnisse und Eier**.
2. **Lacto-Vegetarier** verzichten zusätzlich auf Eier.
3. **Veganer** verzehren keine Lebensmittel, die von Tieren stammen, auch nicht Milch, Milchprodukte und Honig.

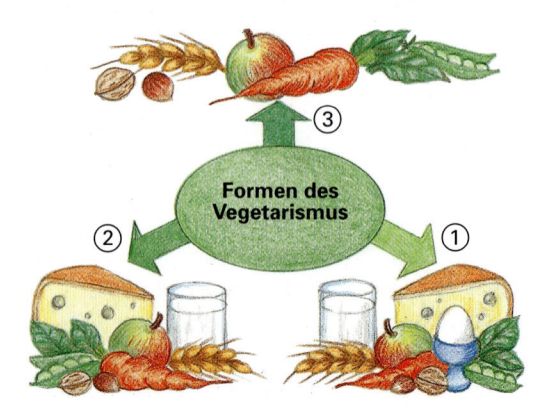

Vegetarische Kostformen 3

Bewertung der Kost von (Ovo)-Lacto-Vegetariern

Ovo-Lacto-Vegetarier und Lacto-Vegetarier ernähren sich bei richtiger Lebensmittelauswahl vollwertig. Auf Fleisch und Fisch kann in der Ernährung verzichtet werden, solange Milch und Milchprodukte und evtl. Eier die pflanzliche Nahrung ergänzen.

Getreide, Hülsenfrüchte, Nüsse, Obst und Gemüse bilden die Grundlage dieser gesunden Ernährung. Diese Kost enthält ausreichend Energie, **Eiweiß**, Kohlenhydrate, **Ballaststoffe, Vitamine und Mineralstoffe**.

Vegetarier sind meist gesünder als Nichtvegetarier, sie haben häufig

▶ ein geringeres Körpergewicht,
▶ einen niedrigeren Blutdruck,
▶ einen niedrigeren Blutfettspiegel.

Herz- und Kreislauferkrankungen treten bei dieser Personengruppe aufgrund der Ernährung und der sonstigen gesunden Lebensführung seltener auf.

Vegetarier lehnen meist den Genuss von Alkohol und Nikotin ab und empfehlen körperliche Bewegung.

Bewertung der Kost von Veganern

Veganer, die nur pflanzliche Lebensmittel essen, müssen ihre Kost sehr sorgfältig zusammenstellen. Sonst kann es durch falsche bzw. einseitige Lebensmittelauswahl zu einer Unterversorgung mit Eiweiß, Vitamin B_{12} und D, Iod, Calcium und Eisen kommen.

Der **Rohkostanteil muss gering gehalten** werden. Gegarte Lebensmittel werden vom Körper besser ausgenutzt. Bei der Zusammenstellung der Speisen ist besonders auf Vollkornprodukte, Hülsenfrüchte, Nüsse, Kartoffeln, Trockenobst und Hefeflocken zu achten.

Säuglingen, Kleinkindern, Schwangeren und Stillenden ist aufgrund des höheren Eiweiß-, Vitamin- und Mineralstoffbedarfs von einer rein pflanzlichen Ernährung abzuraten. Auch für ältere Menschen ist diese Ernährungsform nur bedingt zu empfehlen.

Gefahr für den Säugling durch eine vegane Ernährung der Mutter

Eine rein vegetarische Ernährung der Stillenden kann bei ihrem Säugling zu Entwicklungsstörungen führen.

Am stärksten gefährdet sind Säuglinge, die von Müttern gestillt werden, die weder Fleisch, Fisch, Milch oder Milchprodukte zu sich nehmen (Veganer). Die Kinder entwickeln sich in den ersten Lebensmonaten normal, doch nach etwa vier bis acht Monaten verlieren sie Fähigkeiten, die sie vorher bereits erworben hatten. Solche Kinder verlieren die Kontrolle über ihre Kopfbewegung, sie können nicht mehr krabbeln oder sitzen, sie können andere nicht mehr fest ansehen.

Entwicklungsschäden an Muskeln und Knochen können eine weitere Folge der vegetarischen Ernährung der Mutter sein.

Rechtzeitige Vitamingaben können die Gefahren meist mindern.

Energieverlust bei der Fleischerzeugung

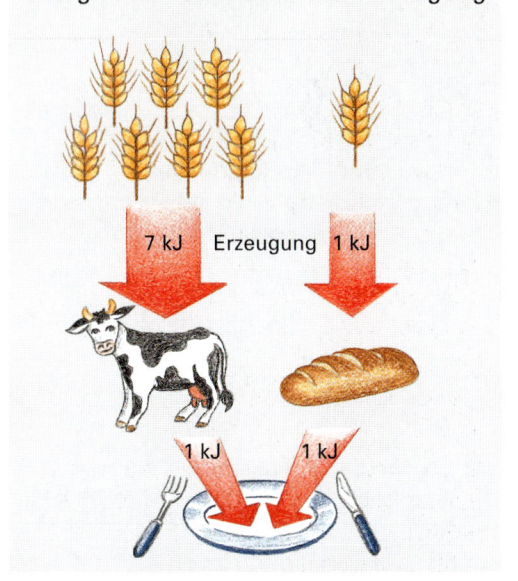

7 kJ   Erzeugung   1 kJ

1 kJ   1 kJ

Für die Erzeugung von Fleisch benötigt man im Durchschnitt siebenmal so viel Energie wie für die Erzeugung pflanzlicher Lebensmittel.

Diskussionsrunde mit der Schulleitung

Situation
Die Schülervertretung hat beantragt:
Beim Schülermittagstisch soll jeweils zusätzlich ein vegetarisches Gericht angeboten werden.

Wir bereiten uns auf die Diskussionsrunde vor.
▶ Die Rollen werden zunächst gelesen.
▶ Wir sammeln in Gruppen Argumente für die einzelnen Personen.
▶ Wir einigen uns, wer die einzelnen Personen spielt und wer die Gesprächsleitung übernimmt.

Wir diskutieren.

Bitte beachtet folgende Regeln:
▶ Lasst die anderen Mitspieler und Mitspielerinnen ausreden.
▶ Geht auf die Beiträge der anderen ein.
▶ Untermauert eure Beiträge mit Begründungen.
▶ Die zuschauenden Personen beobachten und machen sich Notizen.

Wir werten die Diskussionsrunde aus.
Die Zuschauenden berichten über ihre Eindrücke:
Verhalten der Spieler/-innen
Aussagen der Spieler/-innen

Wir diskutieren noch einmal mit anderen Beteiligten.

Rollenbeschreibungen

Frau Obermeier, die Schulleiterin,
beantragt eine Diskussionsrunde. Sie will über Erfahrungen anderer Schulen berichten.

Die Diskussionsrunde hat folgende weitere Mitglieder:

Herr Löffel, der Koch,
hält die Forderung für nicht vertretbar. Die Arbeitsbelastung des Personals wird unnötig erhöht. Das bisherige Angebot ist abwechslungsreich.

Sabine Feld, eine Schülerin,
fordert energisch vegetarische Speisen. Geringe Abwandlungen der bisherigen Gerichte ermöglichen ein vegetarisches Angebot.

Jürgen Wald, ein Schüler,
geht mit Sabine in eine Klasse. Er möchte Sabine in der Diskussion unterstützen.

Frau Fischer, Elternvertreterin,
sieht den Absatz von Fleisch gefährdet. Sie ist der Meinung, dass der Eiweißbedarf nicht durch eine vegetarische Ernährung gedeckt werden kann.

Herr Vogel, ein Lehrer,
begrüßt das erweiterte Speisenangebot. Er meint, durch eine vegetarische Ernährung wird die Gesundheit gefördert und die Umwelt geschont.

Ob es uns gelingt, die Schulleitung zu überzeugen?

Vegetarische Kostformen

Vollwert-Ernährung

Zusammensetzung der Vollwert-Ernährung

- 25 % frisches Gemüse, Obst
- 25 % Frischkorn, Rohmilch, Nüsse
- 50 % erhitzte Kost

Der Mediziner und Ernährungsforscher Werner Kollath begründete 1942 mit dem Buch „Die Ordnung der Natur" die „Vollwert-Ernährung". Er entwickelte ein Wertesystem. Die Lebensmittel sollten so natürlich wie möglich belassen werden: je geringer der Verarbeitungsgrad, desto höher der Wert eines Lebensmittels.

Die Thesen der Vollwert-Ernährung wurden von Koerber, Männle und Leitzmann aktualisiert.

Lebensmittel aus der Region und entsprechend der Jahreszeit

Durch die Verwendung von Lebensmitteln aus der Region sollen umfangreiche Transporte und damit Energieverbrauch, Schadstoffbelastung, Lärmbelastung und Müllerzeugung verringert werden.

Lebensmittel aus winterlichem Unterglasanbau sollen vermieden werden. Treibhausgemüse weist häufig einen höheren Schadstoffgehalt auf. Außerdem wird für die Erzeugung viel Energie benötigt, z. B. für 1 kg Gurken werden 5 l Heizöl verbraucht.

Geringer Verarbeitungsgrad

Die Einteilung der Lebensmittel nach Wertstufen erfolgt nach dem Verarbeitungsgrad. Je geringer der Verarbeitungsgrad, desto höher ist der Wert eines Lebensmittels.

Bei der Lebensmittelverarbeitung werden häufig wichtige Inhaltsstoffe vermindert, zerstört oder abgetrennt. Z. B. beim Reis wird mit den Randschichten Thiamin – Vitamin B_1 – entfernt. Isolierte Lebensmittelsubstanzen, wie Zucker, sollen möglichst gemieden werden.

Bei der Lebensmittelverarbeitung werden häufig Zusatzstoffe, wie Farb- und Konservierungsstoffe, vgl. S. 121, 122, zugesetzt.

Verarbeitete Lebensmittel belasten außerdem häufig durch ihre Verpackung die Umwelt.

Generell gilt für die Lebensmittelauswahl:

▶ **Zu bevorzugen sind**
- Getreide und Vollkornprodukte,
- Gemüse, Obst, Kartoffeln, Hülsenfrüchte,
- Rohmilch (Vorzugsmilch),
- naturbelassene Fette und Öle,
- Kräuter-, Früchtetee,
- Kräuter und Gewürze.

▶ **Zu meiden sind**
- Auszugsmehle, polierter Reis,
- Zucker,
- Fleisch, Wurst, Fisch, Eier,
- ultrahocherhitzte Milch,
- extrahierte, raffinierte Öle,
- Kaffee, Alkohol, schwarzer Tee,
- Kochsalz.

Die Vollwert-Ernährung kennt keine Verbote, sondern nur Empfehlungen, „minderwertige Produkte" zu meiden.

Ziele der Vollwert-Ernährung

▶ hohe Lebensqualität, besonders Gesundheit

▶ Schonung der Umwelt, Energieeinsparung, Vermeidung von Veredelungsverlusten

▶ Förderung der sozialen Gerechtigkeit – weltweit

Vegetarische Kostformen

Tageskostplan für eine Person

> Lies den Tageskostplan.
> 1. Welche Lebensmittelgruppen sind enthalten?
> 2. Welche Lebensmittelgruppen sind nicht enthalten?
> 3. Welche Verarbeitungsverfahren werden bevorzugt?

1. und 2. Frühstück

Frischkornmüsli
3 EL Weizen, grob geschrotet, in
2 EL Wasser **eingeweicht**
4 EL Dickmilch
1   Apfel
1 TL Honig
1 EL gehackte Nüsse

Früchtetee

1 Scheibe Vollkornbrot
1 TL Butter
1   Scheibe Gouda
1   Tomate

Vorzugsmilch

Mittagessen und Nachmittagsmahlzeit

Linseneintopf
 75 g Linsen in
350 g Gemüsebrühe über Nacht quellen lassen
100 g Kartoffeln
100 g Lauch
 75 g Tomaten
      Majoran, Thymian
  3 EL Sahne
  1 EL Zitronensaft
  1 EL Petersilie

Mineralwasser

Obstsalat
½   Birne
½   Apfel
75 g Honigmelone
75 g blaue Weintrauben
 1 TL Pinienkerne

Frisches Obst oder Gemüse

Abendessen

Bunter Salat
75 g Salatgurke
75 g Tomate
 1   gelbe Paprikaschote
50 g Rettich
 1 EL kaltgepresstes Olivenöl
 1 EL Apfelessig
      Kräutersalz
40 g Schafskäse

Apfelpfannkuchen
 1 TL Butter, zerlassen
55 g Dinkel, gemahlen
⅛ l Milch
 1   Eigelb
 1   Eischnee
 1 EL Schnittlauch
 1 EL Butter zum Backen
½   Apfel

Obstsaft

Wir erstellen ein Zuordnungsspiel

1. Schreibt die Texte – Ziele der Vollwert-Ernährung – auf Karten.
2. Zunächst müssen die Karten nun geordnet werden, jeweils zwei Karten gehören zusammen.
3. Und nun geht es in Gruppen ans Spielen.

   Die Karten werden auf dem Tisch ausgelegt.

   Wer dann weiß, wo die zusammengehörigen Karten liegen, darf sie aufnehmen und zur Seite legen.

Abwandlung:
Die jeweilige Regel muss erläutert werden, sonst werden die Karten zurückgelegt.

	Bevorzugung pflanzlicher Lebensmittel
	Verminderung von Veredlungsverlusten
	Weltweit gerechte Agrarpolitik
	Einschränkung des Verpackungsmülls
Die Hälfte der Nahrung als Rohkost verzehren	Bei Obst und Gemüse auf die Erntezeit achten
Vermeidung von Lebensmitteln mit langen Transportwegen	Vermeidung von Lebensmittelzusatzstoffen
Vermeidung von Lebensmitteln mit Farb-, Konservierungsstoffen	Geringer Verzehr tierischer Lebensmittel
Vermeidung unnötig verpackter Lebensmittel	Überwiegend lacto-vegetarische Ernährung
Vermeidung von Futtermitteln aus Entwicklungsländern	Geringer Verarbeitungsgrad
Verwendung von Lebensmitteln aus dem ökologischen Anbau	Vermeidung von Pflanzenschutzmitteln und Mineraldünger beim Anbau
Vermeidung von Auszugsmehl, poliertem Reis, Zucker	Etwa die Hälfte der Nahrung sollte unerhitzte Frischkost sein

3.9 Suchen im Internet – Internetrecherchen am Beispiel Magersucht

Das Internet ist ein Riesendschungel an Informationen. Wer sich in das Internet begibt, muss sich darin bewegen können, sonst ist er verloren. Der User – Benutzer – muss wissen, wie er möglichst schnell an die gesuchten Informationen kommt.

Mithilfe einer Homepage-Adresse kann man auf die Seite gelangen, die einem die gewünschten Informationen bietet, z. B. http://www. bzga.de.

Kennt man eine solche Internetadresse, gibt man diese in das Adressenfeld eines Browsers, z. B. Internet-Explorer oder Netscape, ein und startet die Suche mit „Enter". Der Browser ist eine Software zum Verwalten, Finden und Ansehen von Dateien.

Kennt man die Internetadresse nicht, sucht aber die Homepage eines bestimmten Verbandes, einer Firma, einer Zeitschrift oder einer Zeitung, so ist es immer den Versuch wert, den Namen des Verbandes o. Ä. einzugeben. Erprobt das einmal mit den Namen großer Lebensmittelfirmen oder dem Begriff Magersucht.

http://www.?.de

Das Fragezeichen steht für den Namen der Lebensmittelfirma oder die Bezeichnung Magersucht.

Die Internetadressen der verschiedenen Länder haben unterschiedliche Endungen, siehe Tabelle.

Zugriff auf eine Homepage mithilfe eines Links

Ein „Link" ist ein anklickbarer Verweis auf eine Internetseite. Ein Link ist daran zu erkennen, dass das Symbol oder Bildelement unterstrichen oder farbig hervorgehoben ist. Die Maus erscheint als Handsymbol, wenn man einen Link berührt.

Klickt man auf den Link, wird im Netz sofort eine Verbindung zu der entsprechenden Seite aufgebaut.

Die Homepage www.hktseminar.de enthält zahlreiche solcher Links zu verschiedenen Institutionen, Firmen, Zeitungen usw.

Wenn ihr auf eines dieser Bilder klickt, z. B. Bundeszentrale für gesundheitliche Aufklärung (BZgA), gelangt ihr sofort zu dieser Homepage und könnt hier nach den gewünschten Informationen suchen.

Wenn ihr Tipps für weitere wichtige Internetadressen habt, die ihr in Zukunft mit dieser Seite leichter aufsuchen möchtet, könnt ihr entsprechende Eintragungen im Gästebuch vornehmen. In diesem Fall wäre das das Gästebuch von www.hktseminar.de.

Länderkennung	
.de	Deutschland
.ch	Schweiz
.at	Österreich
.uk	England
.nl	Niederlande

3 Suchen im Internet – Internetrecherchen

Suchen im Internet mithilfe von Suchmaschinen

Wenn ihr zum Thema Magersucht im Internet Informationen sucht, aber keine Internetadressen kennt, hilft euch eine Suchmaschine weiter.

Suchmaschinen durchforsten das Internet nach den Begriffen, die ihr eingegeben habt, und bieten gefundene Homepages als Links an.

Bei der Internetsuche sind so genannte Metasuchmaschinen besonders zu empfehlen. Metasuchmaschinen suchen gleichzeitig in mehreren kleineren Suchmaschinen nach den eingegebenen Begriffen. Diese Suche ist also ergiebiger.

Einige häufig verwendete Suchmaschinen

Metasuchmaschinen	Suchmaschinen
www.metager.de	www.altavista.de
www.google.de	www.fireball.de
www.megasearch.de	www.yahoo.de
	www.lycos.de

Eingabe von Suchbegriffen in die Metasuchmaschine google.de

Hier wurde als Suchbegriff *Magersucht* in die Metasuchmaschine google.de eingegeben. Danach wird auf „Google-Suche" geklickt und die Metasuchmaschine sucht alle entsprechenden Links, in denen dieser Begriff vorkommt.

Speichern von Webdokumenten

▶ **Speichern von Texten in Word:**
Eine Webseite wird geöffnet. Der Text, der gespeichert werden soll, wird mit der Maus markiert und anschließend wird auf „Bearbeiten" geklickt und dann auf „Kopieren".

Ein Worddokument wird geöffnet. Nun klicke auf „Bearbeiten" und „Einfügen". Der ausgewählte Text wird so in das Worddokument eingefügt und kann bearbeitet werden.

▶ **Speichern mithilfe des Browsers:**
Eine Webseite wird geöffnet. Danach wird der Menüabschnitt „Datei speichern unter" ausgewählt. Das gewünschte Verzeichnis wird ausgewählt und mit „OK" bestätigt.

▶ **Speichern von Bildern:**
Eine Webseite wird geöffnet. Klicke mit der rechten Maustaste auf das Bild, das gespeichert werden soll. Es erscheint ein Menü, in diesem Menü klickst du auf „Bild speichern unter" …

Das Bild kann nun an dem Platz, der ausgewählt wurde, z. B. auf der Diskette im Laufwerk A, gespeichert werden. Oft ist es empfehlenswert, den Dateinamen zu ändern, sodass man das Bild später wiedererkennt.

Die Bilder können nun in Worddokumente oder andere Dokumente eingesetzt werden.

▶ **Ausdrucken von Webseiten:**
Über „Datei drucken" kann generell jede Webseite ausgedruckt werden. Wenn du nur einen bestimmten Ausschnitt ausdrucken möchtest, markierst du diesen zunächst. Über „Datei drucken" wählst du „Markierung"; bei Klick auf „OK" wird gedruckt.

Falls die gewünschte Seite nicht vollständig ausgedruckt wird, ist es notwendig, diese im Querformat auszudrucken.

Du sparst aber Zeit im Internet, wenn du den Text zunächst in Word kopierst und später offline – vgl. S. 201 – ausdruckst.

Rezepte

1 Kalte Vorspeisen

Forellenfilet – 1 Person

1 geräuchertes Forellenfilet	mit	
1 Blatt Kopfsalat,		
1 Blatt Chicoréesalat	(gewaschen) und	
1 Apfelsinenscheibe	auf einem Teller anrichten.	
	Forellenfilet mit	
Zitronensaft	beträufeln.	800 kJ
1 TL geriebenen Meerrettich,		15 g E
1 EL Crème fraîche	mit	6 g F
1 TL Dill, Salz, Pfeffer	und	
Zitronensaft	verrühren, auf das Forellenfilet geben.	
Toast, geröstet	dazu servieren.	18 g KH

Waldorfsalat

		1 250 kJ
1/8 l süße Sahne	steif schlagen und mit	
2 EL Zitronensaft,		5 g E
Salz, Pfeffer	abschmecken. Die weiteren Zutaten nach dem Vorbereiten sofort mit der Sahne-Marinade mischen.	19 g F
50 g Walnusskerne	grob hacken.	
1 Apfelsine	schälen, würfeln.	27 g KH
400 g Sellerie	schälen, waschen, sehr fein raspeln.	
2 Äpfel	waschen, schälen, raspeln.	

Gefüllte Tomaten

		900 kJ
4 Tomaten	waschen, Stielansatz herausschneiden, Deckel abschneiden, aushöhlen.	12 g E
200 g Doppelrahmfrischkäse		18 g F
100 g Speisequark	und gut verrühren.	
1/2 Bund Basilikum Salz, Pfeffer	waschen, hacken und unterrühren. Mit abschmecken.	5 g KH
	Käsecreme in die Tomaten füllen. Deckel aufsetzen.	

Tipp – ehe ihr mit der Zubereitung beginnt:

Informationen zu Vorbereitungstechniken und Gartechniken findet ihr auf den Seiten 101 und 102.

▶ **Anrichten von kalten Vorspeisen:**
auf mittelgroßen Tellern oder in Schälchen.

▶ **Garnieren von kalten Vorspeisen:**
Alle in den Speisen enthaltenen Zutaten können verwendet werden, außerdem Kräuter, eingelegte Früchte, Spritzmuster, z. B. mit Kräuterbutter oder entsprechend abgeschmeckter, steif geschlagener Sahne.

2 Suppen

Knochenbrühe

500 g zerkleinerte Rinderknochen	waschen und mit
1 l Wasser, ½ TL Salz	und
½ TL Pfefferkörnern	zum Kochen bringen, abschäumen.
2 Zwiebeln	schälen, halbieren und würfeln.
1 Bd. Suppengrün	waschen, putzen, zerkleinern, in die Brühe geben.
	Garzeit: 2 Stunden
	Dampfdrucktopf: 30 Minuten
Salz und Pfeffer	Brühe abseihen, mit abschmecken.

235 kJ
2 g E
2 g F
7 g KH

▶ Beim Garen im normalen Topf Suppengrün erst 30 Minuten vor Beendigung der Garzeit dazugeben.

▶ Für eine **Fleischbrühe**: 250 g Fleisch und 250 g Fleischknochen verwenden. Zubereitung wie Knochenbrühe.

Gemüsebrühe

1 Bd. Suppengrün	waschen, putzen, in feine Streifen schneiden, in
1 EL Butterschmalz	andünsten.
1 l Gemüsebrühe	dazugeben, 10 Minuten gar ziehen lassen.
1 Bd. Petersilie	waschen, hacken, Gemüsebrühe mit gehackter Petersilie anrichten.

340 kJ
2 g E
4 g F
7 g KH

Rezepte

Zwiebelsuppe

375 g Zwiebeln	schälen, halbieren, in Scheiben schneiden.
30 g Margarine	erhitzen, Zwiebelscheiben darin goldgelb dünsten.
¾ l Brühe	hinzufügen, 15 Minuten gar ziehen lassen.
Salz, Pfeffer Basilikum	und zum Abschmecken verwenden.
2 Scheiben Toastbrot 40 g geriebenen Gouda	Suppe in feuerfeste Tassen füllen. rösten, diese und auf die Suppe geben.
	Überbacken: Grill 3 Minuten oder im Backofen 10 Minuten bei 250 °C oder Regler 5

620 kJ · 4 g E · 9 g F · 12 g KH

Kartoffelcremesuppe

400 g Kartoffeln	waschen, schälen, würfeln.
1 Bd. Suppengrün	waschen, putzen, zerkleinern.
1 Zwiebel	schälen, halbieren, würfeln.
20 g Margarine	erhitzen, Kartoffeln, Suppengrün und Zwiebeln darin andünsten, mit
Salz, Pfeffer	würzen und mit
800 ml Fleischbrühe	auffüllen, 10 Minuten gar ziehen lassen.
1 Beet Kresse	Drei Viertel der Kresse dazugeben. Alle Zutaten fein pürieren.
100 ml geschlagene Sahne	unterheben, abschmecken. Mit der restlichen Kresse anrichten.

1 120 kJ · 5 g E · 13 g F · 25 g KH

Joghurt-Kaltschale mit Gurke

1 Salatgurke	waschen, schälen, längs halbieren. Die Kerne mit einem Teelöffel herausholen. Die restliche Gurke grob raspeln.
½ l Joghurt 1 TL Olivenöl, 2 TL fein gehackten Dill Salz, Pfeffer	mit dem Schneebesen glatt rühren. die geraspelte Gurke, und unter den Joghurt ziehen, abschmecken.
	Kühl stellen. Die Joghurt-Kaltschale kann mit Eiswürfeln serviert werden.

395 kJ · 4 g E · 4 g F · 9 g KH

▶ **Anrichten von Suppen:** in vorgewärmten Suppentassen mit Untertassen oder in einem Suppenteller oder in einer Terrine.

▶ **Garnieren von salzigen Suppen:** mit Kräutern, saurer oder süßer Sahne, Curry oder Paprikapulver. Bei festlichem Anlass werden Toast, Brötchen, Käsestangen usw. zur Suppe gereicht.

Rezepte 3

3 Suppeneinlagen

Grünkernklößchen

⅛ l Milch	mit
1 Pr. Salz	und
10 g Butter oder Margarine	zum Kochen bringen.
75 g Grünkernmehl	in die kochende Milch einstreuen. Rühren, bis ein Kloß entsteht. Kloß in eine Schüssel geben.
1 Ei	und
1 EL gehackte TK-Kräuter	unterrühren.
	Mit zwei Teelöffeln Masse abstechen, Klößchen formen. Klößchen in siedender Brühe 10 Minuten gar ziehen lassen.

500 kJ · 5 g E · 5 g F · 13 g KH

Hackfleischklößchen

½ Brötchen	einweichen, ausdrücken.
1 kleine Zwiebel	schälen.
1 Ei	trennen: Eigelb und Eiklar.
125 g Rinderhack	in eine Rührschüssel geben, Brötchen, Eigelb und
Salz und Pfeffer	dazugeben. Zwiebel dazureiben. Zutaten verkneten, Klößchen formen, in siedender Brühe 5 bis 10 Minuten gar ziehen lassen.

435 kJ · 8 g E · 6 g F · 4 g KH

Flädle

60 g Mehl	mit
1 Pr. Salz	vermischen und mit
1 Ei	verrühren.
¼ l Milch	hinzugeben, gut verrühren.
1 TL gehackte TK-Petersilie	unterrühren.
1 EL Öl	erhitzen, mehrere dünne Eierpfannkuchen backen. Diese anschließend aufrollen und nach dem Auskühlen in feine Streifen schneiden.

505 kJ · 4 g E · 5 g F · 13 g KH

Eierstich

2 Eier, 4 EL Milch	mit
1 EL gehackten TK-Kräutern	und
1 Pr. Salz, Muskat	verschlagen. Eierstichform(en) mit
Butter	ausfetten. Eierstich im geschlossenen Gefäß im Wasserbad 30 Minuten stocken, d. h. fest werden lassen.
	Eierstich stürzen und in Würfel schneiden.

240 kJ · 4 g E · 4 g F · 2 g KH

3 Rezepte

Maultaschen (Grundrezept – Nudelteig)

2 Eier, 2 EL Wasser, ½ TL Salz	und verschlagen.
250 g Mehl	unterkneten. Teig 30 Minuten abgedeckt stehen lassen.
	Teig ausrollen. In Quadrate von 10 × 10 cm einteilen und zerschneiden.
Milch	Füllung in die Mitte auf die eine Hälfte der Stücke geben. Rand mit bepinseln. Restliche Teigstücke darauf legen, Ränder mit einer Gabel festdrücken.
2 l kochendes Salzwasser	Maultaschen in geben, 10 bis 15 Minuten gar ziehen lassen.

Hackfleisch-Spinat-Füllung

2 430 kJ • 29 g E • 21 g F • 69 g KH

50 g durchwachsenen Speck	in Würfel schneiden.
1 Zwiebel	schälen, würfeln. Speck andünsten.
200 g Rinderhack, 200 g tiefgekühlten Spinat, 1 Ei, 40 g Semmelmehl, 1 EL Petersilie, Salz, Pfeffer, Muskat	hinzufügen und zu einer streichfähigen Masse verarbeiten.

▶ Maultaschen
- in Fleischbrühe oder
- mit in Butter gebräunten Zwiebelringen servieren.

▶ Es können auch andere Füllungen verwendet werden.

4 Soßen

Kräutersoße

490 kJ • 8 g E • 8 g F • 4 g KH

1 Becher saure Sahne, 1 Becher Joghurt, 1 EL Zitronensaft	und mit mischen.
4 Eier	hart kochen, pellen, mit der Gabel zerdrücken und unterrühren.
1 großes Bd. Kräuter: Borretsch, Dill, Kresse, Petersilie, Pimpinelle, Schnittlauch, Zitronenmelisse	waschen, hacken, unterheben.
Senf, Salz und Zucker	zum Abschmecken verwenden.

Rezepte 3

- Anstelle der frischen Kräuter kann auch eine Tiefkühlkräutermischung verwendet werden.
- Kräutersoße kann auch ohne Eier zubereitet werden.
- Geeignet für: Kartoffeln, Fleisch, Fisch.

Joghurt-Hollandaise

Salmonellengefahr!

2 Eier, 1 Becher Joghurt, Salz und Pfeffer mit verschlagen. Im Wasserbad erhitzen und darin aufschlagen, bis eine dickliche Masse entstanden ist. Mit Zitronensaft, Salz, Pfeffer und Zucker abschmecken.

Joghurt-Hollandaise zum Gemüse geben, vgl. S. 166.

320 kJ | 5 g E | 5 g F | 3 g KH

Tomatensoße

1 große Dose gehackte, geschälte Tomaten, 1 Gemüsebrühwürfel öffnen. Tomaten mit in einem Topf erhitzen, nicht kochen.

1 Becher Crème fraîche und Kräuter: 1 TL Majoran, ½ TL Thymian, ½ TL Basilikum, 1 Pr. Rosmarin, 1 Pr. Salbei unterrühren, abschmecken.

545 kJ | 3 g E | 9 g F | 7 g KH

- Es können auch **frische Tomaten** verwendet werden.
- Geeignet für: salzige Getreidegerichte, Strudel, vgl. S. 177 f.

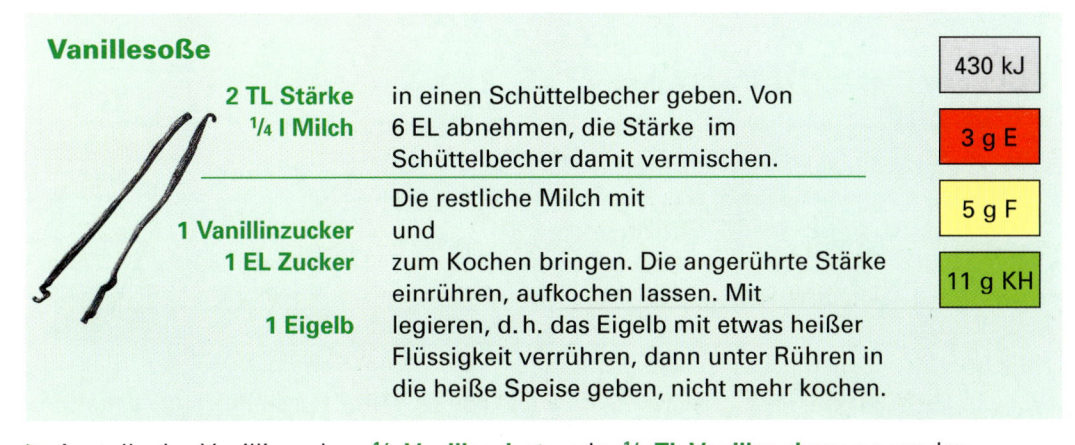

Vanillesoße

2 TL Stärke, ¼ l Milch in einen Schüttelbecher geben. Von 6 EL abnehmen, die Stärke im Schüttelbecher damit vermischen.

1 Vanillinzucker, 1 EL Zucker, 1 Eigelb — Die restliche Milch mit und zum Kochen bringen. Die angerührte Stärke einrühren, aufkochen lassen. Mit legieren, d. h. das Eigelb mit etwas heißer Flüssigkeit verrühren, dann unter Rühren in die heiße Speise geben, nicht mehr kochen.

430 kJ | 3 g E | 5 g F | 11 g KH

- Anstelle des Vanillinzuckers ½ **Vanilleschote** oder ½ TL **Vanillepulver** verwenden.

5 Fleisch, Fisch

Putengeschnetzeltes

400 g Putenfleisch	waschen, trockentupfen, in Streifen schneiden.	610 kJ
2 Zwiebeln	schälen, halbieren, würfeln.	24 g E
1 EL Öl	erhitzen, Fleisch und Zwiebeln anbraten.	4 g F
1/8 l Wasser, Thymian, Oregano, Basilikum, Pfeffer	zugeben, Fleisch 5 bis 10 Minuten gar ziehen.	3 g KH
Salz, Kräuter	zum Abschmecken verwenden.	
5 EL süße Sahne	vor dem Anrichten unterrühren.	

Rinderrouladen

40 g durchwachsenen Speck, 1 Gewürzgurke	in Streifen schneiden.	1 435 kJ
1 Zwiebel	schälen, halbieren, würfeln.	27 g E
4 Rinderrouladen 4 TL Senf Salz, Pfeffer, Paprika	waschen, trockentupfen, mit bestreichen und mit bestreuen. Rouladen mit Speck, Gewürzgurke und Zwiebeln belegen. Rouladen von der schmalen Seite her aufrollen und mit Holzstäbchen oder Fäden zusammenhalten.	22 g F 6 g KH
4 EL Öl	erhitzen, Rouladen hineingeben und von allen Seiten anbraten.	
1/2 l Wasser	dazugeben, 90 Minuten schmoren. **Dampfdrucktopf:** 20 Minuten Rouladen herausnehmen. Holzstäbchen oder Fäden entfernen. Rouladen warm stellen.	
2 EL Stärke 6 EL kaltem Wasser	mit anrühren. Unter Rühren in die Garflüssigkeit geben, aufkochen lassen.	
2 EL saure Sahne, Salz, Pfeffer und Paprika	zum Abschmecken verwenden.	

Schweinefilet mit Kräutersahne

1/2 Bd. Frühlingszwiebeln	waschen, putzen, in Röllchen schneiden.	1 700 kJ
1/2 Bd. Majoran, Thymian	waschen, klein schneiden.	16 g E
400 g Schweinefilet Salz, Pfeffer, Senf	waschen, trockentupfen. Fleisch mit einreiben.	36 g F
2 EL Öl 100 ml Brühe	erhitzen, Fleisch von allen Seiten anbraten. Mit ablöschen, 10 Minuten schmoren lassen. Fleisch herausnehmen, warm stellen.	3 g KH
100 g Kräuter-Crème fraîche Salz, Pfeffer, Senf	in die Garflüssigkeit einrühren. Soße mit abschmecken. Zwiebeln und Kräuter zufügen, 2 Minuten mitdünsten. Fleisch aufschneiden, in der Soße anrichten.	

Rezepte 3

Frikadellen für Diabetiker

1 kleine Zwiebel	schälen, fein würfeln.
375 g Rinderhack	in eine Schüssel geben, mit
100 g Magerquark	und Zwiebelwürfeln mischen.
Salz, Pfeffer, Majoran	zum Abschmecken verwenden.
	Frikadellen formen, in einer beschichteten Pfanne – Teflonpfanne – braten.

925 kJ
23 g E
12 g F
2 g KH

Schweinerollbraten

500 g Schweinerollbraten	waschen, trockentupfen.
2 Zwiebeln	schälen, würfeln.
1 Bd. Suppengrün	waschen, putzen, zerkleinern.
3 Tomaten	waschen, putzen, würfeln.
3 EL Öl	erhitzen, Schweinerollbraten hineingeben, von allen Seiten kurz anbraten. Zwiebeln, Suppengrün und Tomaten dazugeben.
½ l Wasser, Salz, Pfeffer, Paprika, Majoran	dazugeben, 60 Minuten schmoren. **Dampfdrucktopf:** 15 Minuten
	Schweinebraten herausnehmen, warm stellen, 10 Minuten „ruhen" lassen.
	Bratensaft durch ein Sieb passieren.
2 EL Stärke 8 EL Wasser Salz, Pfeffer, Paprika	mit anrühren, Bratensaft damit binden, mit abschmecken. Fäden von dem Braten entfernen, aufschneiden, auf einer vorgewärmten Platte anrichten.

1895 kJ
23 g E
18 g F
11 g KH

▶ **Putenrollbraten** und **Rinderrollbraten** werden wie Schweinerollbraten zubereitet.

▶ Rollbraten kann auch nach Anweisung in einer Bratfolie zubereitet werden.

▶ Bei Rinderbraten längere Garzeit beachten: etwa 150 Minuten, **Dampfdrucktopf** 25 bis 30 Minuten.

▶ **Anrichten von Fleisch:**
aufgeschnittener Braten oder Kurzgebratenes auf einer vorgewärmten Platte, Rouladen auf einer vorgewärmten tiefen Platte. Dazu Soße in einer Soßenschüssel reichen.

▶ **Garnieren von Fleisch:**
Zwiebelringe, frische Kräuter, gedünstete Tomaten, gedünstete Pilze oder Obst, z. B. Apfelringe, oder etwas Soße darüber geben.

Rezepte

Menü aus dem Backofen

4 Hähnchenkeulen	waschen, trockentupfen, mit	750 kJ
Würzmischung: 1 EL Öl, 1 Pr. Salz, Pfeffer, Curry, Paprika, 1 TL Senf	bepinseln, in eine feuerfeste Form legen. 30 Minuten braten. **E-Herd:** 200 °C, **Gasherd:** Regler 3	30 g E / 4 g F / 0 g KH

Hähnchenkeulen können auch mit Backkartoffeln, vgl. S. 170, gegart werden.

Forelle blau

4 küchenfertige Forellen	säubern.	970 kJ
1 Bd. Suppengrün	waschen, putzen, zerkleinern, mit	35 g E
1 l Wasser, 5 EL Essig, 1 TL Salz, Pfeffer, Senfkörnern, 1 Lorbeerblatt	in einem Bräter aufkochen lassen. Forellen hineingeben, 20 Minuten gar ziehen lassen. **Backofen:** zweite Schiene von unten **E-Herd:** 210 °C, **Gasherd:** Regler 3	9 g F / 0 g KH
Butter, Zitronenscheiben	Forellen mit zerlassener servieren.	

Zanderfilet

750 g Zanderfilet	säubern.	1 110 kJ
40 g Schalotten Butter	waschen, putzen, zerkleinern. Eine Form mit ausfetten und mit den Schalotten ausstreuen. Filetstücke nebeneinander in die Form legen, mit	35 g E / 11 g F
Zitronensaft 1 EL Petersilie	beträufeln und mit bestreuen.	7 g KH
200 ml saure Sahne 60 g geriebenen Gouda, 20 g Semmelmehl, Salz und Pfeffer	über das Filet geben. darüber streuen. **Backofen:** untere Schiene – 20 Minuten **E-Herd:** 200 °C, **Gasherd:** Regler 3	

▶ **Anrichten von Fisch:**
auf einem vorgewärmten Teller oder einer Platte.

▶ **Garnieren von Fisch:**
mit gedünsteten Speckwürfeln oder Zwiebelwürfeln, Zitronenachteln oder Zitronenscheiben oder mit Kräutern.

3 Rezepte

6 Eintopfgerichte

Chopsuey

500 g Hähnchenbrustfilet	waschen, trockentupfen, in Streifen schneiden.	
3 EL süße Sojasoße, 2 EL Wasser, 1 Pr. Salz 2 TL Stärke	und verrühren. Das Fleisch in die Marinade 10 Minuten einlegen, d. h. marinieren, vgl. S. 103.	
250 g rote u. grüne Paprika	waschen, putzen, in Streifen schneiden.	1 400 kJ
250 g Möhren	waschen, putzen, in Scheiben schneiden.	
250 g Bambussprossen	in Stifte schneiden, abdecken!	24 g E
1 EL Öl	erhitzen, das Fleisch darin anbraten. Gemüse dazugeben, mitdünsten. Marinade und	6 g F
⅛ l Wasser Sojasoße, Pfeffer	hinzufügen, 15 Minuten dünsten. Mit abschmecken.	18 g KH
200 g Brühreis	getrennt zubereiten. Fleisch-Gemüse-Mischung mit Reis servieren.	

Bami Goreng

300 g Schweinefleisch	in feine Streifen schneiden.	1 400 kJ
4 kleine Zwiebeln	schälen, würfeln.	25 g E
200 g Lauch, 250 g Chinakohl, 400 g Möhren	waschen, putzen, zerkleinern, abdecken!	5 g F
1 EL Öl	erhitzen, Fleisch anbraten. Gemüse und	
¼ l Wasser	dazugeben, 15 Minuten dünsten.	18 g KH
200 g Fadennudeln	getrennt zubereiten. Nudeln unter die Fleisch-Gemüse-Mischung heben. Mit	
Sojasoße, Curry, Pfeffer	abschmecken.	

Grüne Bohnen mit Hackfleisch

1 kg grüne Bohnen	waschen, putzen, in Stücke brechen.	1 475 kJ
1 Zwiebel	schälen, würfeln, abdecken!	22 g E
1 EL Öl	in einem Topf erhitzen.	
250 g Hackfleisch	mit den Zwiebelwürfeln darin anbraten. Nach 5 Minuten die grünen Bohnen und	9 g F
150 g Brühreis	hinzufügen, kurz mitdünsten.	
1 l heiße Brühe	dazugeben, aufkochen lassen, herunterschalten. 20 Minuten gar ziehen.	43 g KH
Salz, Pfeffer, Paprika	zum Abschmecken verwenden.	

7 Gemüse/Salate

Gemüseplatte

1 kg Gemüsesorten, z. B. Möhren, Erbsen Blumenkohlröschen	und waschen, putzen, evtl. zerkleinern.
	Ca. 15 bis 20 Minuten garen. Gemüse abtropfen, auf einer vorgewärmten Platte anrichten.

Joghurt-Hollandaise herstellen, vgl. S. 161, über das Gemüse geben.

720 kJ
19 g E
6 g F
17 g KH

▶ Gemüsesorten farblich abstimmen, z. B. rote Möhren, grüne Erbsen, weiße Blumenkohlröschen.
▶ Gemüsesorten geschmacklich aufeinander abstimmen, z. B. passt Kraut nicht zu Spargel.
▶ Das jahreszeitliche Angebot an frischem Gemüse und Salat beachten. Frisches Gemüse kann durch tiefgekühltes ergänzt werden.

Paprika-Tomaten-Gemüse

500 g grüne Paprika	waschen, putzen, in Streifen schneiden.
300 g Tomaten	waschen, putzen, in Scheiben schneiden.
2 Zwiebeln	schälen, würfeln, abdecken!
2 EL Öl	in einem Topf erhitzen. Paprika und Zwiebeln darin andünsten. Tomaten nach 10 Minuten dazugeben, etwa 5 Minuten mitdünsten.
Salz, Pfeffer, Basilikum, Thymian, Oregano	zum Abschmecken verwenden.

390 kJ
3 g E
5 g F
7 g KH

Kartoffel-Möhren-Gratin

Margarine	Zwei Gratin- oder Auflaufformen mit ausfetten.
800 g Kartoffeln 800 g Möhren	und waschen, schälen, in dünne Scheiben schneiden, abdecken!
100 g Gouda 200 ml Schlagsahne Salz, Pfeffer, Muskat	reiben und mit mischen. Mit abschmecken.

Kartoffel-, Möhrenscheiben fächerartig in die Formen geben. Käse-Sahne-Mischung darüber geben.
Überbacken: untere Schiene – 45 Minuten
E-Herd: 220 °C, **Gasherd:** Regler 3

2070 kJ
14 g E
23 g F
53 g KH

Rezepte 3

Gemüsepuffer

500 g Kartoffeln	waschen, schälen, reiben, gut ausdrücken, abdecken!	1600 kJ
500 g Gemüse der Saison, z. B. Kohlrabi, Möhren	waschen, schälen, raspeln, abdecken!	8 g E
2 Eier, 4 EL Mehl, 4 TL Kräuter: z. B. Majoran, Oregano Salz, Pfeffer	und zum Gemüse geben. Alles zu einem Teig verrühren.	23 g F
2 EL Öl	in einer Pfanne erhitzen. Teig portionsweise hineingeben, flach drücken. Puffer von jeder Seite 3 Minuten braten.	35 g KH

Krautwickel

1 Semmel — einweichen, ausdrücken.
1 Zwiebel — schälen, würfeln.
250 g Rinderhack, Semmel, Zwiebelwürfel,
1 Ei, Salz und Pfeffer — in eine Schüssel geben.
Fleischteig herstellen.

1 Weißkohl — putzen, 5 Minuten in kochendes
Salzwasser — legen. Äußere Blätter ablösen.
8 bis 12 Weißkohlblätter — werden benötigt.
Dicke Blattrippen aus den blanchierten Blättern herausschneiden.
Blätter übereinander legen.
Fleischteig darauf geben.
Kohlblätter über das Hackfleisch falten,
zusammenrollen, zusammenbinden.

1 Zwiebel — schälen, würfeln.
2 EL Öl — in einem Topf erhitzen, Zwiebel dazugeben.
Krautwickel hineingeben,
von allen Seiten anbraten.

½ l Wasser — hinzufügen, 30 Minuten schmoren.
Krautwickel herausnehmen, warm stellen.

1 EL Stärke — mit
6 EL Wasser — anrühren. Soße mit Stärke binden.
Salz, Pfeffer, Paprika — zum Abschmecken verwenden.
Soße mit den Krautwickeln servieren.

1230 kJ
19 g E
15 g F
18 g KH

Rezepte

Salatplatte

800 g Gemüsesorten, z. B. Gurken, Tomaten, Lauch, Möhren, Champignons	waschen, putzen, zerkleinern, auf einer Platte anrichten, abdecken.	630 kJ 6 g E 6 g F 13 g KH

Salatmarinade

2 Becher saure Sahne,
1 TL Senf, 1 EL Zitronensaft,
Salz und Pfeffer,
4 EL Kräuter:
Petersilie, Schnittlauch,
Zitronenmelisse, Dill — waschen, hacken und unterrühren.

Salat mit der Marinade anrichten.

▶ Die Salatplatte kann durch schwäbischen Kartoffelsalat ergänzt werden.
▶ Salatmarinade: Anstelle von **saurer Sahne** kann auch **süße Sahne** oder **Joghurt** verwendet werden.
▶ Ölmarinade: je **2 EL Öl, Essig** oder **Zitronensaft** und **Wasser**.

Möhren-Lauch-Salat für Diabetiker

1 Becher Magerjoghurt 2 EL Zitronensaft	mit verschlagen.	250 kJ 3 g E + g F 8 g KH
Salz und Süßstoff oder Fruchtzucker	zum Abschmecken verwenden.	
250 g Möhren 250 g Lauch	waschen, putzen, schälen, raspeln. putzen, waschen, in feine Ringe schneiden. Möhren und Lauch mit der Marinade vermengen. Salat durchziehen lassen.	

Chicoréesalat

2 Chicoréestauden	waschen, halbieren, bitteren Kern spitz herausschneiden, Chicorée in Streifen schneiden.	590 kJ 2 g E 9 g F 7 g KH
1 Apfelsine 1 Apfel	und waschen, schälen, in Streifen schneiden, abdecken.	
⅛ l süße Sahne, 2 EL Zitronensaft, 1 Pr. Salz, 1 Pr. Zucker	verschlagen. Sahnemarinade über Chicorée und Obst geben, gut vermischen.	

Rezepte 3

Endivien-Nuss-Salat

1 Kopf Endiviensalat	putzen, welke Blätter entfernen, Blätter vom Strunk lösen, waschen, in feine Streifen schneiden.	280 kJ — 2 g E
1 Zwiebel	schälen, fein würfeln, abdecken.	3 g F
Marinade: 2 EL Öl, 3 EL Himbeeressig, 2 EL Wasser, 1 TL Senf, 1 TL Honig, Salz, Pfeffer	in eine Schüssel geben, glatt rühren. Salat und Marinade mischen.	7 g KH
½ Bd. Petersilie 5 Walnusskerne	waschen, hacken und hacken, beides über den Salat streuen.	

Getreide, gekeimt

Getreidekörner gründlich abspülen, über Nacht in reichlich Wasser einweichen. Morgens gründlich abspülen. Tagsüber ohne Wasser auf einem Blech oder im Keimgerät stehen lassen. Nachts wieder einweichen. Am zweiten Abend wiederum abspülen. Nach zwei oder drei Tagen haben sich Keime gebildet. Vor dem Verzehr gründlich abspülen.

▶ Durch das Abspülen soll Schimmelbildung verhindert werden.
▶ Auch Hülsenfrüchte, Kräutersamen und Ölsamen eignen sich zum Keimen.
▶ Keime können den Vitamingehalt von Gemüse, Salat und Müsli ergänzen.

Weizenkeimsalat

150 g Weizen	keimen lassen.	870 kJ
2 säuerliche Äpfel 1 Bd. Schnittlauch	waschen, putzen, grob raspeln, abdecken. waschen, zerkleinern. Weizenkeime, Äpfel, Schnittlauch mit	10 g E
200 g Hüttenkäse	mischen.	4 g F
2 EL Zitronensaft ¼ TL Kräutersalz	und zum Abschmecken verwenden.	34 g KH

▶ **Anrichten von Gemüse:** auf vorgewärmten Platten oder in runden Schüsseln.
▶ **Garnieren von Gemüse:** mit gehackten Kräutern oder Petersilieblättchen oder heißer Butter mit gebräuntem Semmelmehl.

▶ **Anrichten von Salaten:** in Glas-, Porzellan- oder Keramikschüsseln oder auf Platten.
▶ **Garnieren von Salaten:** Alle in den Salaten enthaltenen Zutaten können verwendet werden, daneben auch Kräuter und Marinade.

Rezepte

8 Beilagen

Herzoginkartoffeln/Pommes Duchesse

1 kg Kartoffeln,	daraus Pellkartoffeln zubereiten. Pellkartoffeln pellen, noch heiß pürieren, auskühlen lassen.
2 Eigelb, 20 g Butter, 1 TL Stärke, Salz, Pfeffer	mit den Kartoffeln vermengen.
	Kartoffelteig auf ein gefettetes oder mit Backtrennpapier ausgelegtes Backblech spritzen. **Überbacken:** im Grill 3 Minuten oder im **Backofen** 10 Minuten – 250 °C oder Regler 5

910 kJ
6 g E
8 g F
29 g KH

Kartoffelkroketten

Aus dem Kartoffelteig 5 cm lange Röllchen formen; evtl. etwas Stärke oder Mehl zugeben, damit der Teig gut formbar ist. **1 Ei** verquirlen, die Kartoffelröllchen darin und anschließend in **Semmelmehl** wenden. Sofort frittieren. Frittierzeit 2 bis 3 Minuten.

Backkartoffeln

4 große Kartoffeln	waschen, bürsten, trockenreiben, längs halbieren.
1 TL Salz, 1 EL Kümmel 2 EL Majoran	und mischen. Die Kartoffelhälften mit der Schnittfläche in die Gewürzmischung drücken.
Öl	zum Einfetten des Backbleches verwenden. Kartoffeln mit der Schnittfläche nach unten auf das Blech legen. **Backen:** mittlere Schiene – 40 Minuten **E-Herd:** 200 °C, **Gasherd:** Regler 3

710 kJ
4 g E
+ g F
38 g KH

Getreide als Beilage

250 g Getreide: Roggen, Weizen, Dinkel, Nacktgerste oder -hafer 600 ml Wasser	gründlich abspülen, über Nacht in einweichen.
	Getreide mit 600 ml Wasser aufkochen, dann gar ziehen lassen. **Garzeit:** ca. 45 Minuten **Dampfdrucktopf:** 20 Minuten
½ TL Salz, 1 TL Butter, Kräuter, geriebener Käse, Gemüsebrüheextrakt	Mit Zutaten nach Wahl: abschmecken.

875 kJ
2 g E
1 g F
48 g KH

Rezepte 3

Semmelknödel

6 alte Semmeln	in Stücke schneiden. Mit	1525 kJ
¼ l Milch	übergießen. 30 Minuten stehen lassen.	13 g E
1 Zwiebel	schälen, fein würfeln.	
20 g Margarine	erhitzen, Zwiebelwürfel dazugeben, dünsten.	11 g F
1 Bd. Schnittlauch	waschen, zerkleinern.	
3 bis 4 Eier,	Zu den eingeweichten Semmeln Zwiebelwürfel und Schnittlauch geben, unterkneten. Masse mit	52 g KH
Salz, Muskat, Pfeffer	abschmecken. Mit feuchten, bemehlten Händen Klöße formen.	
2 l Wasser, 1 TL Salz	zum Kochen bringen. Klöße in das kochende Salzwasser geben, 15 bis 20 Minuten gar ziehen lassen. Mit der Schaumkelle herausnehmen.	

Kartoffelknödel

1 kg Kartoffeln,	daraus Pellkartoffeln zubereiten. Pellkartoffeln noch heiß durch die Kartoffelpresse drücken, auskühlen lassen.	1255 kJ
		9 g E
50 g Mehl, 100 g Stärke, 2 Eier, Salz, Muskat	mit den Kartoffeln vermengen. Weitere Zubereitung, vgl. Semmelknödel.	3 g F
		57 g KH

Pilaw

30 g Butter	im Topf schmelzen lassen.	1290 kJ
250 g Langkornreis	waschen, dazugeben, 2 bis 3 Minuten rühren, bis alle Reiskörner gleichmäßig mit Butter überzogen sind. Reis nicht bräunen.	6 g E
		7 g F
½ l Hühnerbrühe	dazugeben, Reis unter Rühren zum Kochen bringen. Reis 20 Minuten gar quellen lassen.	50 g KH
Salz und Pfeffer	zum Abschmecken verwenden.	

▶ **Anrichten von Beilagen:**
Kartoffeln, Püree, Klöße, Getreide und Teigwaren, z.B. Spaghetti, in vorgewärmten runden Schüsseln.

▶ **Garnieren von Beilagen**:
vgl. Gemüse, S. 169.

9 Süßspeisen

Schwarzwaldbecher

250 g Quark 4 EL Milch, 20 g Zucker 1 Vanillinzucker	mit und glatt rühren.
250 g entsteinte Sauerkirschen 50 g Schokolade	 abtropfen lassen. reiben.

In ein Glasschälchen abwechselnd Quark, Kirschen, geriebene Schokolade und als Letztes eine Schicht Quark geben. Vier Kirschen zum Garnieren zurücklassen.

830 kJ 10 g E 5 g F 29 g KH

Schokoladencreme

⅛ l süße Sahne 200 g bittere Schokolade	steif schlagen. grob zerstückeln, in einen Topf geben und im Wasserbad schmelzen.
3 Eier 20 g Zucker	mit im Wasserbad mit einem Handrührgerät aufschlagen, bis eine dickliche Masse entstanden ist. Die Eimasse zur aufgelösten Schokolade geben, gut verrühren. Anschließend die Schlagsahne unterheben. Creme in eine Schale füllen. Sofort kalt stellen, da Salmonellengefahr.

2 215 kJ 9 g E 39 g F 34 g KH

Erdbeercreme Verona

⅛ l Traubensaft, ⅛ l Orangensaft 2 EL Zitronensaft Zucker	 und mischen, mit abschmecken.
2 Blatt rote Gelatine 1 Blatt weiße Gelatine 4 EL Wasser	und in 5 bis 10 Minuten einweichen. Die gequollene Gelatine ausdrücken und im Wasserbad auflösen. Zur aufgelösten Gelatine 5 EL Saft geben, verrühren. Dann Gelatine in den restlichen Saft einrühren.
250 g Erdbeeren 100 ml Sahne	waschen, putzen, in Stücke schneiden. steif schlagen. Erdbeeren und Sahne zum Saft geben, sobald dieser beginnt fest zu werden; steif werden lassen. Mit Sahne und Erdbeeren garnieren.

675 kJ 2 g E 8 g F 19 g KH

Rezepte

Apfelgelee

	¼ l Apfelsaft	abmessen.
	250 g Äpfel	waschen, schälen, raspeln, zum Apfelsaft geben.
1 Päckchen weiße Gelatine	4 EL Wasser	mit verrühren. Gelatine im Wasserbad auflösen. Weitere Verarbeitung der Gelatine: vgl. Erdbeercreme, S. 172.

285 kJ · 1 g E · 0 g F · 16 g KH

Quarkauflauf mit Äpfeln

3 Eier	mit
125 g Zucker	schaumig rühren.
500 g Magerquark	unterrühren.
75 g Grieß	mit
½ Backpulver, 1 Pr. Salz	vermischen und ebenfalls unterrühren.
500 g Äpfel	waschen, schälen, Kerngehäuse ausstechen, Äpfel in Ringe schneiden, abdecken.
Margarine	zum Ausfetten einer Auflaufform verwenden. Quarkmasse in die Auflaufform füllen. Apfelringe in die Masse legen. Auflauf auf einem Rost – untere Schiene – 40 Minuten garen. **E-Herd**: 200 °C, **Gasherd**: Regler 3

1800 kJ · 26 g E · 5 g F · 88 g KH

Hirseauflauf

1 l Milch	mit
1 Vanillinzucker, 1 Pr. Salz	zum Kochen bringen.
300 g Hirse	einrühren, ausquellen lassen. Brei auskühlen.
80 g Butter, 80 g Honig 3 Eigelb	und schaumig rühren. Hirsebrei,
50 g Sultaninen 50 g gehackte Mandeln	und unter die Butter-Honig-Eigelb-Masse rühren.
Butter	Die Masse in eine mit ausgefettete Auflaufform geben. **Backen**: untere Schiene – 50 Minuten **E-Herd**: 200 °C, **Gasherd**: Regler 3

3 425 kJ · 24 g E · 40 g F · 91 g KH

▶ **Anrichten von kalten Süßspeisen**:
Glasschälchen, Glasschüssel oder Glasteller. Kleine Glasgefäße evtl. auf mittelgroße Teller stellen.

▶ **Garnieren von kalten Süßspeisen**:
Schlagsahne und alle in den Süßspeisen enthaltenen Zutaten können verwendet werden.

10 Gebäck

Mürbeteig, salzig

Gemüse-Quiche (8 Stück)

250 g Mehl	auf ein Backbrett geben. Eine Vertiefung in die Mitte drücken. In die Vertiefung
1 Ei und ¼ TL Salz	geben.
125 g Butter oder Margarine	in kleinen Stücken auf den Rand geben. Zutaten von der Mitte her verrühren, dann gut durchhacken. Teig mit den Handballen schnell durchkneten. Teig ausrollen, in eine gefettete oder mit Backtrennpapier ausgelegte Springform geben, einen Rand formen.
Belag	auf den Teig geben. **Backen:** mittlere Schiene – 35 Minuten **E-Herd:** 180 °C, **Gasherd:** Regler 2

Wirsing-Quiche-Belag

Stück

350 g Wirsing	putzen, waschen, in Streifen schneiden. In	1900 kJ
¼ l Brühe	15 Minuten garen, abtropfen lassen.	
100 g gekochten Schinken	würfeln.	14 g E
100 g Gouda	reiben.	
4 Eier, Pfeffer, Muskat	und	30 g F
Cayennepfeffer, Salz	verquirlen.	
	Wirsing auf den Teig geben, Schinken und Käse darauf verteilen. Sahne-Ei-Masse darüber gießen.	26 g KH

Brokkoli-Quiche-Belag

Stück

500 g Brokkoli	waschen, in Röschen zerteilen. In	1950 kJ
¼ l Brühe	10 Minuten garen, abtropfen lassen.	
100 g Emmentaler	reiben und mit	16 g E
1 Becher saurer Sahne,		
4 Eiern, Salz, Pfeffer	und	30 g F
Muskat	verquirlen.	
	Brokkoliröschen auf dem Teig verteilen.	28 g KH
50 g Speckwürfel	darüber streuen. Die Sahne-Ei-Masse darüber gießen.	

Rezepte

Lauch-Quiche-Belag

		Stück
2 Stangen Lauch	putzen, waschen, in Streifen schneiden.	1830 kJ
1 EL Butter oder Margarine	erhitzen, Lauch andünsten. Mit	
Salz, Pfeffer, 1 Pr. Zucker	abschmecken.	13 g E
1 TL Mehl	über den Lauch stäuben, durchschwitzen lassen.	
		29 g F
100 g Gouda	reiben.	
200 ml süße Sahne,		28 g KH
4 Eier, Salz, Pfeffer	und	
Muskat	verquirlen.	
	Lauch auf dem Teig verteilen. Käse darüber streuen und die Sahne-Ei-Masse darüber gießen.	

Spinat-Quiche-Belag

		Stück
300 g TK-Blattspinat	auftauen, etwas klein schneiden.	1375 kJ
1 Zwiebel	schälen, würfeln, in	
1 EL Butter oder Margarine	andünsten.	15 g E
1 Becher saure Sahne,		
4 Eier, Salz, Pfeffer	und	26 g F
Muskat	verquirlen.	
150 g Schafskäse	würfeln, mit dem Spinat und den Zwiebeln mischen, auf den Teig geben. Sahne-Ei-Masse darüber gießen.	7 g KH

Brandmasse

Grundrezept

¼ l Wasser,	
1 Pr. Salz	und
50 g Margarine	in einem Topf zum Sieden bringen. Unter Rühren
150 g Mehl	auf einmal dazugeben. Rühren, bis ein Kloß entstanden ist, am Topfboden bildet sich gleichzeitig eine weiße Schicht.
1 Ei	in die heiße Masse rühren. Masse in eine Schüssel umfüllen, abkühlen lassen.
3 Eier	nacheinander unterrühren, bis die Masse glatt und glänzend ist.
1 TL Backpulver	ebenfalls unterrühren. Die fertige Brandteigmasse fällt schwer reißend vom Löffel.

▶ Bei der Verwendung von **Vollkornmehl** ⅜ **l Wasser** zugeben.

Windbeutel (16 Stück)

1 Rezept Brandmasse herstellen.

Masse in einen Spritzbeutel füllen. In 5 cm Abstand auf ein bemehltes Backblech etwa esslöffelgroße Häufchen spritzen oder mit 2 Esslöffeln darauf setzen.

Backen: mittlere Schiene – 25 bis 30 Minuten
E-Herd: 200 °C, **Gasherd:** Regler 3
Backofen während des Backens nicht öffnen!
Windbeutel waagerecht aufschneiden, abkühlen lassen. Windbeutel kurz vor dem Servieren füllen.

Füllung, süß

Zutaten	Zubereitung	Stück
2 Becher Sahne 1 Vanillinzucker	mit steif schlagen.	865 kJ
250 g Erdbeeren andere Früchte	oder waschen, putzen, klein schneiden, unter die Sahne heben.	4 g E 16 g F 9 g KH

Füllung, salzig

Zutaten	Zubereitung	Stück	
200 g Doppelrahmfrisch- käse, 200 g Magerquark etwas Milch	mit glatt rühren.	850 kJ	16 g F
1 Bd. Kräuter Paprika und Salz	waschen, hacken, unterheben. Mit abschmecken.	6 g E	7 g KH

Spritzgebäck (16 Stück)

1 Rezept Brandmasse herstellen.

Masse in einen Spritzbeutel füllen.
Auf eine Schaumkelle Kränze spritzen.

Fettbad in der Fritteuse auf 180 °C erhitzen.
Schaumkelle einige Sekunden in das Fettbad halten, bis sich das Spritzgebäck löst. Spritzgebäck von jeder Seite etwa 2 bis 3 Minuten frittieren. Spritzgebäck mit der Schaumkelle herausnehmen.
Auf einem Rost abtropfen lassen.

Stück
675 kJ
3 g E
7 g F
19 g KH

Guss: 200 g Puderzucker mit
3 EL Zitronensaft glatt rühren, das Spritzgebäck damit bestreichen.

Strudelteig

Grundrezept

250 g Mehl, ½ TL Salz ¼ l lauwarmes Wasser 50 g zerlassene Margarine Öl	und in eine Rührschüssel geben. Zutaten verkneten. oder dazugeben. Teig kneten, bis er geschmeidig und glänzend ist. Teig zu einer Kugel formen, mit
zerlassener Margarine/Öl	bepinseln, abgedeckt 30 Minuten warm stellen.
	Teig auf einem frisch gewaschenen, glatten, bemehlten Geschirrtuch ausrollen, anschließend über beide Handrücken papierdünn ausziehen. Teig mit
zerlassener Margarine/Öl Semmelmehl	bepinseln und mit bestreuen.
zerlassener Margarine/Öl	**Füllung** auf den Teig geben. Teigränder 2 cm über die Füllung schlagen. Teig mithilfe des Geschirrtuches aufrollen und auf ein gefettetes Backblech geben. Mit bepinseln. **Backen:** mittlere Schiene – 45 Minuten **E-Herd:** 225 °C, **Gasherd:** Regler 4

▶ Bei der Verwendung von Vollkornmehlen einen Teil der Kleie aussieben – der Teig wird sonst brüchig. Ausgesiebte Kleie anstelle von Semmelmehl auf den ausgerollten Teig streuen.

Füllung/Apfelstrudel (8 Stück)

		Stück
1,5 kg Äpfel	waschen, schälen, vierteln, entkernen und in dünne Scheiben schneiden.	2 230 kJ 16 g E 8 g F 90 g KH
100 g Sultaninen, 60 g Zucker, 1 TL Zimt 100 g gehackte Mandeln	und mit den Äpfeln mischen.	

Füllung/Fleischstrudel (8 Stück)

		Stück
2 Zwiebeln 1 EL Öl	schälen, würfeln, in andünsten.	2 230 kJ
500 g Rinderhack 2 EL Semmelmehl	und dazugeben, mitdünsten.	16 g E 8 g F
2 EL Tomatenmark, 1 Pr. Zucker, Salz, 2 EL Crème fraîche, Basilikum, Majoran Thymian	und zum Abschmecken verwenden.	90 g KH

Füllung/Gemüse-Käse-Strudel (8 Stück)

		Stück
2 Zwiebeln	schälen, würfeln.	1 210 kJ
2 Stangen Lauch	putzen, waschen, in Streifen schneiden. Gemüse in	
1 EL Butter	dünsten, abkühlen lassen.	14 g E
250 g Quark, 2 Eier	und	15 g F
125 g geriebenen Gouda	vermengen.	
1 Bd. Schnittlauch	waschen, zerkleinern. Gemüse und Schnittlauch unter den Quark heben. Mit	26 g KH
Paprika und Salz	abschmecken.	

▶ **Servieren**: Apfelstrudel mit Vanillesoße, vgl. S. 161.
  Fleischstrudel mit Tomatensoße, vgl. S. 161.

Quark-Öl-Teig, salzig

Gemüsewähe (8 Stück)

		Stück
75 g Magerquark, 6 EL Milch, 3 EL Öl, 1 Pr. Salz	in eine Rührschüssel geben. Zutaten verkneten.	1 280 kJ
½ Backpulver 150 g Weizenmehl	unter mischen. Mehl-Backpulver-Gemisch unterkneten. Teig in einer gefetteten Springform ausrollen, der Boden und der halbe Rand sollen bedeckt sein.	11 g E
Belag: 300 g Zwiebeln	schälen, würfeln.	19 g F
1 rote Paprikaschote, 2 grüne Paprikaschoten 1 EL Öl	waschen, halbieren, entkernen, würfeln. in einer Pfanne erhitzen. Zwiebel- und Paprikawürfel 5 Minuten darin dünsten.	22 g KH
300 g Tomaten	waschen, putzen, in Scheiben schneiden.	
100 g Gouda 2 Eiern 200 ml Schlagsahne Pfeffer, Paprika, Oregano	raspeln und mit und mischen. Mit abschmecken.	
	Gemüse in der Springform auf den Boden geben. Käse-Ei-Sahne-Masse darüber gießen. **Backen**: untere Schiene – 30 Minuten **E-Herd**: 200 °C, **Gasherd**: Regler 3	

Rezepte

Hefeteig, süß

Grundrezept

500 g Mehl	in eine Schüssel geben. In die Mitte eine Vertiefung drücken.
40 g Hefe	in die Vertiefung bröckeln.
1 TL Zucker	darüber streuen.
1/8 l lauwarme Milch	dazugeben. Milch mit Hefe, Zucker und etwas Mehl verrühren.
80 g Margarine	in Flöckchen auf den Mehlrand geben.
75 g Zucker	und
1/2 TL Salz	auf den Rand streuen. Schüssel abdecken und die Hefe ca. 10 Minuten im Backofen bei 50 °C gehen lassen.
	Teig verkneten.
1/8 l Milch	dazugeben. Durchkneten, bis sich der Teig von dem Schüsselrand löst. Der Teig soll weich und formbar sein, also evtl. mehr Milch oder Mehl dazugeben.

Obstkuchen mit Streuseln (16 Stück)

		Stück
1 Rezept Hefeteig, süß	herstellen, auf dem Backblech ausrollen, abdecken, gehen lassen. Teigmenge soll sich verdoppeln.	1540 kJ
1 bis 1,5 kg Obst, z. B. Pflaumen	waschen, entkernen und halbieren.	6 g E
200 g Butter oder Margarine, 300 g Mehl, 300 g Zucker 1 Vanillinzucker	und in eine Rührschüssel geben. Zutaten mit dem Knethaken zu Streuseln vermengen.	15 g F
2 EL Semmelmehl	auf den Teig streuen. Obst darauf legen. Streusel auf den Obstbelag krümeln. **Backen:** mittlere Schiene – 30 Minuten **E-Herd:** 200 °C, **Gasherd:** Regler 3	52 g KH

Butterkuchen (16 Stück)

		Stück
1 Rezept Hefeteig, süß	herstellen, ausrollen, abdecken, gehen lassen.	1240 kJ
Belag: 100 g Butter 125 g Zucker 1 Vanillinzucker	in Flöckchen verteilt auf den Hefeteig setzen. mit mischen und über den Teig streuen. **Backen:** 20 Minuten, vgl. Streuselkuchen.	4 g E
		12 g F
		39 g KH

3 Rezepte

Bienenstich (16 Stück)

1 Rezept Hefeteig, süß	herstellen, ausrollen, abdecken, gehen lassen.
80 g Butter, 150 g Zucker 1 Vanillinzucker	und im Topf schmelzen.
2 bis 3 EL Milch	dazugeben.
200 g Mandelblättchen	unterheben. Belag auf den Hefeteig streichen. **Backen:** mittlere Schiene – 30 Minuten **E-Herd:** 200 °C, **Gasherd:** Regler 3
Füllung: ½ l Milch, 1 Vanillepuddingpulver	Vanillecreme nach Anweisung herstellen. Kuchen vierteln, Stücke waagerecht durchschneiden. Creme auf den Kuchenboden streichen. Obere Kuchenplatte in Stücke schneiden, darauf legen, kalt stellen.

Stück
- 1 525 kJ
- 8 g E
- 16 g F
- 43 g KH

Hefezopf

1 Rezept Hefeteig, süß	herstellen.
	Ein Backblech einfetten. Teig in drei Teile teilen. Drei Rollen formen, aus diesen auf dem Backblech lose einen Zopf flechten, vgl. Abbildungen. An den Enden zusammendrücken. Teig abdecken, gehen lassen.
1 Eigelb	zum Bepinseln des Teiges verwenden. **Backen:** mittlere Schiene – 30 Minuten **E-Herd:** 200 °C, **Gasherd:** Regler 3

- 12 370 kJ
- 68 g E
- 70 g F
- 466 g KH

Flechten des Hefezopfes

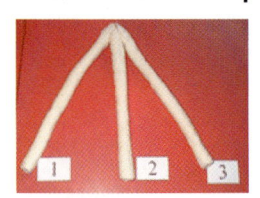

Ausgangslage der Stränge

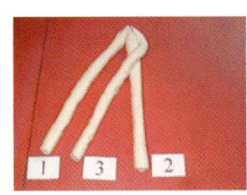

Strang 3 innen an Strang 1 legen

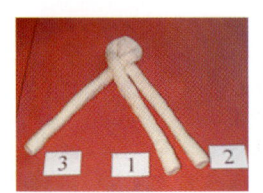

Strang 1 innen an Strang 2 legen

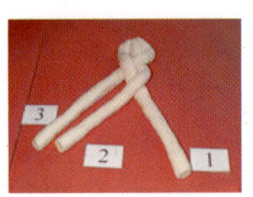

Strang 2 innen an Strang 3 legen usw.

▶ Der Hefezopf kann auch mit **150 g Sultaninen** und **70 g gehackten Mandeln** oder Haselnüssen hergestellt werden.

▶ Aus dem Teig können auch Brötchen hergestellt werden.

▶ Sonnenblumenkerne, grob gehackte Nüsse, Sesamsamen usw. können in den Teig gegeben oder zum Bestreuen verwendet werden.

▶ Entsprechend können auch Vollkornbrötchen hergestellt werden. Bei der Verwendung von **Vollkornmehl ⅜ l lauwarme Milch** verwenden. Den Teig länger gehen lassen.

Blätterteig

Blätterteigtaschen (12 Stück)

1 Paket tiefgekühlten Blätterteig (300 g)	Teigplatten nebeneinander legen, abgedeckt auftauen lassen.	
	Teigplatten aufeinander legen, zu einem Rechteck ausrollen, daraus 12 Rechtecke schneiden. Füllen, zusammenklappen, Ränder festdrücken. Blätterteigtaschen auf ein feuchtes Backblech legen. **Backen**: mittlere Schiene – 15 Minuten **E-Herd**: 225 °C, **Gasherd**: Regler 4	Stück

		600 kJ

Fleischfüllung

250 g Champignons	waschen, putzen, in Scheiben schneiden.	7 g E
1 Zwiebel	schälen, würfeln.	
250 g Rinderhack	in einer beschichteten Pfanne anbraten, Zwiebeln und Pilze zugeben, mitbraten.	9 g F
2 EL Tomatenmark, Salz, Pfeffer, Kräuter	zum Abschmecken verwenden.	9 g KH

Gemüsefüllung

Stück

2 Stangen Lauch	waschen, putzen, in Streifen schneiden.	2 230 kJ
1 Zwiebel	schälen, würfeln.	
1 EL Öl	erhitzen, Gemüse darin andünsten.	16 g E
1 EL Vollkornmehl	darüber streuen, durchschwitzen.	
3 EL Sahne, 1 Eigelb	und	8 g F
1 Bd. gehackte Kräuter Paprika, Pfeffer, Salz	zum Gemüse geben, unterheben. Mit abschmecken.	90 g KH

Windräder (9 Stück)

Stück

1 Paket tiefgekühlten Blätterteig (300 g)	auftauen lassen, s. o.	580 kJ
	Teigplatten ausrollen. Daraus neun Quadrate 10 × 10 cm schneiden. Ecken schräg einschneiden und je eine Ecke zur Mitte klappen. Je eine	1 g E
		8 g F
Aprikosenhälfte Aprikosenkonfitüre	oder in die Mitte setzen. Windräder auf ein feuchtes Blech legen.	14 g KH
	Backen: mittlere Schiene – 10 Minuten **E-Herd**: 225 °C, **Gasherd**: Regler 4	

Rezepte

Käsestangen

1 Paket tiefgekühlten Blätterteig (300 g)	auftauen lassen, s. S. 181.
Eiklar	Teigplatten ausrollen. Teig mit bestreichen.
150 g geriebenen Gouda, 1 TL Paprika	mit vermischen. Käse-Paprika-Mischung auf der einen Teighälfte verteilen. Die andere Teighälfte darüber klappen, festdrücken. Streifen von 10 cm Länge und 1 cm Breite abschneiden. Käsestangen leicht drehen. Käsestangen auf ein feuchtes Backblech legen. **Backen:** mittlere Schiene – 10 Minuten **E-Herd:** 225 °C, **Gasherd:** Regler 4

715 kJ · 55 g E · 12 g F · 104 g KH

Torten

Anrichten und Garnieren von Torten

▶ Torte auf ein Pergamentkreuz setzen.
▶ Oberfläche der Torte mit einem Tortenteiler markieren.
▶ Tortenstücke am Rand garnieren, z. B. Spritzmuster, Obststücke, Mokkabohnen, Nüsse, je nach Tortenart.
▶ Torte auf eine saubere Tortenplatte heben. Pergamentstreifen herausziehen.

Obst-Sahne-Torte (16 Stück)
Tortenboden (Biskuitmasse)

Stück: 845 kJ · 3 g E · 11 g F · 22 g KH

2 Eier, 2 EL heißes Wasser	und mit dem Handrührgerät schaumig schlagen.
100 g Zucker, 1 Vanillinzucker	löffelweise dazugeben, schaumig schlagen.
75 g Mehl, 50 g Stärke, ½ TL Backpulver	und mischen, auf die Schaummasse sieben, vorsichtig unterheben. Springform mit Backtrennpapier auslegen, Biskuitmasse einfüllen. **Backen:** untere Schiene – 25 Minuten **E-Herd:** 175 °C, **Gasherd:** Regler 2
	Den abgekühlten Tortenboden waagerecht durchschneiden.
Füllung:	siehe folgende Seite

Rezepte 3

Füllung

1 Vanillesoßenpulver	mit
25 g Zucker	und
¼ l Milch	nach Vorschrift zubereiten, kalt stellen.
500 g Erdbeeren	waschen, putzen, halbieren.
500 g Schlagsahne 50 g Zucker, 1 Sahnesteif	mit steif schlagen. Die untere Tortenbodenhälfte mit der Vanillecreme bestreichen und mit Erdbeeren belegen. Etwas Sahne gleichmäßig darüber geben, die obere Tortenbodenhälfte darauf legen. Die Torte von allen Seiten mit Sahne einhüllen. Mit der restlichen Sahne und Erdbeeren garnieren.

Apfeltorte, gedeckt – Mürbeteig (12 Stück)

300 g Mehl ½ TL Backpulver	mit mischen, auf ein Backbrett bzw. in eine Schüssel geben. In die Mitte eine Vertiefung drücken.
100 g Zucker 1 Ei 150 g Margarine	und in die Vertiefung geben. in kleinen Stücken auf den Rand geben. Zutaten von der Mitte her zunächst verrühren, dann schnell durchkneten.
	Boden der Springform einfetten. Die Hälfte des Mürbeteigs auf einem Pergamentpapier ausrollen, eine Teigdecke – so groß wie die Springform – ausstechen. Die andere Hälfte des Teiges auf dem Boden der Springform ausrollen, mehrmals mit einer Gabel einstechen. Teigdecke und Teigreste für den Rand kalt stellen. **Boden backen:** mittlere Schiene – 12 Minuten **E-Herd:** 175 °C, **Gasherd:** Regler 2
750 g Äpfel 50 g Sultaninen 1 TL Zimt	waschen, schälen, putzen, in Scheiben schneiden. waschen und mit unter die zerkleinerten Äpfel mischen.
30 g Zucker	Den abgebackenen Boden kurz abkühlen lassen. Aus den Teigresten eine Rolle formen, daraus in der Springform einen Rand formen. Die Äpfel und die Sultaninen einfüllen. darüber streuen. Teigdecke vorsichtig auf die Füllung legen. Die Teigdecke mehrmals mit einer Gabel einstechen.
Eigelb oder Kondensmilch	zum Bestreichen verwenden.
	Backen: untere Schiene – 25 Minuten **E-Herd:** 175 °C, **Gasherd:** Regler 2

Stück

1 160 kJ

4 g E

11 g F

39 g KH

3 Rezepte

Schokoladenbiskuitrolle

Backtrennpapier	Backblech mit belegen.
75 g Mehl, 75 g Stärke, 20 g Kakao 1 TL Backpulver	und mischen.
4 Eier 4 EL heißes Wasser 150 g Zucker	und mit einem Handrührgerät schaumig schlagen. löffelweise unterrühren, es soll eine dickliche Masse entstehen.
	Mehl, Stärke, Kakao, Backpulver darüber sieben, mit dem Rührbesen vorsichtig unterheben, nicht rühren. Biskuitmasse auf das Backblech geben. **Backen:** mittlere Schiene – ca. 12 Minuten **E-Herd:** 220 °C, **Gasherd:** Regler 4
	Biskuit auf ein mit Zucker bestreutes Geschirrtuch stürzen, Papier abziehen. Biskuit aufrollen, abkühlen lassen.

Stück

835 kJ

5 g E

9 g F

17 g KH

Sahne-Obst-Füllung

250 g Schlagsahne	steif schlagen.
1 Sahnesteif	dazugeben. Mit
Zucker	abschmecken. Biskuitrolle mit
200 g Obst, z. B. Kirschen	belegen, mit Schlagsahne bestreichen, aufrollen.

▶ Die Herstellung von Biskuitmasse mit der Küchenmaschine spart Zeit.
▶ Biskuitgebäck sehr schnell verarbeiten, da es leicht trocknet und bricht.
▶ Eine helle Biskuitrolle entsteht, wenn der Kakao weggelassen wird.

Quarksahnetorte (16 Stück)
Tortenboden – Rührmasse

125 g Margarine, 125 g Zucker 1 Vanillinzucker	und schaumig rühren.
2 Eier	dazugeben, schaumig rühren.
125 g Mehl 1 TL Backpulver	mit mischen, unter die Fett-Zucker-Ei-Masse rühren. Rührmasse in eine gefettete Springform füllen. **Backen:** untere Schiene – 25 Minuten **E-Herd:** 175 °C, **Gasherd:** Regler 2 Den abgekühlten Teigboden waagerecht durchschneiden.

Stück

1 175 kJ

11 g E

14 g F

27 g KH

184

Füllung

Salmonellengefahr!

8 Blatt Gelatine	in
8 EL Wasser	einweichen.
2 Zitronen	auspressen.
150 g Zucker, 1 Vanillinzucker 2 Eigelb	und mit dem Zitronensaft schaumig rühren.
1 kg Magerquark	unterrühren.

Gelatine im Wasserbad auflösen, zunächst etwas Quarkmasse mit der Gelatine verrühren, dann unter die restliche Quarkmasse ziehen. Vgl. S. 172. Die untere Hälfte des Tortenbodens auf eine Tortenplatte legen, einen Tortenring darumstellen. Quarkmasse einfüllen. Den oberen Tortenboden in 16 Stücke schneiden, auf die Füllung legen. Torte kalt stellen, fest werden lassen.

Quarktorte für Diabetiker (10 Stück)
Tortenboden – Biskuitmasse

Stück

330 kJ

10 g E

2 g F

6 g KH

Pergamentpapier Backtrennpapier	Kleine Springform fetten, Boden mit oder belegen.
2 Eigelb, 2 TL Süßstoff, flüssig, 2 EL heißes Wasser	und schaumig schlagen.
2 Eiklar	steif schlagen und auf die Eigelbmasse geben.
50 g Mehl 1 TL Backpulver	mit vermischen und auf den Eischnee sieben. Vorsichtig unterheben. Biskuitmasse in die Springform füllen. **Backen:** mittlere Schiene – 18 Minuten **E-Herd:** 200 °C, **Gasherd:** Regler 3

Belag:

500 g Magerquark 3 EL Milch 2 EL Zitronensaft Süßstoff oder Fruchtzucker	mit und verrühren. Mit abschmecken.
4 Blatt Gelatine	einweichen, auflösen, mit etwas Quark vermischen, zum restlichen Quark geben, unterziehen. Vgl. S. 172.
100 ml Schlagsahne	schlagen, unterheben.

Den ausgekühlten Boden auf eine Platte legen. Den Springformrand darumstellen. Quarkmasse einfüllen. Torte kalt stellen, fest werden lassen.

Rezepte

Weihnachtsgebäck
▶ Backblech jeweils fetten oder mit Backtrennpapier auslegen.
▶ Plätzchen nach dem Backen sofort vom Backblech lösen. Sind die Plätzchen „festgeklebt", Backblech nochmals kurz in den heißen Backofen schieben.

Vanille-Kipferl (etwa 100 Stück)

Stück | 170 kJ | 1 g E | 3 g F | 3 g KH

250 g Mehl,
1 Pr. Backpulver,
125 g Zucker,
1 Vanillinzucker,
1 Pr. Salz,
3 Eigelb,
200 g Butter und
125 g gemahlene Mandeln in eine Rührschüssel geben. Zutaten verkneten. Eine Teigrolle formen, kleine Stücke abschneiden, etwa 5 cm lange Rollen formen. Die Kipferl auf ein gefettetes Backblech setzen.
Backen: obere Schiene – 10 Minuten
E-Herd: 190 °C, **Gasherd:** Regler 3

Zimtsterne (etwa 40 Stück)

Stück | 310 kJ | 2 g E | 4 g F | 7 g KH

3 Eiklar steif schlagen,
150 g Puderzucker nach und nach unterschlagen. 4 EL von der Schaummasse abnehmen.

1 Vanillinzucker,
1 TL Zimt und
325 g gemahlene Mandeln vorsichtig unter den Eischnee heben. Masse ½ cm dick auf
Puderzucker ausrollen. Sterne ausstechen, auf ein mit Backtrennpapier belegtes Backblech setzen. Mit der restlichen Eiklar-Zucker-Masse bestreichen.
Backen: obere Schiene – 30 Minuten
E-Herd: 150 °C, **Gasherd:** Regler 1

Wespennester

Stück | 340 kJ | 2 g E | 4 g F | 9 g KH

3 Eiklar steif schlagen.
250 g Zucker und
1 Vanillinzucker unterschlagen.
125 g geriebene Schokolade,
250 g gehackte Mandeln zum Eischnee geben, vorsichtig unterheben. Mit einem Teelöffel Häufchen auf ein mit Backtrennpapier belegtes Backblech setzen.

Backen: obere Schiene – 30 Minuten
E-Herd: 150 °C, **Gasherd:** Regler 1

Rezepte 3

Zitronenplätzchen (etwa 40 Stück)

		Stück
3 Eigelb, 125 g Zucker **1 Vanillinzucker**	und schaumig rühren.	280 kJ
250 g gemahlene Mandeln **½ TL Backpulver**	und unterkneten. Es entsteht ein fester Teig, der kaum noch klebt.	1 g E
Puderzucker	Masse ½ cm dick auf ausrollen. Herzen ausstechen, auf ein gefettetes Backblech setzen. **Backen:** obere Schiene – 30 Minuten **E-Herd:** 150 °C, **Gasherd:** Regler 1	5 g F 7 g KH
Guss: **150 g Puderzucker** **1 bis 2 EL Zitronensaft**	mit glatt rühren. Herzen damit bestreichen.	

Knusperpralinen (etwa 40 Stück)

		Stück
50 g geschälte Mandeln, **50 g Sesamkerne,** **50 g Pinienkerne,** **50 g Sonnenblumenkerne** **60 g Kürbiskerne**	und in einer Pfanne leicht anrösten.	295 kJ 1 g E 5 g F
50 g Sultaninen, **1 TL Zimt** **geriebene Schale von** **1 Zitrone** **300 g Vollmilchschokolade**	und unter die abgekühlten Kerne mischen. im Wasserbad schmelzen, zu den vorbereiteten Zutaten geben und verrühren. Die Masse mit zwei Teelöffeln zu Pralinen formen und auf Backtrennpapier setzen. Kalt stellen und fest werden lassen.	6 g KH

▶ Anstelle von Vollmilchschokolade kann auch Zartbitter- oder weiße Schokolade verwendet werden.

Marzipankartoffeln (etwa 40 Stück)

		Stück
200 g Mandeln	brühen, schälen, zweimal mahlen. Gemahlene Mandeln mit	230 kJ
1 Eiklar **200 g Puderzucker**	und vermengen.	1 g E 3 g F
Kakao	Marzipankugeln formen, In wenden, trocknen lassen.	6 g KH

187

3 Rezepte

Wok mit Deckel und Abtropfgitter

11 Der Wok und andere Zusatzgeräte

Im Wok sind folgende Garmethoden möglich (vgl. S. 102):
- Pfannenrühren,
- Schmoren,
- Dämpfen und
- Frittieren.

Im Wok verteilt sich die Hitze anders als in einer normalen Pfanne. In der Mitte ist es besonders heiß, die Lebensmittel werden hier sehr schnell gar. Dadurch ist das Zubereiten im Wok besonders nährstoffschonend. An den Wänden herrschen niedrigere Temperaturen.

Beim Pfannenrühren werden die verschiedenen klein geschnittenen Zutaten nacheinander rasch bei starker Hitze unter ständigem Rühren angebraten.

Für die Zubereitung von Lebensmitteln durch Pfannenrühren ist nur wenig Öl erforderlich.

Beim Pfannenrühren bleibt das Gemüse knackig und das Fleisch saftig.

Die Gebrauchsanweisung für den jeweiligen Wok sollte vor der ersten Benutzung genau gelesen werden.

---

1. Erstelle eine Arbeitsanleitung für die Zubereitung von Chopsuey im Wok.
2. Suche im Buch bzw. in Zeitschriften nach weiteren Rezepten, die im Wok zubereitet werden können.
3. Suche nach weiteren Rezepten, die in anderen Zusatzgeräten zubereitet werden.
4. Stellt fest, welche Zusatzgeräte ihr in der Schulküche habt.

Brokkoli-Hähnchen – Pfannenrühren

1 360 kJ
18 g E
18 g F
20 g KH

400 g Hähnchenbrustfilet	waschen, trockentupfen, in feine Scheiben schneiden.
Würzsoße: 1 EL Sojasoße 2 TL Stärke 1 EL Rapsöl	mit mischen und unterrühren.
500 g Brokkoli 1 Zwiebel	waschen, putzen, in Röschen zerteilen. schälen und fein würfeln. Gemüse abdecken.
1 EL Rapsöl	im heißen Wok erhitzen.
100 g Mandelblätter	goldbraun rösten, herausnehmen.
	Fleisch portionsweise 2 bis 3 Minuten unter Rühren braun anbraten. Herausnehmen, warm stellen.
Brokkoli und Zwiebelwürfel	4 Minuten unter Rühren anbraten. Würzsoße und
⅛ l Hühnerbrühe	dazugeben. Aufkochen lassen. Fleischstreifen dazugeben. 1 Minute rühren. Mit
Salz und Pfeffer	abschmecken. Mit den Mandelblättchen bestreuen.

Rezepte

Hähnchenbrustcurry mit Mango – Pfannenrühren

400 g Hähnchenbrustfilet	waschen, trockentupfen, in feine Scheiben schneiden.
Würzsoße: 1 Zitrone 3 EL Sojasoße	auspressen. Zitronensaft mit mischen und die Fleischscheiben darin 1 Stunde einlegen.
2 Stangen Lauch 1 feste Mango	putzen, waschen, in Ringe schneiden. waschen, schälen. Das Fruchtfleisch in feinen Scheiben vom Stein schneiden.
1 EL Rapsöl	im heißen Wok erhitzen. Die abgetropften Fleischscheiben darin nach und nach unter Rühren 2 Minuten braten. Warm stellen.
2 EL Rapsöl 1 EL Curry ⅛ l Fleischbrühe	im Wok erhitzen. Die Lauchringe 3 Minuten im Wok rühren. Mit bestäuben und kurz anbraten. Mit der Würzsoße und angießen. Aufkochen lassen.
Salz und Pfeffer	Fleischstreifen und Mangoscheiben dazugeben. 2 Minuten rühren. Mit abschmecken.

970 kJ | 20 g E | 9 g F | 16 g KH

Hähnchenkeulen im Gemüsebett – Römertopf

	Römertopf 15 Minuten wässern.
4 Möhren 2 Stangen Lauch 200 g Champignons	waschen, schälen, in Scheiben schneiden. putzen, waschen, in Ringe schneiden. waschen, putzen, vierteln, abdecken!
4 Hähnchenkeulen Salz, Pfeffer, Paprika 1 Becher saure Sahne 4 EL Brühe	Das Gemüse in den Römertopf füllen. waschen, trockentupfen, mit würzen, in das Gemüsebett drücken. mit verquirlen und über das Fleisch geben.
2 EL gehackter TK-Petersilie	Den zugedeckten Römertopf in den Backofen stellen. 60 Minuten bei 200 °C garen. Dann 10 Minuten ohne Deckel bräunen. Mit anrichten.

470 kJ | 40 g E | 6 g F | 16 g KH

Vor jeder Benutzung muss der Römertopf gewässert werden. Topf und Deckel dafür vollständig in Wasser legen. Die Poren des Topfes saugen sich voll Wasser. Die Feuchtigkeit wird während des Garens wieder abgegeben.

Den Römertopf immer in den kalten Backofen schieben, sonst springt er.

Römertopf

3 Rezepte

Fleischspieße – vom Grill

500 g Rindfleisch	waschen, trockentupfen, in 2 cm große Würfel schneiden.	1 450 kJ
2 Zwiebeln	schälen, darüber reiben.	22 g E
4 EL Zitronensaft, 3 EL Öl, Salz, Pfeffer, Paprika Thymian	Eine Marinade – vgl. S. 103 – aus und herstellen und über das Fleisch geben. Fleisch mindestens 2 Stunden abgedeckt durchziehen lassen.	25 g F 6 g KH
2 große Zwiebeln 2 Paprikaschoten	schälen und vierteln. waschen, halbieren, putzen und in 2 cm große Quadrate schneiden.	
	Auf Spieße abwechselnd Fleisch, Paprika, Zwiebel, Fleisch, Paprika usw. stecken.	
	Grill vorheizen. Spieße 6 bis 8 Minuten unter Wenden grillen.	

Raclette – Kartoffeln und Käse

800 g Kartoffeln	waschen, Pellkartoffeln kochen. Pellen, in Scheiben schneiden.	2 690 kJ
500 g Raclettekäse	Rinde entfernen, in ½ cm dicke Scheiben schneiden, auf einer Platte anrichten.	35 g E 40 g F
	Jeweils Kartoffelscheiben und eine Scheibe Raclettekäse in die Raclettpfännchen legen und im Raclettegerät schmelzen lassen. Dazu kann Gurken- oder Tomatensalat gereicht werden.	31 g KH

Raclette – Rösti mit Käse

500 g Kartoffeln	waschen, schälen und raspeln. Kartoffelraspel in eine Schüssel geben. Mit	1 395 kJ
2 Eiern und 1 EL Sahne Salz, Pfeffer, Muskat	vermengen. Mit würzen.	18 g E 19 g F
Etwas Öl	in den Pfännchen erhitzen. Je 1 EL Kartoffelmasse in ein Pfännchen geben. Flach drücken, unter Wenden goldgelb backen.	20 g KH
200 g Gouda	Rösti bis zum Servieren warm stellen. Je ein Rösti in ein Pfännchen geben. Mit einer Käsescheibe bedecken. Im Raclettegerät überbacken, bis der Käse schmilzt und beginnt sich leicht zu bräunen.	

Rezepte

Garen in der Mikrowelle

Indische Currysuppe

40 g Butter oder Margarine	und	1560 kJ
40 g Mehl	zu einem Kloß vermengen.	
4 Bananen	pürieren. Bananenmus mit	10 g E
1 TL Curry,	dem Fett-Mehl-Kloß,	19 g F
¼ l Brühe, ½ l Milch	in eine Schüssel geben, zugedeckt mit 780/600/500 Watt ca. 10/13/15 Minuten garen. Zwischendurch mehrmals umrühren. Mit	39 g KH
Salz, Zucker, Curry	und	
4 EL geschlagener Sahne gerösteten Mandelblättchen	abschmecken. Mit in Suppentassen anrichten.	

Herzhafte Fischschnitte

750 g Seelachsfilet	säubern, säuern, salzen.	1015 kJ
1 Zwiebel	schälen, in Scheiben schneiden.	40 g E
4 Tomaten	waschen, putzen, in Scheiben schneiden. Die Hälfte des Fischfilets in eine Schüssel legen. Zwiebel- und Tomatenscheiben darauf verteilen.	7 g F
4 dünne Scheiben Gouda	und	4 g KH
1 EL Rosmarin	ebenfalls auf dem Fischfilet verteilen. Restliches Fischfilet darauf legen. Zugedeckt zunächst mit 780/600/500 Watt 4/6/7 Minuten und dann mit 450 Watt ca. 10 Minuten garen.	

Dampfnudeln

375 g Mehl	in eine Rührschüssel geben und mit	2725 kJ
1 Päckchen Trockenbackhefe	sorgfältig mischen.	
60 g Zucker, 1 Ei,		14 g E
75 g zerlassene Butter,		
ca. ⅛ l lauwarme Milch	hinzufügen. Zu einem glatten Teig verarbeiten. Teig mit 80 Watt ca. 15 Minuten aufgehen lassen. Teig nochmals durchkneten. Eine Rolle formen. In gleich große Stücke schneiden und diese zu Kugeln formen. Teigkugeln nebeneinander in eine Auflaufform setzen, ca. 10 Minuten bei 80 Watt gehen lassen.	25 g F
		90 g KH
⅛ l lauwarme Milch, 20 g zerlassene Butter	und	
20 g Zucker	mischen, über die Dampfnudeln geben. Zugedeckt mit 780/600/500 Watt ca. 5/7/8 Minuten garen.	

Berechnung des Kohlenhydratgehalts (Mehnert/Standl)

1 Broteinheit (BE) entspricht jeweils folgenden Lebensmittelmengen:

Mehle, Nährmittel, Teigwaren

Weizenmehl, Weizengrieß (1 gestr. EL)	15 g
Roggenmehl, Paniermehl (1 gestr. EL)	15 g
Stärkemehle, Puddingpulver	15 g
Sojavollmehl	45 g
Sago, Graupen	15 g
Haferflocken (2 gestr. EL)	20 g
Cornflakes, ungezuckert	15 g
Reis, roh (1 gestr. EL)	15 g
Reis, gekocht	ca. 50 g
Kartoffelknödelmehl, -püreemehl	15 g
Kartoffelknödel	ca. 50 g
Eierteigwaren (Spaghetti, Spätzle), roh	15 g
Eierteigwaren, gekocht	ca. 50 g

Brot

Roggenvollkornbrot	25 g
Mischbrot (ca. 1 dünne Scheibe)	25 g
Weißbrot, Pumpernickel, Steinmetzbrot	25 g
Semmel, Brezel, ca. ½ Stück	20 g
Diabetiker-Zwieback, 2 Stück	15 g
Knäckebrot, 2 Scheiben	15 g
Salzstangen, Kräcker	15 g

Kartoffeln, Hülsenfrüchte, Gemüse

Kartoffeln, geschält	65 g
Hülsenfrüchte (Erbsen, Bohnen, Linsen)	20 g
Schwarzwurzeln	75 g
Artischocken	100 g
Erbsen, grün (frisch oder aus der Dose)	100 g
Sojabohnen	45 g
Speisemais	60 g
Maiskolben	170 g

Milch und Milchprodukte

Vollmilch (alle Fettstufen)	250 g
Buttermilch, Sauermilch, Kefir	250 g
Joghurt (alle Fettstufen)	250 g

Obst (frisch oder als Diabetikerkompott)

Ananas, Apfel, Aprikosen	100 g
Apfelsinen ohne Schale	100 g
Apfelsinen mit Schale	ca. 140 g
Banane ohne Schale	50 g
Banane mit Schale	80 g
Birne	90 g
Brombeeren	40 g
Erdbeeren	160 g
Himbeeren	150 g
Grapefruit ohne Schale	130 g
Grapefruit mit Schale	ca. 190 g
Heidelbeeren (Blaubeeren)	90 g
Holunderbeeren	130 g
Honigmelone mit Schale	120 g
Johannisbeeren, schwarz	90 g
Johannisbeeren, rot	120 g
Kirschen, sauer	90 g
Kirschen, süß	80 g
Kiwi	120 g
Mandarinen ohne Schale	110 g
Mandarinen mit Schale	ca. 170 g
Pfirsich ohne Stein	100 g
Pfirsich mit Stein	120 g
Pflaumen ohne Stein	80 g
Pflaumen mit Stein	90 g
Preiselbeeren	120 g
Stachelbeeren	140 g
Wassermelonen ohne Schale	250 g
Zwetschgen ohne Stein	60 g
Zwetschgen mit Stein	70 g

Obstsäfte und Gemüsesäfte

(unvergoren, ohne Zuckerzusatz)

Apfelsaft, Orangensaft	110 g
Grapefruitsaft	120 g
Johannisbeersaft, schwarz	90 g
Johannisbeersaft, rot	100 g
Karottensaft	200 g
Rote-Bete-Saft	130 g

Zuckeraustauschstoffe

Fruchtzucker (Fructose, Lävulose)	12 g
Sorbit (Sionon)	12 g
Diabetikerkonfitüre	25 g
Diabetikerkonfitüre, energiereduziert	40 g

Rezepte 3

Mengenangaben zur Aufstellung und Berechnung von Kostplänen

Folgende Abkürzungen werden verwendet:

1 Liter	1 l	1 Gramm	1 g	1 Prise	1 Pr.
1 Milliliter	1 ml	1 Kilogramm	1 kg	1 Esslöffel	1 EL
				1 Teelöffel	1 TL

Inhalt eines Wasserglases: 150 g **Suppentellers:** 250 g

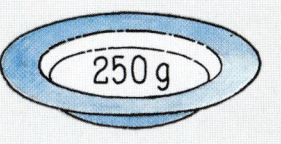

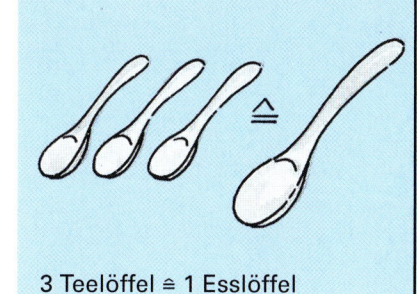

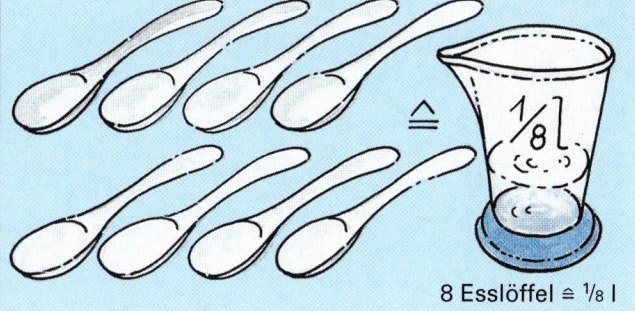

3 Teelöffel ≙ 1 Esslöffel

8 Esslöffel ≙ 1/8 l

1 Prise ist eine Menge, die man zwischen Daumen und Zeigefinger halten kann.

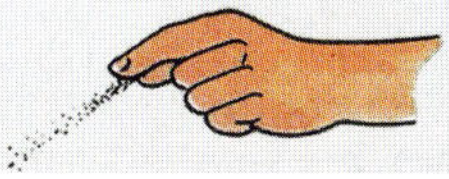

Grundmengen pro Person (Angaben beziehen sich größtenteils auf die Rohware)

Rohkost, Salat	roh, geputzt	50–100 g
	gekocht	125–150 g
Soßen		60–100 g
Mayonnaise		40 g
Reis, Teigwaren	Beilage	60 g
	Hauptgericht	100 g
	Suppeneinlage	20 g
Kartoffeln	Beilage, Eintopf	250 g
Gemüse	Beilage	250 g
	Sauerkraut	100 g
	Hülsenfrüchte	60 g

Suppen, Eintöpfe	Vorspeise	250 g (¼ l)
	Hauptgericht	500 g (½ l)
Fleisch	mit Knochen	150 g
	ohne Knochen	100 g
	Hackfleisch	75–100 g
Fisch	im Ganzen	250 g
	ohne Kopf	220 g
	Filet	100–150 g
Obst	frisch	150–200 g
	Kompott	125 g
	Backobst	50 g
Süßspeisen	Flammeri, Creme	125 g
	Gallerte	125 g

Nährwerttabelle

Die Nährstoffangaben beziehen sich auf 100 g käufliche Ware.
Z.B. 100 g Kartoffeln mit Schale ≙ 80 g Kartoffeln ohne Abfall.
+ bedeutet: Nährstoff nur in Spuren enthalten.

* Lebensmittelmenge in Portion, Stück/Scheibe oder EL.

Lebensmittel 100 g eingekaufte Ware	Eiweiß g	Fett g	Kohlen-hydrate g	Ballast-stoffe g	Energie kJ	Mineralstoffe		Vitamine				Wasser	Menge* g
						Calcium mg	Eisen mg	A µg	B_1 mg	B_2 mg	C mg		
Getreide und Mehle													
Amarant	15	9	57	4	1575	215	9,0	+	0,80	0,20	0	17	EL10
Buchweizen	9	2	71	4	1440	20	3,2	0	0,25	0,15	0	12	EL10
Buchweizen, Grütze	8	2	73	3	1455	10	2,0	0	0,30	0,08	0	12	EL10
Cornflakes	7	1	80	4	1520	13	2,0	0	0,06	0,06	75	12	30
Gerste	10	2	63	10	1320	40	2,8	1	0,45	0,18	0	13	60
Grünkern	11	3	63	9	1375	22	4,2	10	0,40	0,15	0	12	60
Hafer	12	7	60	6	1495	80	5,8	0	0,52	0,17	0	13	60
Haferflocken	13	7	63	5	1565	50	4,0	0	0,65	0,15	0	13	EL10
Hirse	10	4	69	3	1500	25	7,0	0	0,26	0,14	0	11	60
Maismehl	8	3	72	5	1475	18	2,4	300	0,44	0,13	0	11	10
Müsli mit Nüssen	12	12	55	7	1605	90	4,4	2	0,42	0,10	0	12	EL10
Nudeln, gekocht	5	1	28	1	600	10	0,9	25	0,04	0,04	0	64	150
Vollkornnudeln, gekocht	5	2	24	4	570	20	1,0	25	0,10	0,03	0	63	150
Vollkornreis, gekocht	3	1	27	1	550	33	0,7	0	0,07	0,02	0	66	150
Reis, poliert, gekocht	2	+	24	+	440	9	0,1	0	0,01	0,01	0	73	150
Wildreis	7	2	73	3	1440	25	2,0	0	4,00	0,09	0	13	60
Roggen	9	2	61	13	1270	65	4,6	60	0,35	0,17	0	13	60
Roggenmehl, Type 1800	10	2	59	13	1250	25	2,7	58	0,30	0,14	0	14	EL10
Roggenmehl, Type 1150	8	1	68	8	1330	20	2,4	41	0,22	0,10	0	14	EL10
Speisestärke	+	+	86	1	1460	0	0	0	0	0	0	12	EL10
Weizen	12	2	61	10	1320	44	3,3	3	0,50	0,15	0	13	60
Weizenmehl, Type 1700	11	2	60	10	1285	40	3,3	0	0,45	0,12	0	15	EL10
Weizenmehl, Type 550	11	1	68	4	1380	15	1,9	0	0,11	0,10	0	15	EL10
Weizenmehl, Type 405	10	1	71	4	1415	15	1,1	0	0,06	0,03	0	13	EL10
Weizengrieß	10	1	70	7	1400	15	1,0	0	0,12	0,04	0	10	EL10
Weizenkeime	27	9	24	24	1220	70	8,1	10	2,00	0,72	0	12	EL10
Brot und Backwaren													
Baguette	8	1	55	3	1110	18	1,2	0	0,06	0,05	0	31	80
Brötchen (Semmeln)	8	2	50	3	1065	27	1,2	0	0,10	0,03	0	36	40
Butterkeks	8	11	74	3	1825	45	1,8	135	0,05	0,08	0	3	6
Croissant	6	26	35	1	1710	80	1,0	120	0,06	0,05	0	31	30
Erdnussflips	10	35	46	4	2315	20	2,7	80	0,35	0,20	0	4	40
Grahambrot	8	1	44	8	925	45	1,6	2	0,21	0,20	0	37	50
Knäckebrot	9	1	66	14	1315	85	4,7	2	0,20	0,18	0	9	10
Laugenbrezel	8	1	50	2	1025	20	0,9	4	0,10	0,10	0	38	55
Mehrkornbrot	8	2	43	9	945	25	2,2	0	0,13	0,12	0	36	40
Pumpernickel	8	1	41	10	855	55	1,9	0	0,05	0,05	0	40	30
Roggenbrot	7	1	48	6	955	30	2,5	0	0,18	0,11	0	38	40
Roggenvollkornbrot	6	1	41	8	855	40	3,3	5	0,18	0,15	0	31	50
Roggen-Toastbrot	7	4	48	4	1090	35	1,8	25	0,13	0,35	0	36	20
Weizen-Toastbrot	7	4	48	4	1090	45	1,4	25	0,10	0,19	0	36	20
Weizenvollkornbrot	7	1	41	8	855	60	2,0	5	0,25	0,15	0	42	50
Paniermehl, Semmelmehl	7	2	72	4	1505	30	2,6	0	0,20	0,30	0	9	EL10
Waffeln	12	30	30	1	1750	100	0,9	100	0,03	0,11	0	34	40
Zwieback, eifrei	4	4	73	4	1550	20	1,0	6	0,11	0,07	0	9	10
Backpulver	+	0	25	0	425	1100	0	0	0	0	0	0	EL10
Hefe	16	1	0	0	310	28	4,9	0	1,43	2,31	0	2	40
Kartoffeln													
Kartoffeln, ungeschält	2	+	15	3	290	10	0,4	1	0,10	0,05	17	78	250
Bratkartoffeln	3	8	19	2	685	12	1,1	1	0,09	0,04	16	66	200
Kartoffelbrei	2	2	12	1	315	42	0,6	1	0,07	0,07	9	81	200
Kartoffelchips	6	40	41	4	2360	50	2,3	10	0,20	0,10	17	7	30
Kartoffelklöße	4	1	19	1	430	15	1,0	10	0,09	0,08	9	73	200
Kartoffelkroketten	2	18	23	1	1125	12	1,1	10	0,07	0,10	8	54	150
Kartoffelpuffer	5	21	25	2	1330	20	1,4	10	0,10	0,30	13	46	50
Pellkartoffeln	2	+	17	2	290	10	0,8	1	0,10	0,04	18	77	200
Pommes frites	4	13	31	4	1100	20	1,6	7	0,15	0,20	23	44	150
Salzkartoffeln	2	+	15	2	290	20	0,7	1	0,07	0,03	12	79	200
Gemüse													
Auberginen	2	+	3	1	90	80	0,4	7	0,04	0,05	5	92	300
Avocados	2	15	4	3	685	10	0,6	32	0,09	0,13	13	74	200
Bambussprossen	3	+	5	2	140	15	0,7	5	0,13	0,08	7	89	250
Blattsellerie	1	+	4	2	90	50	0,5	5	0,03	0,04	7	91	150
Blumenkohl	3	+	3	3	100	20	0,6	2	0,11	0,10	73	89	250
Bohnen, dick	6	1	13	2	360	25	2,0	50	0,23	0,14	33	76	250

Nährwerttabelle

Lebensmittel 100 g eingekaufte Ware	Eiweiß g	Fett g	Kohlenhydrate g	Ballaststoffe g	Energie kJ	Mineralstoffe Calcium mg	Eisen mg	Vitamine A µg	B$_1$ mg	B$_2$ mg	C mg	Wasser ml	Menge* g
Bohnen, grün	2	+	5	2	120	60	0,8	60	0,08	0,12	20	89	200
Brokkoli	3	+	3	3	105	105	1,3	145	0,10	0,21	114	89	250
Champignons	3	+	1	2	70	20	1,1	2	0,10	0,45	4	92	150
Chicorée	1	+	2	1	55	25	0,7	575	0,05	0,03	10	94	150
Chinakohl	1	+	1	2	40	40	0,6	70	0,03	0,04	36	94	150
Eisbergsalat	1	+	2	1	55	20	0,4	210	0,11	0,01	3	94	150
Endivien	2	+	+	2	40	55	1,4	280	0,05	0,12	9	94	150
Erbsen, grün	7	1	13	4	380	25	1,8	50	0,30	0,16	25	73	250
Essiggurke	1	+	3	1	70	30	1,6	65	0	0,02	5	93	50
Feldsalat, Rapunzel	2	+	1	2	55	35	2,0	650	0,07	0,08	35	92	50
Frühlingszwiebel	2	+	3	2	90	40	1,9	105	0,05	0,03	26	91	50
Fenchel	2	+	3	3	90	100	2,7	785	0,22	0,11	93	90	100
Grünkohl	4	1	3	4	160	210	1,9	860	0,10	0,25	105	86	250
Knoblauch	6	+	24	4	515	38	1,4	0	0,20	0,08	14	64	10
Kohlrabi	2	+	4	1	100	70	0,9	35	0,05	0,05	64	91	250
Kopfsalat	1	+	1	2	40	35	1,1	240	0,06	0,08	13	94	100
Kürbis	1	+	5	1	100	22	0,8	125	0,05	0,07	12	91	250
Mangold	2	+	1	3	55	105	2,7	590	0,10	0,16	39	92	200
Möhre, Karotte	1	+	5	3	105	40	2,1	1600	0,07	0,05	7	89	250
Paprikaschote	1	+	3	2	120	10	0,8	180	0,06	0,05	139	92	250
Peperoni	3	1	1	2	105	30	1,2	80	0,07	0,08	120	91	5
Pfifferlinge	2	1	+	6	75	4	6,5	217	0,02	0,20	6	90	150
Petersilie, Kresse	4	+	1	4	90	245	5,5	730	0,14	0,30	166	89	EL 5
Porree, Lauch	2	+	3	2	90	87	1,0	165	0,10	0,06	30	91	250
Radieschen, Rettich	1	+	2	2	55	35	1,5	4	0,03	0,03	29	93	125
Rhabarber	1	+	3	2	70	52	0,5	12	0,03	0,03	10	91	125
Rosenkohl	5	+	4	4	155	30	1,1	75	0,15	0,14	114	85	250
Rote Bete	2	+	9	3	185	30	0,9	2	0,02	0,04	10	86	250
Rotkohl	2	+	4	3	100	35	0,5	3	0,07	0,05	50	89	250
Salatgurke	1	+	2	1	55	15	0,5	65	0,03	0,03	8	94	150
Sauerkraut	2	+	2	2	70	50	0,6	3	0,03	0,05	20	92	125
Schnittlauch	3	+	5	6	135	130	1,6	50	0,14	0,15	47	84	EL 5
Schwarzwurzeln	1	+	2	17	55	50	3,3	3	0,10	0,50	4	78	250
Sellerieknolle	1	+	5	4	105	50	0,4	2	0,05	0,05	6	88	125
Senf	6	6	6	1	440	70	2,0	10	0	0,20	3	79	EL 15
Spargel	2	+	2	2	70	20	1,0	85	0,10	0,10	21	92	250
Spinat	3	+	1	2	70	120	4,1	780	0,10	0,20	52	92	250
Steckrübe	1	+	1	2	40	50	0,5	50	0,05	0,06	33	94	250
Tomate	1	+	3	2	70	15	0,5	85	0,06	0,04	24	92	70
Tomatenketchup	2	+	24	1	445	25	1,2	100	0,07	0,06	10	71	EL 15
Tomatenmark	2	1	9	1	225	27	0,5	102	0,09	0,06	9	85	EL 15
Weißkohl	1	+	5	3	105	45	0,5	12	0,05	0,04	46	89	250
Wirsingkohl	3	+	3	2	100	47	0,9	7	0,05	0,06	45	90	250
Zucchini	2	+	2	1	70	30	1,5	30	0,05	0,09	16	93	250
Zuckermais	3	1	16	4	376	6	0,6	8	0,15	0,12	12	74	250
Zwiebel	1	+	6	3	120	31	0,5	1	0,03	0,03	9	88	55

Hülsenfrüchte

Lebensmittel	Eiweiß g	Fett g	Kohlenhydrate g	Ballaststoffe g	Energie kJ	Calcium mg	Eisen mg	A µg	B$_1$ mg	B$_2$ mg	C mg	Wasser ml	Menge g
Bohnen, weiß	21	2	57	17	1405	105	6,1	67	0,45	0,15	3	2	60
Bohnensprossen	5	1	2	2	160	30	1,0	0	0,37	0,22	20	88	100
Erbsen, gelb, geschält	22	1	59	16	1415	51	5,2	13	0,75	0,27	1	1	60
Kichererbsen	20	3	49	21	1290	125	6,9	30	0,50	0,20	4	5	60
Kidney-Bohnen	22	1	44	16	1160	100	6,4	1	0,65	0,20	4	15	60
Limabohnen	19	1	45	20	1130	85	6,3	1	0,50	0,20	0	13	60
Linsen	24	1	56	11	1400	75	6,9	20	0,45	0,25	2	7	60
Saubohnen	24	2	49	22	1320	100	6,0	65	0,4	0,20	0	1	60
Sojabohnen	34	18	6	22	1380	200	6,6	63	1,0	0,50	0	10	60
Sojadrink	3	2	2	0	165	3	0,8	1	0,12	0,04	0	91	200
Sojasprossen	5	1	3	1	175	42	0,8	4	0,20	0,12	0	88	100
Tofu	7	4	3	+	325	510	1,2	2	0,06	0,02	0	84	100

Obst

Lebensmittel	Eiweiß g	Fett g	Kohlenhydrate g	Ballaststoffe g	Energie kJ	Calcium mg	Eisen mg	A µg	B$_1$ mg	B$_2$ mg	C mg	Wasser ml	Menge g
Ananas	+	+	20	1	340	16	0,4	3	0,08	0,03	20	77	125
Apfel, frisch	+	+	12	2	210	7	0,5	4	0,04	0,03	12	86	160
Apfel, getrocknet	1	1	65	10	1160	30	1,2	3	0,10	0,11	11	21	10
Apfelsine	1	+	9	2	170	42	0,4	11	0,09	0,04	50	86	200
Aprikose, frisch	1	+	11	2	205	17	0,6	265	0,04	0,05	10	84	50
Aprikose, getrocknet	5	+	70	9	1275	82	4,4	5790	0,01	0,11	12	14	10
Backobst	3	1	57	9	1060	50	2,5	265	0,10	0,11	10	27	75
Banane	1	+	16	3	290	8	0,6	8	0,05	0,06	11	78	150
Birne	1	+	13	3	240	9	0,3	3	0,03	0,04	5	81	150
Brombeeren	1	+	9	3	170	44	0,9	45	0,03	0,04	17	85	125
Clementine	1	+	8	2	155	30	0,2	11	0,09	0,04	54	87	60
Datteln, frisch	1	+	27	3	475	21	0,3	25	0,05	0,06	12	67	30
Datteln, getrocknet	2	+	65	9	1140	63	1,9	30	0,04	0,07	3	34	8
Erdbeeren	1	+	7	2	140	25	1,0	3	0,03	0,06	62	88	125
Feigen, frisch	1	+	13	2	240	54	0,6	8	0,06	0,05	3	82	30
Feigen, getrocknet	4	1	55	10	1040	190	3,2	8	0,11	0,10	2	32	20
Granatapfel	+	+	9	6	155	8	0,5	0	0,05	0,02	7	86	200
Grapefruit	1	+	7	1	135	10	0,2	34	0,05	0,03	44	89	375

Nährwerttabelle

Lebensmittel 100 g eingekaufte Ware	Eiweiß g	Fett g	Kohlen-hydrate g	Ballast-stoffe g	Energie kJ	Mineralstoffe		Vitamine				Wasser ml	Menge* g
						Calcium mg	Eisen mg	A µg	B₁ mg	B₂ mg	C mg		
Hagebutten	4	0	19	6	390	255	0,5	800	0,06	0,07	1250	69	125
Heidelbeeren	1	+	13	5	240	13	0,9	6	0,02	0,02	22	79	125
Himbeeren	1	+	8	5	155	40	1,0	4	0,03	0,07	25	84	125
Holunderbeeren	3	+	7	7	170	37	1,6	60	0,07	0,07	18	81	125
Honigmelone	1	+	5	1	100	6	0,2	783	0,06	0,02	32	91	150
Johannisbeeren, rot	1	+	9	4	170	30	0,9	4	0,04	0,03	36	84	125
Johannisbeeren, schwarz	1	+	12	7	220	45	1,3	13	0,05	0,05	190	78	125
Kirschen	1	+	14	1	255	17	0,4	6	0,04	0,04	15	82	125
Kiwi	1	+	12	4	220	40	0,8	7	0,02	0,05	71	81	50
Mandarine	1	+	8	2	155	33	0,3	71	0,06	0,03	32	87	60
Mango	1	+	11	2	205	10	0,4	200	0,05	0,4	37	84	150
Mirabellen	1	+	15	2	270	12	0,5	38	0,06	0,04	7	80	35
Nektarine	1	+	16	2	290	4	0,5	1	0,02	0,05	8	79	125
Obstcocktail	+	+	15	1	255	5	0,3	20	0,01	0,01	5	82	125
Oliven	1	14	2	2	600	95	1,7	48	0,03	0,08	0	79	5
Papaya	+	+	8	2	135	20	0,4	160	0,03	0,04	80	88	150
Pfirsich	1	+	10	2	185	8	0,5	15	0,03	0,05	10	85	125
Pflaume, Zwetsche	1	+	14	2	255	15	0,4	65	0,07	0,04	5	81	35
Pflaume, getrocknet	2	+	59	9	1035	40	2,3	23	0,15	0,12	4	28	8
Preiselbeeren	+	+	9	3	155	14	0,5	4	0,02	0,02	12	86	125
Quitten	+	+	7	6	120	10	0,6	6	0,03	0,03	14	85	125
Reineclauden	1	+	14	2	255	13	1,1	30	0,05	0,04	6	81	35
Korinthen	2	+	63	7	1105	95	1,8	30	0,03	0,08	0	25	EL10
Stachelbeeren	1	+	9	3	170	25	0,6	18	0,02	0,02	34	85	125
Sultaninen	2	+	65	7	1140	50	1,8	30	0,10	0,08	0	26	EL10
Wassermelone	+	+	3	2	50	11	0,4	87	0,05	0,05	6	93	150
Weintrauben	1	+	15	2	270	18	0,5	5	0,05	0,03	4	80	125
Zitronen	1	+	5	4	100	10	0,5	1	0,05	0,02	53	88	80
Nüsse													
Cashewnüsse	18	42	30	3	2455	30	2,8	10	0,63	0,25	0	5	2
Erdnüsse, frisch	26	48	8	11	2450	40	1,8	1	0,90	0,15	0	5	75
Erdnüsse, geröstet	26	49	9	11	2505	65	2,3	110	0,25	0,14	0	3	50
Erdnussbutter	28	50	17	1	2715	65	2,0	110	0,13	0,13	0	2	EL10
Haselnüsse	14	62	13	7	2875	225	3,8	5	0,40	0,20	3	2	2
Kokosnuss	4	37	5	9	1595	20	2,3	0	0,06	0,01	0	43	50
Kokosraspeln	6	62	6	9	2620	22	3,6	0	0,04	0,60	2	21	EL10
Leinsamen	19	31	13	37	1755	260	8,2	0	0,17	0,16	0	17	EL10
Mandeln	18	54	16	10	2685	250	4,1	23	0,22	0,60	1	2	2
Makronen, Esskastanie	3	1	42	5	805	33	1,4	4	0,23	0,22	20	49	5
Mohnsamen	20	42	4	20	2045	2	9,5	10	0,85	0,17	0	12	EL10
Paranüsse	14	67	7	7	2970	130	3,4	3	1,00	0,04	1	3	4
Pekannüsse	9	72	4	7	3030	75	2,4	13	0,86	0,13	2	6	4
Pinienkerne	13	60	21	1	2920	12	5,2	8	1,30	0,23	1	3	EL10
Pistazienkerne	21	52	12	7	2590	130	7,3	25	0,69	0,20	7	6	1
Sesam-Samen	21	50	1	8	2325	785	10,0	6	1,00	0,25	0	17	EL10
Sonnenblumenkerne	27	49	8	7	2505	100	6,3	2	1,90	0,14	0	1	EL25
Walnüsse	15	63	14	5	2950	85	2,1	10	0,35	0,10	3	1	4
Alkoholfreie Getränke													
Apfelsaft	+	+	12	+	205	7	0,3	7	0,02	0,02	4	87	200
Apfelfruchtsaftgetränk	+	+	12	+	205	3	0,1	3	0,01	0,01	2	87	200
Cola-Getränk	0	0	11	0	185	4	0	0	0	0	0	88	200
Cola-Getränk, light	0	0	+	0	10	3	0	0	0	0	0	99	200
Früchtetee	0	0	0	0	5	10	0,1	0	0,01	0,01	0	99	200
Gemüsesaft	1	+	6	+	120	40	0,3	50	0,05	0,05	10	92	200
Grapefruitsaft	1	+	10	+	185	8	0,5	2	0,03	0,02	35	88	200
Holunderbeersaft	2	+	8	+	170	5	1,0	40	0,03	0,06	26	90	200
Johannisbeernektar, rot	0	+	12	+	205	15	0,3	4	0,01	0,01	6	86	200
Karottensaft	1	+	6	+	120	27	0,2	437	0,01	0,01	4	92	200
Kirschsaft	1	+	5	+	100	8	0,2	1	0,01	0,01	5	93	200
Limonade	0	0	12	0	205	5	0,1	0	0	0	0	88	200
Mineralwasser	0	0	0	0	0	10	0,2	0	0	0	0	99	200
Multi-Vitamin-Nektar	1	+	11	+	205	20	0,3	220	0,50	0,80	40	87	200
Orangensaft	1	+	10	+	185	13	0,3	12	0,08	0,02	44	88	200
Orangennektar	+	+	10	+	170	7	0,1	6	0,04	0,01	40	88	200
Tee, schwarz	0	0	0	0	0	10	0,1	0	0	0,01	0	99	250
Tomatensaft	1	+	4	+	85	15	0,6	90	0,05	0,04	17	94	200
Traubensaft	+	+	18	+	305	12	0,4	1	0,04	0,02	1	80	200
Zitronensaft	0	0	8	+	135	11	0,1	0	0,04	0,01	53	90	EL10
Milch und -produkte													
Vollmilch, 3,5 % Fett	4	4	5	0	310	120	0,1	31	0,04	0,18	2	85	200
Roh-, Vorzugsmilch	4	4	5	0	310	120	0,1	31	0,04	0,18	2	85	200
Milch, fettarm	4	2	5	0	230	118	0,1	13	0,04	0,18	2	87	200
Milch, entrahmt	4	0	5	0	155	123	0,1	2	0,04	0,17	1	89	200
Buttermilch	4	1	4	0	175	110	0,1	9	0,03	0,16	1	89	200
Dickmilch	4	3	4	0	255	120	0,1	31	0,03	0,18	1	87	150
Joghurt, Vollmilch	5	4	5	0	325	120	0,1	31	0,04	0,18	2	84	150

Nährwerttabelle

Lebensmittel 100 g eingekaufte Ware	Eiweiß g	Fett g	Kohlenhydrate g	Ballaststoffe g	Energie kJ	Mineralstoffe		Vitamine				Wasser ml	Menge* g
						Calcium mg	Eisen mg	A µg	B$_1$ mg	B$_2$ mg	C mg		
Vollmilchjoghurt mit Früchten	4	3	15	1	410	120	0,1	20	0,04	0,15	4	76	150
Joghurt, fettarm	4	2	5	0	230	115	0,1	13	0,04	0,17	2	87	150
Joghurt, entrahmt	5	0	5	0	170	123	0,1	2	0,04	0,17	2	88	150
Kakaotrunk	4	1	10	0	275	120	0,3	30	0,04	0,17	1	83	200
Kefir	4	4	5	0	310	120	0,1	31	0,04	0,17	3	85	150
Kondensmilch, 10 % Fett	9	10	13	0	765	320	0,1	72	0,09	0,50	1	66	EL 15
Sahne, saure	3	18	4	0	820	110	0,1	74	0,04	0,16	1	73	EL 15
Schlagsahne	2	30	4	0	1270	80	0,1	275	0,03	0,15	1	62	EL 15
Schmand	3	24	3	0	1040	93	0,1	200	0,04	0,14	1	68	EL 15
Crème fraîche	2	40	3	0	1645	73	0,1	275	0,03	0,11	1	53	EL 15

Käse und Quark

Lebensmittel	Eiweiß g	Fett g	Kohlenhydrate g	Ballaststoffe g	Energie kJ	Calcium mg	Eisen mg	A µg	B$_1$ mg	B$_2$ mg	C mg	Wasser ml	Menge g
Brie	21	26	1	0	1390	400	0,3	280	0,04	0,52	0	50	30
Butterkäse	17	35	1	0	1670	600	0,4	380	0,05	0,30	0	45	30
Chester	25	32	1	0	1690	750	0,6	360	0,04	0,45	0	40	30
Camembert, 45 % Fett	21	22	2	0	1250	570	0,2	240	0,04	0,50	0	53	30
Camembert, 30 % Fett	23	13	1	0	915	600	0,2	140	0,04	0,56	0	61	30
Doppelrahmfrischkäse	15	35	2	0	1655	80	0,1	310	0,02	0,20	0	45	30
Rahmfrischkäse	14	24	1	0	1190	110	0,4	200	0,04	0,26	0	59	30
Edamer Käse, 45 % Fett	24	26	3	0	1475	680	0,6	280	0,05	0,30	0	45	30
Edamer Käse, 30 % Fett	25	15	2	0	1045	800	0,6	180	0,06	0,35	0	54	30
Emmentaler Käse	28	30	1	0	1665	1020	0,3	330	0,05	0,34	0	39	30
Feta, Schafskäse	17	19	1	0	1045	450	0,7	210	0,04	0,30	0	61	40
Goudakäse	24	27	2	0	1495	800	0,3	300	0,04	0,30	0	45	30
Mozzarella	20	16	1	0	980	450	0,3	200	0,04	0,35	0	61	30
Raclettekäse	23	28	1	0	1500	750	0,3	310	0,04	0,30	0	46	30
Harzer-/Korbkäse	27	+	4	0	525	125	0,3	10	0,03	0,35	0	67	30
Schmelzkäse, 45 % Fett	14	24	6	0	1275	545	0,9	250	0,03	0,38	0	54	30
Schmelzkäse, 20 % Fett	25	9	7	0	895	600	0,9	110	0,03	0,38	0	57	30
Schmelzkäse, Scheibletten	22	11	5	0	890	700	0,9	120	0,03	0,38	0	60	30
Tilsiter	26	28	1	0	1550	800	0,2	280	0,04	0,35	0	43	30
Kräuterquark	10	10	5	1	645	90	0,3	200	0,03	0,25	2	73	50
Sahnequark, 40 % Fett	12	11	3	0	720	120	0,4	100	0,03	0,24	1	62	50
Speisequark, 20 % Fett	13	5	3	0	485	120	0,4	44	0,04	0,27	1	77	50
Speisequark, mager	14	+	4	0	305	120	0,4	20	0,04	0,30	1	80	50

Hühnereier

Lebensmittel	Eiweiß g	Fett g	Kohlenhydrate g	Ballaststoffe g	Energie kJ	Calcium mg	Eisen mg	A µg	B$_1$ mg	B$_2$ mg	C mg	Wasser ml	Menge g
Hühnerei, Stück	7	6	1	0	370	30	1,2	115	0,04	0,17	0	45	60
Eidotter, mittelgroß, Stück	3	6	1	0	300	28	1,2	115	0,03	0,10	0	9	20
Eiklar, mittelgroß, Stück	4	+	+	0	70	2	0,1	0	0,01	0,07	0	25	30
Rührei	12	14	1	0	765	70	1,8	190	0,10	0,28	0	71	50
Spiegelei	13	18	1	0	940	50	1,7	190	0,07	0,28	0	66	50

Fisch

Lebensmittel	Eiweiß g	Fett g	Kohlenhydrate g	Ballaststoffe g	Energie kJ	Calcium mg	Eisen mg	A µg	B$_1$ mg	B$_2$ mg	C mg	Wasser ml	Menge g
Aal	9	18	+	0	855	17	0,6	980	0,18	0,32	2	71	150
Barsch	18	1	+	0	345	20	1,0	7	0,08	0,12	1	79	200
Felchen	9	3	+	0	270	60	0,5	21	0,08	0,08	1	86	150
Forelle	10	1	+	0	210	18	0,7	12	0,08	0,08	1	87	150
Hecht	10	1	+	0	210	20	1,1	15	0,09	0,06	1	87	200
Heilbutt	16	2	+	0	350	15	0,6	32	0,08	0,07	1	80	200
Hering, Filet	18	15	+	0	890	35	1,1	40	0,05	0,25	1	65	200
Kabeljau-, Dorschfilet	17	+	+	0	290	11	0,5	10	0,05	0,05	2	81	150
Karpfen	10	3	+	0	285	50	1,1	44	0,07	0,05	1	85	200
Lachs	13	9	+	0	570	13	1,0	15	0,17	0,17	1	76	150
Makrele	12	8	+	0	515	12	1,0	100	0,13	0,36	1	78	200
Rot-, Goldbarschfilet	18	4	+	0	460	22	0,7	12	0,11	0,08	1	76	150
Schellfisch	10	+	+	0	170	18	0,6	17	0,05	0,17	1	88	200
Scholle	10	+	+	0	170	60	0,9	3	0,21	0,22	2	88	200
Seehecht	10	1	+	0	210	40	0,8	3	0,10	0,20	1	87	200
Seelachsfilet	18	1	+	0	345	15	1,0	11	0,10	0,35	0	79	150
Thunfisch	22	16	+	0	1000	20	1,0	450	0,16	0,16	1	60	200
Zander	19	1	+	0	360	27	1,4	2	0,16	0,25	1	78	200

Fischdauerwaren

Lebensmittel	Eiweiß g	Fett g	Kohlenhydrate g	Ballaststoffe g	Energie kJ	Calcium mg	Eisen mg	A µg	B$_1$ mg	B$_2$ mg	C mg	Wasser ml	Menge g
Aal, geräuchert	14	22	+	0	1095	20	0,7	940	0,20	0,36	1	62	50
Bismarckhering	16	15	+	0	855	38	1,5	36	0,05	0,21	0	67	100
Brathering	17	15	+	0	875	26	1,1	20	0,01	0,13	0	66	100
Fischfrikadelle	12	14	16	2	1070	8	0,5	8	0,11	0,15	0	54	50
Fischstäbchen	16	7	20	1	885	7	0,4	8	0,13	0,13	0	54	30
Forellenfilet, geräuchert	32	5	+	0	740	26	1,2	80	0,07	0,19	10	61	50
Garnelen, ausgelöst	19	1	0	0	360	90	1,8	2	0,05	0,03	2	78	50
Heringsfilet in Tomatensoße	15	15	3	0	875	50	1,9	10	0,06	0,18	5	66	100
Heringssalat	5	24	+	1	1070	30	1,0	10	0,04	0,06	0	65	50
Hummer, ausgelöst	16	2	0	0	350	60	1,0	1	0,13	0,09	1	80	50
Krabben	19	2	2	0	435	100	1,7	0	0,05	0,04	1	75	50
Lachs, geräuchert	25	5	+	0	620	20	0,6	15	0,16	0,17	1	68	40
Matjeshering	16	23	+	0	1170	43	1,3	15	0,05	0,21	0	59	80

Nährwerttabelle

Lebensmittel 100 g eingekaufte Ware	Eiweiß g	Fett g	Kohlen-hydrate g	Ballast-stoffe g	Energie kJ	Mineralstoffe Calcium mg	Mineralstoffe Eisen mg	Vitamine A µg	Vitamine B₁ mg	Vitamine B₂ mg	Vitamine C mg	Wasser ml	Menge* g
Rollmops	16	15	+	+	855	60	2,6	9	0,05	0,14	1	67	50
Scampi	17	1	1	0	345	68	1,3	25	0,10	0,08	2	79	50
Schillerlocke	21	24	+	0	1295	20	1,1	20	0,05	0,10	0	53	65
Shrimps, ausgelöst	17	1	0	0	330	125	2,5	2	0,01	0,02	1	80	50
Tintenfisch	12	1	+	0	245	27	1,0	450	0,10	0,10	1	85	125
Thunfisch in Öl	24	21	+	0	1225	10	0,6	370	0,05	0,06	1	53	50
Geflügel													
Brathähnchen	15	4	+	0	415	10	0,7	35	0,08	0,14	2	79	250
Hähnchenkeule	15	2	+	0	335	15	1,8	30	0,10	0,24	0	81	200
Hähnchenbrust	16	1	+	0	310	14	1,1	30	0,07	0,09	1	81	125
Ente	15	14	+	0	800	11	2,4	50	0,14	0,30	0	69	125
Gans	10	20	+	0	950	12	1,9	65	0,12	0,26	0	68	125
Suppenhuhn	20	13	0	0	845	11	1,5	50	0,08	0,14	0	65	125
Putenfleisch	23	3	+	0	510	10	0,8	10	0,01	0,18	0	72	100
Kalbfleisch													
Filet	21	1	+	0	395	12	2,1	0	0,15	0,30	0	75	125
Herz	16	5	+	0	465	16	3,7	6	0,60	1,10	5	77	125
Keule	21	2	+	0	435	13	2,3	0	0,15	0,27	0	75	125
Kotelett	21	3	+	0	475	13	2,1	1	0,14	0,26	0	74	125
Leber	19	4	+	0	480	9	7,9	21,9 mg	0,28	2,61	35	75	100
Rindfleisch													
Filet	21	1	+	0	395	3	2,3	20	0,23	0,26	0	75	125
Hackfleisch	20	9	+	0	690	10	2,5	12	0,16	0,16	0	69	90
Hochrippe	20	9	+	0	690	4	2,1	15	0,08	0,15	0	69	150
Keule	21	2	+	0	435	3	2,6	10	0,09	0,17	0	75	125
Leber	19	4	+	0	480	7	6,5	15,3 mg	0,30	2,90	31	75	100
Ochsenschwanz	20	12	+	0	810	4	2,5	12	0,20	0,16	0	66	125
Roastbeef	22	4	+	0	530	3	2,5	15	0,09	0,16	0	72	125
Tatar	22	3	+	0	490	10	3,0	5	0,18	0,20	0	73	90
Zunge	17	6	+	0	525	10	3,0	0	0,14	0,29	0	75	125
Schweinefleisch													
Eisbein	18	20	+	0	1085	11	1,5	8	0,32	0,19	0	60	125
Filet	20	9	+	0	690	2	3,0	6	1,10	0,31	0	69	125
Hackfleisch	20	11	+	0	770	9	3,0	5	0,80	0,20	0	67	90
Kasseler	21	17	+	0	1020	15	1,9	5	0,56	0,14	0	60	125
Keule	18	19	+	0	1045	9	1,7	0	0,80	0,19	0	61	125
Kotelett	20	9	+	0	690	11	1,8	0	0,80	0,19	0	69	125
Leber	20	6	+	0	575	10	15,8	39,1 mg	0,31	3,17	23	72	100
Lende	22	2	+	0	450	5	1,5	6	0,95	0,28	0	74	125
Schnitzel, mager	21	2	+	0	435	9	1,7	6	0,80	0,19	0	75	125
Sonstige Fleischarten													
Hase	17	2	+	0	365	14	2,8	0	0,09	0,06	0	79	125
Hirsch	16	3	+	0	390	7	2,3	0	0,10	0,25	0	9	125
Kaninchen	21	8	+	0	670	15	3,5	0	0,10	0,07	0	69	125
Lammgulasch	16	28	+	0	1365	7	1,2	0	0,10	0,18	0	54	125
Lammkotelett	15	35	+	0	1620	7	1,2	0	0,09	0,16	0	48	125
Reh	21	1	+	0	395	25	3,0	0	0,10	0,25	0	76	125
Wurst, Fleischwaren													
Bierschinken	15	19	+	0	995	15	1,5	0	0,31	0,18	20	64	25
Big Mac	14	14	18	1	1090	95	1,4	28	0,40	0,13	1	52	80
Blutwurst	14	44	+	0	1955	7	6,4	6	0,07	0,13	0	40	25
Bockwurst	12	25	+	0	1180	11	0,6	2	0,23	0,06	20	61	100
Bratwurst, Kalb	10	25	+	0	1145	5	1,0	3	0,28	0,22	20	63	150
Bratwurst, Schwein	10	29	+	0	1300	5	1,0	3	0,28	0,22	20	59	150
Brühe, gekörnt	24	9	+	0	760	150	2,0	0	0,20	0,24	0	67	EL 10
Cervelatwurst	17	41	+	0	1890	25	1,7	4	0,10	0,20	20	40	20
Corned Beef, deutsch	22	6	+	0	610	30	2,5	10	0,03	0,10	20	70	25
Currywurst	19	24	+	0	1260	22	1,7	1	0,15	0,14	20	55	100
Fleischwurst	11	30	+	0	1355	14	1,7	3	0,50	0,16	20	57	100
Frikadelle	18	10	6	1	800	27	1,8	21	0,32	0,20	0	74	50
Geflügelwurst	16	5	+	0	465	25	1,9	24	0,18	0,23	20	77	25
Gelatine, Blatt	84	+	+	0	1430	10	0	0	0	0	0	14	2
Gelbwurst	12	33	+	0	1490	10	2,2	5	0,40	0,15	0	53	25
Jagdwurst	12	33	+	0	1490	14	2,9	0	0,11	0,12	20	53	25
Kasseler Aufschnitt	23	18	+	0	1095	35	1,7	4	0,91	0,24	0	57	25
Knackwurst	12	28	+	0	1295	28	2,0	15	0,20	0,20	20	58	100
Leber-, Fleischkäse	13	23	+	+	1120	4	2,0	4	0,10	0,12	0	62	25
Leberwurst, grob	12	40	1	0	1780	40	5,3	8300	0,21	0,92	20	45	30
Leberwurst, mager	17	21	+	0	1110	9	5,5	1700	0,15	1,10	20	60	30
Lyoner, Breslauer	12	30	+	0	1275	14	1,0	3	0,44	0,10	20	56	25
Mettwurst	12	51	+	0	2195	13	1,6	3	0,20	0,15	20	35	20
Mortadella	12	32	+	0	1450	40	3,1	0	0,10	0,15	20	54	20

Nährwerttabelle

Lebensmittel 100 g eingekaufte Ware	Eiweiß g	Fett g	Kohlenhydrate g	Ballaststoffe g	Energie kJ	Mineralstoffe Calcium mg	Mineralstoffe Eisen mg	Vitamine A µg	Vitamine B_1 mg	Vitamine B_2 mg	Vitamine C mg	Wasser ml	Menge* g
Münchner Weißwurst	11	27	+	0	1240	25	2,1	2	0,43	0,13	20	50	80
Pfälzer Saumagen	10	16	6	1	895	20	1,9	4	0,29	0,15	5	66	80
Rostbratwurst	30	13	+	0	1015	26	2,6	4	0,11	0,21	20	55	100
Salami	17	47	+	0	2120	35	2,7	6	0,18	0,20	20	34	10
Schinken, gekocht	19	20	+	0	1105	12	2,4	27	0,58	0,20	0	59	50
Schinken, roh	16	29	+	0	1405	10	2,0	0	0,50	0,21	0	53	50
Speck, durchwachsen	9	65	+	0	2690	5	0,6	0	0,48	0,18	0	24	35
Speck, fett	2	80	+	0	3155	0	0,8	0	0,40	0,14	0	16	35
Sülzwurst	23	23	+	0	1290	12	2,0	438	0,10	0,18	10	52	25
Teewurst	16	33	+	0	1560	17	1,6	6	0,63	0,17	20	49	20
Wiener Würstchen	15	21	+	0	1075	15	1,4	3	0,34	1,20	20	62	80
Speisefette, Öle													EL
Butter	1	83	0	0	3255	13	0,2	590	0,01	0,02	0	14	10
Butterschmalz	0	100	0	0	3750	6	0	850	0	0	0	0	10
Erdnussöl	0	100	0	0	3900	0	0,1	0	0	0	0	0	10
Halbfettbutter	3	40	0	0	1610	20	0,1	380	0,01	0,02	0	55	10
Kräuterbutter	1	73	1	+	2880	15	0,1	580	0,01	0,02	0	23	10
Margarine	1	80	0	0	3140	10	0,1	500	0	0	0	17	10
Gänseschmalz	0	100	0	0	3900	1	0	0	0	0	0	0	10
Halbfettmargarine	6	40	0	0	1660	12	0	500	0	0	0	52	10
Kokosfett	1	100	0	0	3880	2	0,1	1	0	0	0	0	10
Maiskeimöl	0	100	0	0	3900	0	1,3	23	0	0	0	0	10
Olivenöl	0	100	0	0	3900	0	0,4	120	0	0	0	0	10
Rindertalg	1	97	0	0	3900	3	0,3	280	0	0	0	1	10
Saflor-, Distelöl	0	100	0	0	3900	0	0	5	0	0	0	0	10
Schweineschmalz	+	100	0	0	3900	1	0	0	0	0	0	0	10
Sojaöl	0	100	0	0	3900	0	0	583	0	0	0	0	10
Sonnenblumenöl	0	100	0	0	3900	0	0	4	0	0	0	0	10
Mayonnaise	2	80	3	0	3900	18	1,0	60	0,04	0,04	0	13	12
Salatmayonnaise	1	52	5	0	2130	14	0,4	50	0,01	0,02	0	40	12
Remoulade	1	50	9	0	2120	25	0,9	50	0,04	0,05	10	38	12
Salatsoße, französisch	2	32	12	0	2120	30	0,5	25	0	0,01	0	54	10
Salatsoße, Joghurt	2	16	11	0	845	122	0,5	40	0,05	0,17	8	69	10
Thousand Island	2	26	14	0	1285	45	0,4	1	0,04	0,10	13	56	10
Weizenkeimöl	0	100	0	0	3900	0	0	0	0	0	0	0	10
Sonstige Lebensmittel													
Bienenhonig	+	+	81	0	1375	5	1,3	1	0,01	0,01	5	17	EL10
Eiscreme	4	12	21	0	895	160	0,1	40	0,04	0,04	1	61	30
Fruchteis	2	2	29	1	605	45	0,4	10	0,02	0,02	14	64	30
Fruchtbonbons	0	0	100	0	1700	0	0	0	0	0	0	0	5
Fruchtgummi	10	0	80	0	1530	2	0,1	0	0	0	0	8	5
Gelee	0	0	65	0	1105	10	1,0	0	0,01	0,01	5	33	EL10
Kakaogetränkpulver, löslich	5	2	81	6	1540	33	2,4	0	3,00	4,50	0	4	EL5
Kakaopulver	20	25	38	12	1960	115	11,5	8	0,10	0,10	0	3	EL5
Kakaopulver, fettarm	24	12	17	6	1165	190	12,0	1	0,40	0,40	0	39	EL5
Kandiszucker	0	0	99	0	1685	1	0,2	0	0	0	0	0	5
Kaugummi	0	0	79	0	1345	10	0,5	0	0	0	0	2	5
Kinderschokolade	11	31	52	0	2280	300	2,1	72	0,13	0,50	1	4	5
Konfitüre	+	0	66	1	1120	20	0,5	10	0,01	0,01	5	32	EL10
Lakritzen	+	+	60	0	1020	0	0	0	0	0	0	20	5
Marzipan	8	25	57	3	2080	45	0,9	0	0,10	0,45	2	12	50
Milchkaramellen	3	5	84	0	1675	15	2,0	0	0,04	0,03	0	6	5
Vollmilchschokolade	9	32	54	0	2320	215	2,3	50	0,11	0,37	0	3	5
–, mit Nuss	10	36	48	4	2390	240	3,0	45	0,15	0,37	0	4	5
Müsliriegel	8	19	48	5	1695	85	2,7	25	0,27	0,14	3	18	30
Mohrenkopf	+	11	74	0	1685	45	0,2	2	0,02	0,04	0	13	20
Nougat	5	24	66	1	2145	75	3,0	0	0,12	0,06	0	3	50
Nuss-Nougat-Creme	5	35	50	1	2300	130	3,0	30	0,12	0,20	1	8	EL10
Puddingpulver	1	1	92	0	1620	15	1,4	0	0	0	0	4	30
Vanillezucker	+	0	97	0	1650	0	0,2	0	0	0	0	12	10
Tortengusspulver	+	+	86	0	1460	2	0,5	0	0,01	0,01	0	2	20
Weiße Schokolade	8	31	58	0	2330	270	0,2	4	0,08	0,49	0	2	5
Zartbitterschokolade	9	34	39	0	2140	45	3,6	0	0,04	0,10	0	16	5
–, mit Nuss	10	40	36	8	2340	80	3,6	0	0,11	0,12	0	12	5
Zucker	0	0	100	0	1700	1	0,3	0	0	0	0	0	5
Alkoholische Getränke													
Apfelwein	+	0	3	0	190	8	0,5	0	0	0	0	90	125
Liköre (30 %)	+	+	30	0	700	2	0	0	0	0	0	60	20
Malzbier	1	0	11	0	200	2	0,2	0	0	0,03	0	80	330
Rotwein	+	0	3	0	280	7	0,9	0	0	0,01	2	90	125
Sekt	+	0	4	0	350	3	0,5	0	0	0,01	0	93	100
Vollbier	1	0	3	0	200	3	0	0	0	0,03	0	90	330
Weißwein	+	0	3	0	290	10	0,6	0	0	0,01	0	90	125
Weinbrand	0	0	2	0	1020	2	0	0	0	0	0	66	20
Wermut, süß	+	0	1	0	415	9	0,1	0	0	0,01	0	88	50

Saisonkalender

Hauptangebotszeiten bzw. Haupterntezeiten von Obst und Gemüse

Obst und Gemüse	Jan.	Feb.	März	Apr.	Mai	Juni	Juli	Aug.	Sep.	Okt.	Nov.	Dez.
Äpfel	●	●	●					●	●	●	●	●
Birnen								●	●	●		
Erdbeeren					●	●	●					
Himbeeren							●	●				
Kirschen						●	●	●				
Pfirsiche						●	●	●				
Pflaumen/Zwetschgen								●	●	●		
Weintrauben							●	●	●	●		
Apfelsinen	●	●	●	●	●	●					●	●
Bananen	●	●	●	●	●	●	●	●	●	●	●	●
Zitronen	●	●	●	●	●	●	●	●	●	●	●	●
Blumenkohl							●	●	●	●	●	
Bohnen, grün						●	●	●	●			
Brokkoli							●	●	●	●		
Gurken							●	●	●	●		
Kohlrabi						●	●	●	●	●		
Möhren						●	●	●	●	●	●	
Paprika							●	●	●	●		
Rosenkohl	●	●								●	●	●
Spinat					●	●	●	●	●	●		
Tomaten							●	●	●	●		
Weißkohl	●	●							●	●	●	●
Zucchini							●	●	●	●		
Zwiebeln						●	●	●	●	●	●	●

Arbeiten mit der Lernkartei

Eine Lernkartei besteht aus selbst erstellten Lernkarten im DIN-A7-Format.

Auf die Vorderseite einer Lernkarte kann man z. B. einen unbekannten Begriff schreiben. Die Bedeutung dieses Begriffes wird dann mithilfe eines Lexikons ermittelt und auf der Rückseite der Lernkarte eingetragen. Oft kann die Bedeutung eines Begriffes aber auch ohne Lexikon abgeleitet werden:

z. B. offline: off – aus, line – Leitung = Arbeiten ohne Internetzugang.

Versucht dies gleich einmal mit den Begriffen:

- marinieren,
- online
- Chopsuey
- Pilaw

Sucht in dem Buch nach weiteren unbekannten Begriffen.

Ermittelt deren Bedeutung und übertragt die Begriffe und die Erklärungen in eure Lernkartei.

Die Karten können auch durch Zeichnungen, Grafiken, Rezepte usw. ergänzt werden.

Wichtig ist, dass mit jeder Karte nur eine Information abgefragt wird.

Für die nächste Klassenarbeit bzw. für die Abschlussprüfung könnt ihr so den Stoff der letzten Jahre noch einmal wiederholen.

Beim Lernen liest du dann die Vorderseite der Lernkarte und gibst die Antwort. Mit der Rückseite der Lernkarte kannst du überprüfen, ob deine Antwort richtig war.

Karteikasten für die Lernkartei

Die Lernkarten werden in einem Karteikasten mit einem Register aufbewahrt.

Der Karteikasten hat die Fächer:

- Sozialer/gesellschaftlicher Bereich
- Wirtschaft
- Ernährung
- Textil

Was gelernt wurde, kommt nach hinten

Karten, deren Inhalt du bereits beherrschst, kommen hinten in die Fächer, diese Karten musst du nicht mehr so oft ansehen. Karten, deren Inhalt du noch lernen willst, liegen vorne in den Fächern. Diese Karten musst du noch fünfmal richtig beantworten, bevor du sie hinten ablegst.

Textil

Die Schülerinnen und Schüler können

- Auswirkungen von Produktion und Konsum von Textilien auf Menschen und Umwelt bei Kaufentscheidungen berücksichtigen
- Bekleidung nach bekleidungsphysiologischen Aspekten auswählen und beurteilen
- beim Kauf von Bekleidung durch Kenntnis moderner Materialien situationsgerecht entscheiden
- modische Bekleidung unter ökologischen, ökonomischen und gesellschaftlichen Aspekten beurteilen
- ausgewählte Näh- und Gestaltungstechniken bei der Herstellung und Erhaltung textiler Gegenstände sachgerecht einsetzen
- durch Auswahl von Kleidung und Accessoires verschiedene Lebensstile ausdrücken

Wir wählen ein Projektthema

Gemeinsam legen wir das Thema fest.
Was wollen wir untersuchen?
- Mode und Konsum
- Jeans – ein Kleidungsstück macht Mode
- Textilrecycling
- Kleider machen Leute
- Kleidung – Ausdruck einer Epoche

Gliederung des Projektthemas
Wir gliedern das gewählte Thema in Unterthemen, so kann es in Gruppen bearbeitet werden. **Beispiel: Jeans – ein Kleidungsstück macht Mode**.

1. Gruppe: Geschichte der Jeans und Verzierung, Schnitte
2. Gruppe: Stoffgewinnung und Veredlung
3. Gruppe: Gegenstände aus Jeans und Jeans-Recycling
4. Gruppe: Marken und Werbung

Je vier oder fünf Schüler/-innen wählen sich nun gemeinsam ein Unterthema, mit dem sie sich beschäftigen wollen. In den Gruppen werden dann Fragen bzw. Stichworte gesammelt, die bearbeitet werden sollen. Es wird auch geklärt, wie die Ergebnisse dargestellt werden sollen.

In der Klasse wird dann das weitere Vorgehen noch einmal besprochen und aufeinander abgestimmt.

Planung der weiteren Arbeit
In den Gruppen wird nun diskutiert: Wo können wir uns die notwendigen Informationen beschaffen? Wer übernimmt welche Aufgabe?

Durchführung der Arbeit
Das Informationsmaterial wird nun gemeinsam ausgewertet. Das Wesentliche wird auf Plakaten dargestellt.

Vorstellung der Gruppenergebnisse
Die Gruppen stellen ihre Plakate der Klasse vor. Gemeinsam werden die einzelnen Ergebnisse ausgewertet und zu einem Gesamtergebnis zusammengetragen.

Auswahl des Projektthemas

Vorbereitung und Planung der Gruppenarbeit

Vorstellung der Ergebnisse

4 Auswirkungen von Produktion und Konsum von Textilien auf Menschen und Umwelt

Die textile Kette

Unter der textilen Kette versteht man alle Produktions- und Handelsstufen, die ein Textil durchläuft – von der Herstellung und der verarbeitenden Industrie über den Handel bis zu den Verbrauchern und von dort zu den Verwertungs- und Entsorgungsbetrieben. Im Idealfall ist die textile Kette geschlossen, d. h., ausrangierte Textilien werden vollständig recycelt. Die gewonnenen Rohstoffe werden wieder zu Fasern verarbeitet, aus denen neue Textilien entstehen.

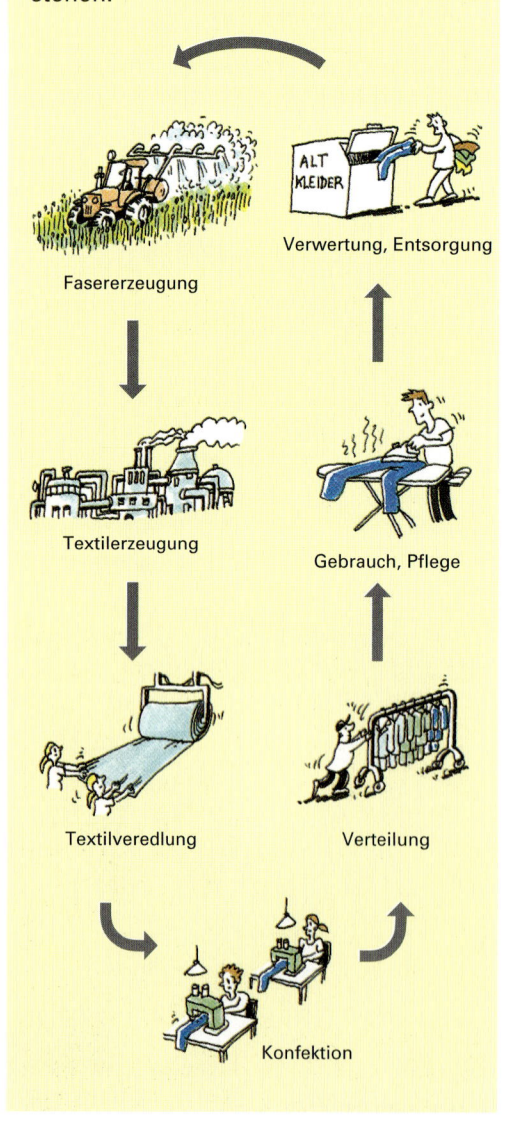

Fasererzeugung → Textilerzeugung → Textilveredlung → Konfektion → Verteilung → Gebrauch, Pflege → Verwertung, Entsorgung

4.1 Auswirkungen von Produktion und Konsum von Textilien auf Menschen und Umwelt

Transport

Unsere Textilien legen einen weiten Weg zurück, bevor wir sie kaufen.

Beispiel: Ein Kleidungsstück, dessen Baumwolle aus den USA und dessen Polyesterfaser aus Fernost kommt, das in Frankreich gewebt, in Tunesien geschneidert und bei uns verkauft wird, hat bereits mehr als 19 000 Kilometer hinter sich. 80 % des Umsatzes der deutschen Bekleidungsindustrie werden im Ausland erwirtschaftet.

Viele Kleidungsstücke werden also kostengünstig im Ausland erzeugt und dann nach Europa geflogen. Für den Transport wird doppelt so viel Energie benötigt wie für die Herstellung und die Textilveredlung.

Der Transport belastet also die Umwelt.

Baden-Württemberg zählte lange Zeit zu den bedeutendsten Textilstandorten. Während 1960 noch 168 721 Beschäftigte in Textilbetrieben in Baden-Württemberg tätig waren, sind es heute nur noch ca. 34 000.

Textiler Rohstoff

Bei der Auswahl eines Rohstoffes für Textilien muss man zunächst zwischen Naturfasern und Chemiefasern unterscheiden.

Naturfasern: Hier ist entscheidend, wie viel Anbau- bzw. Weidefläche für die Erzeugung benötigt wird. Auch der Verbrauch an Dünger, Wasser und Pestiziden muss berücksichtigt werden. Dies hat Folgen für unsere Umwelt, vgl. S. 205.

Chemiefasern: Hier werden nicht erneuerbare Rohstoffe, wie Erdöl, für die Erzeugung eingesetzt. Allerdings werden weniger als ein Prozent des Rohöls für synthetische Fasern verwendet. Auch die Abwasser- und Abluftbelastungen müssen berücksichtigt werden, ebenso die Art der entstehenden Abfälle, besonders wenn sie biologisch schlecht abbaubar sind.

Auswirkungen von Produktion und Konsum von Textilien auf Menschen und Umwelt

Der lange Weg unserer Kleidung

Die Bundesrepublik ist zum weltweit größten Textilimporteur geworden. Zwei Drittel aller Bekleidungsartikel und Textilien, die bei uns verkauft werden, stammen aus ausländischer Produktion. In Tunesien arbeiten 16 500 Beschäftigte für deutsche Modemacher. Auch in Marokko, der Türkei und China wird für uns Kleidung produziert.

Bevor Hemden, Hosen und Pullover bei uns in den Verkaufsregalen landen, haben sie lange Transportwege – bis zu 33 000 Kilometer – zurückgelegt.

Wir verfolgen den Weg eines T-Shirts, das in Deutschland verkauft wird. Die Baumwolle wird z. B. in Ägypten angebaut. Die Erzeugung der Stoffballen und die Veredlung der Stoffe erfolgen in Belgien und Deutschland. Genäht werden die T-Shirts in der Türkei oder einem anderen Land mit niedrigen Löhnen. Die fertigen T-Shirts werden dann nach Deutschland zurücktransportiert. Durch diesen „Umweg" konnten die Produktionskosten für unsere Kleidung gesenkt werden. Der Gesamttransportweg beträgt inzwischen 9800 km.

Wer Textilien, z. B. T-Shirts, in China herstellen lässt, zahlt etwa 0,10 € Arbeitslohn pro Stück, in der Bundesrepublik müssen dagegen für die Fertigung eines T-Shirts 3,00 € gezahlt werden. Ein T-Shirt aus China kostet so 4,00 €, ein T-Shirt gleicher Qualität aus Deutschland 18,00 €.

Die Näherinnen in der fernöstlichen Textilindustrie arbeiten im Akkord. Sechs Tage in der Woche, zwölf Stunden am Tag. Der Monatslohn beträgt 26,00 €. Einen Kündigungsschutz gibt es nicht.

Eine Handlangerin, kaum älter als zwölf Jahre, reicht die Teile weiter zur nächsten Näherin. Das Mädchen, das täglich in Hunderte von T-Shirts Nädelchen für die Verpackung steckt, hat seine wunden Fingerkuppen mit Pflaster beklebt.

Die Reise per Bahn oder Schiff ist noch relativ umweltfreundlich. Lange Strecken werden jedoch auch per Lkw oder Flugzeug zurückgelegt.

Unsere Lohnkosten sind zu hoch für die vielen preiswerten Textilien, die wir für unsere ständig wechselnden Modeansprüche benötigen.

Die ökologischen Folgekosten – die Umweltschäden –, die durch den Kleidertransport entstehen, werden wir jedoch früher oder später teuer bezahlen müssen.

Solange wir den Anspruch haben, große Mengen billiger Textilien – oder auch teure Markentextilien –, die im Ausland produziert wurden, kaufen zu können, wird sich wenig ändern.

---

1. Lest und diskutiert den Artikel.
2. Stellt fest, ob in den Etiketten eurer Kleidung Herkunftsländer angegeben sind.
3. Kennzeichnet die Herkunftsländer auf einer Weltkarte.
4. Berichtet, wohin eure „alte Bekleidung" gelangt.

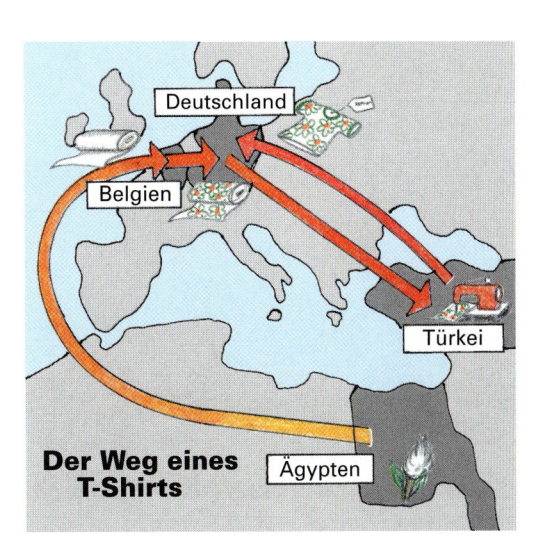

Der Weg eines T-Shirts

Auswirkungen von Produktion und Konsum von Textilien auf Menschen und Umwelt

Knitterfrei, bügelfrei, filzfrei, krumpffrei … nebenwirkungsfrei?

Allergieauslösendes Formaldehyd, Krebs erregende Farbstoffe – Schlagworte, die in der Vergangenheit im Zusammenhang mit der Ausrüstung immer wieder fielen. Formaldehyd, das bei Allergikern Hautreizungen und Ekzeme hervorrufen kann, wird heute kaum noch bei der Pflegeleicht-Ausrüstung eingesetzt. Ein Gehalt von mehr als 0,15 Prozent freiem Formaldehyd muss am Textil vermerkt sein.

In den 70er Jahren wurden in den USA nach einer Serie von Zimmerbränden schwer entflammbare Kinderschlafanzüge vorgeschrieben. Sie wurden mit Flammenschutzmitteln präpariert, die bei Hitzeeinwirkung unbrennbare, wie sich herausstellte giftige Gase abgaben. Auch die Entsorgung bereitete Probleme – bei der Verbrennung entstanden Salzsäure und Dioxine. Solche Mittel sind natürlich längst verboten.

Textilveredlung – Trocknungsmaschine

Umweltbelastung durch Färben

Textilveredlung

Durch verschiedene Veredlungsverfahren werden die Textilien gebrauchsfähig gemacht. Zehn bis zwanzig Arbeitsgänge erfolgen, bevor ein Textil die gewünschte Farbe, den erforderlichen Griff und evtl. eine verwendungsbezogene Spezialausrüstung besitzt.

Das Färben von Textilien belastet das Abwasser. Die Bakterien in den konventionellen Kläranlagen sind nicht immer in der Lage, die Farbstoffe restlos zu entfernen. Synthetische Farbstoffe – Azofarbstoffe – können Krebs erregend sein. Diese Farbstoffe sind jedoch inzwischen in Deutschland verboten. Probleme bereitet heute auch das Salz, das zur Farbfixierung verwendet wird.

Die Textilindustrie und die Textilhilfsmittelhersteller sind sich der Umweltbelastung bewusst, die von ihren Produkten und Produktionsabläufen ausgeht. Bei der Textilveredlung wird so nach neuen Weg gesucht, um Wasser, Energie und Chemikalien einzusparen.

Öko-Tex Standard 100

Der Verbraucher kann an einem besonderen Prüfsiegel schadstoffgeprüfte Textilien erkennen. Textilien, die in Deutschland gefertigt wurden oder als Importware nach Deutschland gelangen, werden nach den gleichen Kriterien geprüft. Inzwischen wurden mehr als 20 000 Zertifikate an über 4000 Unternehmen ausgegeben.

Die Verbraucher, die Textilien mit einem Prüfsiegel – Öko-Tex Standard 100 – kaufen, können sicher sein, dass die Textilien frei von gesundheitsschädlichen Stoffen sind.

Prüfsiegel – Öko-Tex Standard 100

Umfrage – Wir ermitteln das Konsumverhalten von Jugendlichen

Wir befragen unsere Mitschülerinnen und Mitschüler über ihr Modeverhalten.

Vorbereitung der schriftlichen Umfrage:
- Was wollen wir erfahren?
- Wie müssen wir die jeweiligen Fragen formulieren?
- usw.

Wir sammeln mögliche Fragen:
- Kaufst du gerne Kleidung?
- Mit wem gehst du am liebsten einkaufen?
- Wonach richtest du dich, wenn du ein Kleidungsstück aussuchst:
  - nach dem Preis?
  - nach deinem Geschmack?
  - ob es modisch ist?
  - ob es qualitativ gut ist?
  - ob es sich für den Zweck eignet?
- Legst du Wert auf modische Kleidung?
- Woher erfährst du, was modern ist?
- Wem möchtest du besonders gefallen?
- Hast du ein Vorbild, nach dem du dich in deiner Kleidung richtest?
- Gibt es Personen, die dir deine Kleidung vorschreiben?
- Warum fühlst du dich in deiner Kleidung wohl?
- Möchtest du gern anders gekleidet sein?
- Was machst du mit deiner Kleidung, wenn sie nicht mehr modern ist?
- Für welche Anlässe hast du spezielle Kleidung?
- Wofür gibst du dein Geld hauptsächlich aus?
- usw.

Wir erproben den entwickelten Fragebogen mit unseren Mitschülerinnen und Mitschülern in unserer Klasse.

Wir prüfen:
- Sind die Fragen richtig formuliert?
- Erfahren wir, was wir für unsere Auswertung benötigen?
- Benötigen wir weitere Fragen?

Der Fragebogen wird evtl. umformuliert oder ergänzt.

Dann ist es so weit – der Ernstfall beginnt!

Die Auswertung ergibt?
Auf jeden Fall wollen wir das Ergebnis unserer Umfrage „Modeverhalten von Jugendlichen" unseren Mitschülerinnen und Mitschülern im Schaukasten vorstellen. Die Auswertung werden wir auf Plakaten darstellen.

Ob es notwendig ist, dass sie ihr Modeverhalten ändern, damit ihre Kleidung gesund und umweltfreundlich ist?

Auswirkungen von Produktion und Konsum von Textilien auf Menschen und Umwelt

Verantwortung beim Einkauf

Kunden sind häufig nicht gewillt, einen höheren Preis für umweltgerecht hergestellte Textilien zu zahlen. Also führt der Handel auch Waren, die billig, aber oft nicht umweltgerecht hergestellt sind.

Spezielle Öko-Kollektionen führen bisher eher ein Nischendasein. Der Markt an Öko-Textilien macht bisher schätzungsweise nur ein Prozent des gesamten Umsatzes aus.

Doch die Verbraucher sollten sich ihrer Verantwortung bewusst sein. Sie bestimmen durch ihr Kaufverhalten, durch den Umgang und die Pflege der Textilien, inwieweit diese die Umwelt und damit die Menschen belasten.

Wer seine Kleidung lange tragen möchte, sollte auf Qualität achten. Das heißt aber nicht, dass es ein Markenartikel sein muss.

Welche Textilien werden gekauft?

Obwohl der Kleiderschrank voll ist, klagen wir nicht selten: „Ich habe nichts anzuziehen!"

Die Deutschen geben jährlich ca. 38 Milliarden € für Textilien aus, dafür bekommt jeder durchschnittlich 18 Kilogramm Bekleidung und 10 Kilogramm Heimtextilien.

Nach welchen Gesichtspunkten kann man Textilien auswählen?

▶ Was Mode ist – was „in" ist – **Geltungswert**. Durch bestimmte Textilien, z.B. Markenartikel, möchte man die Beachtung anderer Menschen erreichen. Solche Textilien sind modisch aktuell, gut abgestimmt auf den eigenen Typ usw.

▶ Nach dem **Gebrauchswert**. D. h., sie sollen leicht zu pflegen sein, haltbar und unempfindlich sein. Die Textilien müssen also hinsichtlich Material und Verarbeitung hochwertig sein. Sie sollen den Körper kühlen oder wärmen, vgl. S. 214. Durch einen guten Gebrauchswert der Textilien wird gleichzeitig die Umwelt geschont.

▶ Nach dem **Preis**. Dabei sollte man bedenken, dass billige Textilien mit einem schlechten Gebrauchswert, einer kurzen Lebensdauer, letztlich oft teurer sind.

▶ Nach eigenen **Vorlieben für Materialien und Farben**, vgl. Kapitel 4.5, Seite 260 ff.

Spontankäufe

Für Claudia gibt es nichts Schöneres, als durch die Kaufhäuser zu bummeln und die Regale nach neuer Kleidung zu durchstöbern. Claudia hat Lust auf Neues und Schönes, den größten Teil ihres Taschengeldes gibt sie für Kleidung aus. Claudia kauft nur, was ihr wirklich gefällt.

Auch die Marke ist für Claudia nicht unwichtig. Mit der richtigen Marke will Claudia zeigen, dass sie zu ihrer Gruppe gehört. Claudia meint: „So werde ich von den anderen akzeptiert."

Geplante bzw. überlegte Käufe

Ole ist da ganz anders. Für ihn ist Kleiderkauf ein notwendiges Übel. Ole geht nur einkaufen, wenn er unbedingt neue Kleidung benötigt. Vor- und Nachteile der einzelnen Kleidungsstücke werden von ihm vor dem Kauf gut abgewägt. Die Marken sind auch für Ole wichtig, aber es muss nicht immer eine bestimmte sein.

Kleidung mit gutem Gebrauchswert

Auswirkungen von Produktion und Konsum von Textilien auf Menschen und Umwelt — 4

Konsum belastet die Umwelt

Karikaturen, was wollen sie uns sagen?

Karikatur (von caricare [ital.] = überladen, übertragen), eine als Spott und Zerrbild verstandene Darstellung, die menschliche Eigenschaften und Handlungen übertreibt und dem allgemeinen Gespött preisgeben will.

Karikaturen sind mehr als Unterhaltung. Oft kann man die volle Aussage einer Karikatur nicht sofort verstehen.

Fragen, die wir uns zum besseren Verständnis von Karikaturen stellen können:

▶ Was sieht man?

▶ Welche Einzelheiten können wir erkennen?

▶ Was sagen die Texte in der Karikatur?

▶ Was müssen wir wissen, um die Karikatur zu verstehen?

▶ Welche Aussagen sind in der Karikatur enthalten?

▶ Wer soll durch die Karikatur angesprochen werden?

▶ Welche Wirkung soll die Karikatur erzielen?

Ein See stirbt

Gut 40 Jahre ist es her: An den schilfbestandenen Ufern des „Blauen Meeres" und in den angrenzenden, mehrere Kilometer breiten Wäldern lebten zahlreiche Vogelarten, Tiger und Wildschweine. Aus dem See wurden reichlich Karpfen, Hechte und Zander gefangen. Urlauber erholten sich an dem viertgrößten Binnenmeer der Welt – 120-mal größer als der Bodensee.

Heute ist von dem Blauen Meer – Aralsee – nicht mehr viel übrig geblieben. Fische gibt es hier nicht mehr. Gemüse und Obst werden hier nicht mehr geerntet. Schuld ist der Mensch. Um riesige Baumwollplantagen zu bewässern, wurden die einzigen Zuflüsse gnadenlos angezapft und auf die Felder umgeleitet.

Die Umgebung ist durch den Einsatz von Pestiziden (Pflanzenschutzmitteln) verseucht. Jedes zehnte Neugeborene stirbt in den ersten Lebensmonaten.

Ist der Aralsee noch zu retten?

Jugendliche Schuldner berichten

Zu meinem 15. Geburtstag haben mir meine Eltern ein eigenes Girokonto auf der Bank eingerichtet. Sie meinten, ich wäre jetzt in dem Alter, in dem man lernen soll, wie man mit einem Konto umgeht. Andere in der Klasse hatten auch schon eins, also das war überhaupt nichts Besonderes. Auf das Konto wurde mein Taschengeld überwiesen, und ich war echt stolz, als ich auch noch eine Geldkarte für den Bankautomaten bekam. Mit 16 Jahren habe ich 30 € Taschengeld bekommen und mit 17 dann 5 € mehr, und so weiter. Meine Eltern sagten: Was du nicht unbedingt brauchst, musst du selbst bezahlen. Also z. B. so Extras wie Pullis von VM oder so, eben geile Teile, mit denen man gut drauf ist. Solche Hits kann ich mir natürlich nur dann leisten, wenn mir jemand aus der Verwandtschaft zu Weihnachten oder zum Geburtstag Geld geschenkt hat.

Es war immer toll, wenn ich mit meinen Freundinnen zusammen nachmittags unterwegs war. Dann haben wir in Kaufhäusern oder Hip-Shops neue Outfits anprobiert, andere Leute beobachtet und 'ne Menge Spaß gehabt. Manchmal habe ich bei so einem Bummel Spitzenoutfits für die Hälfte ergattert, echte Treffer gelandet. So etwas läuft natürlich nur, wenn man öfters unterwegs ist, sonst gehen einem solche Gelegenheiten durch die Lappen.

Ende September war der neue Herbstlook draußen. Tolle Teile überall. Wir gingen mal wieder durch die Stadt, aber außer ein paar Euro hatte ich nichts in der Tasche, weil ich ziemlich pleite war. Na ja, war ja auch kein Problem, da ich dachte, wir hätten uns nur zum Herumgucken verabredet. Aber Angie und Maren, meine Freundinnen, sahen das Date total anders. Die wollten sich Klamotten holen und hatten auch Geld dabei. Wie doof lief ich neben denen her, mit einem miesen Mickergefühl, richtig bescheuert kam ich mir vor, dass ich nur gucken, aber nicht kaufen konnte. Besonders neidisch war ich auf Angie, die hatte sowieso immer das Neuste, immer voll im Trend, und kam damit überall absolut top an. Sie kaufte sich hohe Buggies, und dann holten sich beide dieselben Jacken von Home B, wahnsinnig tolle Muster hatten die. Ich hab so getan, als würde mir die ganze Kauferei überhaupt nichts ausmachen, aber das haben mir die beiden nicht abgenommen, und deshalb sagte Maren: Ist doch kein Problem, dass du pleite bist, du hast doch 'ne Karte, heb doch was ab, die Bank sagt nichts. Ist doch schließlich dein Geld.

Warum eigentlich nicht, habe ich gedacht. Und so ist es dann auch gelaufen. Bin zur Bank, hab Geld gezogen und am nächsten Tag noch mal, das war eben einfach total verlockend.

Ich habe Doc-M-Schuhe gekauft in matt Leder und Hosen von BS und erst mal die Teile zu Hause unterm Schrank versteckt.

Ja, und wenige Tage darauf kam alles raus, weil die Bank meinen Eltern gesagt hat, dass ich mit meinem Konto ganz schön in der Kreide bin. Da war vielleicht was los.

Das schnelle Geld am Automaten?

Auswirkungen von Produktion und Konsum von Textilien auf Menschen und Umwelt — 4

Was wird aus der alten Kleidung?

Mülldeponien und Müllverbrennung belasten die Umwelt. Die Deponien werden immer voller, viele mussten bereits geschlossen werden. Synthetische Chemiefasern verrotten nicht oder nur sehr langsam. Auch die Farbstoffe in den Textilien belasten die Umwelt.

Wiederverwertung von Alttextilien ist eine andere Möglichkeit.

Bisher wurde die Wiederverwertung von Textilien nur unter wirtschaftlichen Gesichtspunkten gesehen. Zukünftig werden auch Umweltaspekte bei der Wiederverwertung und der Entsorgung von Textilien beachtet werden müssen.

Zentren für die Wiederverwertung von Textilien befinden sich in Italien, Indien, Pakistan und einigen afrikanischen Ländern. Es werden Putzlappen und Vliese für die Autoindustrie hergestellt.

Problematisch ist die Verarbeitung von Mischgeweben aus Synthetik- und Naturfasern. Nur „alte" **Wolle** wird bisher zu neuer Kleidung verarbeitet.

Polyester soll in Zukunft zu neuen Polyesterfasern aufbereitet werden.

Die Hersteller von Gore-tex, vgl. S. 239, haben ein Rücknahmesystem für alte Kleidung eingeführt. Die Teflonmembranen werden herausgetrennt und wiederverwertet.

Die Wiederverwertung von Textilien ist sicher eine positive Entwicklung. Jedoch auch dafür werden Energie und Chemikalien benötigt. Die Altkleidung wird außerdem durch neue Kleidung ersetzt, durch die Erzeugung neuer textiler Rohstoffe entsteht eine hohe Umweltbelastung. Für die Produktion von Textilien wird z. B. pro Jahr doppelt so viel Strom benötigt wie jährlich in Hamburg.

Der Umwelt zuliebe – wir benötigen eine gesunde Umwelt – sollten wir langlebige Textilien kaufen und diese so lange wie möglich tragen.

Altkleidung vermeiden ist besser als verwerten oder gar wegwerfen.

Altkleidung zerstört die heimische Textilindustrie

Unsere Kleiderschränke sind voll. Kleidungsstücke, die „out" sind, müssen sofort verschwinden, damit wieder Platz für neue Sachen entsteht. Entweder verkaufen wir die „alten Stücke" in Secondhandläden oder wir beruhigen unser schlechtes Gewissen mit der „guten Tat" der Altkleidersammlung.

Teilweise haben wir damit Recht, die Kleidung wird in Kleiderkammern gelagert und kostenlos an bedürftige Menschen im eigenen Land weitergegeben. Auch in Katastrophengebieten kann diese Kleidung wertvolle Hilfe leisten.

Allerdings werden auch Altkleider vakuumverpackt nach Afrika oder Indien verschickt. Auf den Märkten dort sind sie zu haben, jene abgelegten Jeans, T-Shirts, Röcke, Jacken und Schuhe der Wegwerfgesellschaft. Die Kleider sind billiger als die im Lande hergestellten Baumwollstoffe, außerdem sind sie geschätzt, da sie westlich modern sind.

Diese Billigstkleider machen die einheimischen Textilhandwerker brotlos und treiben sie in die Armut. Sie sind nicht in der Lage, mit den niedrigen Preisen dieser Altkleider aus Europa zu konkurrieren.

Wo landen die "alten Klamotten"?

Jährlich werden in Deutschland rund 600 000 Tonnen Bekleidung gesammelt. Davon

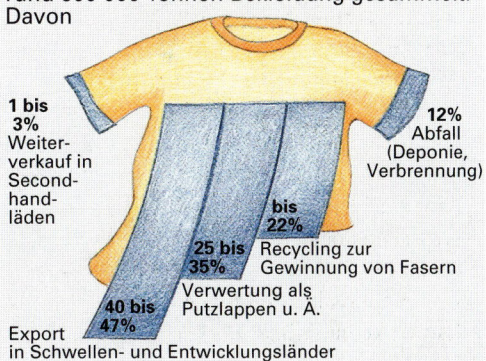

- 1 bis 3 % Weiterverkauf in Secondhandläden
- 12 % Abfall (Deponie, Verbrennung)
- bis 22 % Recycling zur Gewinnung von Fasern
- 25 bis 35 % Verwertung als Putzlappen u. Ä.
- 40 bis 47 % Export in Schwellen- und Entwicklungsländer

4 Auswirkungen von Produktion und Konsum von Textilien auf Menschen und Umwelt

- ▶ ECOLOG garantiert die Rückführung dieses Produktes in den Recyclingkreislauf.

- ▶ Wenn Sie Ihr Bekleidungsstück nach Jahren ausrangieren, nimmt es Ihr ECOLOG-Händler zum Recyceln zurück.

- ▶ So bereiten Sie Ihre ECO-LOG-Bekleidung auf die Wiederverwertung vor:
  - Reinigen Sie das Bekleidungsstück vor der Rückgabe.
  - Entfernen Sie nachträglich angebrachte Fremdteile (z. B. Aufnäher).

Recycling von Textilien

Die Pressemeldungen über die Umweltschädlichkeit der Gore-tex-Wetterkleidung, vgl. S. 239, haben Auswirkungen gehabt. In den Wetterjacken befindet sich ein Etikett mit dem Hinweis, dass sie vom Hersteller zurückgenommen werden. Die Jacken werden im Herstellerbetrieb zerlegt und so aufbereitet, dass daraus neue Kleidung hergestellt werden kann. Ist dies eine Lösung oder sollte man von vornherein umweltfreundliche Kleidung herstellen?

1994 wurde das Ecolog Recycling-Network gegründet. Freizeit- und Sportbekleidung mit dem Etikett „Ecolog", die ausschließlich aus Polyester hergestellt wurde, kann beim Fachhandel zurückgegeben werden. Die Kleidung soll dann zu neuen Textilien verarbeitet werden.

2003 gab es in der Bundesrepublik Deutschland ca. 650 Händler, die Ecolog-Kleidung anboten.

Zunächst sollen aus den „alten Textilien" Knöpfe, Reißverschlüsse usw. hergestellt werden. Später sollen daraus neue Garne für Kleidung entstehen.

Ob dies Projekt vom Fachhandel und den Verbrauchern angenommen wird? Die Menge an Alttextilien könnte dadurch verringert werden.

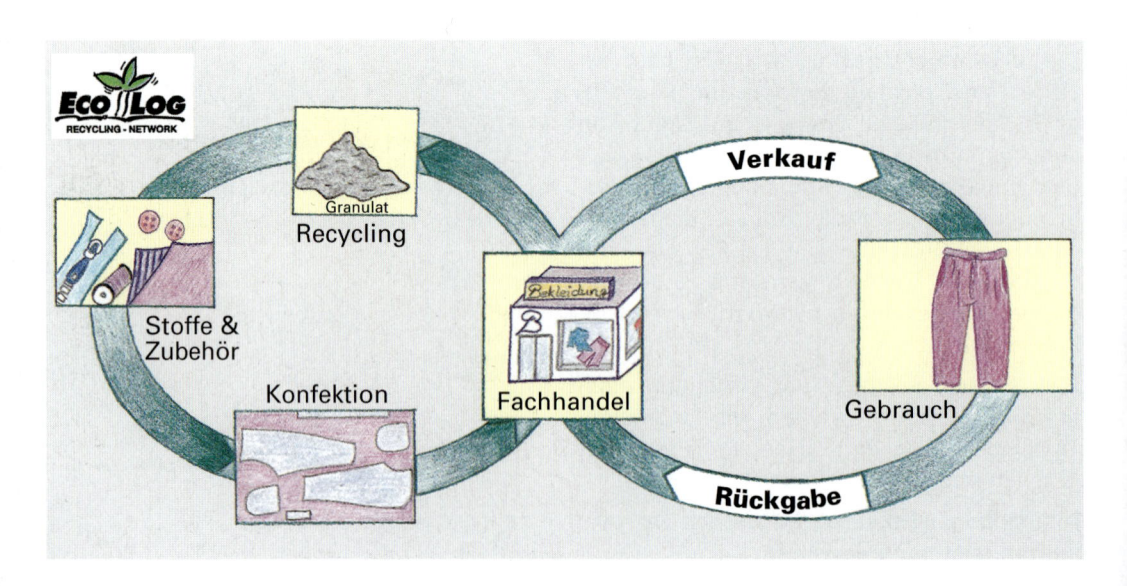

Aus Alt mach Neu

1. Sammelt zunächst Gründe, die für die Umarbeitung/Wiederverwendung von Textilien sprechen.
2. Sucht verschiedene Kleidungsstücke heraus und macht Modernisierungsvorschläge.
3. Erkundet das Warenangebot in Secondhandläden.
4. Führt nun mit diesem Wissen das folgende Rollenspiel durch.

Situationsbeschreibung für das Rollenspiel

Eine Umweltgruppe hat beantragt:

Kleidungsstücke dürfen frühestens nach fünf Jahren zur Altkleidersammlung gegeben werden. In anderen Ländern gibt es bereits seit geraumer Zeit entsprechende Gesetze.

Die Diskussionsrunde hat folgende Mitglieder:

> Herr Schneider hält die Forderung für nicht vertretbar. Er sieht den Absatz der Kleidung gefährdet.

> Sabine Mode fordert energisch eine Ablehnung des Gesetzes. Fünf Jahre die gleiche Kleidung – unvorstellbar!

> Jürgen Wald begrüßt dieses Gesetz, da er die Umwelt schonen möchte. Ob er sein Anliegen auch verteidigen kann?

> Frau Schere näht ihre Kleidung selbst. Sie kennt viele Möglichkeiten, ihre Kleidung wieder modern zu gestalten.

> Petra Schmuck berichtet über die modischen Veränderungen im letzten Jahr.

Wir bereiten uns auf das Spiel vor

Die Rollen werden zunächst gelesen.

Wir sammeln in Gruppen Argumente für die einzelnen Personen.

Wir einigen uns, wer die verschiedenen Personen spielt.

Wir spielen

Beachtet folgende Spielregeln:

Lasst die anderen Mitspieler/-innen ausreden.

Geht auf die Beiträge der anderen ein.

Untermauert die Beiträge mit Begründungen, Argumenten.

Die Zuschauer/-innen beobachten und machen sich Notizen.

Wir werten das Spielgeschehen aus

Die Zuschauer/-innen berichten über ihre Eindrücke:

Verhalten der Spieler/-innen?

Aussagen der Spieler/-innen?

Welche weiteren Gründe könnten noch von den verschiedenen Personen angeführt werden?

Wir spielen noch einmal mit anderen Teilnehmern und Teilnehmerinnen.

Ob es uns gelingt, alle von der Notwendigkeit einer längeren Verwendung der Kleidung zu überzeugen?

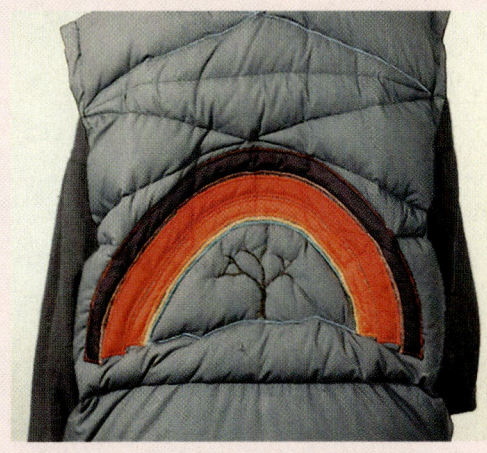

Alte Weste – gefärbt, mit Applikationen und Stickerei geschmückt

4 Bekleidung nach bekleidungsphysiologischen Aspekten auswählen

Kleidung, unsere zweite Haut

Ca. 90 % unserer ersten Haut sind 24 Stunden am Tag von unserer Kleidung, der zweiten Haut, umhüllt.

Zwischen Haut und Kleidung bildet sich ein Mikroklima, das für unser körperliches Wohlbefinden wichtig ist. Dazu eine Geschichte:

Als die Bergwanderer an einem Maitag frühmorgens aufbrachen, war es noch recht kalt. Alle trugen über T-Shirt und Hemd einen dickeren Pullover und darüber eine leichte Windjacke.

Mittags wärmte die Sonne sehr, und die Steigung brachte die Wanderer langsam ins Schwitzen. Jan zog Windjacke und Pullover aus und verstaute sie in seinem Rucksack. Maike öffnete nur den Reißverschluss ihrer Jacke und schob die Ärmel hoch.

Nach einer Wegbiegung trafen sie auf spürbaren Wind und der Weg lag im Schatten. Jan empfand es jetzt als unangenehm kalt, hatte aber keine Lust, seine Sachen wieder auszupacken. Maike machte es sich mit wenigen Handgriffen in ihrer Kleidung wieder angenehm.
(El-Gebali-Rüter, T.: Textilien für uns, Hamburg)

Funktionelle Sport- und Allwetterbekleidung sorgt für Klimaausgleich

4.2 Bekleidung nach bekleidungsphysiologischen Aspekten auswählen

Aufgaben der Kleidung

Eine Schutzfunktion unserer Kleidung besteht darin, für einen Klimaausgleich zu sorgen und so die Körpertemperatur gleichmäßig auf ca. 37 °C zu halten.

Wir sind verschiedenen klimatischen Einflüssen – Sonne, Wärme, Wind, Kälte, Regen, Schnee – ausgesetzt. Auch die eigene Wärmebildung im Körper durch körperliche Beanspruchung kann sehr unterschiedlich sein. Der Körper selbst kann diese Temperaturschwankungen nur begrenzt durch Erweiterung bzw. Verengung der Blutgefäße ausgleichen.

Wir schwitzen, wenn die Wärmeproduktion unseres Körpers größer ist als die Wärmeabgabe, z. B. im Sommer oder bei starker körperlicher Anstrengung. Der Körper reguliert dann den Wärmestau durch eine verstärkte Schweißabgabe. Durch das Verdunsten dieser Flüssigkeit auf der Haut wird eine Kühlwirkung erreicht.

Wir frieren, wenn mehr Wärme abgegeben wird als gleichzeitig im Körper gebildet wird.

Für unser Wohlbefinden und unsere Gesundheit sollte unsere Kleidung so beschaffen sein, dass kein Wärme- bzw. Feuchtigkeitsstau von innen entsteht. Die Kleidung muss den Körper außerdem vor Kälte, Wärme und Feuchtigkeit von außen schützen.

1. Lies das Fallbeispiel. Vergleiche das Verhalten von Jan und Maike. Was hättest du getan, um dich in deiner Kleidung wohl zu fühlen?
2. Erläutere die Aufgaben der Kleidung bei
   a) Hitze,   b) Kälte,
   c) Regen.
3. Beschreibe Kleidung, die du im
   a) Sommer,
   b) Winter trägst.

Wir finden mit Experimenten Antworten auf unsere Fragen

Wir entwickeln eine Fragestellung, z. B.:
Welche Kleidung bietet mir den größten Tragekomfort bei Regen und Wind?
- Aus welchem Rohstoff?
- Mit welchen Ausrüstungsverfahren?
- Mit welcher Schnittkonstruktion?
- Die Umwelt – Entsorgung – sollten wir dabei auch nicht vergessen.

Wir führen die Versuche durch:
- Der Versuchsaufbau wird beschrieben.
- Die Ergebnisse werden notiert, z. B.:
  Eine Baumwolljacke hat folgende Eigenschaften?
  Eine Jacke aus Wolle hat folgende Eigenschaften?
  Eine Öljacke?
  usw.

Wir suchen nach Experimenten, mit denen wir die Fragestellung beantworten können.
Mit welchen Versuchen können wir die Wind-, Wärme- und Feuchtigkeitsdurchlässigkeit der Textilien untersuchen?
Wie werden die Versuche durchgeführt?

Auswertung der Versuchsergebnisse:
Die Ergebnisse werden verglichen und ausgewertet, z. B.:
- Der Wind- und Feuchtigkeitsschutz war besonders gut bei? Wodurch werden diese Eigenschaften erreicht?
- Als Regenkleidung empfehlen wir?

4 Bekleidung nach bekleidungsphysiologischen Aspekten auswählen

Versuchsaufbau – Wärmeisolation

▶ Das Wärmehaltevermögen von textilen Flächen ist abhängig von der Menge der eingeschlossenen Luft. Luft ist ein schlechter Wärmeleiter.

Wärmeisolation

1. Fülle gleich große verschließbare Gläser mit heißem Wasser (60 °C). Umwickle die Gläser mit gleich großen
   a) **gleichen textilen Flächen aus unterschiedlichen Rohstoffen**, z. B. Baumwolle, Wolle, beschichteten Stoffen usw.,
   b) **unterschiedlichen textilen Flächen aus gleichem Rohstoff**, z. B. Baumwolle, gewebt und gewirkt.
2. Miss und notiere die Wassertemperatur in den Gläsern alle 20 Minuten.
3. Suche nach Begründungen für die unterschiedliche Wärmeisolation der verschiedenen textilen Flächen.

Versuchsaufbau – Luftdurchlässigkeit

▶ Luftdurchlässige Stoffe ermöglichen den Abtransport von Wärme und Feuchtigkeit.

Luftdurchlässigkeit

1. Richte den Luftstrom eines Föhns auf gespannte
   a) **gleiche textile Flächen aus unterschiedlichen Rohstoffen**, z. B. Baumwolle, Wolle, beschichteten Stoffen usw.,
   b) **unterschiedliche textile Flächen aus gleichem Rohstoff**, z. B. Baumwolle, gewebt und gewirkt.
   Halte gegen die Rückseite des Stoffes ein dünnes Blatt Papier. Beobachte jeweils die Bewegung des Papiers.
2. Notiere die Ergebnisse.
3. Suche nach Begründungen für die unterschiedliche Luftdurchlässigkeit der verschiedenen textilen Flächen.

Bekleidung nach bekleidungsphysiologischen Aspekten auswählen 4

Feuchtetransport

Führe die folgenden Versuche mit je einer Stoffprobe, z. B. Baumwolle, Wolle, beschichtete Stoffe, Mikrofaser usw., durch.

1. *Lege die Stoffprobe auf eine saugfähige Unterlage.*
   Gib auf jeden Stoff einen Tropfen Tinte.
   Bewege die Stoffe vorsichtig auf der Unterlage.
   Beobachte das Verhalten der Tintentropfen.

2. *Fülle ein größeres Gefäß mit Farblösung (Wasser und Tinte). Befestige an einem Holzstab mit Stecknadeln 20 cm lange Stoffstreifen so, dass sie 1 cm tief in die Farblösung eintauchen. Miss nach 5, 10 und 15 Minuten mit einem Lineal, wie hoch die Farblösung in den Stoff gestiegen ist (Steighöhe). Notiere jeweils die Werte. Ordne die Stoffe nach ihrer Saugfähigkeit.*

3. *Lege nasse Stoffproben zum Trocknen aus. Stelle fest, welcher Stoff die längste Trocknungszeit benötigt.*

4. *Fülle in einen Dampfdrucktopf etwas Wasser.*
   Gib einen Siebeinsatz mit unterschiedlichen Stoffproben auf den Dreifuß.
   Beachte: Die Stoffproben dürfen nicht direkt mit dem Wasser in Berührung kommen.
   Schließe den Topf, erhitze ihn und warte, bis der Druckanzeiger steigt.
   Öffne den Topf nach 10 Minuten. Nimm die Stoffproben heraus und prüfe die Stoffproben mit den Fingern. Sind sie
   a) nass,
   b) feucht,
   c) fast trocken?

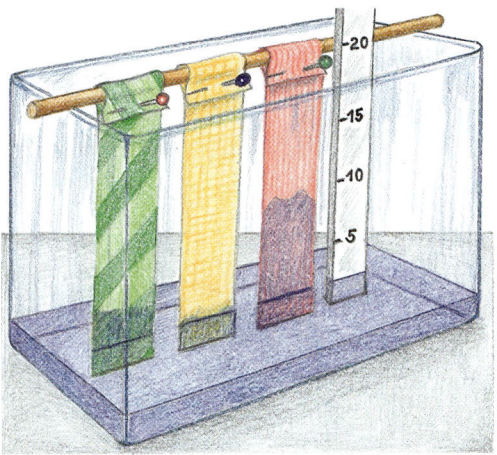

Versuchsaufbau – Aufnahme von Wasser

Versuchsaufbau – Aufnahme von Wasser

Versuchsaufbau – Aufnahme von Wasserdampf

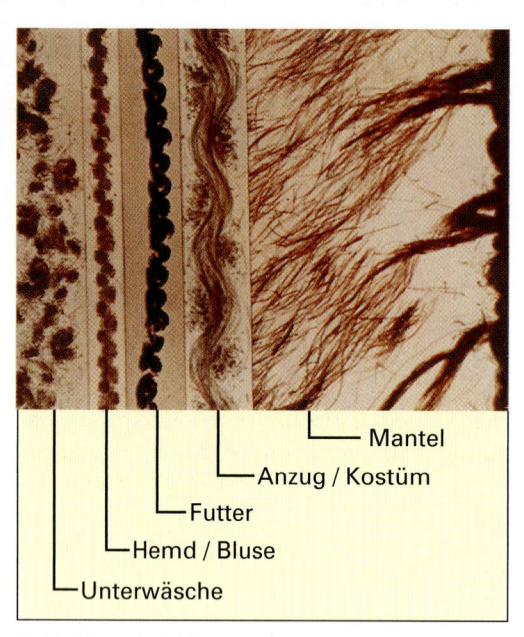

4 Bekleidung nach bekleidungsphysiologischen Aspekten auswählen

Bekleidungsschichten
- Mantel
- Anzug / Kostüm
- Futter
- Hemd / Bluse
- Unterwäsche

1. Betrachte das Foto „Bekleidungsschichten". Welche Schichten können gut wärmen?
2. Mache Vorschläge für
   a) luftige Sommerkleidung,
   b) wärmende Winterkleidung.
   Berücksichtige dabei Rohstoffe, textile Flächen und Schnittgestaltung.

Luftdurchlässigkeit

Gesundheitliche Anforderungen an Textilien

Wärmeisolation
Das Wärmehaltevermögen der Kleidung wird durch isolierende Lufteinschlüsse in den Garnen und Stoffen sowie zwischen den einzelnen Textilschichten ermöglicht.

Beispiele:
- Mehrere Kleidungsstücke, locker übereinander getragen, wärmen stärker als ein enges Kleidungsstück.
- Kleidung mit engen Strickbündchen wärmt stärker als solche mit weiten, offenen Ärmeln.
- Maschenwaren wärmen stärker als glatte, gewebte Stoffe.
- Gekräuselte Fasern, z. B. Wolle, und bauschige Garne isolieren stärker als glatte, feste Fasern bzw. Garne.
- Geraute Stoffe, z. B. Flanell, wärmen besser als glatte. Durch die „abstehenden Fasern" entsteht zwischen Haut und Stoff eine wärmende Luftschicht.
- Steppstoffe mit einer Füllung aus Daunen oder bauschigen, voluminösen Fasern isolieren besonders gut.

Luftdurchlässigkeit – Luftaustausch
Die Luftdurchlässigkeit von Textilien fördert die Wärmeregulation und das Verdunsten von Feuchtigkeit.

Locker sitzende Kleidung, die am Hals, an Ärmeln und Hosenbeinen offen ist, unterstützt den Luftaustausch. Die Poren im Textilmaterial, vgl. S. 219, bestimmen außerdem den möglichen Luftaustausch.

Beispiele:
- Dünne, meist leinwandbindige Stoffe sind luftdurchlässig.
- Fest gewebte Stoffe mit Köperbindung sind weniger luftdurchlässig und halten daher stärker die Wärme.
- Maschenwaren sind stärker luftdurchlässig als gewebte Stoffe – je nach Größe und Dichte des Maschengebildes.
- Geöffnete Reißverschlüsse fördern den Luftaustausch.

Bekleidung nach bekleidungsphysiologischen Aspekten auswählen 4

Feuchtigkeitsaufnahme und -transport
Unsere Kleidung soll die Feuchtigkeit – den abgegebenen Schweiß – nach außen weiterleiten. Sie soll sich nach einem Schweißausbruch wieder trocken und wärmend anfühlen. Kleidung, die nass auf der Haut liegt, lässt uns frieren.

Feuchtetransport wird ermöglicht durch

▶ **Textilporen** – Luftlöcher – in der textilen Fläche,

▶ **locker sitzende Kleidung** – durch den Luftaustausch werden normalerweise 20 bis 30% des Schweißes nach außen abgegeben.

▶ **Feuchtigkeit wird an die Faseroberfläche angelagert und verdunstet.** Synthetische Chemiefasern, z. B. Polyacryl, geben Wassertropfen schnell ab, d. h., sie leiten die Flüssigkeit weiter. Es dringt nur wenig Flüssigkeit ins Faserinnere ein. Synthetiks fühlen sich schnell feucht an, sie trocknen jedoch auch schnell wieder.

▶ **Feuchtigkeit wird ins Faserinnere weitergeleitet.** Bei Baumwolle, Leinen, Viskose dringt Feuchtigkeit in die Fasern ein und lässt sie aufquellen. Die nassen Fasern behindern nun den Transport von Schweiß, die Textilien kleben auf der Haut und trocknen nur langsam. Die Nässe bewirkt gleichzeitig ein unangenehmes Kältegefühl. Wolle stößt Wasser ab, sie nimmt jedoch Wasserdampf – Schweiß – in die Faser auf. Wolle kann bis zu 40% des Eigengewichts als Wasserdampf in sich aufnehmen, ohne sich feucht anzufühlen.

Durch spezielle Ausrüstungsverfahren können die Eigenschaften der verschiedenen Rohstoffe jedoch stark verändert werden, z. B. imprägnierte Baumwolle wirkt Wasser abweisend, vgl. S. 239.

Bewegungsfreiheit, Hautfreundlichkeit
Bewegungsfreiheit in der Kleidung ist ebenfalls für das Wohlbefinden wichtig, sie muss sich an die Bewegungsabläufe anpassen. Dehnbare Materialien und Textilien mit geringem Gewicht wirken sich positiv auf die Bewegungsfreiheit aus. Empfindungen bei Hautkontakt mit der Kleidung können angenehm, z. B. weich, oder unangenehm, z. B. kratzend, sein.

Problemlose Pflege
Kleidungsstücke, die direkt auf der Haut aufliegen und Schweiß aufnehmen, müssen regelmäßig gewechselt und gewaschen werden. D.h., die Kleidungsstücke müssen eine 60-°C-Wäsche vertragen, bei Krankheit evtl. eine 90-°C-Wäsche, um Keime abzutöten.

Die Pflege der Textilien soll einen möglichst geringen Energie- und Arbeitsaufwand erfordern und die Umwelt wenig belasten.

Claudia hat sich an einem heißen, schwülen Sommertag ein blaues Baumwolloberteil und eine karierte Hose aus Baumwolle mit Polyamid angezogen. Beide Bekleidungsstücke hat Claudia selbst genäht.

1. Überlege, wo sich Wärme und Feuchtigkeit zwischen Claudias Körper und ihrer Kleidung verteilen bzw. wo sie sich stauen.

2. Suche in Katalogen nach Kleidungsstücken, die den Wärme- und Feuchtigkeitstransport beeinträchtigen.

219

4 Bekleidung nach bekleidungsphysiologischen Aspekten auswählen

Zweierlei Kälte

Klirrende Kälte mit eisigem Wind lässt viele Leute die Temperaturen noch frostiger empfinden, als sie tatsächlich sind. Meteorologen sprechen dabei von der gefühlten Temperatur. Wie extrem gemessene und gefühlte Temperaturen auseinander gehen können, erlebten wir auf dem Feldberg: Dort wurden –20 °C gemessen, laut Wetteramt entsprach dies bei einer Windgeschwindigkeit von 90 Stundenkilometern einem gefühlten Wert von –40 °C.

Erklärt wird der Unterschied mit Gesetzen des Wärmeaustausches: Die Haut ist wärmer als die kalte Winterluft. Der Körper ist von einem Luftpolster – einem eigenen Mikroklima – umgeben. Ist es windstill, herrschen in diesem Luftpolster Temperaturen, die etwa in der Mitte zwischen Umgebungs- und Körperwärme liegen. Heizt außerdem die Sonne Haut und Luftpolster auf, empfinden viele Menschen wohlige Wärme, selbst wenn es bitterkalt ist.

Sturm fegt das schützende Luftpolster weg. Ist es dann noch trocken, geben wir Feuchtigkeit ab. Körperflüssigkeit verdunstet, hierdurch wird die Haut abgekühlt, und wir empfinden den Winter eisiger, als er ist. Mit besonders starkem Frostgefühl reagieren Menschen auch dann, wenn Schnee oder Regen fallen, denn sie treffen direkt auf die Haut.

---

1. Lies den Zeitungsartikel. Erläutere die Tatsache, dass man in luftdurchlässiger Kleidung schneller friert.
2. Erstellt Wandzeitungen zum Thema: „Körper – Klima – Kleidung". Vgl. S. 225.

Die Verbraucher-Zentrale rät

Für kurze Regengüsse bzw. den Alltagsgebrauch lohnt sich die wasserdichte W-W-A-Kleidung, vgl. S. 238, kaum.

Die „Atmungsaktivität" von W-W-A-Kleidung hat Grenzen: Bei starker Schweißentwicklung funktioniert sie nicht mehr richtig (z. B. bei sportlicher Betätigung). Außentemperaturen über 20 °C legen die Funktion auch lahm.

Voraussetzung für den Schweißaustausch ist Sportunterwäsche, die den Schweiß nicht aufsaugt, sondern weiterleitet, vgl. S. 239.

Membranen und auch Beschichtungen sind empfindlich, schon bei kleinen Verletzungen kann Regen hindurchsickern.

Die „Atmungsaktivität" ist vom Schnitt der Kleidung abhängig: Herkömmliche Regenbekleidung, wie z. B. die gelbe Öljacke, kann akzeptabel sein, wenn sie weit geschnitten ist oder Lüftungsmöglichkeiten besitzt.

Sonderkommission – Regen-/Wetterbekleidung

Ihr wisst nun Bescheid über verschiedene Textilien, die für Regen-, Wetterbekleidung verwendet werden. Als Mitglieder der „Sonderkommission Regen-/Wetterbekleidung" bekommt ihr nun viel Arbeit.

Für das Rollenspiel „Sonderkommission Regen-/Wetterbekleidung" benötigen wir

▶ eine Sonderkommission (vier Personen),
▶ Personen, deren Regen-, Wetterbekleidung von der Sonderkommission ermittelt und untersucht wird. Die Personen, die die verschiedenen Rollen spielen, werden jeweils von drei anderen Mitschülern bzw. Mitschülerinnen – Zeugen – unterstützt.

Mögliche Beispiele für unterschiedliche Bekleidung findet ihr auf den Rollenkarten.

Die Sonderkommission soll nun die jeweilige Regen-, Wetterbekleidung der Personen herausfinden und Ratschläge für eine gesunde und umweltfreundliche Kleidung erteilen.

Die Sonderkommission überlegt sich, mit welchen Fragen sie die jeweilige Regen-, Wetterbekleidung ermitteln kann.

Z.B.: Aus welchem Rohstoff wurde deine Kleidung gefertigt?

Schwitzt du leicht in der Kleidung?

Wirst du bei stärkerem Regen nass?

War die Kleidung sehr teuer?

usw.

Die zu untersuchenden Personen wählen sich mit ihren Mitschülern/Mitschülerinnen – Zeugen – eine Rolle aus. Dann überlegen sie, wie sie ihre Rolle spielen wollen und die Eigenschaften ihrer Regen-, Wetterbekleidung erläutern sollen.

Das Spiel beginnt:

Die Sonderkommission stellt Fragen. Sie weiß nicht, um welche Person es sich handelt. Dann gilt es, evtl. auch Überzeugungsarbeit zu leisten: „Weißt du auch, dass deine Kleidung die Umwelt belastet?"

Rollenkarten

Jana Schmidt meint:
Ich liebe leichte, allerdings auch teure Regenbekleidung aus Mehrschichttextilien.

Markus Petersen meint:
Wenn ich im Sommer an die Nordsee fahre, trage ich bei Regen den gelben „Friesennerz".

Ole Müller meint:
Ich liebe meinen modischen, imprägnierten Anorak. Was soll all dieser neue Kram?

Silke Meier meint:
Ich mache es wie die Queen, ich trage eine gewachste Jacke aus Baumwolle.

Claudia Meier meint:
Leicht geht es auch billiger, meine Jacke ist aus Mikrofasern außen und Baumwolle innen.

Frau Hansen meint:
Besondere Regenkleidung benötige ich nicht, ich habe doch einen Schirm.

Herr Schneider meint:
Mein alter Lodenmantel aus Wolle ist warm, bei Regen wird er allerdings ...

4.3 Modische Kleidung beurteilen

Aufgaben unserer Kleidung

1. Betrachte die Fotos.
   Beschreibe die jeweilige Kleidung der abgebildeten Personen.

   Nenne die Aufgaben, die deren Kleidung jeweils erfüllt.

2. Sammle weitere Bildbeispiele für die verschiedenen Aufgaben der Kleidung, berücksichtige dabei auch die Kleidung anderer Völker.

Modische Kleidung beurteilen 4

> *Lies den Text „Reformkleidung":*
> 1. Welche Aufgaben der Kleidung werden in dem Text genannt?
> 2. Beschreibe ein Kleidungsstück, in dem du dich
>   a) wohl fühlst,
>   b) nicht wohl fühlst.
> 3. Erläutere: Warum habe ich mich heute morgen so angezogen?
> 4. Für welche Anlässe besitzt du spezielle Kleidung?

Die Bekleidung gehört zu den Grundbedürfnissen des Menschen, sie hat vielfältige Aufgaben.

Schutzfunktion: Die Kleidung soll den Körper schützen

- gegen Umwelteinflüsse, z. B. Kälte, Regen und Schnee,
- vor Verletzungen am Arbeitsplatz, im Verkehr und beim Sport.

Außerdem muss sie die Klimaregelung des Körpers unterstützen, vgl. S. 216 ff.

In Ländern, in denen sonst keine Kleidung getragen wird, soll sie die Blöße bedecken.

Schmuck- und Kennzeichnungsfunktion:
Ein altes Sprichwort sagt: „Kleider machen Leute." Zu allen Zeiten haben Menschen durch das Tragen von Kleidung und Schmuck, durch Bemalung und Narbenschmuck ihren Körper gestaltet.

Die Kleidung lässt auch die Zugehörigkeit zu bestimmten Gruppen erkennen, z. B.

- Trachten einer bestimmten Volksgruppe,
- Uniformen von Soldaten, Polizei und Feuerwehr,
- gleichartige Kleidung von Fußballfans, Punkern usw.

Aus den Aufgaben der Kleidung ergeben sich die Anforderungen, die an sie gestellt werden: Zweckmäßigkeit, gutes Aussehen, Haltbarkeit, Pflegbarkeit, physiologische Eignung – Wohlbefinden – bei unterschiedlichen Umgebungseinflüssen.

Reformkleidung für Damen

Auf dem Berliner Frauenkongress 1896 wurde die Frauenkleidung zum ersten Male Gegenstand öffentlicher Diskussion.

Es wurde Kleidung verlangt, die allen Lebensorganen ungehinderte Bewegung gestattet, die Schwere der Kleider vermindert, die Hauptlast auf die Schultern verlegt und eine gleichmäßige Temperatur des ganzen Körpers erzielt.

Die denkende Mutter wird die Kleidung des Kindes immer so beschaffen, dass sie den Körper nicht belästigt, ihn vor allen Dingen nicht einengt und dadurch das Wachstum behindert. Jedes Stück wird genügend Weite haben.

In einer Hinsicht fehlen viele Mütter allerdings oft: Allzu große Ängstlichkeit vor Erkältungen verleitet sie, dem Kind zu viel Kleidungsstücke aufzubürden, was nur Verweichlichung zur Folge hat. Zudem raubt die Schwere der Kleider dem im Wachstum leicht erschlaffenden Körper die Geschmeidigkeit und wird der Grund einer nachlässigen, gebeugten Haltung.

Es ist empfehlenswert, waschbare Stoffe zu wählen, die nicht so viel Staub aufnehmen und zudem ein öfteres Waschen vertragen. (Berlin 1908)

4 Modische Kleidung beurteilen

Kleidung für verschiedene Zwecke

	Zweck/Aufgaben	Aussehen und Beschaffenheit
	Arbeitsschutzkleidung Sie bietet Schutz und Sicherheit am Arbeitsplatz, vor äußeren Einflüssen (Staub, Hitze, Kälte, Regen) und vor mechanischen Einflüssen (z. B. Verletzungen). **Berufskleidung** bietet z. T. Schutz (Schutzwesten der Polizei), sie hat vor allem aber die Aufgabe, die Zugehörigkeit zu einer bestimmten Gruppe zu zeigen (Polizei, Armee, Justiz, Post usw.).	Signalfarben als Schutz, besondere Ausrüstungsverfahren (z. B. flammfest, Wasser abstoßend oder wasserdicht). Strapazierfähige Materialien (reiß- und scheuerfest), die auch von starken Verschmutzungen gesäubert werden können. Arbeitsschutzkleidung muss durch locker sitzende Schnittform Bewegungsfreiheit bieten; zu weite Formen und lose herabhängende Teile erhöhen die Unfallgefahr (z. B. bei der Arbeit an rotierenden Maschinen).
	Sportkleidung Die Kleidung soll bei körperlicher Betätigung genügend Bewegungsfreiheit ermöglichen. Sie soll für einen guten Ausgleich zwischen Körper- und Außenklima sorgen (z. B. beim Joggen). Sie soll Schutz bieten vor Witterungseinflüssen (z. B. Wander- und Skikleidung). Einige Sportarten erfordern spezielle Schutzbekleidung vor äußeren Einflüssen und Verletzungen.	Entsprechend dem Verwendungszweck erfordert Sportkleidung einen zweckmäßigen Schnitt. Die textilen Materialien müssen entsprechend der Sportart luftdurchlässig, winddicht, wasserdicht oder wärmend sein. Besondere Bekleidungsteile wie Kopfbedeckungen (Helme, Schutzkappen), Fußbedeckungen (Turnschuhe, Bergstiefel) und Körperbedeckungen (Skianzug, Surfanzug) erfordern spezielle Materialien.
	Festliche Kleidung Festliche Kleidung (Gesellschaftskleidung) soll uns schmücken. Sie wirkt elegant und hebt sich deutlich von der Alltagskleidung ab. Durch das Tragen besonderer Kleidung können festliche Anlässe in ihrer Bedeutung hervorgehoben werden. Im Gegensatz zur Alltagskleidung unterscheidet sich die festliche Damen- und Herrenbekleidung deutlich voneinander (klassischer festlicher Bekleidungsstil: schwarzer Smoking für Herren; langes Abendkleid für Damen).	Das textile Material ist meist weniger strapazierfähig und pflegeleicht, dafür aber kostbarer als das der Alltagskleidung. Schnittformen festlicher Kleidung sind auffälliger und aufwändiger wie auch das verwendete Material, aber weniger gut mit anderen Kleidungsstücken zu kombinieren.

Wir erstellen Wandzeitungen zum Thema Modische Kleidung – Nutzen und Gefahren

Eine Wandzeitung ist ein großes Plakat, auf dem in übersichtlicher Form Informationen und Meinungen – Wünsche, Träume und Ängste – zu einem Thema dargestellt werden.

Wandzeitungen werden in Gruppen oder durch die Zusammenarbeit aller Schülerinnen und Schüler erstellt.

Die Informationen können dann leicht in dieser Form den Mitschülerinnen und Mitschülern/der Öffentlichkeit zugänglich gemacht werden.

Was ist bei der Gestaltung einer Wandzeitung zu beachten?

▶ **Bilder sagen oft mehr als Worte.** Es lohnt sich, Bilder, Fotos, Grafiken, Statistiken für die Wandzeitung aus Zeitschriften zu sammeln oder selbst zu erstellen. Auch Karikaturen beleben eine Wandzeitung.

▶ **Layout:** Wenn genügend Material – Texte und Bilder – vorhanden ist, geht es daran, das Layout – eine Gestaltung – für die Wandzeitung zu entwerfen. Durch Hin- und Herschieben der einzelnen Teile kann man den vorhandenen Platz einteilen und so einen Eindruck von dem späteren Aussehen bekommen.

Das Aufkleben und Beschriften geschieht, wenn alle mit dem Entwurf zufrieden sind.

▶ Überschriften, Schlagzeilen sollen griffig und einprägsam sein.

▶ Die Schriftgröße muss so gewählt werden, dass sie auch aus größerer Entfernung klar lesbar ist.

▶ Wichtige Informationen müssen von den Betrachtenden schnell erfasst werden können, sie werden durch eine größere Schrift oder leuchtende Farbe betont.

▶ Die Schriftgröße je nach Wichtigkeit der Aussage abstufen: wichtige Aussagen größer, unwichtigere kleiner darstellen.

Generell gilt:

▶ Die Wandzeitung sollte nicht überladen sein. Überschriften und Bilder brauchen Raum, damit sie wirken können. **Weniger sagt oft mehr.**

▶ Die Betrachtenden müssen die Aussagen der Wandzeitung schnell erfassen können, sonst verlieren sie evtl. das Interesse und wenden sich anderen Dingen zu.

Und los geht es, an die Arbeit! Die Wandzeitungen sollen später eure Mitschülerinnen und Mitschüler über dieses wichtige Thema informieren.

4 Modische Kleidung beurteilen

Mode beeinflusst die Kleidung

1. Betrachtet die Karikaturen.
   a) Beschreibt, was auf den vier Streifen dargestellt ist.
   b) Der Einzelne passt sich modisch an.
      Welche positiven und negativen Folgen können entstehen?
   c) Der Einzelne passt sich nicht modisch an.
      Welche positiven und negativen Folgen können entstehen?

2. Diskutiert über den Text. Nennt Beispiele für „Führerprodukte", die zurzeit eine Leitbildfunktion haben.

3. Was müsst ihr tragen, um dazuzugehören?

4. Erstellt in Gruppen Collagen – siehe S. 53 und Abb. S. 9:
   a) Wenn man das trägt, gehört man dazu.
   b) Wenn man das trägt, kann man zum Außenseiter werden.

   Die anderen Gruppen sollen das von euch gewählte Thema nicht kennen.
   Überprüft, ob sie es herausfinden können.

Über die Mode

… und doch, wie willig folgen wir dabei den Führern …

Und welches Glück grinst uns aus dem Spiegel entgegen, wenn wir Anschluss haben, aussehen wie alle, und alle anders aussehen als gestern! Warum das alles? Vielleicht befürchten wir mit Recht, dass unser Charakter wie ein Pulverfass auseinander fallen könnte, wenn wir ihn nicht in eine öffentlich zugelassene Tüte stecken.

(Musil, R.: Mode und Gesellschaft)

4 Modische Kleidung beurteilen

Modemacher und Prominente bestimmen, was wir tragen

David Beckham (England), Fußballer und Modeikone des 20. Jahrhunderts, symbolisiert Männlichkeit, achtet aber auch sehr auf sein äußeres Erscheinungsbild. Vor allem seine Frisuren prägen die Teenager: Irokesenschnitt, Pferdeschwanz oder Kahlrasur.

Kelly Osbourne (England), rosa oder blaue Haare, schwarze Fingernägel, zeigt die Punkmode, aber auch den Grunge-Look – eben alles, was sich irgendwie kombinieren lässt.

Britney Spears (USA) bringt im neuen Jahrtausend die sehr tief sitzenden Hüftjeans in Mode, die jedes Mädchen tragen muss, um „hip" zu sein.

Eminem (USA), Bad-Boy des 20. Jahrhunderts: Mit Baggie-Pants, Baseball-Cap und ärmellosem Männerunterhemd gehört man zur Hip-Hop-Szene.

227

4 Modische Kleidung beurteilen

Modewechsel

1. Beschreibe anhand von Schlagzeilen der Modebranche und der Fotos, an welchen Einzelheiten der Modewechsel bei Jeans erkennbar ist.

2. Sammelt Artikel aus Zeitungen und Zeitschriften über Mode. Wie lange vor der Saison wird über die neue Mode informiert?

4 Modische Kleidung beurteilen

Brauchen Menschen Mode – oder braucht die Mode Menschen?

Häufiger Modewechsel ist besonders im Bereich der Kleidermode aus verschiedenen Gründen möglich:

▶ Jeder Mensch benötigt wegen seiner Schutz- und Schmuckbedürfnisse Kleidung.

▶ Die Anschaffung neuer Kleidermode ist meist weniger kostspielig als die Anschaffung anderer modischer Gegenstände.

Die Modeindustrie produziert zur Förderung ihres Umsatzes immer mehr, sogar weit über den eigentlichen Bedarf hinaus – in der Bundesrepublik wird ein großer Teil nicht abgesetzt.

Die Wirksamkeit der Werbung besteht darin, durch Bilder, Töne, Texte und Farben vorhandene Bedürfnisse bei Verbrauchern zu wecken, wie z. B. Liebe, Zuwendung, Anerkennung, Stärke, Geborgenheit, Zugehörigkeit, Unabhängigkeit.

Die Werbung verspricht uns durch den Kauf bestimmter Produkte die Befriedigung unserer Bedürfnisse.

Im Bereich Kleidermode wird die Absicht der Modeindustrie am deutlichsten: Durch gesteuerte „Veralterung" und immer neue Kaufanreize, durch Bedürfnisweckung mit raffinierten Methoden wird eine ständige Erneuerung, ein ständiger Wechsel in Gang gesetzt.

---

1. Sammelt Bild- und Textbeispiele für Modewerbung.

2. Untersucht in arbeitsteiligen Gruppen Modezeitschriften und Werbeprospekte nach folgenden Gesichtspunkten:
   a) Worüber wirst du informiert? Z. B. Preis, Material, Hersteller, Bezugsquelle.
   b) Welche Personen stellen die Mode vor und in welchen Grundstimmungen und Lebenssituationen befinden sie sich dabei?
   c) Zeigt jeweils an einem Beispiel, wie Modewerbung mit Worten, Bildern und Farben Bedürfnisse der Menschen weckt.

3. Stellt in einer Liste die Interessen der Modeindustrie zusammen.

4. Stellt in einer Liste die Interessen der Käuferinnen und Käufer modischer Kleidung zusammen. Denkt dabei an die verschiedenen Funktionen der Kleidung.

5. Lest und diskutiert das Fallbeispiel „Jugendliche Schuldner berichten" auf S. 210.

FÜR JEDEN SPASS ZU HABEN.

CAP, in drei Farben 9,90

RIPPEN-POLO 59,90

BERMUDAS 29,90

Alle Shirts sind natürlich aus reiner Baumwolle.

4 Modische Kleidung beurteilen

Kleidung und ihre gesellschaftliche Bedeutung

Mode im Wandel der Zeit

> 1. Sammelt Beispiele aus unterschiedlichen Lebensbereichen, die der Mode bzw. einem Modewechsel unterliegen.
> 2. Sucht Beispiele in der heutigen Zeit für direkte und indirekte Kleidervorschriften.
> 3. Erklärt an Beispielen von früher und heute, wie sich der Einzelne durch Kleidung von der Gesellschaft abheben kann.

Adelige des Rokoko um 1750

Bauern des Rokoko

▶ Mit dem Wort „Mode" (modus, lat.: Art und Weise, Regel, Maß) beschreibt man den Ausdruck des vorherrschenden Zeitgeschmacks einer Gesellschaft. Mode erstreckt sich auf viele Lebensbereiche, z. B. Bekleidungsweise, Lebensgestaltung, Denkweise, Sprachverhalten.

▶ Unter Mode im engeren Sinne versteht man die sich wandelnde Art der Kleidung, die einen Ursprung im Schmuck- und Geltungsbedürfnis des Menschen hat. Modische Kleidung bietet eine Möglichkeit, seinen persönlichen Stil hervorzuheben, die Stellung in der Gesellschaft oder die Zugehörigkeit zu einer bestimmten Gruppe zu zeigen.

▶ Kleidung ist nicht gleichbedeutend mit Mode. Sie ist aber der Mode und ihrem Wechsel besonders stark unterworfen.

▶ Im allgemeinen Sprachgebrauch wird Mode häufig mit Kleidung gleichgesetzt, z. B. Modeschöpfer, Modenschau, Modemesse, Modekollektion.

Auszug aus der Kieler Kleiderordnung (1417)

Keine Frau darf gekrauste Tücher und nicht mehr als zwei Mäntel haben, die mit Pelzwerk gefüttert sind, und darf auch keinerlei Geschmeide mit teurem Gestein und Perlen an ihren Kleidern tragen, wenn nicht ihr Mann an die Stadt nicht mindestens 400 Mark Silber zu versteuern hat.

Wenn der Mann der Stadt zwar Steuern zahlt, aber nicht für 100 Mark, so darf seine Frau keinerlei Geschmeide tragen. Insbesondere darf keine Bürgersfrau Pelzwerk oder Seide an ihren Kleidern tragen. Insbesondere wird befohlen, dass keine Dienstmagd oder Dienstbotin Spangen, Scharlachtuch oder irgendwelches vergoldetes Geschmeide trägt.

Modische Kleidung beurteilen 4

Durch besonders kostbare Kleidung haben die herrschenden Adeligen bis zur Französischen Revolution 1789 ihrer Vormachtstellung gegenüber Bürgern und Menschen niederer Stände Ausdruck verliehen. Der Adel erließ Kleiderordnungen, die verhindern sollten, dass sich reiche und selbstbewusste Bürger den Adeligen und Herrschenden durch das Tragen ähnlicher Kleidung anglichen. Die Kleidung sollte die gesellschaftliche Stellung des Einzelnen kennzeichnen.

Mit der Französischen Revolution entstanden die Voraussetzungen für eine bürgerliche Gesellschaft. Das Modebild veränderte sich. Das Ende der Ständegesellschaft wurde durch den Sturz des Königs und die Beseitigung der Vorrechte des Adels herbeigeführt.

Als Ausdruck ihrer politischen Gesinnung trugen die Revolutionäre schlichtere Kleidung und lange Beinkleider, die Pantalons. So unterschieden sie sich auch äußerlich vom alten Adel, denn der trug damals eng anliegende Kniehosen. Die Kleidung drückte das Streben nach neuen, freieren Lebensformen aus.

Die zweite Hälfte des 19. Jahrhunderts war vor allem durch die Industrialisierung gekennzeichnet. Auch die Erfindung der Nähmaschine ermöglichte es nun breiteren Bevölkerungsschichten, sich modisch zu kleiden.

Die Herrenmode war sachlich, zweckmäßig, zeitlos. Die Damenmode war dagegen immer noch aufwändig im Material und Ausputz – gemäß der Rolle der Frau in der Gesellschaft.

Mit dem Ersten Weltkrieg mussten die Frauen vielfach Stellungen der Männer übernehmen. Die Kleidung gab den Frauen jetzt mehr Bewegungsfreiheit durch kurze Röcke und bequeme Schnitte.

Die Gleichstellung von Mann und Frau in der Kleidermode wurde erst in der zweiten Hälfte des 20. Jahrhunderts erreicht.

Kürbishosen um 1550 bis 1600 **Rheingrafhosen 1650 bis 1680**

Kniehosen um 1630, Pantalons um 1810

Mode heute

Freiheit des Wilden Westens?
Die Jeans-Geschichte

Levi Strauss, Sohn eines jüdischen Tuchhändlers aus Franken, wandert 1847 (18-jährig) nach Amerika aus. Mit 24 Jahren zieht Levi Strauss von New York nach San Francisco. In seinem Gepäck befinden sich Stoffballen und Zeltplanen. Levi Strauss erfährt bald, dass die Goldgräber keine Zelte, sondern strapazierfähige Hosen benötigen. So lässt Levi Strauss aus Zeltleinwand, die er aus Genua bezieht, für Goldgräber Arbeitshosen nähen. Die Bezeichnung Jeans entstand aus dem amerikanischen Wort für genuesisch.

Jacob Davis, ein jüdischer Einwanderer aus Riga, kommt auf die Idee, die Hosentaschen mit Kupfernieten zu verstärken, die normalerweise für die Herstellung des Zaumzeugs der Pferde gebraucht werden. Kennzeichen der Jeans sind außerdem orangefarbene Doppelsteppnähte. Jacob Davis übernimmt die Produktionsleitung bei Levi Strauss.

1873 werden die ersten Jeans aus blauem Baumwollstoff, der aus Nîmes/Frankreich kommt, hergestellt. Der Stoff wird Denim (de Nîmes) genannt, es heißt, dieser Stoff sei in der Robustheit nicht zu übertreffen.

Jeans-Werbung Mitte der 90er Jahre

1902 stirbt Levi Strauss, er hinterlässt ein Vermögen von 6 Millionen Dollar.

Durch die Wirtschaftskrise in den 30er Jahren werden Jeans Freizeitkleidung in den USA.

James Dean wird durch seine Filme „Jenseits von Eden" (1954) und „Denn sie wissen nicht, was sie tun" (1955) zum Helden der amerikanischen Jugend, die sich gegen den materiellen Überfluss und das eintönige Leben auflehnt. Modischer Ausdruck dieses Generationskonflikts wird die Kleidung von James Dean, er trägt Blue Jeans, T-Shirt und rote Windjacke. Jeans sind in den Schulen verboten. Jeans werden nun auch in Europa – Frankreich – eingeführt. Die Nachfrage nach Jeans aus der US-Army-Produktion ist überwältigend, denn jeder will am „American dream" Anteil haben.

Ende der 50er Jahre sind die Jeans in den USA Zeichen der Gleichberechtigung von Schwarz und Weiß. An Feiertagen gehen die Schwarzen anstelle der sonst üblichen Festkleidung in Jeans zum Gottesdienst und kaufen keine neuen Kleider, um so ihren Protest gegen die Rassendiskriminierung auszudrücken. Besonders in dieser Zeit wurden Jeans zu einem besonderen Zeichen des Befreiungskampfes.

Anfang der 60er Jahre begannen auch Frauen Jeans zu tragen. Die Jeans werden zum Ausdrucksmittel eines neuen Frauentyps: Frauen, die sich ihrer beruflichen und sexuellen Unabhängigkeit (Antibabypille) bewusst werden.

1969 heißt es in einer Levi-Strauss-Werbung: Blumenkinder entdecken ihre Liebe zu Levi's. Nicht ganz bedeutungslos, denn nur abgetragene haben eine Chance. Leicht ist es nicht, Levi's Jeans kleinzukriegen. Auch in dieser Zeit sind die Jeans Ausdrucksmittel des Generationskonflikts, aber auch ein Zeichen der Verweigerung des Konsumzwangs.

Geschichte der Jeans-Werbung

Werbung, die hauptsächlich auf das männliche Publikum abzielt, zeigte den endlosen Horizont des amerikanischen Westens, allerdings war der Pferderücken gegen Autos und Motorräder ausgetauscht worden. Der Mythos eines James Dean wurde heraufbeschworen.

Sonst wurde der Schauplatz des „Wilden Westens" größtenteils durch exotische Schauplätze abgelöst. Abenteuer ist nach wie vor ein zugkräftiges Werbeelement, die Unverwüstbarkeit der Jeans soll demonstriert werden. Um dies zu verdeutlichen, werden sogar extreme Beispiele gewählt: „Im Wüstensand liegt ein Skelett, darunter Jeans – von dem Unglücklichen, den in der Wüste das Schicksal ereilte, sind nur noch Knochen und seine unverwüstlichen Jeans übrig geblieben."

In Europa erregte eine Jeans-Werbung unter dem Namen „Jesus-Affäre" einiges Aufsehen. Eine italienische Jeansmarke wurde berühmt durch ein Plakat, das auf den Hotpants einer Frau folgendes Jesus-Zitat zeigte: „Wer mich liebt, der folgt mir nach." In allen Ländern, in denen diese Werbung lief, gab es Stürme der Entrüstung. Als die Jeansfirma wegen Gotteslästerung verklagt werden sollte, stellte sich heraus, dass sie von einem Geistlichen gegründet worden war, der die herrschende Arbeitslosigkeit in seiner Stadt mit der Jeansfabrikation bekämpfen wollte. Der Geistliche ließ ein zweites Werbeplakat für seine „Jesus-Jeans" drucken, auf dem folgender doppelsinniger und unverfänglicher Slogan stand: „Von Jesus wird man noch in zweitausend Jahren reden."

Selbst vor der Kunst macht die Werbung – trotz Kritik – nicht halt. Berühmte Kunstwerke von Michelangelo und Cranach oder die Freiheitsstatue werden in die Werbung eingespannt.

Auch Frauen in Jeans sind ein beliebtes Werbethema. Als die Frauen anfingen, Jeans zu allen möglichen Gelegenheiten zu tragen, mussten die Werbefachleute sich etwas Neues einfallen lassen. So zeigte man die „knackigen Jeans am liebsten von der Seite, auf der sie am prallsten gefüllt waren". Nur fehlten zunächst noch die richtigen Slogans. Die Unverwüstbarkeit der Hosen erwies sich als kein besonders durchschlagendes Argument bei der weiblichen Käuferschicht. So wurden die Jeans zur zweiten Haut, die Frauen in vorher nie gezeigter Freizügigkeit darstellten.

Die Werbung zeigt auch, dass der Umsatz immer wieder durch neue Formen und Farben gesteigert wurde. Selbst bei den Jeans, die doch so unverwüstlich sind, müssen neue, aktuelle – modische – Jeans die alten ersetzen. Einige Beispiele: „Körpernah diktiert die Mode. Unsere Jeans sitzen hauteng von der Taille bis zur Fessel." Vier Jahre später heißt es: „Die Modelaunen von gestern sind vergessen. Die Jeans zeigen sich jetzt in schwungvoll ausgestellter Weite." Später wird verkündet: „Je verwaschener das Blau, desto schöner der Look." „Jeans von heute, unkompliziert wie die Leute von heute."

4 Modische Kleidung beurteilen

Wodurch wird der Wert unserer Kleidung bestimmt?

1. Lest die Umfrage in der Bekleidungsabteilung eines Geschäftes.

2. Ermittelt die jeweiligen Gründe der verschiedenen Personen für die Auswahl ihrer Kleidung, z.B.
   a) Sabine und Manfred:
      – Es soll gut aussehen.
      – Es soll die anderen Leute beeindrucken.
      – usw.
   b) Peter
   c) usw.

3. Für die Auswahl, den Einkauf von Kleidung sind entscheidend der
   Modewert,
   Gesundheitswert,
   ökologische Wert (Umwelt),
   psychologische Wert (Gesellschaft),
   politische Wert.
   Ordne je einen der Begriffe dem jeweiligen Einkaufsverhalten zu.
   a) Sabine und Manfred?
   b) Peter?
   c) usw.

4. Nenne Kleidungsstücke, die
   a) Manfred und Sabine,
   b) Peter,
   c) usw.
   kaufen.

Umfrage in der Bekleidungsabteilung eines Geschäftes

Reporter: Können Sie uns sagen, was für die Auswahl Ihrer gerade gekauften Kleidung wichtig war?

Sabine und Manfred: Wir haben morgen früh einen Termin für ein Bewerbungsgespräch. Es ist ein wichtiges Ereignis, da hängt viel davon ab. So benötigen wir angemessene neue, modische Kleidung. Sie wissen doch: „Kleider machen Leute." Mit der Kleidung wird sicher alles gut werden. Ausgewählt haben wir: …

Peter: Ich möchte durch meinen Einkauf die Umwelt möglichst wenig belasten. Die Kleidung muss in der Gegend hergestellt sein. Wie viel Energie wird für den Transport billiger Textilien aus anderen Erdteilen benötigt, ganz zu schweigen von der Umweltbelastung durch die Abgase. Die Textilien, z.B. Flachs, müssen umweltfreundlich angebaut oder, z.B. Wolle, erzeugt werden. Und auch bei der weiteren Verarbeitung – Ausrüstung – sollte auf umweltbelastende Chemikalien verzichtet werden. Chemikalien, nein danke. Ausgewählt habe ich …

Jan: Durch falsche Kleidung habe ich eine Allergie bekommen. Nun achte ich darauf, dass die Kleidung keine allergieauslösenden Farbstoffe enthält. Außerdem sollte sie nicht zu eng anliegen. Ja, auch das Thema „Körper – Klima – Kleidung" muss ich beim Einkaufen beachten, damit ich mich später darin so richtig wohl fühle.

Reporter: Wie schaffen Sie das nur?

Jan: Das ist doch gar nicht schwer, die entsprechenden Kenntnisse habe ich noch aus meinem Textilunterricht. Der sollte Pflicht für alle sein. Dadurch könnten die Krankenkassen viel Geld sparen. Ausgewählt habe ich …

Modische Kleidung beurteilen 4

Anna: Ich habe eine große Familie, da muss die Kleidung lange halten, oft wird die Kleidung von mehreren Kindern hintereinander getragen. Auch beim Sport wird vieles sehr strapaziert. Der Preis muss natürlich auch stimmen. Außerdem bevorzuge ich Kleidung, die leicht zu pflegen ist. Ausgewählt habe ich …

Simone: Es gibt viel Hunger und Elend in der Welt. Sehen Sie sich diese T-Shirts an, sie wurden für uns in China genäht. Die Menschen erhalten dafür keinen angemessenen Lohn. Und außerdem die Kinderarbeit in vielen Ländern. Politiker können da sicher etwas tun, aber auch ich möchte durch mein Einkaufsverhalten mithelfen, die Not in den Entwicklungsländern zu lindern. So muss die Kleidung auch lange halten, damit sie nicht vorzeitig auf den Basars in Afrika landet und dort die heimische Textilindustrie zerstört. Ausgewählt habe ich …

Pinar: Ich achte bei der Auswahl meiner Kleidung darauf, dass sie unseren Traditionen – unserer Kultur – entspricht. So benötige ich als Türkin eine …

Miriam: Auch bei uns gibt es viele Traditionen. Für meine Tanzgruppe benötige ich meine Heimattracht. Auch sonst sind meine Modegewohnheiten durch die Clique bestimmt. Da muss man sich dran halten, wenn man in sein will. Ausgewählt habe ich …

Markus: Es gibt bestimmte Kleidungsstücke, z.B. Rollis, die ich nicht mag, die werde ich also bestimmt nicht kaufen. Beim Einkauf versuche ich auch möglichst die Werbung zu vergessen. Die Werbung versucht unsere Meinung zu beeinflussen, sie sagt z.B. „Modefarbe des Sommers ist …", „die Röcke oder Hosen sind dieses Jahr wieder …". Umweltfreundlich sind jedoch ganz andere Kleidungsstücke. Ausgewählt habe ich …

Soziokultureller Wert

Gesundheitswert/Eignungswert

Ökologischer/politischer Wert

- Es gibt keine gesunde Kleidung, Schadstoffe sind überall drin.
- Mode muss sein, sonst gehöre ich nicht dazu.
- Textilkennzeichnung, wer versteht die schon?
- Auch für wenig Geld kann man schicke Kleidung kaufen.
- Ökokleidung können wir uns nicht leisten.
- Kleidung muss bequem sein, das ist wichtiger als Mode.
- Uniformen für Schüler, das wäre die Lösung.
- Alte Kleidung gehört in die Kleidersammlung.
- Die nächste Hose wird wieder eine Jeans.
- Baumwolle, die Naturfaser, das ist es.
- Die Farbe der Kleidung ist mir egal.

Diskussionsspiel

1. Bildet Kleingruppen von vier bis sechs Personen.
   Schreibt die Aussagen – aus der linken Spalte – auf Karten.
2. Legt den Stapel mit Karten verdeckt auf den Tisch. Ein Gruppenmitglied nimmt eine Karte, liest den Text vor und legt die Karte dann offen in der Mitte auf den Tisch.
3. Alle Gruppenmitglieder äußern sich im Uhrzeigersinn zu dem Text. Jede Zustimmung oder Ablehnung muss kurz begründet werden.
4. Das nächste Gruppenmitglied – im Uhrzeigersinn – nimmt eine Karte auf. Es folgt wieder ein Rundgespräch. Dies geht so weiter, bis alle Karten behandelt wurden.
5. Berichtet den Mitschülerinnen und Mitschülern aus den anderen Gruppen über die Ergebnisse eurer Gespräche.

Hinweis:
Dies sind nur einige Anregungen. Ihr habt sicher weitere Ideen für das Diskussionsspiel. Schreibt diese auf weitere Karten.

... einen Moment bitte, unsere Fachfrau wird Ihnen gleich beim Übersetzen behilflich sein!

Wir erstellen ein Modemagazin für junge Leute

Silke: Wir sind nun Textilfachleute, da können wir doch ein Projekt starten. Wir schreiben ein „Modemagazin für junge Leute", so eine richtig spannende Zeitschrift für unsere Mitschülerinnen und Mitschüler.

Jan: Und wie stellst du dir das vor?

Silke: Wir setzen uns alle zusammen und überlegen uns Themen und die Gestaltung – und die Arbeitsverteilung!

Jan: In den zwei Textilstunden schaffen wir das doch nie.

Silke: Kein Problem, da fragen wir unsere anderen Lehrerinnen und Lehrer, ob sie mitmachen. In Datenverarbeitung können wir die Texte am Computer schreiben und die Bilder malen. Von unserer Deutschlehrerin bekommen wir sicher noch ein paar Tipps, wie wir das alles interessant schreiben können, damit die anderen unser Magazin auch kaufen und lesen.

Los, lass uns die anderen fragen, die haben sicher noch mehr tolle Ideen für unser neues Projekt.

▶ Zunächst überlegen wir uns gemeinsam, welche Themen in unserer Zeitschrift enthalten sein sollen, z. B.

▶ **Fotostory – Schick um jeden Preis**
  Nullbock auf Alttextilien
  Arbeitsanleitungen, Rätsel
  Die Klasse ... rät
  usw.

▶ Jetzt wählt jede Gruppe ein Thema aus. Die Gruppenmitglieder sammeln nun Material – Texte und Bilder – zu ihrem Thema. Andere Zeitschriften können dabei Anregungen für die Gestaltung unserer Modezeitschrift geben.

▶ Zwischendurch treffen wir uns alle im Stuhlkreis und berichten über unsere bisherige Arbeit. Da gibt es sicher einige Anregungen von den anderen für die eigene Arbeit. Wir können uns gegenseitig bei Schwierigkeiten helfen und wir können auch kontrollieren, was die anderen schreiben, sodass wir nichts doppelt schreiben.

▶ Nun geht es an die Suche nach passenden Überschriften und das Schreiben der Texte für unsere Zeitschrift sowie an das Zeichnen der Bilder und das Erstellen von Fotos.

▶ Die geschriebenen Texte und Bilder werden dann auf DIN-A4-Seiten gelegt. Gefällt es uns so oder wollen wir noch etwas ändern?

▶ Sind alle Gruppenmitglieder zufrieden, können die Texte und Bilder aufgeklebt und die fertigen Zeitschriftenseiten kopiert werden.

▶ Nun müssen wir uns nur noch überlegen, wie wir unser Werk zusammenheften. Wo wollen wir die Zeitschrift verkaufen und was kostet sie?

Wir haben unsere eigene Modezeitschrift – super! Wir sind die Textilreporter unserer Schule.

4 Modische Kleidung beurteilen

Neu in der Textilverarbeitung

1. Erklärt anhand des Fotos, warum die dargestellten Fasern „Klimafasern" genannt werden.
2. Trefft Entscheidungen, aus welchen Materialien
   a) eine Winterjacke,
   b) ein Jogginganzug,
   c) ein gestrickter Sommerpulli
   sein sollen.
3. Prüft, aus welchen Materialien eure Jacken bestehen.
   Diskutiert Vor- und Nachteile von Mehrschichttextilien.

Wetterkleidung ist heute, will man den Herstellern glauben, wasserdicht (bzw. Wasser abweisend), winddicht und atmungsaktiv (W-W-A). Wunder können diese Materialien allerdings nicht vollbringen: Weder das Schwitzen wird verhindert noch kann man von einem aktiven „Atmen" des Materials sprechen. Allenfalls wird pro Zeiteinheit eine bestimmte Feuchtigkeitsmenge nach außen durchgelassen. (Verbraucherzentrale)

Mikrofasern

Das Außenmaterial von Jacken usw. besteht häufig aus Mikrofasern. Sie erfüllen die gleichen Funktionen wie die Kunststoffmembran in Mehrschichttextilien, d. h., sie sind ebenfalls wind- und wasserdicht, aber atmungsaktiv, also durchlässig für Luft und Wasserdampf – Schweiß.

Mikrofasern sind feiner als Seide. 100 Mikrofasern passen in den Querschnitt eines Haares. Mikrofasern – Polyester- oder Polyamidfasern – werden zu dichten Stoffen mit feinsten Poren verarbeitet.

Diese Stoffe sind außerdem besonders leicht und strapazierfähiger, d. h. reiß- und scheuerfester als Naturmaterialien.

Firmennamen für diese Stoffe sind Tactel, Trevira-Finesse oder Belseta u. a.

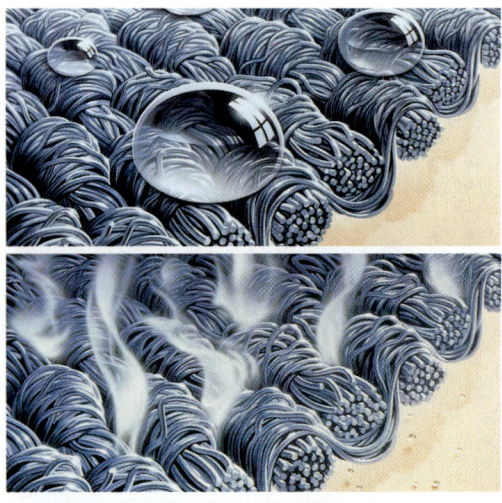

Chemiefasern mit neuen Eigenschaften

Um Chemiefasern, z. B. Polyacryl und Polyester, günstige Klimaeigenschaften zu verleihen, hat man Fasern geschaffen, in deren Kern viele winzige Kanäle entstehen.

Diese so genannte Klimafaser ist eine Polyesterbaumwollfaser, die achtmal mehr Wasser als eine herkömmliche Polyacrylfaser aufnimmt. Sie weist ähnlich wie Baumwolle eine große Saugfähigkeit auf, trocknet aber wesentlich schneller, ist leichter, formbeständiger und läuft nicht ein.

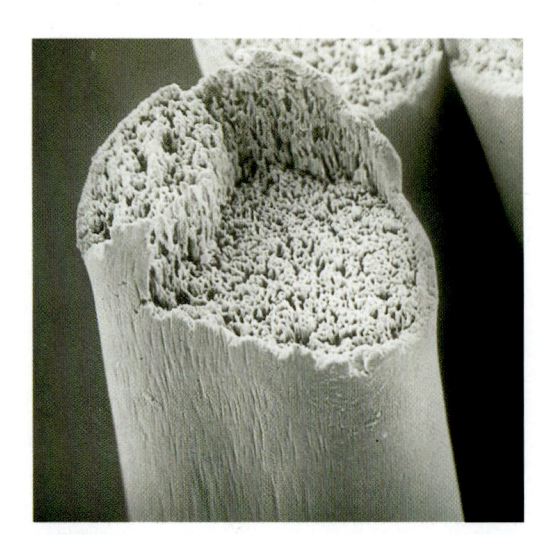

Klimafaser

Neue Eigenschaften durch Mikrofasern

Modische Kleidung beurteilen

Mehrschichttextilien mit einer Kunststoffmembran

Bei diesen winddichten, wasserdichten und atmungsaktiven Bekleidungsstücken befindet sich zwischen Oberstoff und Futter eine luftdurchlässige Klimamembran – eine Kunststofffolie, die aus dem gleichen Material wie Teflon besteht (Gore-Tex). Die Folie hat pro cm^2 1,4 Milliarden Mikroporen, die Luft und Wasserdampf nach außen entweichen lassen. Wind und Regen können aber nicht von außen nach innen durchdringen.

Sympatex hat eine Polyestermembran.

Neben den angenehmen Trageeigenschaften haben diese Mehrschichttextilien auch Nachteile. Die Membran verrottet nicht, beim Verbrennen entstehen hochgiftige Gase. Gore-Tex nimmt Kleidung zur erneuten Verarbeitung der Membran zurück.

Mikrofaser- und Mehrschichttextilien sind pflegeleicht. Der Feinwaschgang wird empfohlen.

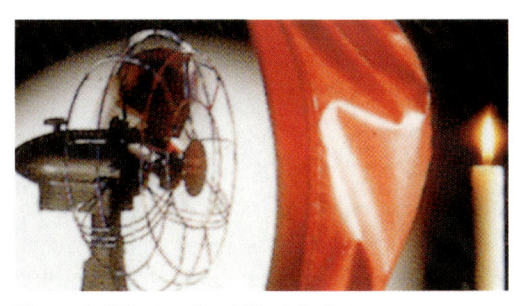

Versuch: Windundurchlässigkeit

Neue Eigenschaften der Klimamembran

Zweischichttextilien, die Alternative?

Chemiefasern innen – Naturfasern außen

Die der Haut zugewandte Innenseite besteht aus synthetischen Chemiefasern, die den Schweiß von der Haut abnehmen und zur Verdunstung an die Außenschicht aus Baumwolle weiterleiten. Auf diese Weise bleibt die Haut trocken, die Feuchtigkeit verteilt sich im Stoff auf der Oberfläche. Für schweißtreibende Aktivitäten können solche Textilien, die die Feuchtigkeit nicht festhalten, sondern schnellstmöglich nach außen transportieren, sinnvoll sein.

Sportbekleidung und Sportunterwäsche dieser Art findet man unter den Markennamen Climate 2000, Daron comforteam, Sport-Fit, Duo-Tex.

Naturfasern innen – Chemiefasern außen

Für weniger schweißtreibende Sport- und Freizeitarten wird Bekleidung angeboten, deren Innenfutter aus Baumwolltrikot oder Baumwollfrottee oder aus Mischfasergeweben Baumwolle/Polyester hergestellt ist. Die Außenschicht besteht aus Wind und Wasser abweisenden, atmungsaktiven Chemiefasern, z. B. Mikrofaser Tactel.

Beschichtete Textilien

Bei diesen Textilien wird eine Kunststoffschicht auf ein Trägermaterial aufgebracht. Dieses Material ist nun absolut wind-, wasser- und wasserdampfundurchlässig, z. B. Öljacken. Die Wasserdampfundurchlässigkeit muss beim Schnitt der Kleidung berücksichtigt werden.

Imprägnierte – gewachste Textilien

Sehr dicht gewebte Stoffe werden mit chemischen Mitteln, z. B. mit Silikon oder Wachs, imprägniert. Mit Wachs werden z. B. Jacken aus Baumwolle – so genannte Wachsjacken – imprägniert.

Durch diese Ausrüstungsmethode werden die Kleidungsstücke winddichter und Wasser abweisend. Nach längerer Einwirkzeit wird die Kleidung allerdings wasserdurchlässig. Die Imprägnierung ist nicht waschfest, sie muss erneuert werden.

Modische Kleidung beurteilen

Mode und Umwelt

1. Vergleiche den jährlichen Pro-Kopf-Verbrauch von Textilien in Deutschland mit dem in anderen Ländern.

Bundesrepublik Deutschland	26 kg
USA	26 kg
Simbabwe	2,5 kg
Nigeria	1,0 kg
Kamerun	0,5 kg

2. Führt eine Befragung zum Thema „Kleidung – Kauf und Verwendung" durch.
   Überlegt euch zunächst mögliche Fragen:
   – Wie viel Geld hast du zur Verfügung?
   – Woher erfährst du, was modern ist?
   – Was passiert mit deiner Kleidung, wenn du sie nicht mehr trägst?
   – usw.

3. Ermittle das Gewicht verschiedener Kleidungsstücke:
   – Unterwäsche,
   – Hose,
   – Pullover,
   – T-Shirt
   – usw.

4. Stelle die jährlich pro Person neu gekaufte Kleidungsmenge von 19 kg zusammen.
   (Die restlichen kg sind Haus- und Heimtextilien.)

5. Erkundet geeignete Waschmittel und Waschhilfsmittel für die Pflege von Textilien.

6. Lest und diskutiert die Pressemeldung auf S. 241:

   „Zum Kaufen geboren".

   a) Warum ist der Textilverbrauch bei uns so hoch?
   b) Welche Folgen hat der hohe Textilverbrauch?

7. Wir verreisen eine Woche mit dem Rucksack.
   Du kannst nur 3 kg Textilien (ohne Schuhe) mitnehmen.
   Es kann auch kühl werden und regnen.
   Stelle eine geeignete Auswahl an Oberbekleidung und Wäsche zusammen.

8. Ermittle mithilfe von Prospekten Kleidungsstücke, z. B.
   a) T-Shirts,
   b) Hosen,
   die du längere Zeit tragen kannst.
   Beachte bei deiner Entscheidung Schnitt, Muster, Farbe, Material und Verarbeitung.

9. Erkunde die weitere Verwendung von gesammelten Altkleidern.

Wer bekommt diese Kleidungsstücke?

Modische Kleidung beurteilen 4

Studie über den Konsumzwang bei Teens und Twens

„Zum Kaufen geboren"

Hamburg (ap) Die Jugend lebt nach dem Grundsatz „born to shop" – zum Kaufen geboren. Das ist das Ergebnis einer Umfrage. „Die Konsumkids wollen gerne Konsumpioniere sein", heißt es in der Studie. Outfit und Markenkleidung seien „das" Statussymbol.

Viele Jugendliche könnten sich den Kaufzwängen kaum noch entziehen. Eine deutliche Mehrheit der 14- bis 29-Jährigen hätte mittlerweile sogar das Gefühl, dass sie in der Freizeit zu viel Geld ausgeben. Der Konsumzwang werde zum Konsumstress, und vom Geldausgeben zum Verausgaben ist nur noch ein kleiner Schritt.

In, neu und modisch – das sei die Formel für die Wünsche der jungen Leute. Das Wissen darum, was „in" ist, sei für die überwiegende Mehrheit der jüngeren Generation zu einem Grundbedürfnis geworden. Deshalb würde der Anteil der jungen Leute, die besonderen Wert auf modische Freizeitkleidung legen, immer größer. Der Textilverbrauch in Deutschland liegt bei 26 kg pro Person – mit steigender Tendenz. Überquellende Kleiderschränke sind das Ergebnis. Frauen geben für Kleidung im Jahr im Durchschnitt 700,00 €, Männer rund 425,00 € aus. Diese Textilien werden längst, bevor sie verschlissen sind, weggegeben, da Schnitt und Farbe nicht mehr den Vorstellungen entsprechen. Ein großer Teil dieser Textilien gelangt in die Basare in der Dritten Welt und zerstört dort die einheimische Textilkultur und -industrie.

Shopping bedeutet nach der Studie für die Jugend immer zweierlei: Lebenslust und Verhinderung von Langeweile. Einkaufszentren und -passagen bedeuten für sie nicht nur Erlebniskonsum, sondern gleichzeitig Fluchtburgen, um der Langeweile und Vereinsamung zu entfliehen.

Jeder fünfte Deutsche gebe mittlerweile zu: „Manchmal kaufe ich wie im Rausch." Bei diesem Kaufrausch werde von den jungen Leuten erst dann Ruhe gegeben, wenn eine bestimmte Sache erworben sei – unabhängig davon, ob sie sie gebrauchen oder sich leisten können. Mehr als andere Bevölkerungsgruppen stehen Jugendliche unter einem fast sozialen Druck des „Konsumieren-Müssens". Dieser soziale Druck gehe vornehmlich von der Freizeitclique aus: „Wer dazugehören will, muss sich anpassen."

Was wir dagegen tun können
▶ Kleidung modernisieren.
▶ Weniger „Modefetzen" kaufen.
▶ Nicht jeden „Modeschrei" mitmachen.
▶ Kleidung länger tragen, tauschen, ausleihen.
▶ Altkleidung in Secondhandläden verkaufen.
▶ Kleidung pflegen (waschen usw.), Kleidung ausbessern.
▶ Textilien weiterverwenden für Patchwork, Applikationen usw.

Secondhandladen

4.4 Herstellung und Erhaltung textiler Gegenstände

Gebrauchswert erhalten

Kleidungsstücke werden durch den Gebrauch früher oder später schadhaft, unmodern oder zu klein. Sie können oft mit geringem Arbeitsaufwand ausgebessert bzw. verändert werden.

---

1. Mache Vorschläge hinsichtlich der Ausbesserung folgender Kleidungsstücke:
   a) Jeans mit Riss,
   b) Strickjacke mit Loch am Ellenbogen,
   c) Rock mit ausgerissenem Saum.

   Beachte bei den Vorschlägen für die Ausbesserungsarbeiten
   a) das Aussehen,
   b) den Preis,
   c) den Zeitaufwand.

2. Ermittle die Kosten für die Erneuerung eines Reißverschlusses
   a) in einer Änderungsschneiderei,
   b) selbst durchgeführt.

3. Nenne Ausbesserungsarbeiten und Änderungen, die
   a) bei euch zu Hause,
   b) in einer Änderungsschneiderei durchgeführt werden.

4. Erläutere das Aufsetzen eines Flickens.

Ausbesserung

Stopfen

Handstopfen bei kleinen Schäden an der Oberbekleidung, besonders Strickwaren, z. B. Socken, dünn geschlissener Stoff, kleines Loch, kleiner Riss.

Maschinenstopfen bei kleinen Schäden an Haushaltswäsche und Berufskleidung.

Flicken – Aufsetzen von Stoffteilen

Flicken bei größeren Schäden an Haushaltswäsche und Berufskleidung, z. B. größere Löcher und Risse.

Ergänzen, z. B. Aufhänger annähen, Knopf annähen, Reißverschluss einsetzen.

Kleine Schäden lassen sich schnell und einfach beheben, deshalb frühzeitig ausbessern.

Eingesetzter Aufhänger

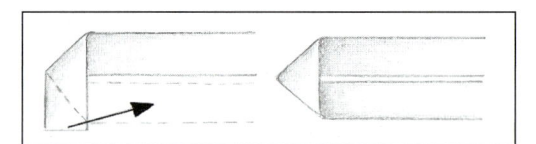

Leinenband falten, evtl. in Form bügeln.

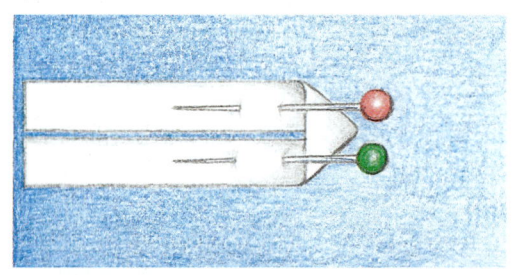

Aufhänger mit den Schnittkanten bis an die Stoffkante schieben.
Aufhänger feststecken.

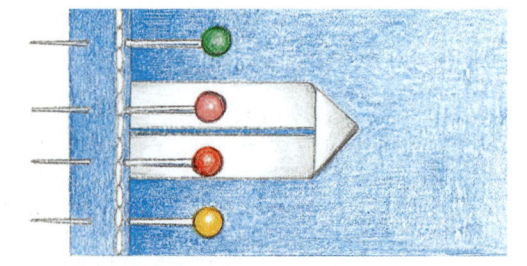

Stoffkante zweimal zum Saum umschlagen – Saumbreite 1 cm. Saum feststecken und schmalkantig mit der Maschine übernähen.

4 Herstellung und Erhaltung textiler Gegenstände

Ausbesserung von Webwaren

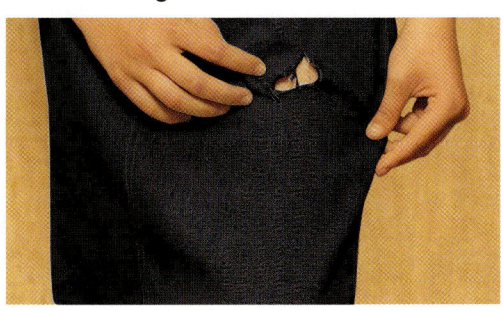

Das Loch kann gestopft werden

> Petra hat sich ein Loch in ihren Rock gerissen. Sie möchte den Rock nicht wegwerfen. So hat sie ihn mit in die Schule gebracht. Die Klasse berät, was getan werden kann.
>
> 1. Mache Vorschläge, wie Petra den Rock ausbessern kann.
> 2. Erkunde, wie der Stopffuß bei den Schulnähmaschinen eingesetzt wird.

Stopfen per Hand – Arbeitsschritte

Die Kanten mit einer Schere begradigen, sodass ein rechteckiges Loch entsteht.

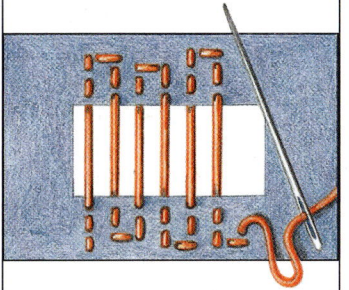

Einen Kettfaden spannen, dabei jeweils 1 bis 2 cm in den Stoffrand hineinarbeiten.

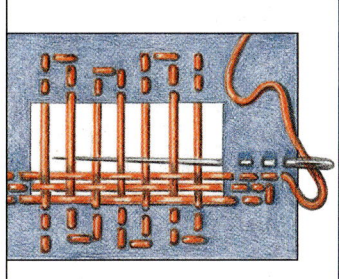

Nun den Schussfaden quer zum Kettfaden einziehen. Der Schussfaden wird abwechselnd unter und über dem Kettfaden entlanggeführt.

Stopfen mit der Maschine – Arbeitsschritte

Stoff mit der schadhaften Stelle fadengerade in einen Stoffrahmen spannen, Rahmen unter den Stofffuß legen. Beachte: Beim Stopfen 1 bis 2 cm in den Stoffrand nähen.

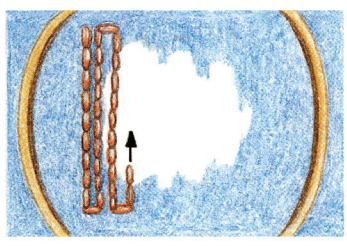

Parallel zum Fadenlauf die Nählinie durch Schieben des Stoffrahmens ausführen, am Ende einen Stich in Querrichtung und die zweite Nählinie in entgegengesetzter Richtung ausführen.

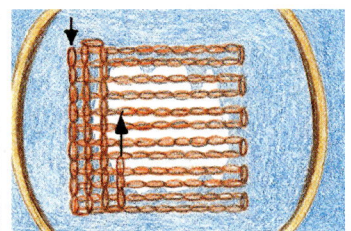

In Querrichtung gleichen Stopfvorgang ausführen.

▶ Beim Stopfen per Hand wird die Verkreuzung zwischen Kett- und Schussfäden – wie bei Geweben – wieder hergestellt.

4 Herstellung und Erhaltung textiler Gegenstände

Ausbesserung von Maschenwaren

> Claudia hat einen Riss in ihrem Lieblingspullover. Nachdem Petras Rock so schön ausgebessert worden ist, bringt Claudia ihren Pullover mit in den Unterricht.
>
> Mache Vorschläge, wie Claudia ihren Pullover ausbessern kann.

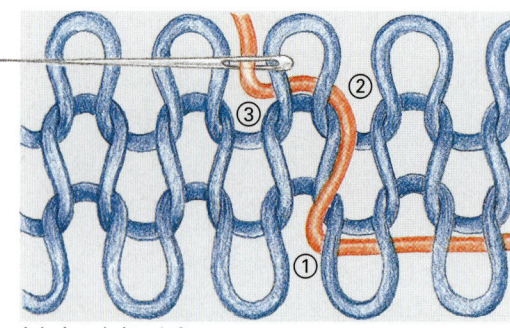

Arbeitsschritte 1–3

Maschenstich – Arbeitsschritte

Mit dem Maschenstich werden die auf der rechten Seite sichtbaren Maschenteile, die Maschenschenkel, nachgeahmt.

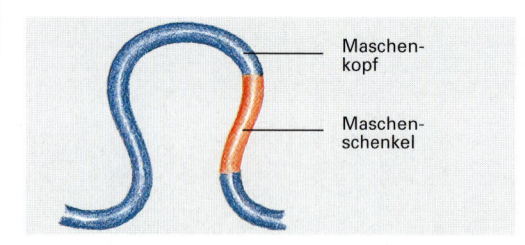

Maschenkopf
Maschenschenkel

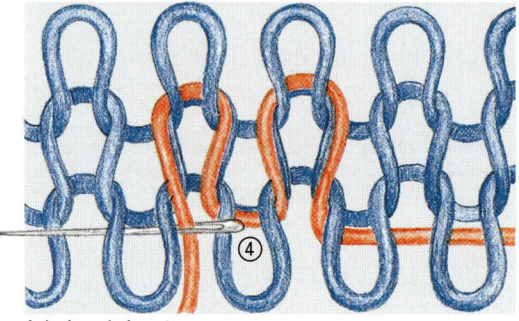

Arbeitsschritte 4 usw.

1. Faden von der linken Seite durch einen Maschenkopf führen.
2. In die rechts darüber liegende Masche wieder einstechen.
3. Den Faden auf der linken Seite um die Masche herumführen, in die links daneben liegende Masche wieder einstechen.
4. Faden wieder zum Ausgangspunkt zurückführen, in den Maschenkopf einstechen. Faden auf der linken Seite um die Masche herumführen, in die links daneben liegende Masche wieder einstechen. Mit dem 2. Arbeitsschritt fortfahren usw.

Mit dem Maschenstich können kleine Risse überarbeitet werden. Man kann damit aber auch Stickereien auf unbeschädigten Kleidungsstücken anfertigen.

Das Muster hierfür sollte zunächst in **einfachen Formen** auf kariertem Papier entworfen werden.

Ausbesserung des Pullovers – Arbeitsschritte

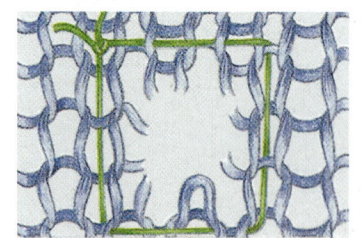

Zerrissene Stelle auf ein Stück Pappe spannen. Rand befestigen.

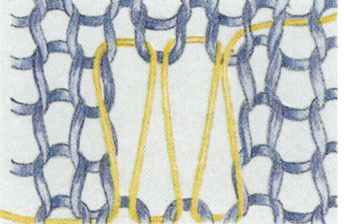

Hilfsfäden spannen. Rand säubern.

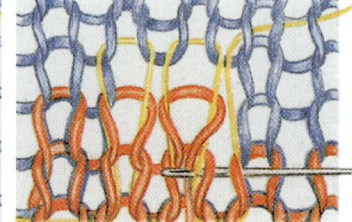

Maschenstiche reihenweise einziehen. Rechts unten beginnen. Hilfsfäden entfernen.

Projekt: Wir eröffnen unsere Schneiderei, z. B. für einen Basar

Vorbereitungsphase

Wir überlegen:
Wo wollen wir unseren Basar eröffnen?
Wen wollen wir dazu einladen?
Wo wollen wir werben?
Welche Arbeiten könnten wir anbieten?
Wo können wir uns Arbeitsanleitungen/Anregungen beschaffen?

Durchführungsphase
Unsere Planung wird umgesetzt.

Unsere Schneiderei wird eröffnet, jeder übernimmt seine gewählte Aufgabe und führt diese durch.

Spielregel: Wer seine eigene Aufgabe erledigt hat, sieht sich um, ob er den anderen helfen kann.

Planungsphase
Wir sammeln Arbeitsanleitungen für einfache textile Werkstücke.

Wir ermitteln notwendige Arbeitstechniken, Kosten und Zeitaufwand für die Arbeiten. Kennen wir die Arbeitstechniken? Sind die Kosten so, dass wir die Sachen später auch verkaufen können?

Wir einigen uns auf das endgültige Warenangebot und die Arbeitsverteilung.

Kontrollphase
Wir berichten über unsere Eindrücke während der Planungsphase und der Durchführungsphase – Erstellung und Verkauf.

Wir überlegen:
Was hat uns an unserem Basar, unserer Arbeitsweise bei der Herstellung und beim Verkauf gefallen?
Was müssen wir verbessern?

4 Herstellung und Erhaltung textiler Gegenstände

Arbeiten mit Fertigschnitten

Fertigschnitte findet man in den Stoffabteilungen der Kaufhäuser und als Schnittmusterbogen in Zeitschriften.

Oft finden sich auf diesen Packungen oder in den Zeitschriften Hinweise auf den Schwierigkeitsgrad der Herstellung. Generell gilt: Je weniger Schnittteile abgebildet sind, umso leichter ist es.

Fertigschnitte werden als Mehrgrößenschnitte angeboten, z. B. Größe 34 bis 44.

Enthaltene Informationen
▶ Stoffverbrauch und Zuschneidepläne bei verschiedenen Stoffbreiten,
▶ Vorschläge für geeignete Materialien,
▶ Angaben über benötigtes Zubehör: Reißverschluss, Knöpfe usw.,
▶ eine ausführliche Nähanleitung mit Text und Zeichnungen,
▶ Erklärung aller Schnittmusterzeichen, vgl. S. 248.

Informationen in der Schnittmustertüte

Weste

Stoffbedarf:
Stoffbreite 140 cm – je 60 cm für Oberstoff und Futterstoff.

Schnittteile:
Vorderteil 2 × zuschneiden,
Rückteil 1 × zuschneiden.

Unsere Schnitte werden als Mehrgrößenschnitte angeboten.

Unser Schnitt ist für eine Körpergröße von 168 cm berechnet.

Suche die benötigte **Schnittgröße** für die Weste nach der Oberweite aus der Maßtabelle heraus.

Schneide vom Schnittbogen Vorderteil und Rückteil der Weste in der richtigen Größe aus.

Ändere, wenn nötig, den Papierschnitt um die Zentimeter, um die die ermittelten Maße von der Maßtabelle abweichen. Vgl. S. 247.

Zuschneiden: Die Zuschneidepläne auf dem Schnittmusterbogen zeigen die Anordnung der Schnittteile auf dem Stoff, vgl. S. 249.

Weitere Tipps ebenfalls dort.

Fertigschnitte

Herstellung und Erhaltung textiler Gegenstände 4

Welche Größe passt mir?
Für die richtige Schnittgröße werden zunächst die eigenen Maße ermittelt.

Wichtig: Es darf keine dicke Kleidung getragen werden und das Maßband darf sich nicht dehnen. Zu zweit geht es leichter.

Schreibe deine Maße auf und vergleiche sie mit den Angaben in der Maßtabelle.

Wichtige Maße
Oberweite – Brustumfang: Die Oberweite wird unter den Armen hindurch über die breiteste Stelle des Rückens und die stärkste der Brust gemessen.

Taillenweite – Bundumfang: Meist rutscht das Maßband automatisch an die schmalste Stelle.

Hüftweite – Gesäßumfang: Gemessen werden die Hüften an der stärksten Stelle, 20 bis 25 cm unterhalb der Taille.

Seitenlänge: Dies ist ein wichtiges Maß für Hosen. Gemessen wird seitlich von der Taillenlinie bis zum Boden.

> Die Taillenweite entspricht der Größe 36, die Hüftweite aber fast der Größe 40. Für welche Größe muss man sich entscheiden?

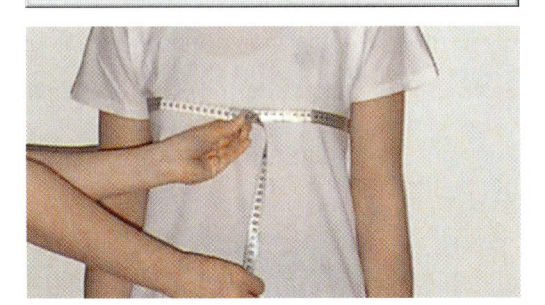

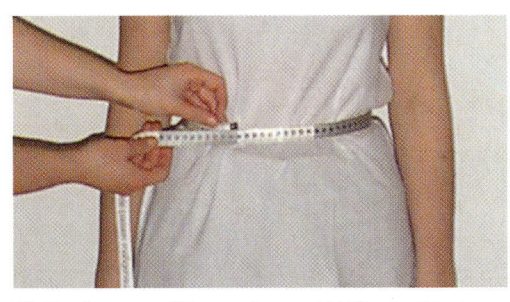

Herren – Normalgröße				
Körpergröße	Oberweite	Bundweite	Hüftweite	Größe
170	88	83	92	44
173	92	78	96	46
176	96	82	100	48
178	100	90	104	50
180	104	94	108	52
182	108	98	112	54
184	112	104	116	56

Damen – Körpergröße 168 cm				
Oberweite	Taillenweite	Hüftweite	Seitenlänge	Größe
76	62	83	103,5	32
80	62	87	103,5	34
84	66	91	103,5	36
88	70	94	104,0	38
92	74	98	104,0	40
96	78	102	104,0	42
100	82	105	104,5	44
104	86	109	105,0	46
110	92	114	105,5	48
116	98	120	106,0	50

Körpermaße in cm

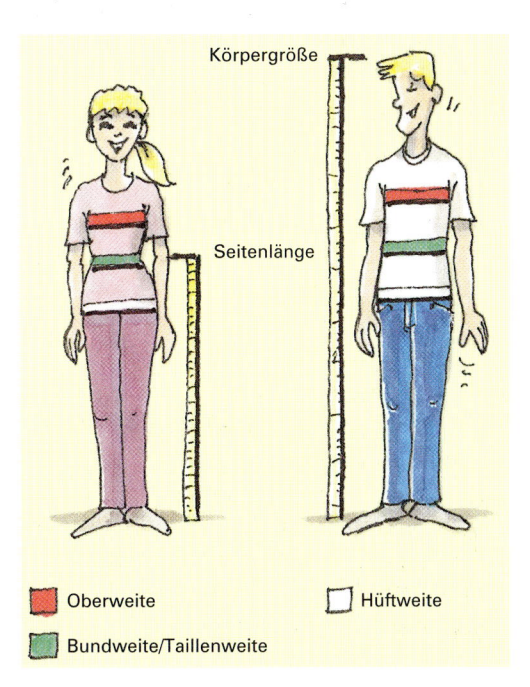

Maßnehmen – Oberweite und Taillenweite

- Oberweite
- Bundweite/Taillenweite
- Hüftweite
- Körpergröße
- Seitenlänge

Herstellung und Erhaltung textiler Gegenstände

Übertragen von Schnittmusterteilen

Fertigschnitte werden als Mehrgrößenschnitte angeboten. Die für euch richtige Schnittgröße habt ihr inzwischen sicher herausgefunden.

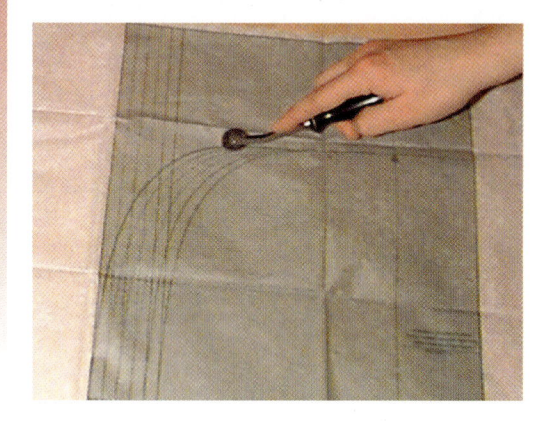

Schnittmusterteile werden nun z. B. mit einem Kopierrädchen auf Packpapier ausgeradelt – übertragen. Durch das Ausradeln werden die Umrisse durch die „Radzähnchen" in das Papier durchgedrückt.

Schnittteile können auch mit einem Stift auf Seidenpapier oder mit Kopierfolie übertragen werden.

Die Schnittteile werden danach ausgeschnitten.

Auf den Schnittmusterbögen in Modezeitungen sind immer mehrere Schnitte übereinander eingezeichnet. Durch ein Markieren des gewünschten Schnittteils ist dieses leichter zu erkennen und so später leichter zu übertragen.

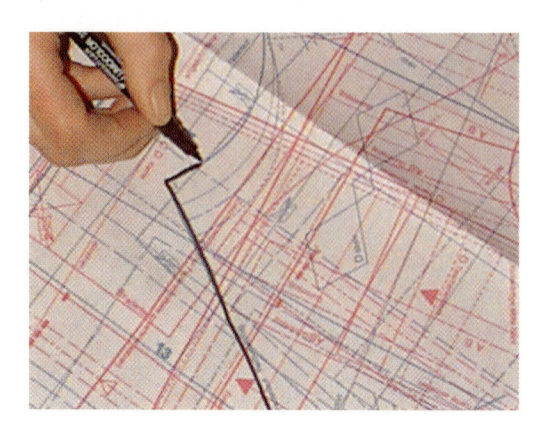

Schnittzeichen

Auf den Schnittteilen sind viele Zeichen zu finden. Welche Bedeutung haben sie?

Fadenlaufzeichen: Eine kräftige durchgezogene Linie mit Pfeil am Ende. Der Fadenlauf gibt an, wie das Schnittteil auf den Stoff aufgelegt wird. Der Fadenlaufpfeil muss parallel zur Webkante liegen.

Stoffbruchzeichen: Eine lange Klammer mit Pfeilen nach unten an beiden Enden. Der Stoff muss hierbei doppelt liegen, vgl. S. 249. Die Kante des Schnittteils bzw. das Stoffbruchzeichen liegt genau an dem Bruch des gefalteten Stoffs. Aufgeklappt ist das Stoffstück dann doppelt so groß.

Passzeichen: Dreiecke, Punkte oder Quadrate mit unterschiedlichen Nummern. Die Zahlen geben an, welche Teile zusammengenäht werden. Passzeichen mit gleicher Nummer müssen beim Zusammennähen aufeinander treffen.

Einreihzeichen: Zwei Sterne, zwischen denen der Stoff mit großen Stichen gesteppt und gekräuselt wird.

Einhaltzeichen: Zwei Punkte, zwischen denen der Stoff mit großen Stichen gesteppt wird. Unterfäden leicht anziehen. Es sollen keine Kräusel entstehen, der Stoff wird lediglich an ein kleineres Stoffteil angepasst.

Zeichen für Schlitzende: Zwei Punkte dicht nebeneinander. Der Stoff wird bis zu diesen Punkten zusammengenäht, dann beginnt der Schlitz.

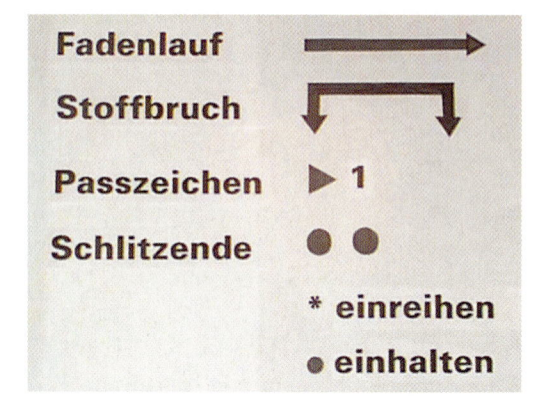

Fadenlauf	⟶
Stoffbruch	⬐ ⬎
Passzeichen	▶ 1
Schlitzende	● ●
	✱ einreihen
	● einhalten

Herstellung und Erhaltung textiler Gegenstände

Arbeitsanleitung für Weste und Hose

Ein Karo entspricht 5 cm.

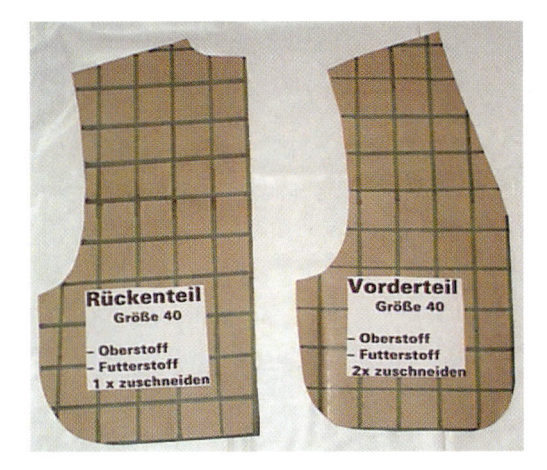

Es werden jeweils 60 cm Baumwollstoff – Stoffbreite 140 cm – für den Oberstoff und für den Futterstoff der Weste benötigt. Außerdem benötigen wir passendes Nähgarn.

Beim Einkaufen sollte man sich erkundigen, ob der Stoff waschbar ist, so kann man später viel Geld sparen. Außerdem muss erfragt werden, ob der Stoff gegen Einlaufen vorbehandelt ist, andernfalls sollte man ihn vor der weiteren Verarbeitung waschen. Der Stoff wird 30 bis 60 Minuten in heißem Wasser eingeweicht, dann vorsichtig ausgedrückt und getrocknet.

Schnittauflage

In dem Anleitungsbogen des Schnittmusters sind Zuschneidepläne abgedruckt. Stoffbruch und Fadenlauf sind hier ebenfalls angegeben.

Der Stoff muss nun so gefaltet werden, wie es aus dem Zuschneideplan zu ersehen ist. Bei der Weste liegt der Stoff jeweils in der ganzen Fläche doppelt. Die rechte Stoffseite liegt dabei innen.

Bei Stoffen mit Musterrichtung usw. muss die Richtung bei der Auflage des Zuschneideplans beachtet werden, damit die Musterung später an den Passzeichen übereinstimmt.

Nun werden die Schnittteile möglichst stoffsparend – genau nach Plan – auf den Stoff gelegt.

Sind alle Schnittteile richtig angeordnet, werden sie mit Stecknadeln auf dem Stoff festgesteckt.

Nahtzugaben und Passzeichen werden mit Schneiderkreide auf dem Stoff gekennzeichnet. Die Nahtzugaben bei der Weste betragen an den Schulternähten 2 cm, sonst 1 cm.

Nun wird zugeschnitten. Die Schere muss dabei immer Kontakt zum Tisch haben. Niemals in der Luft zuschneiden.

Die Schnittteile für das Futter der Weste werden genauso aufgelegt und zugeschnitten.

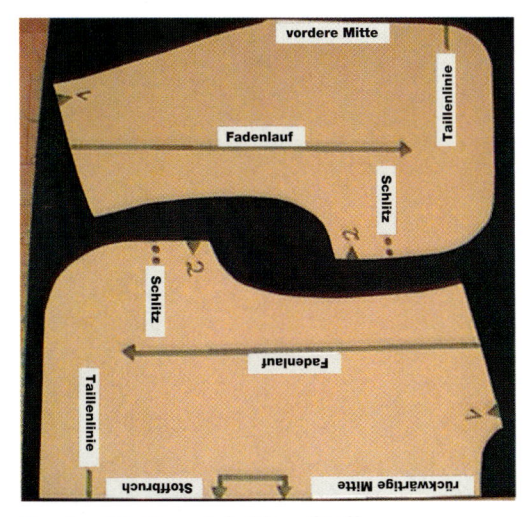

Zuschneideplan, einfarbiger Stoff

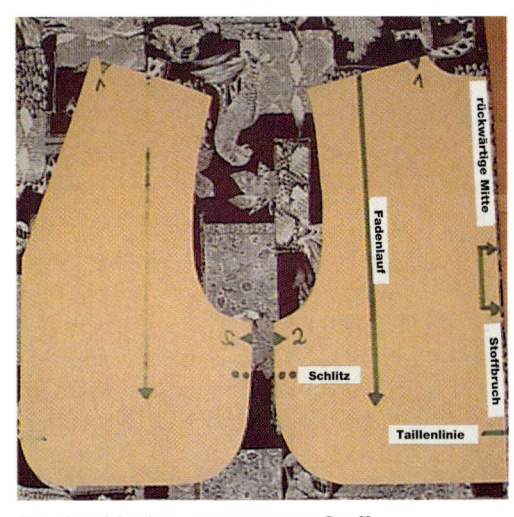

Zuschneideplan, gemusterter Stoff

Herstellung und Erhaltung textiler Gegenstände

Nähen der Weste

Auf dem Foto sind die zugeschnittenen Stoffteile des Oberstoffs zu sehen. Hier wurde die Weste in einer sehr viel kleineren Größe und leuchtenden Stofffarben genäht, damit die Einzelheiten, z.B. Nähte, auf den Fotos besser zu erkennen sind.

Vorderteile und Rückenteil rechts auf rechts an den Schulternähten stecken und heften, dabei auf die entsprechenden Passzeichen und die Nahtzugabe von 2 cm achten. Nähte danach mit der Maschine steppen.

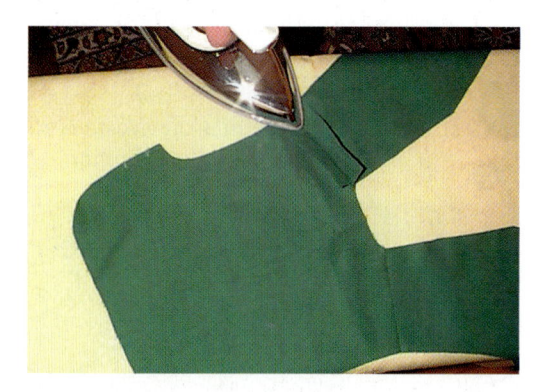

Nahtzugaben zuerst von links auseinander bügeln. Danach die Nahtzugaben nochmals von rechts bügeln.

Der Futterstoff wird nun genauso verarbeitet, d.h., auch hier werden die Schulternähte geschlossen und gebügelt. Der Futterstoff ist hier rot.

Die Weste wird so gearbeitet, dass sie von beiden Seiten getragen werden kann.

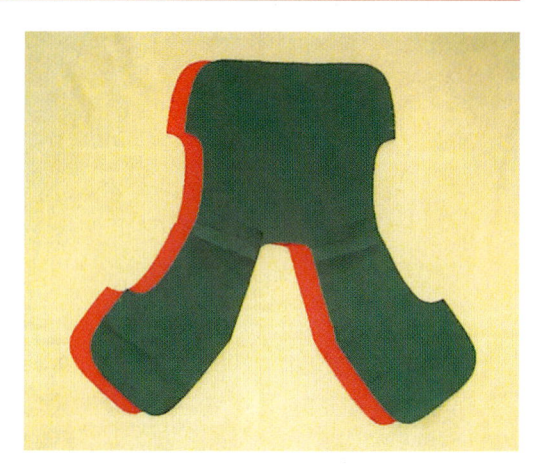

Hier sind Oberstoff und Futterstoff mit geschlossenen Schulternähten zu sehen.

Oberstoff und Futterstoff nun rechts auf rechts aufeinander stecken und heften. Die Schulternähte sollen übereinander liegen.

Oberstoff und Futterstoff zusammensteppen. An der rückwärtigen unteren Naht eine ca. 20 cm breite Öffnung zum Wenden lassen.

Einschneiden und Zurückschneiden der Nahtzugaben

Damit die Weste nach dem Wenden an den Rundungen und Ecken nicht sperrt oder sich wellt, müssen die Nahtzugaben teilweise eingeschnitten oder zurückgeschnitten werden.

Ecken an den Armöffnungen bis dicht an die Nahtspitze zurückschneiden.

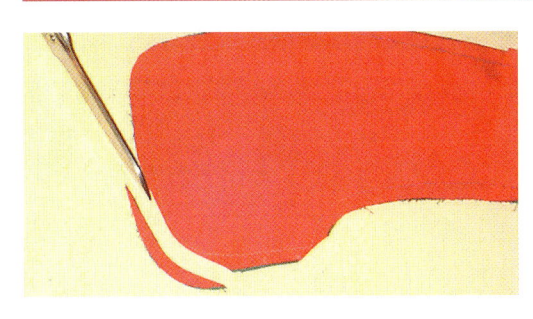

Herstellung und Erhaltung textiler Gegenstände

Nahtzugaben an den vier äußeren Rundungen zurückschneiden.

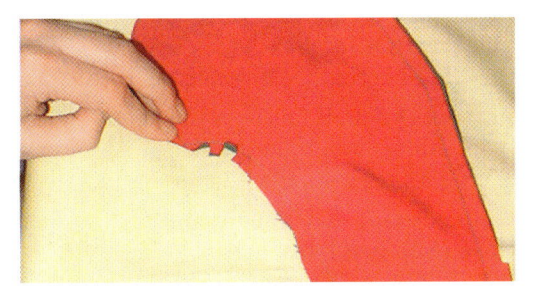

Nahtzugaben in den Armrundungen einschneiden.

Nahtzugaben außen an den Schulternähten zurückschneiden.

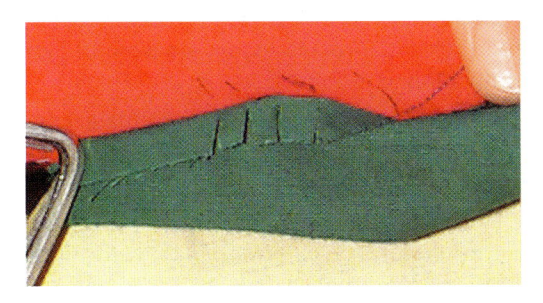

Nahtzugaben so gut es geht von links – evtl. mithilfe eines Ärmelbretts – ausbügeln.

Weste wenden. Die Ecken und auch die Kanten mit einer geschlossenen Schere vorsichtig herausdrücken.

Die Weste auf der Futterseite bügeln. Der Oberstoff soll dabei minimal hervorblitzen. Auf diese Weise ist der Futterstoff später nicht auf der Oberseite zu sehen.

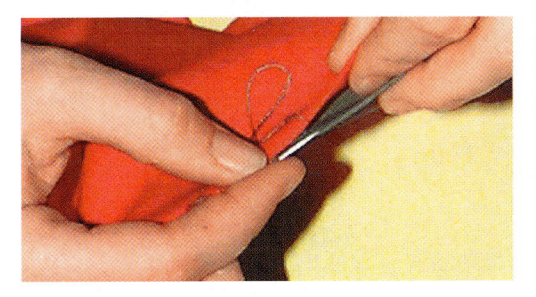

Die Öffnung an der rückwärtigen unteren Naht mit Staffierstich schließen.

Alle Kanten schmalkantig auf dem Oberstoff absteppen.

Nun noch die Seitennähte gegeneinander – nicht übereinander – nähen.

Herstellung und Erhaltung textiler Gegenstände

Freizeithose mit aufgesetzten Taschen

Benötigtes Material:
- Ca. 1,60 m Baumwollstoff oder leichtes Mischgewebe bei 140 cm Breite für eine lange Hose, ca. 1,00 m für eine kurze Hose,
- 40–60 cm Gummiband, ca. 2,5 cm breit,
- 50–70 cm farblich passende Kordel,
- Rest Aufbügelvlieseline für Knopflöcher,
- Nähgarn usw.

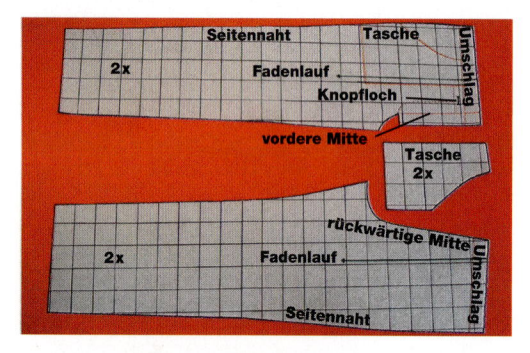

Schnittvorlage für die Hose

1 Karo entspricht 5 cm. Auf ein Stück Packpapier oder Tonpapier – evtl. zusammenkleben – 5 cm große Quadrate zeichnen. Schnitt einschließlich aller Bezeichnungen auf das Papier übertragen.

Die persönliche Hosenlänge ermitteln – Seitenlänge ab der Hüfte messen – und die Beinlänge im Hosenschnitt evtl. korrigieren.

Ebenso kann die Hosenbeinweite ab der unteren Taschenkante verändert werden.

Schnittauflage für eine Hose mit aufgesetzten Taschen:
Der Stoff liegt doppelt, rechts auf rechts.

An allen Kanten 1,5 cm Nahtzugabe zugeben, außer am unteren Saum – bereits 4 cm enthalten – und an der oberen Kante.

Hose zuschneiden, 2 Vorderteile, 2 hintere Hosenteile und 2 Taschen.

Vorbereiten der Taschen:
Nahtzugabe an den schrägen Taschenkanten ½ cm einschlagen und 1 cm umschlagen, bügeln, stecken, heften, absteppen.

Nahtzugaben der oberen, vorderen, unteren und seitlichen Kanten mit Zick-Zack-Stich versäubern. Die oberen, vorderen und unteren Kanten 1,5 cm breit umbügeln.

Taschen auf die vorderen Hosenteile aufstecken, heften und steppen. Die seitlichen Kanten schließen mit der Nahtzugabe des Hosenteils ab, daher nicht umknicken. Es können auch Reißverschlusstaschen gefertigt werden, vgl. S. 253.

Zusammennähen:
Seitennähte: Vorderes und hinteres Hosenteil rechts auf rechts legen, stecken, heften und steppen.

Jetzt ggf. Reißverschlusstasche aufstecken, heften und steppen; vordere Kanten beider Taschen liegen in einer Linie. Vgl. S. 253.

Die beiden inneren Hosenkanten aufeinander legen und zusammennähen. Nahtzugaben versäubern und auseinander bügeln.

Mittelnähte: Ein Hosenbein wenden und in dieses das andere so hineinschieben, dass die rechten Stoffseiten aufeinander liegen;

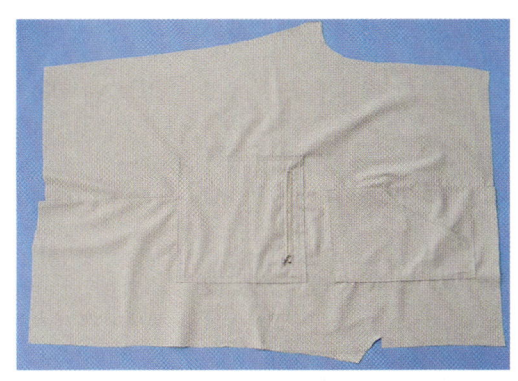

Herstellung und Erhaltung textiler Gegenstände

die inneren Beinnähte aufeinander legen. Stecken, heften. Anprobieren.

Beim Nähen der hinteren Rundung den Stoff etwas dehnen, damit er später nicht reißt. Nahtzugaben evtl. zurückschneiden, versäubern und auseinander bügeln.

Die vorderen Besätze beim Damenmodell in das rechte vordere Hosenteil bügeln, beim Herrenmodell in das linke, und absteppen entlang der markierten Linie.

Knopflöcher: Die markierten Stellen auf der Rückseite mit Bügelvlieseline verstärken, Knopflöcher, 3 cm lang, einarbeiten, aufschneiden. Anleitung für die Nähmaschine beachten bzw. Knopfloch von Hand nähen.

Hosenoberkante: Versäubern, 4 cm breit umknicken, stecken, heften, absteppen.

Kordel: In zwei Teile schneiden, je ein Ende mit Klebeband vor Ausfransen sichern, die anderen ans Gummiband steppen.

Kordel mit Gummiband durch die Knopflöcher einziehen, Klebeband entfernen, Enden verknoten.

Beinlänge: Anprobe-Saum abstecken, 1 cm einschlagen, ca. 2–3 cm umschlagen, stecken, heften, absteppen.

Aufgesetzte Reißverschlusstasche

Stoff, z.B. 22 × 22 cm bei 18 cm Reißverschlusslänge, mit 1,5 cm Nahtzugabe an allen vier Kanten zuschneiden.

Stoffstreifen, z.B. 22 × 5 cm, zuschneiden, mit Zickzackstich versäubern, rechts auf rechts an der Stelle für den Reißverschluss auf die Tasche stecken und heften.

Reißverschlussöffnung markieren, z.B. 18 cm lang, ½ cm hoch, und mit Geradstich, Stichlänge maximal 2, absteppen.

Beide Stofflagen in der Mitte gerade und diagonal in die Ecken aufschneiden.

Stoffstreifen nach hinten durchziehen, Ecken glatt ziehen und bügeln.

Reißverschluss unter die Öffnung legen; auf der rechten Stoffseite feststecken, mit schrägen Heftstichen einheften, vgl. Abb.

Reißverschluss-Nähfuß montieren und den Reißverschluss schmalkantig absteppen.

Taschenkanten mit Zickzackstich versäubern, Nahtzugabe nach hinten umbügeln, Tasche auf das Hosenbein aufsteppen.

Schnittänderungen

Bei größeren Abweichungen, z.B. der Hüft- oder Oberweite, wird der Schnitt korrigiert.

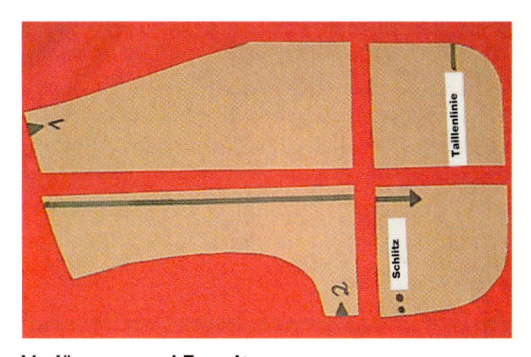

Verlängern und Erweitern

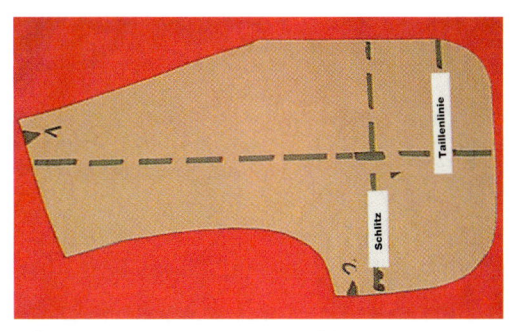

Verkürzen und Engermachen: Die auseinander geschnittenen Teile übereinander schieben

Herstellung und Erhaltung textiler Gegenstände

Gestaltungstechniken

Seidenmalerei

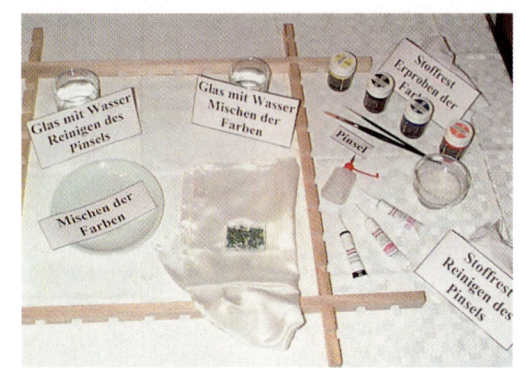

Für die Seidenmalerei werden benötigt:
Holzrahmen: Man kann ihn fertig kaufen oder selbst aus vier Holzleisten anfertigen.
Spannnadeln oder Reißzwecken benötigt man zum Aufspannen der Seide.

Mit **Pongé-Seide** werden die besten Ergebnisse erzielt, sie ist preisgünstig. Fertige Tücher, Schals usw. können auch bemalt werden. Seide vor dem Bemalen waschen.

Aufspannen der Seide: Rahmen zunächst auf die richtige Größe einstellen. Die Seide an einer Ecke auf dem Rahmen befestigen, es folgen die anderen Ecken. Nun die Seide mit weiteren Spannnadeln oder Reißzwecken – jeweils in handbreitem Abstand – dazwischen befestigen. Die Seide muss straff gespannt sein, damit sie später nicht „durchhängt" und die feuchte Arbeitsplatte berührt.

Farben: Bügelfarben eignen sich besonders, da die Verarbeitung einfacher ist. Farbauswahl, vgl. S. 255. Bügelfarben werden durch das Bügeln fixiert, d.h. mit dem Stoff verbunden, vgl. S. 255 unten.

Gutta- oder Konturenmittel: Diese Trennmittel verhindern, dass die Farben ineinander laufen. Konturenmittel gibt es farblos und farbig. Zum Zeichnen feiner Linien farbige Konturenmittel in Tuben – mit einer Metallspitze – verwenden. **Waschen:** Farblose Konturenmittel lösen sich beim Waschen, es entstehen weiße Linien. Farbige Konturenmittel werden beim Bügeln von links fixiert, sie werden beim Waschen nicht gelöst.

Pinsel: 1 dicker Pinsel, Größe 8 bis 10, oder Schwamm und 1 dünner Pinsel, Größe 2, sind die Grundausstattung. Es werden auch zwei Gläser mit Wasser, ein Stoffrest zum Erproben der Farben und einer zum Reinigen des Pinsels benötigt.

Salztechnik: Grobe Salzkörner auf die aufgetragene feuchte Farbe streuen. Das Bild darf aber nicht zu nass sein. Das Salz entzieht der Farbe die Feuchtigkeit, hierdurch entsteht ein heller Rand um das Salzkorn. Besonders bei dunklen Farben kann man diese Veränderung gut beobachten. Ist das Bild zu nass, „ertrinkt" das Salzkorn, ein Effekt wird kaum erzielt. Der richtige Zeitpunkt muss also erprobt werden. Nach dem Fixieren wird das überschüssige Salz vorsichtig ausgewaschen.

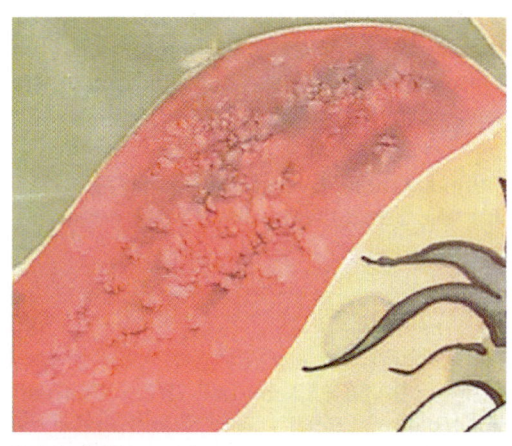

Aufspannen der Seide

Salztechnik

Herstellung und Erhaltung textiler Gegenstände

Das erste Bild – Farben mischen
Benötigtes Material: Seide, Seidenmalfarben Gelb, Rot und Blau und ein Pinsel

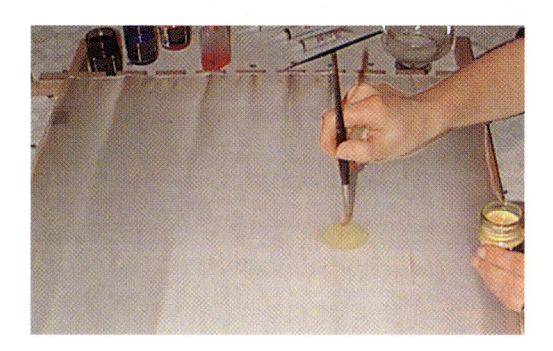

Zunächst mit den hellen Farben beginnen.

Beim Auftragen der Farben kann beobachtet werden, dass die Farben, solange sie feucht sind, ineinander verlaufen. Sind die Ränder dagegen getrocknet, entstehen klare Abgrenzungen.

Das Ineinanderlaufen der Farben bezeichnet man auch als **Aquarelltechnik**.

Es folgen danach dunklere Farben. Der Pinsel muss zwischendurch immer wieder gereinigt werden.

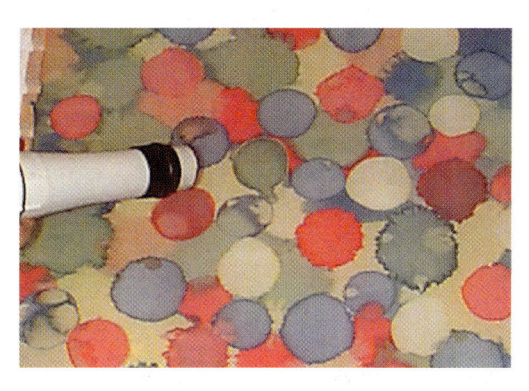

Aufgetragene Farben können zwischendurch auch mit dem Föhn getrocknet werden, damit sie nicht ineinander verlaufen.

Durch Mischen werden aus den drei Grundfarben – Gelb, Rot und Blau – viele neue Farben erzeugt. Hier wurde z. B. aus viel Gelb und wenig Blau Grün hergestellt.

Fixieren

Das trockene Seidentuch wird gebügelt, hierdurch werden die Farben fixiert, d. h. mit dem Stoff verbunden.

Herstellung und Erhaltung textiler Gegenstände

Das dreidimensionale Bild – Wir arbeiten mit Konturenmittel

Benötigtes Material: Seide, Seidenmalfarben, Konturenmittel und Salz

Zunächst einen Entwurf zeichnen und diesen unter die aufgespannte Seide legen.

Die Flächen – zwischen den Konturen – werden danach mit Seidenmalfarben ausgefüllt.

Der Entwurf wird mit Konturenmittel – Konturenstiften – auf Seide übertragen. Nur wenn das Konturenmittel eine Fläche völlig abschließt, können die Farben nicht ineinander verlaufen, vgl. S. 254.

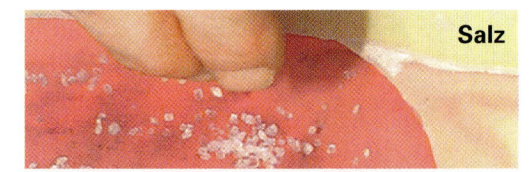

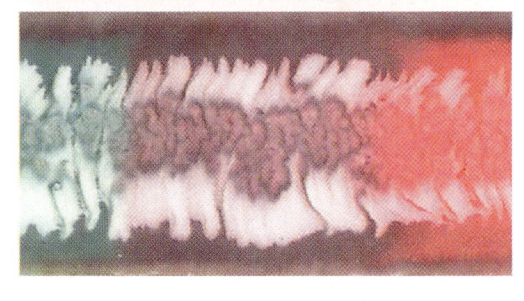

Salz

Die Landschaft erscheint sehr viel lebendiger, wenn nun grobkörniges Salz auf die noch feuchte Farbe gestreut wird. Das Salz bleibt auf dem Bild, bis es getrocknet ist. Danach kann das Salz abgehoben bzw. Salzreste können ausgewaschen werden.

Bei anderen Bildern können durch Salz eine tosende Meeresbrandung, ein interessanter Laubwald oder ein Feuerwerk entstehen.

> Probiere die Salztechnik doch einmal auf verschiedenen Farben und auch in unterschiedlichen Formen, z. B. Kreisen, Linien, aus. Beobachte, was geschieht.

Herstellung und Erhaltung textiler Gegenstände 4

Das **Salz** hat seine Wirkung getan, den Farben wurde Wasser entzogen – Muster sind entstanden.

Jetzt werden Farben und Konturenmittel durch Bügeln – Hitze – 2 bis 3 Minuten lang von links fixiert.

Die Seide kann nun bei 30 °C in der Waschmaschine gewaschen werden, ohne dass sich die Farben lösen. Farblose Konturenmittel lösen sich beim Waschen auf, weiße Linien erscheinen auf dem Tuch.

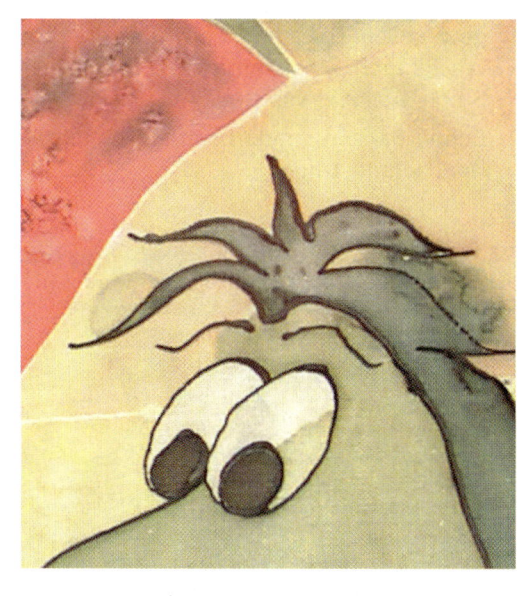

Was ist hier passiert?

Das Konturenmittel wurde nicht ausreichend aufgetragen, die Farben sind verlaufen. Dies kann natürlich auch beabsichtigt sein, wenn man keine scharfen Übergänge haben möchte.

Außerdem ist auf diesem Bild die Wirkung des Salzes deutlich zu erkennen.

Das fertige Bild kann mit doppelseitigem Klebeband auf eine Styroporplatte aufgeklebt und weiter gestaltet werden. Hier wurde z. B. ein Drachenschwanz aus Bindfaden und Geschenkpapier befestigt.

Überlege, welche Gegenstände ebenfalls angebracht werden könnten.

Herstellung und Erhaltung textiler Gegenstände

Batiken

> 1. Zeichne ein Muster für ein Batiktuch.
>   Wähle dafür die Farben Weiß, Gelb, Rot und Grün.
>
> 2. Erstelle einen Arbeitsplan.
>   Welche Farbbäder werden benötigt?
>
>   Welche Stellen müssen jeweils mit Wachs abgedeckt werden, damit die richtigen Farben/Muster entstehen?

- Zunächst muss ein Muster – Farben und Formen – für die zu erstellende Batik auf einem Stück Papier entworfen werden.
- Baumwollstoffe ohne Appretur oder reine Seide mit Heftzwecken auf Holzleisten oder einen alten Bilderrahmen oder eine Schublade spannen.
- Die Reihenfolge der Farbbäder überlegen. Es muss mit dem hellsten Farbbad, z. B. Gelb, begonnen werden.
- Die benötigten Farbbäder werden dann nach Gebrauchsanweisung hergestellt. Beim Einfärben muss das Farbbad kalt sein, damit das Wachs nicht gelöst wird.
- Heißes Wachs wird mit einem Borstenpinsel oder einem Wachskännchen auf den Stoff aufgebracht. Die nun abgedeckten Flächen und Linien nehmen keine Farbe auf, sie ergeben später das gewünschte Muster.
- Durch Stauchen oder Knittern des Stoffes entstehen Brüche im Wachs, durch diese bilden sich im Farbbad die für eine Batik typischen fein verästelten Farblinien.
- Der Stoff muss nach jedem Farbbad gründlich ausgespült werden, damit das nächste Farbbad nicht durch Farbreste verändert wird.
- Stoff anschließend jeweils trocknen lassen, nicht wringen.
- Danach die zweite Wachsschicht auf den getrockneten Stoff auftragen.

- Im zweiten Farbbad, z. B. Rot, behalten die nun abgedeckten Stellen die Farbe des ersten Farbbades, z. B. Gelb. Die vor dem ersten Farbbad abgedeckten Stellen bleiben weiterhin z. B. weiß. An den nicht abgedeckten Stellen entsteht eine Mischfarbe, hier Orange.
- Durch ein drittes und viertes Abdecken anderer Stellen mit Wachs und Färben mit weiteren Farbbädern kann die Wirkung – Farbigkeit – der Muster gesteigert werden.
- Nach dem letzten Farbbad – und wiederum Spülen und Trocknen – werden die gesamten Wachsschichten ausgebügelt. Auf das Bügelbrett legt man eine dicke Lage Zeitungspapier und weißes Küchenpapier oder unbedrucktes Zeitungspapier und die Batik. Die Batik wird dann mit weißem Küchenpapier oder unbedrucktem Zeichenpapier und Zeitungspapier abgedeckt und heiß ausgebügelt. Es wird so lange gebügelt und das Papier gewechselt, bis auf dem Papier kein Wachs mehr zu sehen ist. Die Batik – der Stoff – bleibt etwas steif.
- Beim Batiken und beim „Abbinden" Handschuhe tragen.

4 Herstellung und Erhaltung textiler Gegenstände

Abbindtechnik

1. In welchen Farbtönen erscheint die Musterung auf einem T-Shirt, wenn zunächst ein gelbes Farbbad und nach dem Abbinden ein blaues Farbbad angewandt wird?
2. Ein Tuch wird rot und gelb gefärbt.
   a) Stelle eine Materialliste zusammen.
   b) Überlege den Arbeitsablauf.

Linien – Stoff wie eine Ziehharmonika falten

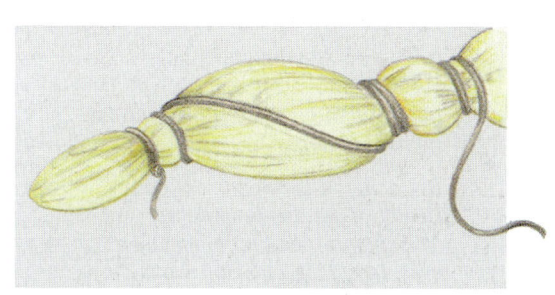

Kreise – Stoff zu einem Stoffzipfel zusammenfalten

Durch die Abbindtechnik können farbige Musterungen auf weißen bzw. naturfarbenen T-Shirts oder anderen Textilien erzeugt werden.

▶ Für diese Technik sollten Textilien aus Baumwolle verwendet werden, da sie die Farbe besser aufnehmen.

▶ Beim Abbinden wird der Stoff mit einer Schnur straff abgebunden. An den eingeschnürten Stellen nimmt der Stoff keine oder nur wenig Farbe auf.

▶ Der Stoff darf nicht zu dicht nebeneinander abgebunden werden, da sonst keine Musterung entsteht.

▶ Je nach der Art des Abbindens entstehen unterschiedliche Muster.

Linien: Stoff wird wie eine Ziehharmonika zusammengelegt, dann wird er mit einer Schnur quer abgebunden.

Kreise: Der Stoff wird zu einem Stoffzipfel zusammengefaltet, dann wird er mit einer Schnur quer abgebunden. Hierbei muss beachtet werden, dass der Stoff im äußeren Kreisrand gleichmäßig an der Oberfläche liegt, sonst entsteht kein Kreis.

▶ Textilien können vor der Abbindtechnik zunächst einheitlich eingefärbt werden. Danach können durch Abbinden und Einfärben mit dunkleren Farben Musterungen erzielt werden.

Beispiel: Zunächst wird ein T-Shirt gelb gefärbt. Nach dem Abbinden wird das T-Shirt nochmals in ein blaues Farbbad gelegt.

▶ Farbbad bzw. Farbbäder nach Gebrauchsanweisung herstellen.

▶ Zum Färben werden die Textilien in ein Farbbad gelegt. Je nach der gewünschten Farbstärke verbleiben die Gegenstände kürzere oder längere Zeit im Farbbad. Je länger die Farbe einwirken kann, desto dunkler wird der Farbton.

▶ Gegenstand nach dem Lösen der Schnüre gründlich ausspülen, um überflüssige Farbreste zu entfernen.

Kleidung – Bedürfnis nach Selbstdarstellung

Kleidung – Bedürfnis nach Selbstdarstellung

Kleidung – Bedürfnis nach Selbstdarstellung

4.5 Lebensstile durch Auswahl von Kleidung und Accessoires ausdrücken

Kleidung soll nicht nur dir selbst, sondern auch anderen, besonders dem anderen Geschlecht, gefallen. Mit der Kleidung, die du auswählst, kannst du „Signale" aussenden, z. B. Zugehörigkeit zu einer Gruppe, Reichtum, Freiheitsdrang, Eigenwilligkeit.

Kleidung sagt also etwas über die Person aus, die sie trägt. Sie befriedigt so das Bedürfnis des Einzelnen nach **Selbstdarstellung in der Gesellschaft**.

Nach der **Tragegelegenheit** unterscheidet man außerdem Festkleidung, Freizeitkleidung, Tageskleidung, Sportkleidung und weitere Spezialkleidung, vgl. S. 224.

Zu einigen Ereignissen im Leben wird außerdem besondere Kleidung getragen, z. B. zur Hochzeit, zur Taufe und zum Begräbnis.

Durch entsprechende Auswahl der Kleidung kann man dazu beitragen, dass man sich in seiner „zweiten Haut" – seiner Kleidung – wohl fühlt. In einer Kleidung, die den eigenen Vorstellungen entspricht, fühlt man sich meistens wohl.

Nicht jede Kleidung passt zu jeder Person: Figur, Alter, Typ und Wesensart lassen insgesamt eine Trägerpersönlichkeit entstehen. Die Kleidung muss also den körperlichen Maßen, der Altersgruppe und den persönlichen Gegebenheiten entsprechen.

1. Betrachte die Abbildungen. Welcher Lebensstil soll mit der Kleidung jeweils zum Ausdruck gebracht werden?

2. Betrachte in der Pause auf dem Schulhof die Kleidung deiner Mitschülerinnen und Mitschüler: Was sagt die Kleidung jeweils über die Personen aus?

Lebensstile durch Auswahl von Kleidung und Accessoires ausdrücken | **4**

Modisches Zubehör – Accessoires

Accessoires ist das französische Wort für Zubehör. Damit sind alle Dinge gemeint, die Kleidung ergänzen oder schmücken.

Accessoires sind heute:
- Schals, Tücher, Krawatten,
- Strümpfe und Schuhe,
- Kopfbedeckungen,
- Gürtel, Schärpen,
- Modeschmuck,
- Brillen und Uhren,
- Handtaschen und Schirme.

Das schmückende Zubehör soll das Gesamterscheinungsbild einer Person ergänzen, abrunden und vervollständigen.

Früher legte man Wert darauf, dass Accessoires harmonisch auf den Stil der Kleidung abgestimmt waren. Heute will man dagegen durch die Zusammenstellung von Kleidung und Accessoires oft einen Kontrast ausdrücken.

Durch Accessoires kann man die Stilrichtung eines Kleidungsstückes, z.B. sportlich oder elegant, unterstreichen.

Die Modeindustrie bietet in jeder Modesaison passende Accessoires in aktuellen Farben und Materialien zur Ergänzung der Kleidung an.

Accessoires – Schmuckbedürfnis

Accessoires – Schmuckbedürfnis

Accessoires – Schmuckbedürfnis

---

1. Betrachte die Abbildungen. Welcher Lebensstil wird jeweils durch die Accessoires ausgedrückt?
2. Nenne Accessoires, die man selbst herstellen oder gestalten kann.
3. Stelle zusammen, was Jugendliche gegenwärtig als Accessoires tragen.
4. Erläutere
   a) die Wirkung der Accessoires auf andere Menschen,
   b) die Schmuckfunktion.
5. Stellt mit Kleidung und Accessoires bestimmte Lebensstile dar.

4 Lebensstile durch Auswahl von Kleidung und Accessoires ausdrücken

Farbwirkungen – Symbolgehalt der Farben

Welcher Symbolgehalt der Farben ist hier dargestellt?

Tuschen – Farbwirkung

Ordnen von Karten nach der Farbwirkung

1. Schreibt in Gruppen folgende Begriffe auf Karten:
   a) Eifersucht,
   b) Leidenschaft,
   c) Trauer,
   d) Hoffnung,
   e) Treue
   f) usw.

2. Tuscht nun auf die Rückseite der Karten die Farben, die ihr mit diesen Begriffen verbindet.
   a) Eifersucht:
      Farbe ?
   b) usw.

3. Stellt nun euren Mitschülerinnen und Mitschülern eure Ergebnisse vor. Stellt Übereinstimmungen zwischen den verschiedenen Gruppenergebnissen fest. Wertet auch die Unterschiede aus.

4. Sammelt weitere Bedeutungen von Farben:
   a) Rot
      – Feuerwehr,
      – Arbeiterbewegung
      – usw.
   b) Blau
      – blaumachen,
      – ins Blaue fahren
      – usw.
   c) Grün
      – die Grünen,
      – Grünschnabel
      – usw.
   d) Gelb
      – gelbe Karte,
      – gelber Fleck
   e) usw.

5. Bewertet die Farben mit den Begriffen
   a) auffällig,
   b) sehr auffällig,
   c) wenig auffällig.

6. Nennt Anlässe, bei denen ihr auf die Farbe eurer Kleidung achtet, z. B. Hochzeit – weiß.

4 Lebensstile durch Auswahl von Kleidung und Accessoires ausdrücken

Persönliches Farbempfinden und Symbolgehalt der Farben

Die Augen empfangen Farben als Lichtwellen. Dabei lösen Farben über die Sinnesorgane bestimmte Empfindungen aus. Gleichzeitig verbinden wir mit den Farben unterschiedliche Erfahrungen, die wir gemacht haben, hierdurch werden Empfindungen verstärkt oder verändert.

Das zarte grüne Laub im Frühjahr kennzeichnet den neuen Beginn des Jahres. Mit der Farbe Grün verbinden wir so Natur, Hoffnung, Jugend, frischen Geruch usw. Grün kann jedoch auch negative Empfindungen in uns auslösen, z. B. der grüne Polizeiwagen hinter uns.

Die Farbe Weiß erinnert uns vielleicht an das Brautkleid und damit an Frieden, Glück und Beginn. Diese Farbe zeigt jedoch gleichzeitig, wie stark das Farbempfinden – die Bedeutung einer Farbe – an persönliche Erfahrungen gebunden ist. So symbolisiert die Farbe Weiß in anderen Kulturkreisen – in Asien – Trauer.

Der Symbolgehalt einer anderen Farbe: Purpur war früher die Farbe der Kaiser und Könige. Auch heute noch begegnet uns diese Farbe mit dem gleichen Symbolgehalt bei „Würdenträgern", bei Bundesrichtern bzw. -richterinnen und Kardinälen.

Nicht nur die Augen, sondern auch andere Sinne können durch Farbreize beeinflusst werden, z. B. unser Wärmeempfinden. Es gibt kalte und warme Farben, vgl. S. 265. In einem Raum mit überwiegend kalten Farben friert man schneller als in einem Raum mit warmen Farben.

Auch unser Geschmack wird durch Farben geprägt, z. B. sauer: Gelb und Gelbgrün.

In der Werbung und auch bei den Produkten selbst werden Farben verwendet, die uns die Vorzüge der jeweiligen Ware über alle Sinne verdeutlichen sollen. Z. B. würde ein rotes oder schwarzes Waschmittel sicher nicht gekauft werden. Die Farben Weiß und Blau des Waschmittels jedoch signalisieren Sauberkeit.

Purpur symbolisiert auch heute noch Macht

Farben in der Natur mit Symbolgehalt

1. Mit welchen Farben sollte für folgende Produkte geworben werden?
   a) Seife,
   b) Kriminalroman,
   c) Gemüse,
   d) Tanzmusik.

2. Sammelt Werbebilder. Erläutert, welche Aussagen mit den verwendeten Farben beabsichtigt sind.

3. Nennt Farbkombinationen aus der Natur, die
   a) Gefahr,
   b) Frische signalisieren sollen.

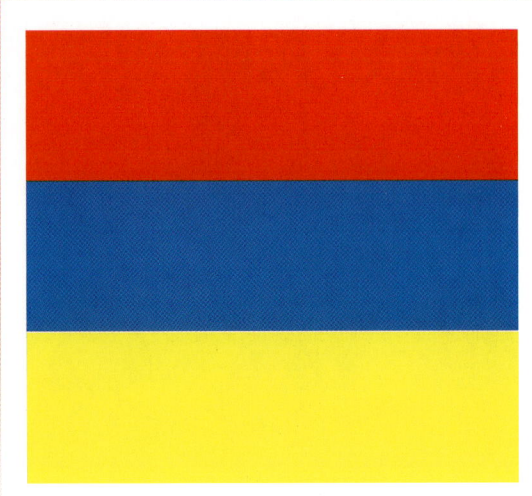

4 Lebensstile durch Auswahl von Kleidung und Accessoires ausdrücken

Grundfarben

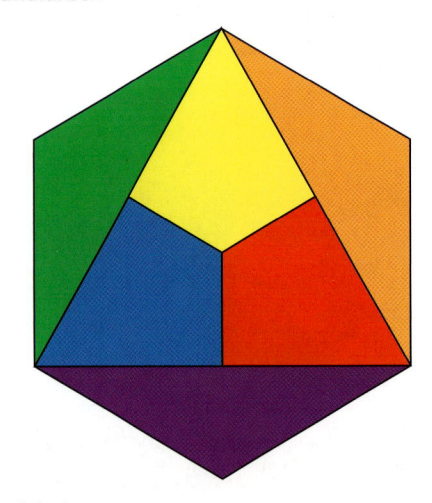

Zweitfarben

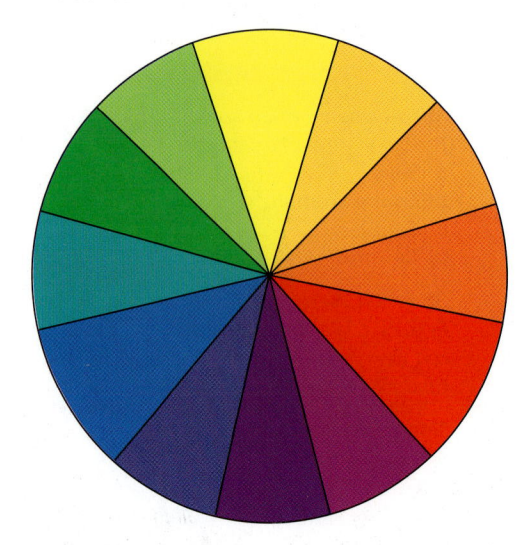

Zwölfteiliger Farbkreis

Kleine Farblehre

1. Ermittelt durch Tuschen, aus welchen Grundfarben
   a) Grün,
   b) Orange,
   c) Violett gemischt werden kann.

2. Sucht Namen für die verschiedenen Farben im zwölfteiligen Farbkreis.

3. Welche Farben wirken
   a) warm,
   b) kalt?

4. Welche Kleiderfarbe sollten
   a) dünne Menschen,
   b) molligere Menschen
   bevorzugen?

5. Welche Farbe sollte man für ein Kleidungsstück wählen, das länger getragen werden soll?

Grundfarben oder Primärfarben
Rot, Blau und Gelb lassen sich nicht durch Mischen von Farben herstellen. Sie werden deshalb als Grundfarben bezeichnet.

Zweitfarben
Durch Mischen der Grundfarben kann man Zweitfarben herstellen.

Blau und Gelb ergeben Grün, Gelb und Rot ergeben Orange, und aus Blau und Rot kann man Violett erzeugen.

Drittfarben
Drittfarben können aus Grundfarben und Zweitfarben gemischt werden.

Gelb und Orange ergeben nun Gelborange, Rot und Orange Rotorange.

Rot und Violett gegeben Rotviolett, Blau und Violett Blauviolett.

Blau und Grün ergeben Blaugrün, Gelb und Grün Gelbgrün.

Mit den Farben Gelb, Rot und Blau im Tuschkasten lassen sich also alle übrigen Farbtöne mischen. Die Abstufungen der Grundfarben kann man in einem Farbkreis anordnen.

Lebensstile durch Auswahl von Kleidung und Accessoires ausdrücken **4**

Farbverwandtschaft

Die Sekundärfarben sind mit den gemeinsamen „Eltern" – Grundfarben – verwandt.

So gibt es zunächst drei „Farbfamilien", die für unser Auge ein harmonisches Bild ergeben:

Rot   – Orange – Gelb
Gelb   – Grün   – Blau
Blau   – Violett – Rot

Auch Farben mit nur einem gemeinsamen „Elternteil" wirken für unser Auge harmonisch, z. B. Grün und Orange haben den gemeinsamen Elternteil Gelb. Verwandte Farben liegen im Farbkreis dicht nebeneinander.

Komplementärfarben

Mischt man die drei Grundfarben miteinander, so entsteht ein Grau-/Braunton.

Zu dem gleichen Ergebnis kommt man, wenn man eine Grundfarbe mit einer Zweitfarbe mischt, die aus den beiden anderen Grundfarben entstanden ist.

Mischt man z. B. Rot mit Grün, das aus Gelb und Blau gefertigt wurde, entsteht ein Grau-/Braunton. Ebenso ergeben

– Blau und Orange sowie
– Gelb und Violett Grau-/Brauntöne.

In jedem dieser Farbpaare sind alle drei Grundfarben enthalten.

Solche Farbpaare heißen Gegenfarben oder Komplementärfarben. Gegensätzliche Farbtöne liegen sich im Farbkreis gegenüber.

Warme und kalte Farben

Die Farben Gelb, Gelborange, Rotorange und Rot empfinden wir als warme Farben. Braun und Beige zählen ebenfalls zu den warmen Farben.

Die Farben Grün, Grünblau, Blau und Blauviolett erscheinen uns dagegen als kalte Farben.

Am wärmsten wirkt Rotorange, am kältesten Blaugrün, daher spricht man bei diesen beiden Farben von einem Kalt-Warm-Kontrast.

1. Lege jeweils ein 10 × 10 cm großes Papierstück in kräftiger Farbe auf einen weißen Untergrund. Starre eine halbe Minute darauf. Ziehe das farbige Papier fort, ohne den Blick zu wechseln. Auf dem weißen Untergrund erscheint die „aufgehellte" Komplementärfarbe.

2. Betrachte das abgebildete Foto. Ermittle
a) verwandte Farbtöne,
b) Komplementärfarben.

3. Sammelt Werbebilder. Stellt fest, wie hier
a) verwandte Farbtöne,
b) Komplementärfarben
verwendet werden.

4. Betrachtet Modezeitschriften. Stellt fest, ob hier
a) verwandte Farbtöne,
b) Komplementärfarben
verwendet werden.
Für welche Anlässe passen die jeweiligen Kleidungsstücke?

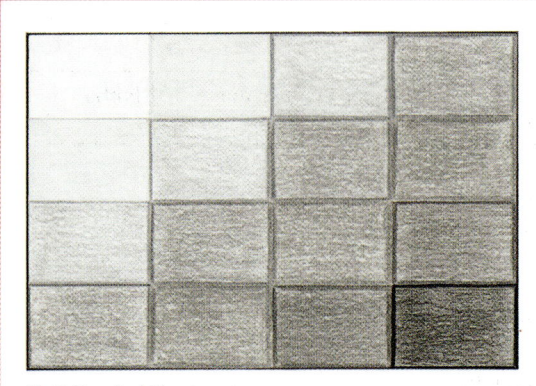

4 Lebensstile durch Auswahl von Kleidung und Accessoires ausdrücken

Hell-Dunkel-Kontrast

Komplementärkontrast

Mengenkontrast

Farbkontraste

Kontrast heißt so viel wie Gegensatz, z. B.: groß und klein, dick und dünn.

Hell-Dunkel-Kontrast

Mit den Farben des Farbkreises kann man Hell-Dunkel-Kontraste bilden, da die Farben einen unterschiedlichen Helligkeitsgrad haben. Gelb ist die hellste Farbe und Violett die dunkelste. Beide Farben liegen sich im Farbkreis genau gegenüber.

Auch mit einer Farbe kann man Hell-Dunkel-Kontraste erzeugen: z. B. mit einem tiefen Grünschwarz und einem aufgehellten Grünweiß.

Schließlich können solche Kontraste auch mit den „Un-Farben" Schwarz und Weiß gebildet werden. Zwischen Schwarz und Weiß, dem stärksten Kontrast, gibt es viele Grautöne.

Komplementärkontraste

Komplementärfarben steigern sich gegenseitig in der Leuchtkraft, sie wirken dadurch besonders intensiv.

Komplementärkontraste können z. B. mit den Farben Violett und Gelb oder mit den Farben Rot und Grün erzeugt werden.

Durch den Einsatz von Komplementärfarben kann man auf etwas anderes oder auf sich selbst aufmerksam machen.

Mengenkontraste

Der Mengen- oder Quantitätskontrast ist ein Gegensatz von „groß und klein" bzw. von „viel und wenig". Es werden also z. B. größere und kleinere Farbflächen miteinander verarbeitet.

Nehmen wir an, es soll eine Patchworkarbeit aus roten und gelbgrünen Stoffteilen gefertigt werden. Wenn man dreimal so viele gelbgrüne Stoffteile wie rote Stoffteile verwendet, wirkt die Arbeit unharmonisch. Die Leuchtkraft der gelbgrünen Farbe überstrahlt die rote Farbe. Verwendet man dagegen gleiche Anteile beider Farben, wirkt die Arbeit harmonisch.

Der jeweils beste Mengenkontrast der verschiedenen Farben ist unterschiedlich.

Wirkung von Farben

Farbe	Auffälligkeits-wert	Einfluss auf Stimmungen	verbundene Vorstellungen	Einfluss auf Formen	Farbe
	auffällig	erheiternd	Licht, Heiterkeit; bei leichtem Grünstich: Neid, Eifersucht	vergrößernd	Gelb
	sehr auffällig	aktivierend	Reichtum, Macht, Glanz Freude	lässt Formen nah erscheinen	Orange
	sehr auffällig	erregend	Temperament, Leidenschaft, Erregung, Kampf	lässt Formen nah erscheinen	Rot
	wenig auffällig	versetzt in ungewöhnliche, feierliche Stimmung	Würde, Reife, Trauer, Einsamkeit	verkleinert Formen	Violett
	sehr wenig auffällig	ermüdend	Vertrauen, Treue, Unendlichkeit, Sehnsucht	lässt Formen fern erscheinen	Blau
	wenig auffällig	beruhigend	Natur, Jugend, Ruhe, Hoffnung	vergrößert scheinbar die Entfernung	Grün
	auffällig, aber nur innerhalb dunklerer, nicht völlig gesättigter Farben	–	Frieden, Einfachheit, Reinheit	vergrößernd, lässt Formen leichter erscheinen	Weiß (hell)
	sehr wenig auffällig	–	Angst, Armut, Langeweile	entsprechend Helligkeit ver-größernd oder verkleinernd	Grau
	auffällig, aber nur inner-halb hellerer, nicht völlig ge-sättigter Farben	–	Trauer, Tod, Niederlage	verkleinernd, lässt Formen schwerer erscheinen	Schwarz (dunkel)

(Bleckwenn/Schwarze: Gestaltungslehre, Hamburg 2001, S. 64)

4 Lebensstile durch Auswahl von Kleidung und Accessoires ausdrücken

1. Bestimmt zusammen mit den Mitschülerinnen und Mitschülern euren Farbtyp. Ermittelt dazu zunächst mit farbigen Tüchern den jeweiligen Hauttyp.
2. Testet das Aussehen mit Kleidungsstücken in typischen Farben.

Der Frühlingstyp

Frühlingstyp – günstige Farben

Der Sommertyp

Sommertyp – günstige Farben

Welcher Farbtyp bin ich?

Je nach der Jahreszeit überwiegen in der Natur unterschiedliche Farben.

Frühling – warmer Farbbereich: Im Frühling erscheint die Natur in warmen Farben wie frisches Grün und leuchtendes Gelb. Frühlingsfarben sind klare, warme Farben.

Sommer – kühler Farbbereich: Im Sommer überwiegen ruhige Farben wie sanftes Blau, Flieder und Dunkelblau. Sommerfarben sind kühle Farben mit einem Blaustich.

Herbst – warmer Farbbereich: Im Herbst verfärbt sich das Laub und auch die braune Erde bestimmt das Bild. Herbstfarben sind warm und gedämpft.

Winter – kühler Farbbereich: Im Winter sind die Farben kalt und leuchtend. Auch für den Winter sind Blautöne charakteristisch.

Die Farben des menschlichen Körpers lassen sich diesen vier Bereichen zuordnen. Je nach der Pigmentierung der Haut sowie nach der Haar- und Augenfarbe können Menschen diesen vier Farbtypen zugeordnet werden.

Zur Bestimmung des Farbtyps werden gelblich-lachsfarbene sowie bläulich-rosafarbene Tücher an das ungeschminkte Gesicht und die Hände gehalten.

Das rosafarbene Tuch lässt die Haut des Frühlings- und Herbsttyps gräulich bzw. blass erscheinen. Beim Anlegen des lachsfarbenen Tuchs erscheint die Haut gesund und frisch.

Beim Sommer- und Wintertyp ist der Kontrast entgegengesetzt. Das rosafarbene Tuch lässt die Haut gesund erscheinen. Das lachsfarbene Tuch lässt die Haut dagegen blass wirken.

Der Farbtyp ist entscheidend dafür, welche Farben zu einem passen.

Die Bekleidungsfarbe kann also den Hautton harmonisch unterstützen und so zum Wohlbefinden beitragen.

Lebensstile durch Auswahl von Kleidung und Accessoires ausdrücken

Der Frühlingstyp – Merkmale
Der Frühlingstyp hat einen zarten transparent wirkenden Hautton.

Die Wangen sind pfirsichfarben.

Die Haarfarbe ist goldblond bis hellbraun.

Die Augenfarbe ist blau bis grün oder goldbraun.

Welche Farben passen zum Frühlingstyp?
Zarte, klare, warme Farbtöne.

Günstige Farbnuancen: Aprikose, Lachs, Koralle, Lindgrün, Fichtengrün usw.

Ungünstige Farbnuancen: intensives Blau, kräftiges Gelb, Schwarz, hartes Weiß usw.

Der Sommertyp – Merkmale
Der Sommertyp hat einen sehr hellen rosig-bläulichen Hautton.

Die Haarfarbe ist asch- oder mittelblond.

Die Augenfarbe ist blau, grünblau oder hellbraun.

Welche Farben passen zum Sommertyp?
Kühle, sanfte, gedämpfte Töne.

Günstige Farbnuancen: Fliederrosa, Himmelblau, Lavendel, Jadegrün usw.

Ungünstige Farbnuancen: kräftiges Gelb, Schwarz, Gold, hartes Weiß usw.

Der Herbsttyp – Merkmale
Der Herbsttyp hat einen goldenen bis bronzefarbenen Hautton. Goldbraune Sommersprossen kommen häufig vor.

Die Haarfarbe ist hell- bis dunkelbraun mit einem rötlichen Schimmer.

Die Augenfarbe ist braun, grün oder blaugrün.

Welche Farben passen zum Herbsttyp?
Warme, satte Farbtöne.

Günstige Farbnuancen: Tannengrün, Olivgrün, Burgunderrot, Rost usw.

Ungünstige Farbnuancen: kräftiges Blau und Gelb, Schwarz usw.

Der Wintertyp – Merkmale
Schneewittchen wird mit typischen Merkmalen eines Wintertyps beschrieben. Der Wintertyp hat eine sehr helle und empfindliche Haut.

Der Kontrast zur Haarfarbe ist stark, diese ist dunkelbraun bis schwarz.

Die Augen haben eine intensive Farbe, Tiefblau oder Braun.

Welche Farben passen zum Wintertyp?
Intensive, leuchtende, kontrastreiche, kühle Farben.

Günstige Farbnuancen: Rotviolett, Kirschrot, intensives Blau, kräftiges Grün, Ebenholz usw.

Ungünstige Farbnuancen: Moos, Gelborange, Graubraun usw.

Der Herbsttyp

Herbsttyp – günstige Farben

Der Wintertyp

Wintertyp – günstige Farben

Sachwortverzeichnis

Abbindtechnik 259
Ablaufstufen 98
Abservieren 107
Accessoires, Lebensstile 260 ff.
–, modisches Zubehör 261
–, Schmuckbedürfnis 261
Alkohol, Schwangerschaft 20
Allergie 22, 121
Alter
–, Bewegungsfähigkeit 48
–, Beziehungen 49
–, biologisches 46
–, Gedächtnisleistung 49
–, Gehör 48
–, Geruchssinn 48
–, Geschmack 48
–, Haut 48
–, kalendarisches 46
–, körperliche Veränderungen 48
–, psychologisches 49
–, Sinnesorgane 48
ältere Menschen 42 ff.
–, Situation 44
–, Umgang 51
Altersweitsichtigkeit 48
Älterwerden, Prozess 45
Altkleidung 211
Altsein erfahren 46
Alttextilien, Wiederverwertung 211
Anerkennung, Erziehungsmittel 40
Anorexia nervosa 144
Anrichten 106
antiautoritärer Erziehungsstil 39
Arbeiten mit der Lernkartei, Methode 201
Arbeitsablaufplanung 98 f.
Arbeitsanleitung Weste 249 ff.
–, Hose 252 f.
Arbeitsaufwand, Geschirrspülen 69 f.
Arbeitserleichterung, Technisierung 59
Arbeitsgestaltung 96
Arbeitshaltung 96
Arbeitsorganisation 96 ff.
Arbeitsplan, Überprüfung 100
Arbeitsplanung 99, 100

Arbeitsschutzkleidung 224
Arbeitsteilung 99
Aspartam 123
Aufhänger, eingesetzter 242
Ausbessern, Maschenware 244
–, Webware 243
Ausgaben, Haushaltsbuch 77
autoritärer Erziehungsstil 39
Azorubin 121

Backen 102
Batiken 258
Bedarfsdeckung 57
Bedürfnisse 57
Befragung, Methode 55
Behinderungen, Kinder 31
Beilagen, Anrichten 106, 171
–, Garnieren 106, 171
bekleidungsphysiologische Aspekte 214
Bekleidungsschichten 218
Belohnung, Erziehungsmittel 40
Benzoesäure 122
Berufskleidung 224
Beschäftigungsverbote, Schwangerschaft 25
Bestrahlung, Konservierung 129
Betriebskosten, Geschirrspülen 69 f.
Betriebsmittel, Arbeitskraft 61
–, austauschbar 61
–, Geld 61
–, Sachmittel 61
Bewegungsspiele 34
Beweislastumkehr 84
Bezugsperson 26
biologisches Alter 46
Blanchieren 101
Blitzlicht, Methode 12
Blutcholesterinspiegel, erhöhter 142
Blutfettspiegel, erhöhter 142
Blutzucker 138
BMI 133
Body-Mass-Index 133
Braten 102
Büfett, kaltes 105
Bulimie 146
Bundeserziehungsgesetz 25

Cadmium 120
Checkliste, Kinderfest 37
Chemiefasern 204, 238
chemische Konservierungsstoffe 122
Cholesterinspiegel, erhöhter 142
Collage 9, 53
Computer, Nährwertberechnung 108 ff.
Cyclamat 123

Dämpfen 102
– unter Druck 102
demokratischer Erziehungsstil 38
Diabetesdiät 140
Diabetes mellitus 138 ff.
Diabetiker, potenzieller 139
–, Spätschäden 139
–, Test 141
Diabetikerprodukte 140
Diabetisches Koma 139
Dienstleistungen 57
Dienstleistungshaushalt 60
Diskussionsrunde, Methode 150
Diskussionsspiel, Methode 117, 236
Disposition 137
Drittfarben 264
Dünsten 102

ECOLOG 212
Eichgesetz 72
Einhaltzeichen, Schnitte 248
Einnahmen, Haushaltsbuch 77
Einreihzeichen, Schnitte 248
Elternzeit 25
Energie, sparen 64
Energiekennzeichnung 73
Energielabel 68, 73
Energieversorgung 64
Entscheidungsprozess, Güterbeschaffung 68 ff.
–, Methode 68 ff.
Entwicklung, Kindergartenkind 29
–, Kleinkind 28
–, Säugling 26 f.
Erbanlagen 137
Erholzeit 100
Erkundung, Methode 42

Sachwortverzeichnis

Ernährung 94 ff.
–, Schwangerschaft 17 f.
–, Stillende 19
Ernährungsfehler 113 f.
Erntezeit, Obst und Gemüse 200
Ersatzlieferung 85
Erziehung von Kindern 38 ff.
Erziehungsgeld 25
Erziehungsmittel, Anerkennung 40
–, Belohnung 40
–, Kritik 40
–, Lob 40
–, Strafe 40
–, Tadel 40
Erziehungsstil, antiautoritärer 39
–, autoritärer 39
–, demokratischer 38
–, partnerschaftlicher 38
Erziehungsstile 38 f.
Ess-/Brechsucht 146
–, Behandlung 146
–, Kennzeichen 146
Essstörungen 136, 144 ff.
Essverhalten, bewusstes 135
Experimente, Methode 215

Fadendiagramm 97
Fadenlaufzeichen, Schnitte 248
fairer Handel 116
Familie und Beruf 10
Familienkonferenz 13
Farben, kalte 265
–, Symbolgehalt 263
–, warme 265
–, Wirkung 267
Farbkontraste 266
Farbkreis 264
Farblehre 264 ff.
Farbstoffe 121, 151
–, natürliche 121
–, synthetische 121
Farbtypen 268 f.
Farbverwandtschaft 265
Farbwirkungen 262
Fehlernährung und Folgen 132 ff.
Fernabsatzverträge 82, 87
Fertigschnitte 246
festliche Kleidung 224
festliches Menü 104
Fettersatzstoffe 126
Fettimitate 126

Fettstoffwechselstörungen 142
–, Lebensmittel 142
Feuchtetransport, Versuch 217
Fisch, Anrichten 106, 164
–, Garnieren 106, 164
Fixieren 255
Flaschennahrung, Säugling 23
Fleisch, Anrichten 106, 163
–, Garnieren 106, 163
Fleischerzeugung, Energieverlust 149
Food Design 124
Fotomontage, Methode 7
Frau, rechtliche Stellung 9
–, typisch 9
Frittieren 102
Früherkennungsuntersuchungen, Kinder 30
Frühlingstyp 268, 269
Frühstücksgedeck 107
Functional Food 125
funktionelle Lebensmittel 125

Garantie 84
garfertig, Lebensmittel 63
Garnieren 106
Gartechniken, Übersicht 102
Garziehen 102
Gebrauchswert, Textilien 208
Gedeck, Frühstück 107
–, Mittagessen 107
Gefahrstoffverordnung 73
Gelatine 172
Geliermittel 122
Geltungswert, Textilien 208
Gemüse, Angebotszeiten 200
–, Anrichten 106, 169
–, Erntezeiten 200
Gentechnik, Kennzeichnung 131
–, Lebensmittel 130 f.
Gesamtarbeitszeit 100
geschäftsfähig, beschränkt 80
–, unbeschränkt 80
Geschäftsfähigkeit 80
geschäftsunfähig 80
Geschirrspülen, Umweltbelastung 71
Geschmacksverstärker 122
gesellschaftlicher Bereich 7 ff.
Gesellschaftsspiele 35
Gesprächsführung, Regeln 15
Gestaltungsspiel 35

Gestaltungstechniken 254 ff.
Gesundheitsverträglichkeit, Lebensmittel 113 f.
Gewährleistungsfrist 84
Gewichtszunahme, Schwangerschaft 17
Grillen 102, 190
Grundbedürfnisse 57
Grundfarben 264
Grundmengen, Person 193
Grundpreis 72
Gymnastik, Schwangerschaft 16

Hacken 101
Handeln, ökologisches 64 ff.
–, wirtschaftliches 58
Hauptangebotszeiten, Obst und Gemüse 200
Hauptarbeiten 98
Haushalt, Mittel 56
–, Partnerschaft 8
Haushaltsbuch, Ausgaben 77
–, Einnahmen 77
–, Seite 78
Haushaltsbuchführung 76 ff.
Haushaltssituation, Konsumverhalten 88 ff.
Haushaltsstrukturtypen 60
Haushaltstypen 89
HbA$_1$-Wert 139
Hell-Dunkel-Kontrast 266
Herbsttyp 269
Homepage 154
Hose, Nähen 253
–, Schnittauflage 252
–, Schnittvorlage 252
Hüftweite 247

Insulin 138
Internet, Suchen 154 f.
Internetrecherchen 154 f.
Interview-Leitfaden 42

Jeans, Geschichte 232
Jeanswerbung, Geschichte 233

kalendarisches Alter 46
kaltes Büfett 105
Kapitalkosten, Geschirrspülen 69
Karikaturen 209
Käufer, Pflichten 82
Kaufvertrag 80 ff.
–, Erfüllung 82
–, Inhalt 82

271

Sachwortverzeichnis

–, Lieferbedingungen 82
–, Lieferverzug 87
–, Rücktritt 85
–, Werbung 83
–, Widerrufsrecht 87
–, Willenserklärung 81
–, Zahlungsbedingungen 82
–, Zustandekommen 81
Kennzeichnung, gesetzliche 72
–, freiwillige 72
Kennzeichnungsfunktion, Kleidung 223
Kind, Ratschläge 41
Kinder, Behinderungen 31
–, Erziehung 38 ff.
–, Früherkennungsuntersuchungen 30
Kinderbücher 36
–, Spielidee 36
Kinderfest, Checkliste 37
–, Methode 37
Kindergartenkind, Entwicklung 29
Kleiderordnung 230
Kleidung, Aufgaben 214, 222
–, festliche 224
–, gesellschaftliche Bedeutung 230
–, Kennzeichnungsfunktion 223
–, langer Weg 205
–, Lebensstile 260 f.
–, Mode 226 ff.
–, Schmuckfunktion 223
–, Schutzfunktion 223
–, Werte 234 f.
Kleinkind, Entwicklung 28
Klonen 131
Kochen 102
–, unter Druck 102
Kohlenhydratgehalt, Berechnung 192
Koma, diabetisches 139
Komplementärfarben 265
Komplementärkontraste 266
Konflikt 12 ff.
Konflikte, Lösungen 15
–, Ursachen 14
Konfliktlösung 12 ff.
Konservierung, Bestrahlung 129
Konservierungsstoffe 151
–, chemische 122
Konstruktionsspiel 35
Konsum und Schulden 92
Konsumverhalten, Haushaltssituation 88 ff.

Konzentrationsspiel 35
körperliche Veränderungen, Alter 48
Körpermaße, Damen 247
–, Herren 247
Körperpflege, Schwangerschaft 16
Kosten, Geschirrspülen 69 f.
Kostpläne, Mengenangaben 193
Krankheiten, Entstehung 137
–, Vorbeugen 137
Kriterien, Spielzeug 33
Kritik, Erziehungsmittel 40
küchenfertig, Lebensmittel 63
Kulturbedürfnisse 57
Kündigungsschutz, Schwangerschaft 25

Lacto-Vegetarier, 148
–, Kost, Bewertung 149
Langerhans'sche Inseln 138
Lebensmittel, aufbereitfertig 63
–, energiearme 134
–, garfertig 63
–, Gentechnik 130 f.
–, Gestalten 124
–, Gesundheitsverträglichkeit 113 f.
–, küchenfertig 63
–, neuartige 124
–, Sozialverträglichkeit 115 f.
–, teilfertig 63
–, Umweltverträglichkeit 118 ff.
–, verzehrfertig 63
–, vorgefertigt 63
Lebensmittelempfehlungen 114
Lebensmittelerzeugung, aktuelle Trends 124 ff.
Lebensmittelimitate 126
Lebensmittelpyramide 113
Lebensmittelqualität 112 ff.
Lernkartei, Methode 201
Lernspiel, Methode 103
Lieferbedingungen, Kaufvertrag 82
Lieferung, mangelhafte 83
Lieferverzug 86
Lightprodukte 143
Links 154
Lob, Erziehungsmittel 40
Luftdurchlässigkeit 216
–, Versuch 216
Luxusbedürfnisse 57

Magazin erstellen, Methode 90
Magersucht 144
–, Behandlung 145
–, Kennzeichen 145
Mängel, Kaufvertrag 83
mangelhafte Lieferung 83
Mann, typisch 9
Maschenkopf 244
Maschenschenkel 244
Maschenstich 244
Maschenware ausbessern 244
Maßgedeck 71
Maximalprinzip 58
Megasuchmaschine 155
Mehrschichttextilien 239
Mengenangaben, Kostpläne 193
Mengenkontraste 266
Menschen, ältere 42 ff.
Menü, festliches 104
Methode, Befragung 55
–, Blitzlicht 12
–, Diskussionsrunde 150
–, Diskussionsspiel 117, 236
–, Entscheidungsprozess 68 ff.
–, Erkundung 42
–, Experimente 215
–, Familienkonferenz 13
–, Fotomontage 7
–, Kinderfest 37
–, Lernkartei 201
–, Lernspiel 103
–, Magazin erstellen 90
–, Mind Map 43
–, Modemagazin erstellen 237
–, Projekt 66
–, Projekt – Frankreich-Abend 95
–, Projekt – Schneiderei 245
–, Quiz 67
–, Rollenspiel 8, 12, 213
–, Sonderkommission Ernährung 147
–, Sonderkommission Regen-/Wetterbekleidung 221
–, Spurensuche 136
–, Standbild 76
–, Umfrage 207
–, Wahl eines Projektthemas 203
–, Wandzeitung 112, 225
–, Wegestudie 97
–, Zeitreise 88
–, Zukunftswerkstatt 128
–, Zuordnungsspiel 153
Mikrofasern 238

Sachwortverzeichnis

Mikrowelle, garen 102, 191
Milchimitate 126
Minderung 85
Mind Map, Methode 43
Minimalprinzip 58
Mode 226 ff.
Mode und Umwelt 240 f.
Modemacher 227
Modemagazin erstellen,
 Methode 237
Modewechsel 228
Mutterpass 20
Mutterschutzgesetz 25

Nacharbeiten 98
Nachbesserung 85
Nahrungsergänzungsmittel 127
Nahrungskette 120
Nahrungszubereitung 101 ff.
Nährwertberechnung,
 Computer 108 ff.
Nährwerttabelle 194 ff.
Naturfasern 204
Nitrat 119
Nitratnachweis 119
Nitrit 119
Notsituationen, Hilfe 91
Novel Food 124

Oberweite 247
Obst, Angebotszeiten 200
–, Erntezeiten 200
ökologisches Handeln 64 ff.
ökonomisches Prinzip 58
Öko-Tex-Standard 100 206
Ovo-Lacto-Vegetarier 148
–, Kost, Bewertung 149

Papier, Ökologie 65
Partnerschaft, Haushalt 8
Partnerschaftlicher
 Erziehungsstil 38
Passieren 101
Passzeichen, Schnitte 248
Pellen 101
PHB-Ester 122
Plattenservice 107
Preisangabenverordnung 72
Preisnachlässe 82
Produkthaftungsgesetz 86
Projekt – Frankreich-Abend,
 Methode 95
–, Kinderfest, Methode 37
–, Methode 66
–, Schneiderei, Methode 245

–, umweltfreundliche Schule 66
Projektthema wählen, Methode 203
Propionsäure 122
Prozess, Älterwerden 45
pseudoallergische Reaktion 121
psychologisches Alter 49
Pürieren 101
Putzen 101

Quiz, Methode 67
–, Ökologisches Handeln 67

Raclette 190
Raspeln 101
Ratschläge, Kind 41
Rauchen, Schwangerschaft 20
Recycling, Textilien 212
Reduktionsdiät 134 f.
REFA 100
Regeln, Gesprächsführung 15
Regelspiele 35
Reiben 101
Reklamation 84
–, Rechte 85
Rezepte 156 ff.
Rollenspiel, Methode 8, 12, 213
Rollenspiele 35
Römertopf 189
Röteln, Schwangerschaft 21
Rücktritt vom Vertrag 87
Rüstzeit 100

Saccharin 123
Sachgüter 57
Saisonkalender 200
Säugling, Entwicklung 26 f.
–, Ernährung 22
–, Flaschennahrung 23
–, Kostplan für das erste Lebensjahr 23 f.
–, Referenzmaße 23
Schadensersatz 85
Schadstoffe 118
Schälen 101
Schlitzende, Zeichen 248
Schmoren 102
Schmuckfunktion, Kleidung 223
Schneiden 101
Schnitte, Einhaltzeichen 248
–, Einreihzeichen 248
–, Fadenlaufzeichen 248
–, Passzeichen 248
–, Stoffbruchzeichen 248

Schnittgröße 246
Schnittmuster 246
Schnittmusterteile übertragen 248
Schnittzeichen 248
Schulden und Konsum 92
Schuldner, Jugendliche 210
Schutzfunktion, Kleidung 223
Schwangerschaft 16 ff.
–, Alkohol 20
–, Beschäftigungsverbote 25
–, Ernährung 17 f.
–, Gewichtszunahme 17
–, Gymnastik 16
–, Infektionsschutz 21
–, Körperpflege 16
–, Kündigungsschutz 25
–, Lebensweise 16
–, Rauchen 20
–, Röteln 21
–, Schutzfristen 25
–, Toxoplasmose 21
–, Vorsorgeuntersuchungen 20
Schwefeldioxid 122
Seidenmalerei 254 ff.
–, Aquarelltechnik 255
–, Konturenmittel 254, 256
–, Salztechnik 254, 256 f.
Seite, Haushaltsbuch 78
Seitenlänge, Maße 247
Selbstversorgerhaushalt 60
Senioren, was ist das? 45
Servieren 107
Serviergeschirr 71
Sommertyp 268, 269
Sonderkommission Ernährung, Methode 147
– Regen-/Wetterbekleidung, Methode 221
Sorbinsäure 122
sozialer Bereich 7 ff.
soziales Netz 91
Sozialleistungen, gesetzliche 91
Sozialversicherung 91
Sozialverträglichkeit, Lebensmittel 115 f.
Speisen, selbst hergestellt 62 f.
–, vorgefertigt 62 f.
Spiel, Bedeutung 32
Spielarten 34 f.
Spielzeug, Kriterien 33
Sportkleidung 224
Spurensuche, Methode 136

273

Sachwortverzeichnis

Standbild, Methode 76
Stiftung Warentest 74
Stillen 22
Stillende, Ernährung 19
Stillzeit 16 ff.
Stoffbruchzeichen, Schnitte 248
Stopfen 242, 243
Strafe, Erziehungsmittel 40
Strauss, Levi 232
Strom-Verbraucher 64
Suchmaschine 155
Suppen, Anrichten 106, 158
–, Garnieren 106
Süßspeisen, Anrichten 106, 173
Süßstoffe 123

Tadel, Erziehungsmittel 40
Taillenweite 247
Tätigkeitszeit 98, 100
Teflonpfanne 163
Teilablauf 98
Tellerservice 107
Test für Diabetiker 141
Textil 202 ff.
textile Kette 204
Textileinkauf, Umwelt 208
Textilien, beschichtete 239
–, Bewegungsfreiheit 219
–, Feuchtigkeitsaufnahme 219
–, Feuchtigkeitstransport 219
–, Gebrauchswert 208
–, Gebrauchswerterhaltung 242 ff.
–, Geltungswert 208
–, gesundheitliche Anforderungen 218 ff.
–, gewachste 239
–, Hautfreundlichkeit 219
–, imprägnierte 239
–, Luftaustausch 218
–, neue 238
–, Recycling 212
–, Transport 204 f.
–, Wärmeisolation 218
Textilkonsum, Umwelt 204

Textilproduktion, Umwelt 204
Textilveredlung, Umwelt 206
Theaterspiel 35
Tipps, Erzieher 34
Toxoplasmose 21
Trinkwasser 119
Typ-1-Diabetes 139
Typ-2-Diabetes 139

Überernährung 132 ff.
Übergewicht, Ernährung 134 f.
–, Gefährdungen 133
Umfrage, Methode 207
Umgang, ältere Menschen 51
Umweltbelastung, Geschirrspülen 71
–, Konsum 209
Umweltverträglichkeit, Lebensmittel 118 ff.

Veganer 148
–, Kost, Bewertung 149
vegetarische Ernährung 148 f.
vegetarische Kostformen 148 ff.
Verbraucherzeitschriften 73
Verbraucherzentrale, ein Porträt 75
Verbraucherzentralen 73
Vergabehaushalt 60
Verkäufer, Pflichten 82
Verschuldung, Schutz 93
Versuch, Aufnahme von Wasser 217
–, Feuchtetransport 217
–, Luftdurchlässigkeit 216
–, Wärmeisolation 216
Verteilzeit 100
verzehrfertig, Lebensmittel 63
Verzehrsempfehlungen 114
Vollwert-Ernährung 151 f.
–, Kostplan 152
–, Lebensmittelauswahl 151
–, Verarbeitungsgrad 151
–, Ziele 151
Vorarbeiten 98
Vorbereitungstechniken, Übersicht 101

Vorsorgeuntersuchungen, Schwangerschaft 20

Wahl eines Projektthemas 203
Wandzeitung, Methode 112, 225
Warenkennzeichnung 72 f.
Warentest, Stiftung 74
Wärmeisolation 216
–, Versuch 216
Wartezeit 98, 100
Waschen 101
Wässern 101
Webdokumente drucken 155
– speichern 155
Webware ausbessern 243
Weg der Kleidung 205
Wegestudie, Methode 97
Welternährungssituation 116
Werbung, Kaufvertrag 83
Weste, nähen 250 f.
–, Schnittauflage 249
–, Schnittvorlage 249
Widerrufsrecht, Kaufvertrag 87
Wiederverwertung, Alttextilien 211
Wintertyp 269
Wirtschaft 54 ff.
wirtschaftliches Handeln 58
Wirtschaftlichkeitsprinzip 58
Wok 188

Zahlungsbedingungen, Kaufvertrag 82
Zeitreise, Methode 88
Zeug zum Spielen 33
Zuckeraustauschstoffe 123
Zuckerkrankheit 138 ff.
Zukunftswerkstatt, Methode 128
Zuordnungsspiel, Methode 153
Zusatzgeräte, Küche 188 ff.
Zusatzstoffe 118
Zuschneiden 246
Zutatenliste 122
Zweischichttextilien 239
Zweitfarben 264

Rezeptverzeichnis

Apfelgelee 173
Apfelpfannkuchen 152
Apfelstrudel 177
Apfeltorte, gedeckt 183

Backkartoffeln 170
Bami Goreng 165
Beilagen 170 f.
–, anrichten 171
–, garnieren 171
Bienenstich 180
Biskuitrolle 184
Blätterteig 181 f.
Blätterteigtaschen 181
–, Fleisch 181
–, Gemüse 181
Brandmasse 175 f.
Brokkoli-Hähnchen –
    Pfannenrühren 188
Brokkoli-Quiche 174
Brötchen 180
Bunter Salat 152
Butterkuchen 179

Chicoréesalat 168
Chopsuey 165

Dampfnudeln 191
Diabetiker, Frikadellen 163
–, Möhren-Lauch-Salat 168
–, Quarktorte 185

Eierstich 159
Eintopfgerichte 165
Endivien-Nuss-Salat 169
Erdbeercreme Verona 172

Fisch 164
–, anrichten 164
–, garnieren 164
Flädle 159
Fleisch 162 ff.
–, anrichten 163
–, garnieren 163
Fleischbrühe 157
Fleischspieße vom Grill 190
Fleischstrudel 177
Forelle blau 164
Forellenfilet 156
Frikadellen, Diabetiker 163
Frischkornmüsli 152

Gebäck 174 ff.
Gefüllte Tomaten 156
Gemüse 166 f.
–, anrichten 169
–, garnieren 169
Gemüsebrühe 157
Gemüsegratin 166
Gemüse-Käse-Strudel 178
Gemüseplatte 166
Gemüsepuffer 167
Gemüse-Quiche 174 f.
Gemüsewähe 178
Getreide, gekeimt 169
Getreide als Beilage 170
Grüne Bohnen mit
    Hackfleisch 165
Grünkernklößchen 159

Hackfleischklößchen 159
Hähnchenbrustcurry mit
    Mango – Pfannenrühren 189
Hähnchenkeulen 164
Hähnchenkeulen im
    Gemüsebett – Römertopf 189
Hefeteig, süß 179 f.
Hefezopf 180
Herzhafte Fischschnitte 191
Herzoginkartoffeln 170
Hirseauflauf 173

Indische Currysuppe 191

Joghurt-Hollandaise 161
Joghurt-Kaltschale mit Gurke 158

Kartoffelcremesuppe 157
Kartoffelknödel 171
Kartoffelkroketten 170
Kartoffeln 166, 170 f.
Kartoffel-Möhren-Gratin 166
Käsestangen 182
Knochenbrühe 157
Knusperpralinen 187
Kräutersoße 160
Krautwickel 167

Lauch-Quiche 175
Linseneintopf 152

Marzipankartoffeln 187
Maultaschen 160

Menü aus dem Backofen 164
Möhren-Kartoffel-Gratin 166
Möhren-Lauch-Salat, Diabetiker 168
Mürbeteig, salzig 174 f.

Obstkuchen mit Streuseln 179
Obst-Sahne-Torte 182
Obstsalat 152
Ölmarinade 170

Paprika-Tomaten-Gemüse 166
Pfannkuchen 152
Pilaw 171
Pommes Duchesse 170
Putengeschnetzeltes 162
Putenrollbraten 163

Quarkauflauf mit Äpfeln 173
Quark-Öl-Teig, salzig 178
Quarksahnetorte 184
Quarktorte, Diabetiker 185
Quiche 174 f.

Raclette – Kartoffeln und Käse 190
Raclette – Rösti mit Käse 190
Rinderrollbraten 163
Rinderrouladen 162

Salat 166 f.
–, anrichten 169
–, bunter 152
–, garnieren 169
Salatmarinade 168
Salatplatte 168
Schokoladenbiskuitrolle 184
Schokoladencreme 172
Schwarzwaldbecher 172
Schweinefilet mit
    Kräutersahne 162
Schweinerollbraten 163
Semmelknödel 171
Soßen 160 f.
Spinat-Quiche 175
Spritzgebäck 176
Streuselkuchen 179
Strudelteig 177 f.
Suppen 157 f.
–, anrichten 158
–, garnieren 158

Suppeneinlagen 159 f.
Süßspeisen 172 f.
–, anrichten 173
–, garnieren 173

Tomaten, gefüllte 156
Tomatensoße 161
Torten 182 ff.
–, anrichten 182
–, garnieren 182

Vanille-Kipferl 186
Vanillesoße 161
Vorspeisen, anrichten 157
–, garnieren 157
–, kalte 156

Waldorfsalat 156
Weihnachtsgebäck 186 f.
Weizenkeimsalat 169

Wespennester 186
Windbeutel, salzig 176
–, süß 176
Windräder 181
Wirsing-Quiche 174

Zanderfilet 164
Zimtsterne 186
Zitronenplätzchen 187
Zwiebelsuppe 158

Bildquellenverzeichnis

Alba Moda GmbH, Bad Salzuflen, S. 228/7; – Animali Promotion- und Handels GmbH, Oberhachingen, S. 228/4; – Aus: Maureen Stewart, Essen? Nein, danke! © 1996 Maureen Stewart München, Wien; Umschlagillustration: Elisabeth Hau © 1998, 2003 by Ravensburger Buchverlag Otto Maier GmbH, Ravensburg, S. 145; – Baur Versand (GmbH & Co KG), Burgkunstadt, S. 231/3+4; – Bavaria-Bildagentur, Gauting, S. 224/1–2; – Bayer AG, Leverkusen, S. 238, 239; – Bildarchiv für Medizin München GmbH, München, S. 21/1; – Bonus Marketing GmbH, Frankfurt, S. 18; – Bothe, Andreas, Bad Harzburg, S. 104; – Bundeszentrale für gesundheitliche Aufklärung, Köln, S. 26, 27, 132, 154; – Cimbal, Walter, Hamburg, S. 94/3, 95/3, 106, 107/1+2, 156/2, 160/1, 163/1+2, 165/2, 169/4, 175/2, 178, 179/1, 180/1, 183/2, 185/2, 191; – CMA, Bonn, S. 173/1; – CPH Design, Frankfurt, LSI Language Studies International, S. 7/6+7, 135/3, 261/1; NZ Tourism New Zealand, S. 7/8; – Dettmer u.a., „Kochen als Beruf", Hamburg, S. 160/2, 161/3, 166/2, 168/2, 172/3, 174/2+3; – Deutsche Behindertenhilfe Aktion Sorgenkind e.V., Bonn, S. 41; – Deutsche Gesellschaft für Ernährung e.V., Bonn, S. 158/2; – Deutsche Lufthansa, Frankfurt/Main, S. 265; – Diakonische Werke Himmelsthür in Hildesheim e.V., Hildesheim, S. 241; – dpa Picture – Alliance GmbH, Frankfurt, S. 227/1+3+4, 240/2, 260/1, 263/1; – Ecolog Recycling GmbH, Tettnang, S. 212; – Ernst Eichin, Gutach, S. 261/3; – Gaedigk, Wolfgang, Rellingen, S. 262/2–3; – Gay, Claude-Bernard, Hamburg, S. 6, 14, 15, 37, 38, 39, 44, 49, 51, 53, 55, 56, 57, 58, 65, 66, 67, 69, 73, 76, 80, 81, 82, 83, 84, 86, 88, 90, 91/2, 93, 96, 99, 101, 112/2, 117, 127, 128, 136, 141, 143, 144, 147, 150, 201, 203, 204, 207, 209, 215, 220, 225, 234, 236, 237, 245, 247, 262/1; – Gemeinde Rheinhardtsgrimma, Kindergarten Cunnersdorf, S. 35/2–3; – Getty Images, S. 95/1, 158/1; – Gesamtverband der deutschen Textilveredelungsindustrie e.V., Frankfurt/Main, S. 206/2; – Gieseking, Ralph, Hamburg, S. 28, 32/4–6, 46; – Globus Infografik GmbH, Hamburg, S. 59, 64, 89, 91/1, 116, 130; – Globetrotter, Hamburg, S. 202/1, 208, 214; – Groupe SEB Deutschland GmbH, Offenbach am Main, S. 190; – Gore & Associates GmbH, W.L., Feldkirchen-Westerham, S. 202/2; – Hahn, Konrad, Fachlehrer a.d. Meister- und Berufsschule für Konditoren, München, S. 176/2, 185/1; – Handelsgesellschaft Heinrich Heine GmbH, Karlsruhe, S. 260/2, 261/2; – Hauptschule Weener, Weener, S. 100; – Hönle, Elisabeth, Gammertingen, S. 252, 253/1+2; – Holzhausen, Brigitte, aus: „Arbeiten und Gestalten mit Textilien", Schneider Verlag, Hohengehren, S. 258; – Hoting, Dr. E., Hamburg, S. 121/2; – Hülsta-Werke GmbH & Co. KG, Stadtlohn, S. 7/3+4; – Industrievereinigung Chemiefaser e.V., Frankfurt am Main, S. 218/1, 222/5; – Institute of German Sign Language and Communication of the Deaf, University of Hamburg, Hamburg, S. 157/2; – Jahreszeiten Verlag, Hamburg, S. 269/2; – Kahlert, Katrin, Sörup, S. 19/1; – Kinderkasten e.V., Magdeburg, S. 35/1; – Krüger, Bert, Kieler Nachrichten, Kiel, S. 52; – Krüper, Werner, Bielefeld, S. 31; – Kunterbunt, Agentur für Kinderfotografie, Velten, Heidi, Leutkirch-Ausnang, S. 10, 13, 29, 30, 112/1, 135/1; – Majewski, Prof. Dr. Fr., Institut für Humangenetik und Anthropologie, Düsseldorf, S. 20, 21/2; – Mauritius GmbH, Frankfurt/Main, S. 224/3; – Milupa Aktiengesellschaft, Friedrichsdorf/Ts., S. 23; – Minch, Marion, Karlsruhe, S. 169/2; – Mohnhaupt, Lutz, Darmstadt, S. 34; – Neckermann Versand AG, Frankfurt, S. 202/4; – newVision!, Pattensen, S. 71/2, 97, 107/3+4; – Okapia KG, Frankfurt/Main, S. 128 (Faulkner), 222/1 (C. Voigt), 222/3 (Hergenhahn), 222/4 + 226/1 (Urselmann); – Öko-Test Verlag GmbH, Frankfurt am Main, S. 54/4; – Otto-Versand, Hamburg, S. 228/8; – Pampers, Wien, S. 7/9, 16; – Picture Press, Hamburg; S. 105 (Foto: Gläser), 227/2; – PreCon GmbH & Co. KG, Bickenbach, S. 156/1; – Rieck, Sabine, Hamburg, S. 126; – RÖMERTOPF Keramik GmbH, Ransbach-Baumbach, S. 189; – Schlieper, C.A., Kiel, S. 108–111 (aus: HT 44251 „Nährwertprogramm"), 180/3, 219, 246, 247, 248, 249, 250, 251, 253/3+4, 254, 255, 256, 257; – Schneekoppe GmbH & Co., Seevetal, S. 140/1; – Schweizerische Vereinigung für Ernährung, S. 113/1; – Siemens AG, München, S. 17; – Springer Verlag, Axel, Hamburg, S. 268/1+4, 269/1 (Stave); – Stiftung Lesen, Mainz, S. 36; – Stiftung Warentest, Berlin, S. 54/3, 74; – Strauß, Johannes, Foto-Studio OHG, Altötting, S. 159/2, 177/1; – Techniker Krankenkasse, Hamburg (Broschüre „Hygiene"), S. 22; – Textfluss Nicole Glaser, Basel, S. 7/1–3; – Textilveredelung, Handeloh, S. 206/1; – Tony Stone, Hamburg, S. 118/3, 235/2; – Transglobe, Hamburg, S. 25, 32/1–3 (Hanak/Winke/van Riel), 42, 45 (J. W. Kay), 48 (Gielen), 118/4 (Jerrican), 210 (Kanicki), 222/2 (Bruwier), 235/1 (Spierenberg), 235/3 (Bauer), 263/2 (Norelind); – Verbraucher-Zentrale NRW Publikationen + Marketing, Düsseldorf, S. 54/2; – Verein zur Förderung des fairen Handels Transfair mit der „Dritten Welt" e.V., Köln, S. 94/2, 116/1; – Verlag Handwerk und Technik GmbH, Hamburg, S. 62, 77, 94/1, 125, 140/2, 181/1, 202/3; – Vorwerk Deutschland, Raumpflege, Hamburg, S. 8; – WestfaliaSurge Deutschland GmbH, Oelde, S. 260/3; – WOK24.COM, Aschaffenburg, S. 188; – www.caritas-heidelberg.de/Dienste/sb/sb.html, S. 54/1; – www.google.de', S. 155; – www.hktseminar.de, S. 154; – www.marions-kochbuch.de, S. 95/2, 162/2, 164/1, 171/1, 172/2, 174/1; – www.single-kochbuch.de, S. 159/3; – www.verbraucherzentrale-bawue.de/UNIQ1081595677013492760/doc1A.html, S. 75; – Zefa, Hamburg, S. 233 (Fichte)

Sämtliche nicht im Bildquellenverzeichnis aufgeführte Bilder: Schröder, Ralf, Kiel
Sämtliche nicht im Bildquellenverzeichnis aufgeführte Illustrationen: Ehmsen, Birgit, Kiel; Schüler, Jeanette, Kiel